땅의 신학

Sean McDonagh
TO CARE FOR THE EARTH
A Call to a New Theology

© Cassell Publishers Ltd., London 1986

Translated by Hwang Jong-Ryeol
© Benedict Press, Waegwan, Korea 1993

땅의 신학
1993 초판／1998 재쇄
옮긴이: 황종열／펴낸이: 김구인

ⓒ 분도출판사(등록: 1962년 5월 7일·라15호)
718-800 경북 칠곡군 왜관읍 왜관리 134의 1
편집부: (0545) 971-0629
영업부: 〈본사〉 (0545) 971-0628 FAX. 972-6515
〈서울〉 (02) 266-3605 FAX. 271-3605
우편대체 계좌: 700013-31-0542795
국민은행 계좌: 608-01-0117-906

ISBN 89-419-9301-6 03230

값 8,500원

땅의 신학

새로운 신학에의 부름

숀 맥도나휴

황 종 렬 옮김

분 도 출 판 사

차 례

제 1 부
지상의 생명에 대한 위협

제 2 부
새로운 신학에의 부름

머 리 말

어느 날 밤 "핵겨울"이 야기시키리라고 예상되는 영향에 관한 텔리비전 영화를 보고 있었는데 어린 조카가 끼어들었다. 함께 이 프로그램을 보던 중 다소 소름끼치는 장면들이 화면에 비춰지리라고 예상되는 대목에 이르러 나는 조카한테 미리 이렇게 안심시켜 주었다: "걱정하지 마. 이건 영화일 따름이니까." 그러나 이것이 과거에 있었던 일이라는 사실을 깨달았을 때 나는 더 이상 그같은 말을 할 수가 없었다.

이데올로기는 서로 다를지 몰라도, 어떤 류의 것이건간에 일체의 핵전쟁이 전세계적으로 미칠 영향에 대한 연구 결과들에 대해서는 모든 과학자들이 일치된 견해를 피력해 왔다. 이들은 핵분쟁과 같은 사건에 있어서는 결코 승리가 있을 수 없다고 확신하고 있다. 핵전쟁에 따르는 대기 변호들이 현재 그들이 "핵겨울"(Nuclear Winter)이라고 부르는, 지구 전체에 영향을 미칠 현상을 야기시킬 것이기 때문이다. 실제로 나 자신이 이러한 영화들을 대할 때 마음이 편치가 않다. 이런 영화들의 경우 사람들의 의식을 제고(提高)시켜 주기보다는 오히려 두려움을 제거시켜 버려서, 우리로 하여금 치명적인 무감각 상태로 빠져들게 만들 수도 있는 까닭이다.

이런 점에서 볼 때, 맥도나휴의 이 책은 특히 시기적절한 것이지 않을 수 없다. 사람들이 위기를 의식하기에 이르기는 했음에도 불구하고, 하나같이 그 원인들을 분석하는 데는 주저하고 있는 것이다. 많은 이들이 시작도 하기 전에 좌절을 겪게 되는 것 같다. 이 문제는 광범하고 거대한 양상을 보이는 데다가 오로지 정부만이 다룰 수 있는 듯싶기 때문에, 평범한 보통 사람으로서야 기도하는 것 외에 이 문제와 관련하여 무슨 일을 할 수 있겠는가 하는 식이다. 맥도나휴가 논의의 첫발을 내딛고 지금까지와는 다른 어떤 이야기를 입에 올리기 시작하는 지점이 바로 여기이다. 그는 우리에게 우리가 현재 직면해 있는 위험의 뿌리들을 파헤쳐 보여주고 있고, 그것들이 내포하는 의미를 판독해 내면서 미래를 위한 처방을 제시해 주고 있다.

사회학자요 신학자인 그는 그 자신이 써 내려가는 내용과 전혀 무관한 삶을 살지 않는다. 우선 그는 필리핀 민다나오에서 산다. 그의 매일의 삶은 밀림과 그 자신이 함께 일하는 사람들 … 트볼리(T'boli) 부족을 파괴하려는 세력들에 맞서 이를 저지하려는 투쟁으로 점철되어 있다. 맥도나휴가 그 원인들을 하나하나 밝혀나감에 따라서 드러나듯이, 우리는 여기서 트볼리인들은 우리 모두의 한 상징이라는 것을 보게 된다. 단지 트볼리인들만이 아니라 인류 전체가 지금 위험에 직면해 있는 것이다.

맥도나휴는 개발이라는 미명하에 지구의 자원들을 착취하는 20세기의 생활 양식을 단죄하는 목소리들에 가세된 또 다른 한 단죄의 목소리에 그치지만은 않는다. 오히려 그는 우리에게 어떤 희망을 가져다 주고, 새로운 방향을 제시해 주고 있다. 그는 지구에 대한 우리의 경외심을 쇄신하기 위해 진력해 온 동지들, 이런 뜻을 갖고 있는 모든 사람들의 생각을 한데 모아 개진하고 있다. 그러나 트볼리 사람들과 함께 힘을 모아나가고 있는 그와 그의 동료들은 이 부족의 하루하루의 삶에 따르는 구체적인 문제들을 해결하기 위해 활동을 하지 않으면 안된다는 도전을 기꺼이 수락하여 오늘에 이르렀다. 그는 우리와 함께 이 새로운 "사목"에 참여하고 있다.

얼마 전에 여덟 명의 동료와 나는 필리핀의 한 철창에 갇히는 신세가 된 적이 있었다. 우리에게 배급되는 하루 분의 음식은 — 길이가 약 5센티미터쯤 되는 — 작은 물고기 다섯 마리와 2와 2분의 1

컵의 쌀이 전부였다. 그리고 이틀에 한번씩 국이라면서 물을 갖다 주었다. 감옥에 갇힌 사람들이 펼친 갖가지 항거 끝에 우리는 50% 증가된 음식을 배급받는 데 성공하였다. 하루에 3페소어치의 음식 배당이 4와 2분의 1페소어치 분량으로 늘어났던 것이다. 감옥에 있는 이들에게 음식을 만들어 주는 사람은 우리가 줄곧 항거를 벌였던 것을 알고는, 새로 음식을 받는 첫날에 당당하게 물고기를 내놓았는데, 이번에는 물고기의 크기가 이전의 두 배에 달하였다.

바로 그 무렵 매스컴들은 미국에서 금리가 뛰어오르기 시작했다고 보도했다(이는 전략 방위 구상, 즉 스타 워즈를 구체화하려는 미국 정부가 여기에 따르는 비용을 추가로 끌어들인 데서 비롯된 것이었다). 그러자 즉각 필리핀 외채 — 그 당시 약 250억 달러 수준에 이르러 있었다 — 의 이자 상환 금액이 자연히 올라가게 되었다. 스타 워즈와 관련하여 미국 정부는 즉시 수백만 달러의 일시적 단기 융자를 필요로 하는 상황이었다. 국제 통화 기금(IMF), 세계 은행은 페소의 평가절하를 요구하였고, 이에 따라 물가가 급등하였다. 결국 두 주 안에 음식이 예전으로 되돌아가 버리고 말았다. 지금은 "그 사람"이 항거하는 신세가 되었다. 새로 할당된 양을 더 이상 계속 내놓을 수가 없다는 것이었는데, 결국 물고기는 예전의 그 크기로 뒷걸음질치고 말았다. 오늘의 세계 경제는 제1세계의 식사에 영향을 미칠 정도로 정교하게 맞물려 돌아가고 있다. 이 세계는 그야말로 작디작은 세계인 것이다. 이것은 하나뿐인 세계이다. 그리고 우리 모두가 서로가 서로를 지켜주는 파수꾼들이다.

우리는 눈앞에 안 보이는 것은 심리적으로도 지나쳐 버리고 싶은 유혹에 흔히 굴복당하는 것이 사실이다. 이는 충분히 이해할 수 있는 일이다. 우리는 브라질 어딘가에서는 부족민들이 마치 사냥놀이의 대상이기라도 한 듯이 사냥당하고 있다는 것을 알고 있다. 우리는 아프리카에서 수백만 명이 굶어 죽어가고 있다는 것을 안다. 우

리는 수백만 명이 난민촌에 수용되어 있다는 소식을 들었다. … 정
말은 몇 백만 명인지, 아니면 몇 천만 명에 달하는지를 확실하게 알
지조차 못하는 실정이다. 우리는 지금까지 줄곧, 황폐화되는 지역이
계속 증가되어 왔고 열대 우림들이 사라져 가고 있다는 사실을 전해
들어 왔다. 뿐만 아니라 우리는 우리가 몇 시간 만에 인류를 흔적도
없이 말살시키기에 충분한 핵탄두들을 소유하고 있다는 사실도 알고
있다. 그러나 우리는 이런 일들을 연결짓는 시도를 하지 않는다. 이
런 사태들이 전혀 별개의 사실들인 것처럼 보이는 것이다. 어쩌면
우리는 무의식적으로 이런 일들이 단순히 각 현상들간에만이 아니라
우리 자신과도 역시 얼마나 치밀하게 연계되어 있는지를 있는 그대
로 보기를 두려워하고 있는 것인지도 모르겠다. 맥도나휴는 바로 이
런 일들의 연결 관계들을 천착하고, 그와 같은 두려움을 직시하려는
시도를 벌이고 있다.

　필리핀의 생태계에 가해지는 맹습은 마르코스의 시대가 지나간다
고 해서 종식되지는 않을 것이다. 이러한 파괴 행각은 거기에 그 기
원을 두고 있는 것이 아니기 때문이다. 지구 전체에 걸쳐 전세계적
으로 똑같은 맹습이 자행되고 있는 것이다. 맥도나휴는 여기서 우리
가 단순히 겉으로 나타나는 증상이 아니라 그 뿌리들을 발본색원하
고자 한다면 반드시 발생되지 않으면 안될 심오한 영적 변화의 필요
성을 하나하나 분석해 나가면서 그러한 변화의 개요를 진술해 주고
있다. 우리 역시 이 작업을 시도해야만 할 것이다. 이는 위기에 처해
있는 "자연의 아름다움"과 관련된 문제가 아니라 그야말로 인류의
생존이 걸린 문제이기 때문이다.

오브라이언(Niall O'Brien)
메리놀, 1986

서 론

생태계와 종교에 관한 이 연구에 반영되어 있는 성찰들이 현대의 선교 사업이 가져다 준 독특한 가능성들에서 연원한다. 금세기 초의 20년까지만 해도 선교사들은 아시아와 라틴아메리카, 아프리카 그리고 태평양에 살고 있는 민족들에게 그리스도교의 메시지를 전파하기 위해서 이미 형성되어서 완성되어 있는 메시지를 가지고 유럽이나 북아메리카에 있는 자신들의 고국을 떠났었다. 그리고 이들이 자신들의 고국으로 돌아갈 수 있는 기회는 정말이지 거의 없었다.

서구의 식민지 확장이 한창 진행되던 전성기 동안 일부 선교사들은 아시아와 아프리카 그리고 남북 아메리카 토착민들의 여러 문화에 대해 지대한 관심을 브여주었다. 아직도 대부분의 유럽 사람들은 누군가가 선교사들이 개인적으로 그들이 활동하던 지역의 사람들에게서 무언가 배울 것이 있었다고 말한다면 상당히 놀랄 것이다. 다만 선교사들이 열대 지방의 찜통 속에 든 듯한 무더위 속에서 살아남기 위해 토착민들의 풍습과 관행들을 주목해 보는 것이 좋았으리라고 마지못해 인정하는 사람들이 소수 있는 정도일 것이다. 그러나 대부분의 유럽인들에게 있어서 아프리카와 아시아와 라틴아메리카 혹은 태평양 지역의 문화들은 물론, 선교사들이 이런 선교지에서 그리스도교 신앙을 증거하는 가운데 얻은 통찰들이 그리스도교 신앙에 대한 이해를 새롭고도 쇄신된 차원으로 이끌어가는 데 무언가 기여할 것이 있으리라는 것은 생각도 할 수 없는 일로 여겨져 왔다. 제2차 바티칸 공의회가 열릴 때까지도 선교사들은 거의 전적으로 일방적인 전달 체계에 속한 존재로 간주되었다. 이들의 임무는 서구에서 그리스도교 신앙의 교의들을 깊이 체험하고 익혀서 이를 서구 유럽 이외의 다른 지역에 효과적으로 전달하는 것이었다.

그러나 선교사에 대한 이러한 이미지는 최근 몇 십년 동안 변화를 보여 왔다. 선교사들을 다른 나라들로 파견하는 일은 이제 더 이상 전적으로 제1세계 교회들만이 할 수 있는 독점적인 영역이 아니다. 오늘 이 시대에 이르러서는 필리핀인들과 한국인들, 인도인들 그리고 제3세계 국가들의 다른 많은 그리스도인들이 세계의 많은 지역에서 활발하게 선교 사업에 투신하고 있는 것이다. 한편, 지금은 국제 여행 비용이 비교적 저렴한데, 이는 곧 모든 선교사들이 서약 갱신을 하기 위해서나 혹은 선교 교육 프로그램들에 참여하기 위해 정규 휴가 기간 동안에 그만큼 쉽게 자신들의 태생지 교회로 돌아갈 수 있다는 것을 의미한다. 또한 제2차 세계대전 이래 이 세계에 사회, 정치, 경제적 변화 현상들이 나타나면서, 최근 20년 동안 선교사들의 자기 이해와 선교의 역할에 커다란 영향을 미치고 있다.

오늘 이 시대에는 선교사들이 일방적인 전달 체제 내에 있는 존재로가 아니라 상호 교환 관계를 촉진시켜 주는 중개자로 여겨진다. 오늘날 선교사들은 선교 맥락에서 얻은 체험들을 자신의 태생지 교회와 함께 나눔으로써, 그리고 반대로 자신의 태생지 교회에서 얻은 체험들을 선교 지역의 교회들과 나눔으로써 지역교회들간의 상호 이해와 풍요를 촉진시키고자 진력한다. 제3세계 국가들에서 활동하고 있는 많은 선교사들의 경우 우리가 제1세계 국가들에서 흔히 접하게 되는 모호함이 없이 교회와 이 세계에 있어서 가장 중요한 문제들에 속하는 어떤 것들을 강렬하게 체험하는 상황들 속에 살고 있기 때문에, 이는 제1세계 국가들을 위해 상당히 가치있는 것이지 않을 수 없다. 이같은 사실은 특히, 제3세계 나라들의 빈민가에서 아주 명백하게 드러나는 사회적 불평등에 대해서도 그대로 해당된다. 한데 나는 이 책에서, 유독 열대 지역에 있는 나라들에 만연되어 있는 생태계 파괴가 바로 그런 문제 가운데 또 다른 한 결정적인 문제라는 사실을 밝혀나갈 것이다.

나는 이 책에서 필리핀의 민다나오(Mindanao)에서 펼친 16년 동안의 활동을 통하여 그리스도교 신앙의 형태와 그 범역에 대한 나 자신의 이해가 새롭게 그 꼴이 갖추어지고 더 넓혀지고 깊어진 과정을 함께 나누고자 시도할 것이다. 개개인이 자신들의 문화나 종교에로 물러나서 그들 자신을 외부 세계로부터 차단시키기로 작정하지 않는 한, 그들이 살고 있는 환경은 그들의 신앙을 포함하여 그들의 세계관에 영향을 미치게 된다. 나는 민다나오에 파견받은 이래 맨 처음에는 오로퀴에타(Oroquieta)라고 하는 필리핀의 저지대의 그리스도인 마을에서, 그후 이슬람 지역에서 그리고 현재는 트볼리 부족 공동체에서 활동해 왔는데, 이러한 체험들은 오늘 우리의 세계에서 그리스도인이 된다는 것이 무엇을 의미하는가를 창조적으로 식별하기 위해서는 살아 있는 신앙이 필요하다는 나의 의식을 강화시켜 주었다.

선교 체험을 해온 15년 동안 나는 오늘의 교회와 세계에 있어서 가장 결정적인 세 영역에 주의를 집중해 왔다. 그 첫째 영역은 문화와 연계되어 있다. 어떤 한 사람이 자신이 몸담고 있는 문화, 특히 비서구 문화의 맥락 속에서 어떻게 예수의 제자가 될 수 있을까? 하는 것이 그것이다. 둘째는 정의와 관계되는데, 즉 부유한 국가들과 가난한 국가들 그리고 같은 나라 안에서의 부유한 사람들과 가난한 사람들간에 점점 더 격차가 벌어져 가고 있는 세계에서 예수의 복음이 요구하는 것들은 무엇일까? 하는 것이다. 마지막 문제는 생태계의 위기에 초점이 맞추어져 있다. 현재와 같은 상태가 지속되거나 더 증폭될 경우 지구상의 모든 생명체에 위협을 가하게 될 자연 세계의 엄청난 파괴와 유해 행위에 대해 예수의 제자들은 어떻게 반응할 것인가? 이 책은 이 가운데 마지막 문제에 관하여 다루게 될 것이

다. 그렇지만 무엇보다도 이것은 교회가 최근 수년 동안 이것 이외
의 다른 문제들에 대해 응답해 온 맥락 안에서 이 논의를 개진할 수
있도록 해줄 것이다.

그리스도인들과 문화

1960년대 후반과 1970년대 초반에 민다나오에서 내가 맡은 최초의 임무는 미사미스 옥시덴탈(Misamis Occidental)에 있는 오로퀴에타라고 하는 그리스도인 마을에서 활동하는 것이었다. 언어를 익히고 그 문화에 대한 지식이 증대됨에 따라, 나는 점점 더 그리스도교 신앙을 표현하고 그 의식을 거행하는 데 사용되는 대부분의 상징들이 서구에 그 기원을 두고 있고, 필리핀인들의 문화에 맞게 적응된 정도는 아주 빈약하다는 사실을 깨닫게 되었다. 전례에 사용되는 상징들과 교회 언어는 일반 사람들의 체험과는 너무 동떨어진 것이어서 낯설게 체험되었기 때문에 이것들은 사람들의 삶을 변혁시키는 힘을 지니지 못했다. 나는 그리스도의 구원의 힘이 어떤 한 민족이 지닌 가치들과 열망들에 가닿으려면, 문화적으로 그들 나름의 특유한 상징과 의식들이 필요하다는 것을 더욱더 확신하게 되었다.

나 혼자서 고민을 하고 있었던 것은 아니다. 선교사들의 자극에 힘입어서 주교들과 신학자들 그리고 제2차 바티칸 공의회의 교부들은 이 교회가 다양한 민족들, 특히 비서구권 민족들의 문화와 종교 체험과 깊이있는 대화를 나누고 또한 이것들을 깊이 성찰해 볼 필요성이 있음을 인식하게 되었다. 선교활동에 관한 공의회 문헌 「교회의 선교 활동에 관한 교령」(*Ad Gentes*)은 선교사들에게 이들이 활동할 곳에서 이미 살고 있는 "그 민족의 전통과 언어와 문화들을 크게 존중"하도록 권고하고 있다(26항).

복음을 문화 내에 육화(inculturate*)시켜야 할 필요성에 대한 이와

---

*   incarnatio(육화)와 cultura(문화)가 합성된 말의 동사형 — 역주.

같은 깨달음은 최근 수년 동안 전 그리스도 교회들 내에서 그 계기가 마련되어 왔다. 이와 관련한 회의와 각종 모임들이 방콕(1972~3)과 나이로비(1973) 그리고 멜보른(1980)에서 개최된 바 있다. 또한 여러 차례에 걸친 복음주의 교회들의 협의회가 윌로우뱅크(Willowbank)에서 개최되었고, 1974년에는 로마에서 복음화에 관한 주교 대의원회의(Synod on Evangelization)가 열렸다. 이 주교 대의원회의에서 비롯된 문헌인 「현대의 복음 선교」 20항에서 교황 바오로 6세는 다음과 같은 명백한 표현으로 문화 내 육화(inculturation)의 필요성을 강조하였다: "복음과 문화 사이에 벌어진 틈은 다른 시대에도 그러했던 것과 마찬가지로 우리 시대에 있어서도 의문의 여지 없이 하나의 비극이다. 따라서 문화의, 아니 보다 정확하게는 문화의 온전한 복음화를 확실하게 이루는 데 모든 노력이 기울여져야 한다."[1]

그 결과 지난 20년 동안 지역 문화들 안에서 복음을 문화 내에 육화시키는 몇몇 단계들이 취해져 왔다. 그 첫번째 단계는 성서와 성무일도서, 미사 예식서 그리고 다른 전례 본문들을 지역 언어들로 번역하는 일과 관련되었다. 그러나 이 과정에는 여러 장애물이 있었다. 실제로 그리스도교의 신비들을 찬양하는 라틴어 본문들을 각 지역 나름의 특유한 상징적 어구로 번역하는 단계에서 그리스도교의 신비들을 그러한 지역 나름의 특유한 상징적 어구를 통해서 거행하는 단계로 넘어가는 데는 정말이지 어려움들이 매우 많이 따른다는 사실이 입증되었다. 한 가지 원인만 들더라도, 이같은 작업에서 요구되는 창조성이 별안간에 생길 수는 없는 일이었던 것이다. 즉, 이것은 시간이 걸려야 했고, 인내가 필요하고, 실험적인 시도를 수반하였던 것이다. 또한 로마 교황청에서 일하고 있는 사람들이 천여

---

1. *Evangelii Nuntiandi* (1975) 이종홍 옮김, 한국 천주교 중앙 협의회, 서울.

년 동안 계속되어 오던 집중화 경향들을 떨쳐버리는 것 역시 쉬운 일이 아니다. 특히 이것이 그들 자신의 권한을 감축시키는 것을 의미할 때는 더욱 그렇다. 근래에 로마에서 나온 많은 문헌들 — 가장 두드러진 것으로서 「헤아릴 수 없는 선물」[2]과 최근 신앙 교리성성에서 나온 「해방신학의 일부 측면에 관한 훈령」[3] 등 — 은 선교활동과 신학적 성찰, 그리고 전례 영역에서의 실험 작업에 제동을 걸려는 시도를 보였다. 이렇게 역사의 흐름을 거꾸로 되돌리려는 방해들에도 불구하고, 오늘 이 시대에는 여전히 더욱더 많은 그리스도인들이 어떻게 하면 의미있는 방식으로 자신들의 신앙을 표현하고 이를 예식·전례로 표출해 낼 것인가 하는 과제에 직면하여 분투하고 있다고 말할 수 있는 것도 분명한 사실이다.

2. *Inaestimabile Donum* (1980) 신사 경신 성성, 바티칸 사티.

3. *Libertatis Nuntius* (1984) 교황청 신앙 교리 성성, 강대인 옮김, 한국 천주교 중앙 협의회, 서울.

그리스도인들과 사회정의

문화의 차이들은 흔히 포착하기가 어렵고 미묘하여 척 보고 식별하기가 쉽지 않다. 그렇지만 1969년에 내가 마닐라에 도착했을 때 너무도 강력하게 나를 사로잡아 버렸던 빈곤과 관련해서는 전혀 미묘할 것이 없다. 빈곤이 개인과 가족들에게 가져다 주는 인간적인 고통은 한 가족이 죽은 영아나 어린아이의 시신을 부여안고 교회 앞에 당도하는 것을 볼 때마다 점점 더 커져만 갔다. 이는 영아 사망률에 관해서 내가 읽었던 싸늘한 통계에 살과 피를 붙여 놓는 것이었다. 거의 모든 경우에 있어서, 이런 아이들은 만일 부모들이 의료 혜택을 받을 수 있고 영양이 풍부한 음식을 먹일 수 있었더라면 쉽게 치유될 수 있었을 위장염이라든가 영양실조와 같은 질병에 걸려서 죽음을 당하였다.

나는 차츰차츰 빈곤이 전세계적 차원의 문제이며 이것이 계속해서 팽창되어 가고 있다는 사실을 깨닫기 시작하였다. 몇몇 통계 자료들에는 인간성에 대한 이러한 도전이 갖고 있는 어떤 거대한 본성이 포착되어 있다. 1984년을 기준으로 할 때, 21억의 사람들, 혹은 세계 인구의 46%가 다양하게 차이를 보이고 있기는 하지만 빈곤 속에 허덕이고 있다. 세계 은행이 추산하는 바에 따르면 8억이 넘는 사람들이 빈곤에서 생긴 온갖 심각한 질병과 죽음을 겪게 만드는 처참한 상황 속에서 살고 있다. 약 21억의 사람들이 깨끗한 물을 사용하지 못하고 있는데, 이들 중에 15억의 사람들은 효과적인 의료 혜택을 전혀 받지 못하고 있다.

「민족들의 발전」[4]과 「로이 추기경에게 보낸 사도 서한」[5] 그리고 1971년에 개최된 주교 대의원회의에서 펴낸 문헌인 「세계 정의에 관하여」[6]와 같은 교회 문헌들 그리고 라틴아메리카에서 살면서 활동하고 있는 해방신학자들의 통찰들이, 나와 다른 많은 사람들이 제3세계 국가들의 빈곤이 다른 나라들과는 무관한 어떤 현상이 아니라는 사실을 이해하는 데 보탬이 되어주었다. 빈곤 현상은 가난한 이들의 게으름이나 종교적인 숙명에 기인하지 않는다. 비록 제1세계 국가들에 속해 있는 많은 사람들이 우리에게 그렇게 믿게끔 하고 싶어할지라도 말이다. 이 문헌들은 전세계인들에게 점점 더 영향을 미치고 있는 빈곤의 제1세계 국가들 — 그 대부분이 전통적으로 그리스도교 국가들인데 — 에서의 자연 자원과 인적 자원의 남용과 허비에 직접적으로 연루되어 있다고 갈파한다. 제1세계 국가들에서 살고 있는 많은 사람들의 생활 양식과 소비 형태는 지구가 지탱할 수 있는 정도를 넘어서 있는 무분별한 것이고, 오직 세계 인구의 대다수를 노예화함으로써만이 유지될 수 있는 그런 것일 따름이다.

　물론 이같은 터무니없는 낭비를 가장 두드러지게 상징하고 있는 것은 자멸적인 군비 경쟁이다. 이것은 자연 자원들을 거침없이 더욱더 게걸스럽게 먹어치우고 있다. 예컨대, 내가 1969년에 필리핀에 입국했을 당시, 세계의 군사 비용 지출 액수는 2,360억 달러였다. 그러던 것이 1983년에는 6,500억 달러로 뛰어올랐고 지금도 여전히 계속해서 증가해 가고 있다. 그런데 이와 같은 군비 증가 현상을 부추기고 있는 것은 주로 터무니없는 안보 논리에 따른 불안심리이다. 아무튼 미국 한 나라에서만도 무기 수출에 허비한 돈이 1963년부터 1982년 사이에 10억 달러에서 210억 달러로 급증하였다. 이에 못지않게 비극적인 현상은 인적 자원들의 오용이다. 전세계의 백만 명의

---

4. *Populorum Progressio* (1967) 김남수 옮김, 한국 천주교 중앙 협의회, 서울.

5. *The Apostolic Letter to Cardinal Roy* (1971) St. Paul's Publications, Manila.

6. *Justice in the World* (1971) 세계 주교 대의원 회의, 김남수 옮김, 한국 천주교 중앙 협의회, 서울.

과학자들 가운데 50%가 이런저런 방식으로 군사 분야와 연루되어 있다. 사람과 직접 관련된 분야와 연결지어 표현하자면, 군사 분야에 종사하는 인원이 보건 분야에서 활동하는 사람들에 비해 두 배 반이나 더 많은 것이다.

지금 현재 다각적인 군사 목적에 투여되고 있는 막대한 재정과 과학 기술, 자연 그리고 인력 자원들의 일부가 농업과 보건, 사회와 경제 분야의 개발 계획들과 관련하여 생산적인 용도로 전환된다고 하더라도 이는 수백만 명의 생활 수준을 현저하게 증진시킬 수 있을 것이다. 이러한 현상은 다시 지역적 긴장과 세계적 긴장을 상당히 감소시켜 줄 것이다. 지역과 세계 차원에서 나타나고 있는 평화에 대한 위협은, 현재도 그렇지만 미래에는 더욱더 인간의 불화로부터가 아니라 우리에게 영양을 제공하는 자연 자원과 인간 존재들간의 악화된 관계로부터 비롯될 것이다. 이같은 사실은 이곳 민다나오와 중앙아메리카의 엘살바도르와 같은 지역들에서의 경우 너무도 분명하게 드러난다. 소위 폭동이라고 일컬을 수 있는 사태 역시 뿌리를 캐들어가 보면 경작지가 줄어드는 현상에 가닿을 수 있게 된다. 거대한 농업 관련 산업체들의 진출과 대량의 인구 증가 현상에 기인하는 부족 지역들로의 이주민 유입 사태 역시 그러한 폭동의 원인으로 작용하고 있다. 우리가 이러한 사실을 똑바로 직시하지 않는 한 — 무기 생산의 증가는 이러한 문제를 해결하기보다 오히려 악화시키고 있다 — 부족한 자원들을 빼앗기 위한 쟁탈전은 훨씬 더 많은 지역에서 갈등을 야기시킬 것이고, 이런 지역 분쟁들이 세계적인 갈등으로 번질 가능성까지도 있는 것이다.

제3세계의 엘리트들, 특히 제3세계 국가들에서 권력을 장악하고 있는 이들은 자기네 국민들이 점점 더 빈곤해져 가고 있는 현상에 대해서 비난을 면할 도리가 없다. 무능력과 관리 부실, 소리만 요란했지 아무짝에도 쓸모없는 사업 계획들 그리고 노골적으로 자행되는 부정 행위들이 대부분의 경제를 무력화시키고, 엄청난 외채를 자국에 짊어지워서 부담을 가중시켜 왔다. 필리핀의 마르코스 정권이 저지른 사치 행각은 도저히 믿기 어려울 정도이다. 마닐라가 1976년에 국제 통화 기금, 세계 은행 총회 개최지로 선정되었을 때 2억 달러를 썼다. 평범한 필리핀인들 사이에서는 심장 혈관 질환들이 흔히 발생하는 질병이 아님에도 불구하고, 더욱이 필리핀 국민들 사이에서 가장 흔히 발생하는 질환들에 대한 치료조차도 처참하리만큼 제대로 이루어지지 못하고 있는데도 귀하디귀한 돈이 마닐라의 심장병 센터로 투여되었다. 심장병 센터와 사치스런 호텔들은 필리핀의 빈곤을 감안할 때 비록 타당하지는 않다고 하더라도 그래도 혹시 어떤 경제적인 의미를 지닐 수 있을는지 모른다. 하지만 마닐라에 실험적인 영화 센터를 짓는 데 돈을 쏟아부은 사실만큼은 아무래도 정당화되기 어려운 일이지 않을 수 없다.

돈을 허비하는 문제와는 별도로, 필리핀을 포함하여 많은 제3세계 국가들에서, 정부 관료들 사이에 판을 치는 부정 부패에 대한 비난이 거세게 일고 있다. 이에 대해서는 1970년대 중반 설탕 사업에서 벌어진 부패 사례 하나만 살펴보아도 충분할 것이다. 알프레드 맥코이가 「재판정에 세워진 사제들」[7]에서 지적한 바에 따르면, 마르코스 행정부는 국제 시장에서 설탕 값이 폭락 상태에 있는 동안에도 일곱 개의 새로운 설탕 공장 건설을 계속하였다. 이같은 조치가 일체의 합리적인 사업 자문에 역행하는 쪽으로 치달리고 있는데도 말이다. 그 당시 설탕 산업의 전망이 어두웠기 때문에, 마루베니 사 — 설탕 제조 공장들을 건설하는 일본인 상사 — 가 행정부에 있는 사람들의 친척들이나 가까운 친구들에게 공장당 육백만 달러를 제공했다는 사실이 드러났을 때에야 비로소 이러한 정책이 이해가 되었다.

---

7. Alfred McCoy, *Priests on Trial*. Sydney, Penguin Books 1984.

　1965년에 시작된 마르코스 대통령의 통치 기간 동안 필리핀에서는 빈곤을 나타내는 일체의 지수가 증가하였다. 그런데도 외채는 5억 달러에서 260억 달러 이상으로 급격히 팽창되었다. 외국 은행들로부터 빌려온 대부분의 돈이 전혀 국민들에게 가닿지를 않았다. 1985년 7월에 북부 캘리포니아에서 발간되는 일간지인 「머큐리 뉴스」 (*Mercury News*)는 미국 내에 재산이나 사업체를 갖고 있는 필리핀인들의 명단이 실린 세 번에 걸친 기획 기사를 연재한 적이 있었다. 축출당한 대통령과 마르코스 부인을 포함하여 여기에 이름이 올라 있는 사람들의 대부분이 이전 행정부와 줄이 닿아 있는 사람들이다. 미국 경제로 흘러들어온 돈은 수십억 달러에 이르는데, 이는 필리핀의 외채 가운데 상당한 비율에 해당하는 것이다.

　빈곤을 야기시키는 이같은 측면을 집중적으로 파헤치는 것이 제1세계 국민들의 양심의 가책을 누그러뜨려 줄 수는 있을지 모른다. 그렇지만 우리의 이 세계에 빈곤이 증대되고 있는 데 대해서 정작 책임을 져야 할 나라들은 단연코 "개발된" 나라들이다. 이 세계의 빈곤이 증폭되고 있는 현상과 관련하여 오히려 그 선진국들이 더 큰 비난을 받아 마땅한 것이다. 미국과 서유럽, 일본, 소련에서 수행되고 있는 사회·경제·정치·군사적 정책들은 이 나라들의 중요한 소수민족들을 한계상황으로 내몰면서 소외시키고 있고, 이 세계 대다수의 인간 존재들을 더욱 증대된 빈곤 상태로 몰아넣고 있다. 예컨대, 미국의 경우 국회 조사팀과 예산 기구가 작성한 1984년 보고서에는 빈곤한 처지에 있는 어린이들의 수가 1960년 이래 50%의 증가 현상을 보여왔다고 지적되어 있다. 현재 네 명의 어린이 가운데 한 어린이가 빈곤선 이하의 소득 수준에 머무는 가정에서 살고 있는 것이다.

　그토록 많은 제1세계 국가들의 지도자들이 떠들어대는 그 인색한 원조도 최근 수년 동안 상당히 감축되어 왔다. 영국의 대처 정부는

1979년 이래 해외 원조 예산을 실질적으로 8%까지 삭감해 왔다. 그러나 원조는 부차적이고도 지엽적인 문제에 지나지 않는다. 오로지 제1세계 국가들 자체 내에서 보이는 광범위한 변화들, 특히 국제 경제와 무역 체계에 있어서의 근본적인 변화들만이 비로소 부유한 나라들과 가난한 나라들 사이에 점점 더 커져만 가고 있는 불균형 현상을 바로잡아 되돌려 놓을 수 있을 것이다.

오늘 이 시대의 세계 경제 상황은 그리스도인들을 특히 당혹스럽게 만들고 있다. "자신의 머리를 누힐 곳조차 없었던 예수"의 추종자들 15억이 지금은 지구 자원의 3분의 2를 떡주무르듯 주무르고 있고, 평균적으로 비그리스도교 이웃들보다도 3배 정도 더 부유한 상태에 있다. 그러나 다행스럽게도 이들의 태도가 변화를 보이기 시작하는 조짐들이 나타나고 있다. 지난 20년 동안 "개발된" 선진 세계에 살고 있는 일부 그리스도인들이 "개발도상" 국가들에서 살고 있는 형제자매들의 문제 제기에 응답하기 시작한 것이다. 이들은 식민지 지배의 유산에 대해 좀더 분명하게 깨달아 가고 있다. 서방 세계는 식민지 지배를 통해서 부의 중요한 기반을 형성하였다. 하지만 이러한 식민지 지배는 흔히 제3세계 국가들을 빈곤하게 만들어 놓았던 것이다. 이들은 이제, 세계의 모든 사람들이 품위있는 인간적 삶을 영위하는 데 필요한 만큼 이 세계의 자산을 충분히 취득할 수 있도록 보장하기 위해 세계의 자원을 재분배할 어떤 새롭고도 더 공정한 국제 경제 질서를 세워나가는 일에 힘쓰도록 도전받고 있음을 인식하고 있다.

생태계의 황폐화

내가 보기에, 오늘 이 시대에 우리 세계가 직면해 있는 세번째의 중요한 도전은 자연 세계의 지속적인 파괴와 관계되어 있다. 이와 같은 사실은 민다나오의 경우를 통해서 볼 때 너무도 명백한 일이다. 5년 전에 트볼리 부족과 함께 활동하기 시작한 이래 나는 이 문제에 대해서 점점 더 주의를 기울여 왔다. 트볼리인들은 현재 코타바토 (Cotabato) 남부의 산림 지대에 있는 민다나오의 남동쪽 지방에서 사는 인구가 약 7만인 부족민이다. 이들은 최근 수십년 동안 이 나라의 북부와 중부에서 민다나오로 이주해 온 저지대 필리핀인들에게 조상 때부터 전통적으로 대물림되어 온 영토의 상당 부분을 잃었고 또 지금도 계속해서 잃고 있다. 세계 전역에 퍼져 있는 2억의 부족민들과 마찬가지로 이들 역시 사회·경제 계급에서 밑바닥에 위치해 있다. 게다가 빈곤과 영양실조와 질병들로 인하여 시달림을 받고 있어서, 이들은 이들을 파괴하고 있는 세력들이 더 이상 파괴 행각을 보이지 못하도록 강력하게 저지되지 않는 한 문화가 소멸될 일보 직전의 상황에 처해 있다. 이같은 문화 소멸의 위협은 이들의 문화가 내부의 압력에 의해 붕괴되고 있기 때문에 비롯된 것이 아니다. 이는 상업적 이익을 붙좇는 벌목꾼들이 나무를 베어내는 상황, 그리고 저지대 농민들이 부족한 토지를 찾아 계속해서 산림을 훼손하는 농경지 문제로 하여 이들의 환경 ― 열대 우림 ― 이 급속도로 파괴되고 있는 데서 야기되고 있는 것이다.

트볼리의 산림 지대에서 우리는 흔히 나무가 울창하게 우거진 풍부한 환경이라고 생각되는 것이 얼마나 깨지기 쉬운 것인가 하는 점을 깨닫게 된다. 바로 얼마 전까지만 해도 열대림이 빽빽하게 들어서 있던 자리가 지금은 파괴되어 상흔만이 남아 있는 민둥산이 되어 있는 것을 볼 수 있다. 여기서는 이제 잡초나 무성해질 것이다. 이 지역에서 코타바토 남부의 평원 지대로 내려오면 파인애플과 바나나를 키우고 있는 거대한 단일 품종 생산 농장들을 보게 된다. 억수같이 쏟아져 내리는 열대 우림 지역의 비와 바람과 햇빛에 의해 되풀이되는 심각한 침식 현상으로 인해서 이 농장들의 수명은 지극히 짧을 수밖에 없을 것이다. 게다가 살균제와 살충제 그리고 제초제를 다량 사용함으로써 토양은 더욱더 척박해지고 오염될 따름이다. 이 근처를 차를 몰고 지나갈 때면, 난 언제나 한 가지 문제에 마음을 빼앗기고 만다. 이곳 사람들은 어디로 가서 자신들이 먹고 살 식량을 재배할 땅을 구할 것인가? 무엇보다도 특히, 만약 이 비옥한 토지들이 황무지로 변한다면, 자녀들과 미래의 후세대들이 늘어나는 인구를 먹여 살리는 데 필요하게 될 식량을 어디로 가서 재배해야 한단 말인가? 설사 향후 몇 십년에 걸쳐 필리핀에서 출생률이 지속적으로 크게 떨어진다고 하더라도, 전문가들은 현재 5,490만의 인구가 2000년까지는 7,000만 이상에 다다를 것으로 내다보고 있는 이와 같은 상황에서 말이다.

해안을 타고 좀더 내려가면, 해양 자원들이 마구 남용되고 파괴되는 것을 볼 수 있다. 여러 가지 다양한 물고기들의 서식지인 맹그로브 습지대와 산호초들이 다이너마이트로 폭파당하고 있고 — 이것이 이곳의 물고기들을 남획하는 방법으로 쓰이고 있는 것은 물론이다 — 매립 공사로 이 생태계들이 붕괴되고 있다. 현재 많은 필리핀인들의 주식은 물고기와 쌀이다. 그러나 이런 파괴적인 행위들이 근절되고, 오히려 파괴된 생태계들이 복구되지 않는 한 물고기는 조만간에 바닥이 나고 말 것이다.

나 자신이 자연 세계에 대한 이같은 파괴 현상을 목격하고 제1세계 국가들에서 점점 더 심각해져 가는 생태계의 위기에 관한 많은 권위있는 연구 보고서들을 접할 때마다, 나는 지구 공동체를 구성하는 인간 존재들과 인간 이외의 다른 구성원들 모두가 임계점에 다다라 있다는 것을 더욱더 확신하곤 한다. 우리는 이제 더 이상 자연 세계를 이것이 마치 언제까지나 변함없이 존재하기라도 하는 양 당연한 것으로 여길 수는 없다. 무엇보다도 먼저 우리가 해야 할 첫번째 일은 세계에 대한 우리의 이윤 지향적인 접근이 이미 우리에게 안겨 준 손상을 인식하고 지구의 강력한 복원력과 재생력을 적극적으로 돌보기 시작하는 것이다. 에티오피아에서 발생한 기근은 만일 지구가 풍요로운 결실을 낼 수 있는 능력이 손상된다면, 미래에는 무수히 많은 사람들이 기근에 허덕이게 될지도 모른다는 생각을 하게 한다. 오랜 가뭄이 기근의 직접적인 원인이라고 할 수 있다. 하지만 지나친 방목과 부적절한 농업은 표토를 침식시키고, 한때 비옥했던 땅을 황무지로 만들어 버렸는데, 자연 세계와 인간간의 이와 같은 파괴적인 관계 역시 기근의 원인으로 작용하고 있는 것이다. 이제 인간 존재들은 세계 전 지역에서 자연 세계와의 새롭고도 덜 착취적인 관계를 찾아나서야 할 필요에 직면해 있다.

이러한 새로운 관계를 모색하려는 우리의 노력들에 있어서 종교가 중요한 역할을 맡아주지 않으면 안된다. 종교는 이전 세대들이 자연 세계에 대해서 간직했던 존중과 경외심을 오늘의 우리가 되찾을 수 있도록 힘이 되어 주어야만 하는 것이다. 그러나 우리는 단순히 어느 정도 이상론적으로 무작정 과거로 돌아갈 수도 없을 뿐더러, 현대 과학이 우리에게 전해 준 이 세계에 대한 지식을 잊어버릴 수도 없다. 실제로 우리의 지구에서 전개되어 나온 물리적·생물학적·영적 발생 과정에 대한 이와 같은 통찰들은 우리로 하여금 우리의 조상들이 이 세계에 대해서 지녔던 존중심을 뛰어넘도록 이끌어줄 수 있다. 우리는 무수히 많은 생명체들의 아름다움과 다양성 안에서 경이롭고 상호 연관된 한 공동체를 보는데, 이 공동체는 잘 돌보면 풍

성한 결실을 맺을 것이지만 남용되거나 악용될 경우 무참히 깨어질
수 있는 그런 것이다. 이것은 두려움과 외경, 감사의 마음 그리고 전
통적으로 살림살이 내지 양육에 견주어져 온 현명한 경작을 떠올리
게 해주는 그러한 세계이다. 자연 세계는 모든 종교적 전통에 있어
서도 중요하다. 이것은 자체의 아름다움과 풍요로움을 통하여 하느
님이 남녀노소 모든 인간들에게 자신을 드러내주시는 근원적인 계시
가 된다. 세계 전역에 퍼져 있는 부족민들처럼 우리 역시 다시 한번
더 자연 안에서 하느님과 친교를 나눌 수 있어야 할 것이다.

최근 수년 동안 많은 그리스도인들과 그리스도교 지도자들이 문화
와 사회정의에 의해 제기되어 온 도전에 응답하기 시작했다. 그러나
아직도 생태학적 위기에 의해 제기되는 도전에 대해서 응답하는 사
람은 소수에 불과하다그 말할 수 있는 것이 사실이다. 실제로, 그리
스도교 지도자들은 종종, 현대 세계에서 수백만의 사람들이 겪고 있
는 끔찍스런 빈곤과 더불어 공존하는 저 탐욕에 물든 정신과 광기서
린 물질주의를 단죄해 왔다. 하지만 설령 이같은 문제가 제기될 때
조차도 — 교황 바오로 6세의 「로이 추기경에게 보낸 사도 서한」[8]이
나 교황 요한 바오로 2세가 1985년 8월 18일 나이로비에 있는 국제
연합 환경 센터에서 행한 연설[9]에서처럼 — 이것은 전적으로 인간 중
심적인 관점에서 조망되고 있다. 그렇기 때문에 여기서는 전혀 전
지구 공동체에게 가해지고 있는 손상의 정도가 제대로 드러나지 않
고 있는 것이다. 뒤에 가서 우리가 보게 되겠듯이, 이러한 인간 중심
적인 시각은 엄청난 양의 물을 각종 유해 물질들로 오염시키고, 공
기를 오염시키고, 토양을 척박하게 만들며, 미구에 지구상의 모든
창조물들을 여지없이 훼폐시키고 말 생태학적 위기의 규모와 다면적

---

8. 21항.

9. L'Osservatore Romano, 주간판, 1985년 8월 26일자, 7-8면.

인 차원을 파악하는 데 있어 적절한 틀이 되지 못한다. 문제에 대한 이해가 적절치 못하기 때문에, 종교 지도자들은 신자들이 이 문제에 대해서 정면으로 맞설 수 있도록 도와서 너무 늦기 전에 이에 대해 무언가를 실행하도록 자극할 수 있는 방식으로 자신들의 종교적 전통들의 깊이를 간파해 내지 못하고 있는 것이다.

종교 지도자들은 또한 악화되고 있는 환경이 그리스도교 신앙 자체에 제기하는 도전을 인식하지 못하고 있는 듯싶어 보인다. 스스로 지질학자로 자칭하는 인물로서 뉴욕에 있는 리버데일 종교 연구 센터(Riverdale Center for Religious Research)의 책임자로 활동하고 있는 토마스 베리 신부는 최근의 논평에서 그리스도교 교회들에 관련하여 다음과 같은 진술을 하고 있다:

나의 질문은 이렇다: 구조선이 불타버리면 우리가 어떻게 떠 있을 수 있겠는가? 현재 교회는 자신이 지니고 있는 막대한 권위와 에너지, 교육적 자원들, 영적 계율들을 어떤 창조적인 맥락에 위치시킬 수 있는 비길 데 없는 기회를 갖고 있다. 이것은 지구를 하나의 생-영적(bio-spiritual) 행성으로 쇄신시키는 데 일조할 수 있을 것이다. 만일 이러한 시도가 즉각 행해지지 않는다면, 이번 세기가 채 다 끝나기도 전에 엄청난 손상이 가해질 것이고, 이에 따라 미래의 모든 세대들은 어마어마한 수의 생물 종들을 되돌이킬 수 없이 상실하게 되고 말 것이다. 지구의 운명에 대한 이와 같은 종교적 책임을 스스로 떠맡음으로써만 이 교회는 인간이나 지구의 생명 과정에 있어서 어떤 참다운 위치를 되찾게 될 것이다.[10]

---

10. Thomas Berry, *Newsletter of the Center for Reflection on the Second Law.* 8420, Camellia Drive, Raleigh, North Carolina. Circular No. 53.

땅의 신학

만약 현재의 추세가 이대로 계속된다면, 이 세기가 바뀌기 이전에 우리는 벌써 핵으로 인한 그 어떤 대재앙 못지않을 만큼 결코 되돌릴 수 없는 환경적 재난에 봉착하게 될 것이다. 이 책의 1부에서는 이 문제의 성격과 범위에 대해 진술하고, 이어서 현재 발생하고 있는 상황을 이해하는 데 필요한 틀을 그려 나갈 것이다. 이에 따라 2장에서는 생태학에 관한 몇 가지 일반적인 성찰들을 개진한 뒤에 물과 공기, 토양 그리고 유전학적인 다양성에 대해서 가해지고 있는 손상을 개관해 나가기로 한다. 여기서 구체적으로 제시하는 많은 예들은 필리핀에서 이끌어올 것이기는 하지만, 이를 통해서 조망해 보려는 것은 세계 전체에서 현재 벌어지고 있는 실상인만큼 그 관점은 보편적인 것이 되도록 견지해 나갈 것이다. 나는 이 두 나라와 가깝다. 나 자신이 아일랜드에서 태어나 여기서 학교를 다녔다. 그리고 필리핀에서는 16년 동안 일해 왔고 또 교육을 받아왔다. 4장에서는 오늘 이 시대에서 제3세계오 제1세계 국가들에서 벌어지고 있는 일을 주목하면서, 현재 발생하고 있는 불미스런 사태의 역사와 이에 대한 우리의 태도들을 간략히 살펴볼 것이다.

나는 여기서 계몽주의 시대 이래 그리스도인들이 이제 더 이상은 지구와의 관계에 있어서 자신들을 이끌어줄 어떤 포괄적인 "우주 이야기"(story of the universe)를 갖고 있지 않다는 사실을 밝혀 나갈 것이다. 이 공백은 이것이 서구 식민주의의 침략적이고 착취적인 팽창과, 자연 세계를 재가공하기도 하고 여러 가지 다양한 방법으로 파괴하기도 하는 현대 과학 기술의 힘이 점점 증대되는 현상과 일치할 때 특히 비극적이다. 18세기 후반과 19세기 그리고 20세기에 들어서면서 과학적 발견들에 의해 우주와 살아 있는 것들의 공동체가 어떻게 출현하였는지에 대한 새로운 이야기가 기술되기 시작했을 때, 여기에는 이 새로운 통찰들의 의미에 대한 종교적 성찰은 거의 없었다. 이는 불행한 일이었다. 이 새로운 이야기는 현대 서구 사회, 특히 이 사회의 과학 기술을 자연 세계에 대한 관계에 있어서 약탈보다는 오히려 경외와 경탄, 찬양 그리고 책임으로 특징지어지는 전혀 다른 어떤 궤도를 따라 이끌어갈 수도 있었을 것이기 때문이다.

1부는 그 "새로운 이야기"를 제목으로 하는 장으로 끝을 맺고 있다. 떼이야르 드 샤르댕과 토마스 베리의 저서들에 그 토대를 두고 새로운 종합을 시도하는 이 장이 이 책의 중추적인 장이다.

2부에서는 창조계와 관련한 그리스도교 신학을 위해 우주에 관한 이 새로운 이야기가 함축하고 있는 의미들을 이끌어 내고자 한다. 세 개의 장이 이같은 작업에 할애될 것이다. 먼저 6장에서는 성서적 전통에 주의를 기울이고, 7장에서는 그리스도교 메시지가 세기를 거듭하면서 어떻게 영위되어 내려왔는지, 즉 자연 세계에 대해 취해진 존경과 파괴가 어떤 방식으로 표출되어 왔는지를 검토해 나갈 것이다. 나는 이를 그리스도교 전통의 밝은 면과 어두운 면이라고 일컫고 있다. 그리고 8장에서는 우리의 창조신학이 다른 종교, 신앙들의 가르침들과 전통들에 의해 얼마나 풍요로워질 수 있는가를 살펴보기로 한다. 9장과 10장, 11장 그리고 12장에서는 전례와 성사들, 그리스도교 윤리생활, 또한 영성과 선교와 관련하여 이 풍부해진 창조신학이 함축하고 있는 의미들을 논의한다. 제1부의 상당 부분이 생태학적으로 정향되어 있는 과학들로부터 얻은 자료들에 기반해 그 중추를 이루고 있다. 이에 비해서 제2부에서는 신학적 자료들에 기반한 성찰들이 그 중심부에 자리잡고 있다. 그렇지만 신학적 고찰과 과학적 고찰들 사이에 명확한 구분이 있는 것은 아니다. 이 양자는 모두가 "새로운 이야기"(New Story)의 중심부에 위치하고 있기 때문에, 떼이야르 드 샤르뎅 자신이 제시한 모델이 그렇듯이 서로 교직 (交織)되어 있는 것이다.

이 책은 "새로운 이야기"가 선교와 관련하여 함축하고 있는 의미를 간략하게 성찰하는 것으로 끝맺고 있다. 이런 식으로 해서 이 순환 과정이 끝난다. 성찰은 선교의 맥락에서 시작하였고, 궁극적으로 그 맥락으로 되돌아가고 있는 것이다. 예수의 복음에 대한 증거와 더 정의로운 사회 질서에 대한 관심 그리고 지구를 돌보는 것, 이 모두는 서로가 서로에 맞물려 있고, 따라서 우리는 이중에 그 어느 하나도 뒤처지게 하는 일이 없도록 해야 할 것이다.

제 1 부

지상의 생명에 대한 위협

제 1 부

지상의 생명에 대한 위협

지구 파괴

생태학이라는 말은 그리스어 *oikos*라는 말에서 유래한다. 이것은 "집" 혹은 "살 곳"을 의미하는 어휘이다. 유진 오덤의 「생태학의 기초」[1]에 따르면, 생태학은 문자 그대로 구체적인 서식지에 살고 있는 유기체들에 관한 연구이다. 여기에는 생물체들과 이들이 살고 있는 장소에 대한 연구, 연구 대상지로 선정된 곳을 총체적으로 구성하고 있는 생물과 무생물들 속에서 그리고 이것들간에 나타나는 상호 작용에 대한 연구가 포괄되어 있다. 따라서 생태학은 어떤 특정한 환경 혹은 생태계에 있어서의 연관 구조들과 다양한 관계, 또한 여기서 파악되는 상호 의존성들의 복잡한 체계를 이해하고자 시도한다. 초원 지대나 담수호, 맹그로브 늪지대, 섬, 대륙, 대양 그리고 마침내는 지구 자체가 이 학문의 연구 대상이 될 수 있는 생태계들이다.

생태학은 우리에게 인간 존재들이 이 "집"의 일부를 구성하고 있다는 사실을 일깨워준다. 4장에서 보게 되겠듯이, 지난 수백만년 동안 우리는 지구와 더불어 진화해 왔다. 만일 우리가 지구 없이도 살아남을 수 있다고 생각한다면, 이는 전혀 잘못 보고 있는 것이다. 그런데도 우리가 지금 그러고 있는 것처럼 계속해서 지구를 무시해 버린다면, 우리는 집 전체가 무너져 내리는 소리를 직접 듣게 되고 말 것이다.

---

1. E. Eugene Odum, *Fundamentals of Ecology* (W. B. Saunders Company, Philadelphia, 1971) 3면.

생태학은 새롭게 대두되기 시작한 학문으로서, 생물학과 유전학, 생화학, 동물학, 화학, 지질학 그리고 지리학 등 많은 과학들로부터 쏟아져 나온 통찰들의 종합화를 시도해 나가고 있다. 여기서 특히 초점이 맞추어지고 있는 것은 어떤 단일한 유기체가 지니고 있는 속성들이 아니라 생명체들과 이것들이 속해 있는 환경간의 다양한 상호 관계이다. 관계적이고 역동적인 시각이야말로 이 연구의 수준을 가늠해 주는 척도인 것이다.

생태계들은 결코 완전하게 정적인 상태로 있어 본 적이 없다. 이것은 역동적인 실재인 까닭이다. 그럼에도 불구하고 대부분의 생태계는 자체의 자연 환경 내에서, 외부로부터 관계 양식을 파기시킬 중대한 변화들이 끼어들지 않는 한 어떤 역동적인 안정성을 구축해 나간다. 어떤 상황들에 있어서의 경우 외부로부터의 영향이 너무나 거대해서 생태계가 붕괴당하고 만다. 부영양화 현상이 그 한 적절한 사례이다. 이것은 깨끗한 물에 흘러드는 질소와 인의 양이 몹시 과다해지면서 호수의 전통적인 생물들을 다량으로 질식시키고 호수 자체를 생물학적으로 "죽음"의 상태로 몰아넣는 조류(藻類)의 번식을 유발할 수 있는 것이다. 연구의 초점이 어떤 단일한 생태계로부터 지구 자체로까지 확대되면서 많은 생태학자들은 생명권에서 현재 발생하고 있는 변화들 — 지구상의 모든 생명체에 있어 필요불가결한 공기와 물 그리고 별로 두텁지 않은 토양층에서의 변화 현상들 — 이 너무도 엄청나서 마침내는 이러한 변화들로 인해 인간 존재들을 포함한 모든 생물체들에 미칠 비참한 결과들과 더불어 대양들과 같은 그야말로 본질적인 생태계의 붕괴 내지 심각한 훼손 현상이 야기되고 말 것이라는 사실에 대해 크게 두려워하고 있다.

생태학은 역사의 전개 과정에 있어서 바로 지금 우리 모두가 공유하고 있는 단 하나뿐인 안식처 — 집인 이 행성 지구 — 를 우리가 더 잘 돌보기 시작할 수 있기 위해 개인으로서는 물론 인간 가족으로서의 우리 하나하나에게 많은 것을 일깨워줄 수 있을 것이다.

그런데 생태학이라는 말 자체에 한 가지 문제가 있다. 이 말의 어원은 우리의 안식처(집)를 이해하고 돌보고 보존하기 위해서는 어떤 것들이 요청되는지를 잘 기술해 주고 있다. 하지만 생태학이라는 말은 그리스어에서 유래된 다른 많은 영어 명사들이 겪는 것과 같은 운명을 겪고 있다. 즉, 이것은 전문적이고 추상적인 것으로 들리는 것이 사실인 것으로서, 이에 비전문적인 평범한 사람들 사이에서 어떤 열렬한 반응을 불러일으키는 데 실패하고 있는 것이다. "생명 공동체"(lifecommunity) 혹은 "살아 있는 것들의 공동체"(the community of the living) 혹은 "지구 공동체"(Earth community)와 같은 말들은 정서적으로 더 사람들의 마음을 끌어당기는 매혹적인 의미들을 함축하고 있을 수도 있고, 따라서 더 많은 사람들로 하여금 우리의 안식처 ― 집 ― 가 공격받고 있다는 사실을 깨닫게 해줄 수도 있을 것이다. 그러나 불행하게도 적은 내부에 있다. 그리고 이것은 언제나 쉽게 파악되지도 않을 뿐더러 제대로 대적되지도 않는다. 예컨대 종교적인 믿음들이 양심의 가책을 불러일으키지 않는 가운데 지구에 대해서 파괴적인 그런 행위를 촉발시킬 수 있다는 것은 참으로 뜻밖의 충격적인 현상으로 체험될 수밖에 없을 것이다. 구원이라는 것은 전적으로, 이 세계와는 다른 세계 차원의 실재로 보는 그리스도인들은 흔히 자신들의 신앙 안에서 사람들 사이에서 나타나는 불의라든가 지구의 파괴와 같은 문제들에 의해 도전받도록 하지를 않는 것이다.

중독된 지구

커머너가 「순환의 끝」[2]에서 개진하고 있는 바에 따르면, 모든 생물체들과 무생물체들간의 상호 연관성과 상호 관계성은 생태학에 있어서 가장 주요한 법칙이다. 우리가 농작물에 뿌리는 것에 대해 특히 주의를 기울이지 않으면 안되는 이유가 바로 여기에 있다. 왜냐하면 우리가 살균제, 살충제, 제초제를 뿌린 그 농작물들이 결국에는 우리의 식탁에 올려져서 우리를 중독시킬 것이기 때문이다. 과일 상자에 깔끔하게 정돈해서 담아 놓은 모양새가 좋고 영양이 풍부해 보이는 듯한 과일들을 예로 들어보자. 불행하게도 이것들은 필경 겉으로 보이는 것처럼 그렇게 건강에 유익한 것이 되지 못할 것이다. 다량의 살충제와 첨가제들 — 많은 유독성 화학 약품들 — 이 과일을 성장시키고 숙성시키는 데 쓰인다. 1980년 캘리포니아 한 지역에서만도 300만 파운드의 화학 약품들이 쓰였다. 이 전체 물량 가운데 약 20% 가량이 소위 "미용 효과"라고 할 수 있는 결과를 얻기 위해 사용된 것으로 추산되는데, 그 많은 양의 약품들이 과일이 단지 먹음직스럽고 좋아 보이게 만들고 그리하여 시장에서 높은 값에 팔리게 하려는 목적으로 쓰이고 있는 것이다.

지난 40년 동안 각종 화학 비료와 살충제, 제초제와 같은 화학 약품들이 농업에 쓰여 왔다. 처음에는 이런 것들로 인하여 많은 수확을 올릴 수 있게 되자 너나 할 것 없이 거의 대부분의 농민들이 호의적으로 받아들였다. 그렇지만 얼마 지나지 않아서 화학 약품들의 지속적인 사용이 장기적으로 토양이 지닌 천연의 비옥함을 파괴한다는

---

2. Barry Commoner, *The Closing Circle* (New Bantam Books, 1972) 29-44면.

사실을 깨닫게 되었다. 우선 첫째로 이것들은 사멸시킬 유기체들을 골라내서 죽이지 않는다. 뿐만 아니라 이것들은 농부들이 병충해라고 생각하는 유기체들을 죽이는 데에 그치지 않고, 토양에 이롭고 자연적으로 병충해들을 막아주는 유기체들까지도 파괴해 버리는 것이다. 또한 살충제는 토양을 비옥하게 만들어 주고 산소를 공급하는 데 중요한 역할을 담당하는 것으로서 농부들의 가장 좋은 친구 가운데 일부인 땅 속에 사는 지렁이와 같은 벌레들도 죽인다. 뿐만 아니라 살충제는 인이나 칼륨, 철, 망간과 같이 토양을 기름지게 하는 데 결정적인 영양소들을 토양으로부터 걸러내 버린다.

오늘의 제1세계 국가들의 국민은 살충제들로부터 가해지는 건강에 대한 위협에 관해서 잘 인식하고 있다. 이런 이유로 해서 살충제의 사용이 많이 금지되거나 엄격하게 제한되고 있다. 이것들은 암이라든가, 유전적인 질환들, 불임증, 피부 알레르기 혹은 기종(氣腫) 등을 일으키는 원인으로 알려져 있다. 불행하게도 유독 성분은 맨 처음에 살포된 이후로도 오랜 동안 토양에 남아 계속해서 해독을 끼칠 것이다. DDT와 같은 유기 염소 성분이 내포된 살충제는 수년 동안 토양에 남아 작용한다. 이것들은 먹이 사슬을 통해 계속해서 유독 성분을 전이시키는데, 현재는 화학 약품과는 전혀 직접적으로 접촉해 본 적이 없는 북극 지방의 물고기와 새들의 지방 조직에서까지 발견되고 있다.

제1세계 국가들에서는 몇 가지 통계 방법들을 도입하여 실행해 오고 있다. 그러나 제3세계 국가들에서는 다국적 기업들이 소유하고 있는 대규모 농장들에서 재배되는 과일이라든가 야채 혹은 그밖의 다른 농업 생산물들에 제1세계 국가들에서 금지되거나 엄격하게 통제되고 있는 위험한 화학 약품들이 지금까지도 살포되고 있다. 이 화학 약품들은 제3세계의 시장들에서 쉽게 구할 수 있고, 실제로 덤핑으로 판매되는 일까지 비일비재하다. 많은 화학 약품 제조 회사들이 제1세계 국가들에서 살충제의 시장 매출액이 저하되자 이제 제3세계 국가들을 겨냥하기 시작하면서 자국의 정부들에 대해 위험한 화학 약품들의 수출 제한 조처를 완화하도록 압력을 가해 왔다. 1980년 레이건 행정부가 최초로 취한 조치들 가운데 한 가지는 그의 전임 대통령이었던 지미 카터에 의해 취해진 위험한 물질들에 대한 수출 금지령을 폐지한 것이었다.[3] 또 한 가지 위험한 진전 현상은 이윤 추구에 급급한 많은 화학 약품 제조업자들이 서둘러서 제3세계 나라들 내에 농약 생산 공장들을 만들어 온 것이다. 이것들은 대개가 불완전한 상태에서 형편없이 관리되고 있는데, 이런 상황에서는 오히려 전세계가 1984년 12월 인도의 보팔 시에서 목격한 것과 같은 비극적인 사건들이 터질 수밖에 없는 일이다.

　제3세계의 노동자들은 대부분이 살충제 중독으로부터 아무런 보호도 받을 수 없는 처지에 있다. 나는 이곳 민다나오에서 농부들이 아무런 보호복도 입지 않은 채 거의 매일같이 농작물에 농약을 뿌리는 것을 본다. 많은 사람들이 호흡 과정에서 농약 냄새를 들이마심으로써 폐질환들과 피부 알레르기를 겪는데도 불구하고 이들이 자신들의 병을 살충제 살포와 연결짓게 되었을 때는 이미 병세가 한참 진전된 후이다. 제조업자들은 자신들의 생산품들을 적극적으로 선전한다. 이들은 농부들에게 "기적적인" 수확을 약속하지만, 화학 약품의 사용과 연관되어 있는 장기간에 걸친 위험들에 대해서는 의도적으로 언급하지 않는다. 이들은 농부들에게 살충제가 농촌 지역에서의 경우 전통적인 단백질 공급원인 물고기와 연체동물들에 대해서 해독을 끼친다는 사실을 말하지 않는다. 농부들이 화학 약품들을 사용할 때 이들이 사전에 어떤 주의들을 기울여야 하는지를 알려주고 이에 따르도록 장려하는 데 있어서 거의 아무런 노력도 보이지 않는다. 농

---

3. *Multinational Monitor*, 1984년 8월, Washington, D. C. 20036.

부들은 너무도 흔히 화학 약품들의 각종 부작용에 대해서 무지한 상태이다.

대규모 단일 품종 재배 농장들에서의 경우 근로자들은 흔히 훨씬 더 열악한 처지에 있다. 민다나오와 코타바토 남부 및 부키드논(Bukidnon)에 있는 많은 농업 관련 사업체들은 그들이 재배하는 파인애플과 바나나에 공중 살포를 한다. 이때문에 땅에서 조종사에게 방향을 알려주는 신호수들과 지척에 있는 합숙소에서 거주하는 사람들까지도 농약에 중독되고 있다.

살충제와 관련된 질병들은 제3세계에서 건강을 위협하는 주요한 요인이 되고 있다. 옥스팜(Oxfam Committee for Famine Reliefe)은 제3세계 국가들에서 살충제로 인한 중독 사례가 현재 연간 약 75만 건에 이르는 것으로 추산하고 있다. 살충제에 중독된 사람 모두가 죽은 것은 아니지만, 제3세계 국가들의 상당 비율의 인구가 건강에 손상을 입고 있다. 국제 연합 환경 프로그램(UN Environmental Programme)의 전임 책임자인 모리스 스트롱(Maurice Strong)은 중앙 아메리카의 한 농부의 신체 조직에는 평균 수준의 북아메리카 농부보다도 약 11배나 더 많은 DDT가 잔류해 있을 것으로 추산한다.

자국에서 사용할 경우 위험하다고 간주되는 물질들을 제3세계 국가들에다가 덤핑으로 판매하는 이같은 행위는 냉혹하고 비도덕적일 뿐만 아니라 근시안적이기도 한 행위이다. 사실 많은 나라들이 미국에 농작물을 수출할 수 있도록 영향력을 행사해 왔다. 이에 따라서 이번에는 미국 시민들을 중독시킬 유독성 화학 약품들이 과일, 야채들과 더불어 밀려들어가고 있는 것이다. 이같은 중독의 순환 현상은 모든 생물체들 사이의 연결고리들을 드러내 주는 더할 수 없이 적절하고도 정확한 하나의 실례이다.

지금까지 진술해 온 내용을 요약하자면 다음과 같다. 지난 40년 동안 우리는 지구의 거의 모든 지역에서 지속적으로 자연의 몸뚱아리를 점점 더 중독시켜 왔다. 각종 화학 비료나 살충제, 살균제, 제초제 같은 화학 약품들이 장기간에 걸쳐 미치는 유해 작용들에 관한 포괄적인 지식도 전혀 없이 우리는 자연이 정교하게 이루고 있는 균형을 함부로 건드렸던 것인데, 이로써 많은 지역에서 농작물을 손상시키는 병충해들보다도 더 큰 문제들을 야기시키고 있는 것이다.

하지만 다행스럽게도 사람들은 손상을 복구시키기 위해 행동을 취하기 시작하였다. 미국의 경우 환경 보호 기금(Environmental Defense Fund)에서 화학 약품들의 사용에 대한 금지와 통제를 더 강화시키려는 운동을 벌이고 있다. 국제적 수준에서는 1982년에 말레이시아에서 살충제 교역에 관한 전세계 규모의 회의가 개최된 바 있는데, 이 회의의 결실로서 PAN(Pesticide Action Network)이라는 기구가 창설되었다. 이 기구는 농업 종사자들로 하여금 병충해를 막는 데 있어서 전통적인 생물학적 방법들로 되돌아갈 것을 장려하고 있다. 또한 이 기구는 화학 약품들이 미치는 유해한 효과들에 관한 정보를 널리 알려주고, 그런 약품들의 제조와 수출, 사용을 통제하는 법률 제정을 위해 운동을 벌이고 있다. 그리고 교육 기관들과 농민 단체들 그리고 소비자 단체들을 위한 교육용 프로그램들을 마련하기도 한다.

생태학의 불문율들 가운데 또 다른 한 가지 — 모든 것은 어디인가로 가게 되어 있다 — 는 상호 관계성이라는 주제가 약간 변화된 것에 다름아니다. 어떤 한 유기체 내지 생명체에 의해 배설된 것은 다른 생물체에 의해 먹이와 같은 다른 어떤 형태로 흡수된다. 먹이 사슬의 과정들로부터 벗어날 수 있는 것은 아무것도 없다. 식물은 태양 에너지를 통하여 무생물의 세계를 살아 있는 조직으로 만들며, 동물들은 식물을 먹이로 하고 또 서로를 먹이로 한다. 인간들은 동물 세계의 일부를 구성하고 있고, 이에 동물과 식물을 모두 먹는다.

그런데 불행하게도 이러한 법칙을 진지하게 받아들이지 않음으로써 비극적인 결과들을 낳게 되는 사례들이 허다하다. 살충제의 부적절한 사용도 그 한 가지 예이다. 각종 살충제는 무독한 상태로 쉽게 분해되지 않기 때문이다. 일본의 미나마타 만에서 발생한 산업 공해는 너무도 유명한 또 다른 한 사례이다. 이곳에 들어서 있던 공장들은 여러 해 동안 수은으로 오염된 물을 미나마타 만에 방출해 왔다. 이제 점차적으로 수은이 먹이 사슬을 통과해 나가서 마침내는 식용 어류에 축적되기에 이르렀다. 이 지역의 바다에서 나는 해산물을 먹은 최소한 일만 명의 사람들이 현재 다양하게 정도의 차이를 보이는 가운데 불구 상태에 시달리고 있다. 어떤 사람들은 전신이 마비된 상태에 처해 있고, 또 어떤 사람들은 눈이 멀거나 아니면 만성적 두통에 시달리거나 하면서 증상과 정도 면에서 다양하게 고통을 겪고 있다. 미나마타 병과 같이 이제는 벌써 잘 알려져 있는 산업 오염으로 인해 발생한 병으로 사망한 사람들이 이미 600명을 넘어서 있다.

산업 오염

이런 류의 산업 오염은 비단 제1세계의 산업화된 국가들에만 국한해서 발생되는 것이 아니다. 나는 1976년부터 1981년까지 5년 동안 민다나오 섬의 마라위(Marawi) 시에 있는 민다나오 주립 대학에서 교목으로 지냈다. 해변에 인접해 있는 도시인 일리건(Iligan)에는 두 개의 시멘트 공장을 포함하여 공기를 오염시키는 상당수의 산업체들이 있다. 이 공장들은 호흡기 계통의 질환들을 일으키는 데 있어서 커다란 책임이 있다. 제철 제조 공정 역시 먼지를 대기 중으로 배출하고 철강 제조 과정과 관련되는 산화 물질들과 화학 약품들로 만을 오염시킨다. 비닐 제조 공장에서는 가성소다와 염산염 그리고 폴리비닐 염화물을 산출해 낸다. 일리건 과학 기술 연구소(Iligan Institute of Technology)에 적을 두고 있는 과학자들의 예비 조사 결과는 이 만에 서식하는 물고기와 수중 유기체들에서 발견되는 수은의 현재 수준이 허용될 수 있는 정도를 넘어서 있는 상태임을 지적하고 있다. 이같은 사실을 통해 사람들은 비닐 제조 공장에서 불법적으로 눈을 피해가면서 수은을 만으로 흘려보내고 있다는 것을 확신하고 있다. 이 지역에서 이와같이 야비한 행태를 일삼는 제조업체들 가운데는 마리아 크리스티나 화학 산업 회사와 내화 물질 생산업체인 RCP(Refractories Corporation of the Philippines)[4]가 있다.

우리의 산업 공해의 대부분은 "변기 아래로 흘려내려 버리는 것"

---

4. *Profits From Poison*. Farmers Assistance Board, Inc., P. O. Box AC-623, Quezon City, Philippines.

과 같은 식의 태도에서 발생한다. 일단 해로운 물질이 눈에 보이지 않는 곳에 있게 되면 사람들은 그것에 관해 잊어버리는 경향이 있다. 이와 같은 "안 보이면 그만"이라는 식의 태도 — 오늘 이 시대에 너무도 흔히 볼 수 있는 태도인데 — 는 매우 위험하다. 언제나 한결같이, 그야말로 단 한 번의 예외도 없이 우리가 한 행위는 우리에게로 되돌아와서 집요하게 우리를 붙어다닌다. 불문율들 가운데 또 다른 한 가지 법칙은 "공짜 밥이란 없다"는 것이다. 이것은 우리가 덤핑 물건들에 익숙해 있을 때 오히려 다른 사람들의 삶의 터에 어떤 충격이 조성된다는 것을 말해 준다. 우리는 누군가가 비용을 지불하지 않으면 안된다는 것을 알고 있다. 그러나 불행하게도 비용을 지불하도록 요청받는 사람들은 그들 자신의 건강이나 환경에 가해진 손상과 관련해 볼 때 대개가 맨 처음으로 오염을 일으켜 곤경을 유발시킨 사람들이 아니라는 사실이다.

산성비는 이같은 순환 현상을 아주 잘 예증해 주고 있다. 미국과 영국, 독일, 일본 그리고 그외 산업화된 국가들에서의 경우 산업 도시 생활에 있어서 그야말로 전형적인 한 특징인 스모그에 대처하는 한 가지 방법으로서 산업체들로 하여금 연기를 뿜어올리는 굴뚝을 좀더 높이 세워 올리도록 권장할 것을 결정하였다. 굴뚝을 보다 더 높이 올리는 방법은 공장 지역 일대의 스모그를 경감시키는 데 보탬이 될 수 있을 것이다. 그러나 그렇게 할 때 수백 마일 떨어져 있는 담수호와 경작지와 숲들에 심각한 문제들을 야기시키게 된다. 높은 굴뚝들은 바로 눈앞에서 벌어지는 한 가지 공해 문제를 해결하는 듯 싶지만 그것은 또 다른 공해 문제를 일으키고 있는 것이다. 석탄에서 발견되는 것으로 연소시에 배출되는 바나듐이 이 높은 굴뚝들 속에서 오랜 기간 동안 아황산 가스와 접촉되었다가 굴뚝을 통해 대기 상층권으로 뿜어올려지게 된다. 북아메리카와 유럽에서는 강한 바람이 아황산 가스와 산화질소를 캐나다와 스칸디나비아 전역으로 이동시키고 있고, 그 과정에서 이것들은 각각 다른 물질로 변하게 된다. 즉, 아황산 가스와 산화질소는 수증기와 만나 작용하게 되면 황산과 질산으로 변하여 비나 눈에 섞여 땅에 떨어진다. 이 비는 때때로 식초와 같은 정도의 산성도를 보인다.

캐나다와 스칸디나비아에 있는 수많은 담수호들은 현재 이처럼 산성화되어서 모든 생물체들이 죽어가고 있다. 스웨덴 한 나라에서만 해도 총 96,000개의 호수 가운데 18,000개의 호수가 산성화되어 있다. 산성 토양의 증가는 독일 서남부의 산림 지대인 슈바르츠발츠를 파괴하고 있다. 이 비옥한 산림 지대는 독일 신화에 있어서 워낙 중요한 곳이기 때문에 산성비는 독일에서 이미 정치적 쟁점이 되었다. 이 숲의 파괴는 또한 독일의 목재 산업에도 커다란 손상을 끼치고 있다. 뿐만 아니라 산성비는 캐나다와 미국간의 여러 관계에도 금이 가게 만들고 있는 중이다. 즉, 캐나다 과학자들은 동부 캐나다로 밀려 들어오는 450만 톤 이상의 산성 물질이 미국에서부터 발생한 것으로 추정하고 있다. 그러나 레이건 행정부는 중공업 산업체들과 석탄의 연소에 의해 방출되는 유해 물질들을 제한하여 문제의 근원을 효과적으로 척결해 나가기보다는 더 과학적인 연구를 내세우면서 의도적으로 문제의 해결을 지연시키고 있다.

산성비에 관한 문제를 논의하기 위해서 1984년 7월 뮌헨에서 한 국제 회의가 개최되었다. 이 회의에 참가한 18개 나라들은 이 문제의 심각성을 인식하고서 향후 5년에 걸쳐 각국의 아황산 가스 방출량을 30%까지 감소시키기로 결의하였다. 그러나 충분히 예견할 수 있는 일이었지만, 대처 정부와 레이건 정부는 모두 서명하기를 거부했다. 이런 일들이 산성비를 유발시킨 주범으로 지목되고 있는 주요 용의자들 사이에서 벌어지고 있는 한 앞으로 수년 안에 산성비가 감소될 희망은 거의 없는 상황이다. 실행 없이는 문제의 척결은 이루어지지 않는 법이다. 누군가는 반드시 대가를 지불해야만 할 것이다. 그것도 유독 가스로 인해 공기가 오염되고 삼림이 파괴되고 물고기가 멸종되는 것과 같은 혹독한 대가를 말이다.

필리핀과 제3세계 국가들은 아직 산업화된 국가들에서 현재 측정되고 있는 그런 정도의 산성비가 내리는 사태는 겪지 않았다. 그렇지만 애석하게도 필리핀은 지금 빠른 속도로 그와 같은 측정치를 따라잡고 있다. 2년 전 마닐라를 막 벗어난 위치에 자리잡고 있는 타이타이(Taytay)라는 곳에서 열린 한 회의에 참석하고 있을 때였다. 그때 나는 오후만 되면 이 도시에 자욱하게 끼어 있는 스모그를 볼 수 있었다. 필리핀의 NPCC(National Pollution Control Commission)는 1979년에 자동차와 공장들로부터 매일 400톤의 공해 물질이 대기 속으로 방출된 것으로 추정하였다.

산성비는 이 세계의 모든 것들 사이에 실재하는 관련성을 다시 한 번 여실히 드러내 주고 있다. 유독 물질들을 공기 속으로 토해 내는 것은 그저 단순히 우리가 숨쉬는 공기를 손상시키는 데서 그치는 것이 아니다. 이것은 또한 물을 오염시키고 삼림과 토양에 파국적인 영향을 미치기도 하는 것이다.

「2000년의 지구」: 경고

다행히도 일부 사람들 사이에서 지금 이 지구상에 일어나고 있는 일에 대한 자각이 일기 시작하고 있다. 이러한 현상을 드러내는 한 가지 지표가 이 세계의 생태계에 관하여 관심이 증대되고 있다는 점이다. 이는 단순히 생태학자들과 생물학자들에 국한되어 나타나는 현상이 아니다. 생태계 보전 운동의 주체는 주로 자신들과 자신들의 자녀들이 터잡아 살아가지 않으면 안될 환경의 질을 염려하는 평범한 남녀들로 구성되어 있는 것이다. 이들은 현대의 산업화된 소비사회가 지속적으로 도를 더해가면서 생명권을 훼손시키고 있다는 사실을 깨닫고 있다. 이같은 훼손이 저지되거나 역전되지 않는 한, 생활의 질은 물론이려니와 지구상에서 살아 가는 데 필요한 조건들까지도 항구적으로 훼손될 것이다. 이런 상황에서 의사와 과학자, 예술가 그리고 대중 음악가들이 이 주제를 깊이있게 다루기 시작하였다.

오스트레일리아의 인기있는 포크송 가수인 에릭 보글(Eric Bogle)은 환경 문제에 관한 노래들을 많이 취입해 왔다. 그가 가장 최근에 취입한 곡들 가운데 하나는 「바람이 불 때」(*When the Wind Blows*)라는 제목의 반핵 노래이다. 그는 같은 레코드 판에서 「반짝이는 강」(*Shining River*)이라는 신랄한 노래를 통하여 강의 오염을 탄식하고 있다. 최근에 더그 애쉬다운(Doug Ashdown)과 지미 스튜어트(Jimmy Stewart)가 발표한 레코드에는 「나무가 자라야 할 땅」(Places The Trees Should Have Grown)이라는, 산림을 훼손하여 완전히 벌거숭이로 만들어 놓고 있는 행태에 관한 한 노래가 담겨 있다.

불행하게도, 점점 더 성장해 가고 있는 생태계 보전 운동이 산업사회에 대해서 제기하는 도전을 의식하고 있는 많은 정치가들이 이

운동을 미국의 스네일 다티나 오스트레일리아의 퀸스랜드 북부 지역
의 테인트리 숲과 같이 멸절당하기 일보 직전의 위기에 처해 있는
종들을 보호하는 일에 뛰어든, 해롭지는 않으나 오도된 낙오자들에
의한 어떤 비밀 집단적인 추구쯤으로 희화화하려는 의도를 꾀해 왔
다. 그렇지만 실제로는 격렬하게 비난을 퍼붓는 사람들 상당수가 수
준 높은 과학적 능력을 지닌 남녀들로서, 이 세계의 아픔을 함께 아
파할 줄 아는 배려 깊은 인물이라는 사실이다. 이런 사람들의 이름
을 밝히자면 르네 뒤보(René Dubos), 바바라 워드(Barbara Ward), 에
이모리 로빈스(Amory Lovins), 레스터 브라운(Lester Brown), 에릭
에크홈(Erik Eckholm), 칼 세이건(Carl Sagan), 에를리히 부부(Paul
and Anne Ehrlich) 등 한이 없는데, 실제로 이들 이외에도 세계 전역
에서 수많은 사람들이 활동하고 있다.

생명권에서 현재 발생하고 있는 일과 이것이 이 행성의 미래에 미
칠 영향에 대한 그들의 염려는 일반적인 수준과 전문적인 수준 모두
에서 엄청난 양의 과학적 연구 자료에 의해 밑받쳐지고 있다. 한데
이 방대한 연구 자료는 한편으로는 이들을 차분히 가라앉혀 주기도
하고 다른 한편으로는 이들의 마음을 흐트려 놓기도 하고 있다. 아
무튼 현재 과학자들이 예견하고 경고를 가하는 데 있어서 근거가 되
어 준 대부분의 자료가 지금은 「2000년의 지구: 대통령에게 제출된
보고서」[5]라는 권위있는 단일한 연구 보고서에 수용되어 있어서 우리
가 쉽게 활용할 수 있게 되었다. 이 보고서는 카터 대통령이 의뢰한
것으로서, 국제적인 기관들과 미국의 여러 정부 부처들의 방대한 전
문 자료들을 활용하여 편집되었다. 펭귄 문고판은 전반적으로 신뢰
할 만한 정보가 부족하고 개념의 모델이 부적절함으로 인해서 일부

---

5. *Global 2000 Report to the President*, 1982. 이것은 환경 상태의 평가를 위해
   구성된 위원회와 에너지성에서 준비, 제출한 보고서이다.

구체적인 사항들이 불명확하고 그다지 적확하게 진술되어 있지 않기는 하지만, 그래도 주된 메시지만큼은 분명하고도 읽는 이들의 마음을 흐트려 놓는 충격적인 것임을 잘 드러내 주고 있다. 같은 주제를 다룬 것으로서 지극히 주도 면밀하게 작성된 또 다른 단행본 한 권은 「가이아」[6]이다. 이 책은 우리의 공기와 땅과 물, 바다 생물과 식량, 그밖에 우리의 행성 지구에 살고 있는 다른 생물체들에게서 일어나고 있는 일을 거의 한눈에 볼 수 있도록 해주는 여러 지도와 도표 그리고 삽화들이 담겨 있는 매우 폭넓으면서도 활용하기가 쉬운 참고 서적이다. 내가 이 책에서 제시하고 있는 예들 가운데 많은 것들이 이 두 가지의 매우 중요한 연구서들에서 이끌어온 것이다.

이 두 책이 우리에게 이야기하고 있는 것은 무엇인가? 이것들이 발설하는 메시지는 단순하지만 매우 혁명적이다. 인간들은 생명권의 한계를 창조적으로 수용하면서 살아가는 법을 익혀오지 않았다. 역사가 시작된 이래, 특히 지난 200년 동안 사람들은 이 세계가 마치 무한하고 무진장하며 끊임없이 복원될 수 있는 것인 양 행동해 왔다. 사람들은 저 수평선 너머에는 탐험하고 개발할 새로운 개척지들이 언제나 무한히 있다고 생각하였다. 그러나 이 연구서들은 우리가 그와 같은 사고와 행동 방식을 버리지 않으면 안된다는 점을 역설한다. 최종적으로 확인해야 할 가장 중요한 사항은 어떤 한 회사가 올해나 혹은 내년에 얻게 될 이윤이 아니다. 우리가 불가능하리만큼 상실될 수도 있는 유한하고 제한되어 있는 자원을 지닌 한 행성에 살고 있다는 사실, 이것이야말로 관건이다. 만일 우리가 계속해서 우리의 땅과 공기와 물을 더럽히고 우리의 수목과 광물 그리고 그밖의 다른 자연 자원들을 낭비한다면, 우리는 우리 자신을 포함하여

---

6. *Gaia: An Atlas of Planet Management* (1984) ed. by Dr. Norman Myers. Anchor Books, New York.

지구상의 모든 생물체들에게 닥칠 재난을 향해 전속력으로 질주하고 있는 것에 다름아니다. 「2000년의 지구」(*Global 2000*)의 본문에 실려 있는 것으로서, 카터 대통령에게 보내는 편지에는 저자들의 관심사가 요약되어 있다. 여기에는 "2000년에 이르면 지구 전체의 문제들이 매우 걱정스런 정도에 이를 가능성이 잠재해 있다"고 진술되어 있다. 계속해서 저자들은 만일 광범위하고 확고한 보전 조치 및 오염 방지책들과 더불어 철저하게 지구를 돌볼 어떤 단호한 조치가 취해지지 않으면, 우리는 "앞으로 수년 내에 지구의 자원이 점점 더 급격하게 고갈되고 질이 저하되는 현상"을 목격하게 될 것이라고 진술한다.

생태학의 기본적인 원리들 가운데 몇 가지를 검토해 보면서 우리는 산업과 농업에 의한 공해가 지구에 대해 야기시키고 있는 훼손을 확인할 수 있었다. 그런데 인간의 활동이 지구상에 있는 생물체가 존재할 수 있고 또 풍부하게 번창하며 스스로 회복해 나갈 수 있게 해주는 여러 체계에 손상을 입히는 또 다른 방식들이 있다. 장기적인 안목에서 볼 때, 인류는 현대의 산업 과정들을 통하여 시간이 가면 갈수록 점점 더 스스로 회복할 수 있는 지구의 생명 체계들 대부분을 차단시켜 왔음에 분명하다. 산업사회들을 유지하기 위해 우리는 지구가 갖고 있는 특색과 아름다움과 다양성을 파괴하고 있고, 그 대신에 외롭고 단조롭고 황량한 지구를 만들어 나가고 있다. 이는 확실히 상대적으로 소수 사람들의 국 한 그릇을 위해 모든 살아 있는 생명체들이 날 때부터 갖는 권리를 내동댕이치는 것에 다름 아니다!

공기 오염

인간들은 세계의 기후에 영향을 미칠 수 있는 변화들을 대기권 내에서 야기시키고 있다. 새로운 빙하 시대를 초래하거나 혹은 극지방의 빙설을 녹이는 데는 이런 저런 방식으로 기온을 단지 몇 도만 변화시키기만 해도 충분하다. 기온의 변화에 따라 일어나게 될지도 모를 기후의 변화는 지구상에 있는 가장 비옥한 농경지들의 상당 부분에 좋지 않은 영향을 미치게 될 것이다. 미국 중서부와 캐나다에서의 경우 강우량이 약간만 변한다고 하더라도 이 지역에서의 식량 생산에 파국적인 영향을 끼칠 수 있다. 북아메리카에서 곡식의 수확량이 심각하게 감소될 경우 세계의 여러 곳에서 기근이 크게 확산되는 사태를 초래하게 될 것이다.

우리는 어떻게 해서 이런 변화들을 야기시키고 있는가? 대기 중에 있는 이산화탄소는 1850년 이래 30%까지 증가해 왔다. 1970년대에는 매년 약 150억 톤의 이산화탄소가 주로 산업 활동과 석탄의 연소, 자동차 배기 가스 그리고 무기 화학 비료를 통하여 대기 속으로 유입되었다. 이산화탄소가 증가됨으로써 "온실"효과가 발생하는데, 이는 탄산가스에 의해 차단되지 않을 경우 우주 공간으로 되반사될 태양열이 그대로 대기 중에 머물게 되는 현상을 가리킨다. 그렇기 때문에 다음 세기 초 몇 십년 동안에는 섭씨 2~4도의 기온 상승이 있을 것으로 예상된다. 극지방의 기온은 무려 섭씨 6도 정도나 상승될 가능성이 있다. 지구의 대기권에서 나타나는 이같은 기온 상승 현상은 대양의 수위를 심각하게 끌어올리게 될 것이고, 이에 따라서 해안 지역에 발달되어 있는 평원들과 세계 최대의 인구 밀집 지역들, 여러 도시들 가운데서 세 군데만 언급하자면, 런던과 뉴욕, 마닐라와 같은 대도시들에서 엄청난 범람 사태를 야기시키고 말 것이다.

또한 세계 도처에서 오존층에 대해서 우려하지 않을 수 없으리만큼 심각한 위협이 가해지고 있다. 오존층은 우리 인간들과 같은 고등 동물들을 피부암으로부터 보호해 준다. 뿐만 아니라 이것은 플랑크톤과 같은 미생물들에 있어서 훨씬 더 중요하다. 만약 오존층이 격감될 경우 미생물들의 재생산 과정이 심각하게 손상되거나 파괴되기까지 할 것이기 때문이다. 오존층에 가해지는 손상은 주르 세 가지 원인에서 기인한다. 최근 수년 동안 질소 비료의 사용량이 엄청나게 증가하였는데, 이로 말미암아 아산화질소가 대기권으로 방출된다. 이렇게 방출된 질소 산화물은 오존층을 잠식해 들어간다. 높은 기름 가격이 제2의 관련 영역, 즉 초음속 항공기의 운영에 따른 부산물에 의해 오존층이 파괴되는 현상으로부터 우리를 구출해 주었는지도 모른다. 초음속 비행기는 비용이 엄청나게 비싸게 드는 것으로 확인되었으니까 말이다. 오존층을 공격해 대는 셋째 요소는 지금도 여전히 매우 크게 영향을 끼치고 있다. 이것은 주로 각종 분무기에 쓰이는 유도 물질과 냉각제로 사용되는 프레온 가스에 기인한다.

필리핀의 경우 공기의 오염은 주로 도시에서 집중적으로 발생한다. 나는 이미 날마다 메트로 마닐라(Metro Manila)를 뒤덮고 있는 산업 스모그에 대해 언급한 적이 있다. 800개의 산업 센터 가운데 상당수가 공기를 오염시키고 있다. 통제되지 않은 자동차 배기물은 도시 지역에서 폐결핵과 폐렴, 기관지염과 같은 공기 호흡기 계통의 발병률이 상승하는 주요 요인이 되기도 한다.

공기 중의 이산화탄소의 증가와 오존층에 미치는 프레온 가스의 영향과 같은 전세계 규모의 대기 오염과 관련하여 가장 염려스런 점들 가운데 한 가지는 우리 자신이 실체로는 앞으로 무슨 일이 일어나게 될 것인지에 대해서 알지 못한다는 사실이다. 어떤 의미에서 우리는 우리의 다음 세대, 그리고 계속해서 이어질 모든 세대들의 운명을 걸고 도박을 하고 있는 존재들이다. 우리는 파국적인 결과들을 초래하게 될지도 모를 어떤 시험을 이들에게 부과하고 있는 것이다. 문제의 변화 사태들의 규모가 우리에게 명백히 드러날 때, 즉 이를테면 만일 극지방의 빙설이 녹아내리기 시작하면, 그때는 벌써 너무 늦어버려서 이에 따른 손상을 막는 데 필요한 조치를 별로 해보지도 못하고 말 것이다. 더할 수 없이 노름에 미쳐 버린 도박꾼 중의 도박꾼조차도 그렇게 엄청난 판돈을 걸고 도박판을 벌이지는 않는다. 하지만 우리의 정치 지도자들과 산업 기획가들 가운데 너무도 많은 이들이 아예 무엇이 문제인지조차 인식하지도 못하고 있는 상황이다!

토양 침식

식물의 생명은 절대적으로 얇고 손상되기 쉬운 표토층에 달려 있다. 이 귀중한 자원이 없이는 어떤 것도 땅에서 성장하지를 못할 것이다. 그러나 일련의 파괴적인 농경 방법들을 통하여 인간들은 토양을 고갈시키고 있고 엄청난 침식을 야기시키고 있다. 현재 전세계적으로 매년 750억 톤이 유실되는 것으로 추정된다. 아시아는 가장 심하게 침식당하는 지역으로 유명하다. 여기서는 해마다 250억 톤이 유실되고 있는 것이다. 아시아는 또한 인구 증가율이 가장 높은 지역이기도 하다. 서로 상충되는 이 두 가지 경향이 바로 재앙을 불러일으키는 원천이다. 제1세계 국가들도 역시 이런 사태에서 모면되어 있지 않다. 미국의 경우 주로 밀 재배 지역에서 5억 톤의 표토가 유실된다. 게다가 미국에서는 해마다 400만 헥타아르 이상의 경작지가 도시의 광역화 현상과 보행자 전용 상점가 건설, 그리고 고속도로의 건설로 유실된다. 오스트레일리아 역시 밀 재배 지역에서 헥타아르당 5톤이 유실됨으로써 상당한 손상을 입고 있다. 이는 수년에 걸쳐 오스트레일리아의 농경지 가운데 상당 부분이 훼손되어 왔음을 의미한다.

표토의 유실은 열대 지역에 위치하는 많은 제3세계 국가들에 있어서 그 정도가 파국적인 지경에 이르러 있다. 열대 우림의 파괴와 더불어 손상되기 쉬운 표토는 바람과 햇빛과 억수같이 퍼붓는 비로 인해 급속도로 침식되는데, 이런 현상은 특히 장마기 동안에 심해진다. 필리핀의 토양 관리국에서는 해마다 5억 톤 이상이 침식되는 것으로 추정하고 있다. 필리핀의 극토를 이루고 있는 3,000만 헥타아르 가운데 850만 헥타아르가 현재 심각하게 침식되어 있다. 인구는 계속 증가하고 국토를 보전하기 위한 진지한 계획은 거의 없는 상황이기 때문에, 지금 현재 거의 기아선상에서 생활하고 있는 수백만의 사람들의 상태가 호전되리라는 전망은 전혀 밝지가 않다.

제3세계 국가들에서의 표토의 파괴는 침식 현상과 고도한 방목, 부적절한 농사법들에 기인한다. 그리고 이 나라들에 있어서 토양의 염화 현상 역시 우려하지 않을 수 없으리만큼 매우 심각한 상태이다. 자국민들을 더 이상 먹여살릴 수 없는 국가들이 점점 늘어가고 있다. 오늘 이 시대에 와서 아프리카가 이같은 문제의 표본 지역이 되고 있는데, 전에는 많은 소출을 내었던 이곳의 토지가 이제는 놀랄 만한 비율로 불모지로 변하고 있다. 이 지역에 광범위하게 퍼져 있는 극심한 기근 현상은 땅을 잘못 사용한 것이 그 직접적인 원인이다. 우리의 텔리비전 카메라에 의해 너무도 충격적으로 포착되는 남자와 여자들, 그리고 어린이들의 그 쇠약한 몸은 아프리카와 라틴 아메리카와 아시아 지역에 있어서 정말이지 포괄적인 차원에서 어떤 개선책이 즉각적으로 취해지지 않을 경우, 이 지역의 수많은 사람들에게 닥칠지도 모를 참상이 어떠할지를 일깨워주는 끔찍스러운 전조에 다름아니다.

국제 연합 환경 프로그램(United Nations Environmental Program)에 나타난 최근의 평가에 따르면, 이 토지의 불모화 문제가 극히 심각해져 가고 있다. 해마다 1,100만 헥타아르의 기름진 토지가 황무지로 바뀌어지고 있다. 이 보고서는 한 걸음 더 나아가서, 진지한 태도로 이 문제를 인식하고 이에 대처해 나가지 않을 경우 전세계 경지 면적의 35%가 황무지로 변할 위험에 처해 있다고 경고하고 있다.

필리핀의 경우, 루손 섬과 일로코스(Ilocos) 남북부 지역에 있는 이전에는 푸르른 열대 숲이었던 대지 가운데 거의 400헥타아르가 불모지로 변해 왔다. 땔나무를 마련하고 담배를 재배하기 위해 숲을 무차별하게 벌목한 것이 이 지역들을 불모지로 만들게 된 주범이다.

이같은 불모지들은 급격하게 확산되어 나가고 있다. 비사야 제도
(Visayas) ― 필리핀 중부에 있는 섬들 ― 에서도 현재 이 지역들이
황폐화될 조짐들이 뚜렷하게 드러나 있는데, 이같은 현상은 민다나
오에 있어서도 역시 마찬가지이다.

높은 염도와 침수 현상 또한 땅을 불모지가 되게 한다. 이러한 현
상들은 대개가 대규모적인 관개 사업들의 부산물로 나타난다. 처음
에는 이러한 관개 사업으로 이전에는 경작될 수 없었던 메마른 땅이
소출을 내는 땅으로 변한다. 그렇지만 여기에 훌륭한 배수 시설이
갖추어지지 않으면 침수와 염화 현상이 발생하여 이 땅을 곧 못쓰게
만들어 버릴 수가 있는 것이다. 파키스탄의 라호레(Lahore)에서 카라
치(Karachi)까지 기차 여행을 하는 사람은 누구나 토양의 높은 염도
로 인하여 내버려질 수밖에 없는 사태에 있는 들판들이 끝도 없이
펼쳐져 있는 것을 볼 수 있다.

땅은 유한한 자원이다. 따라서 땅에 대해서 현재와 같이 착취적인
접근 방법은 더 이상 계속 견지되어서는 안된다. 많은 사람들이 현
대의 농업을 "토양 채굴"이라고 적절하게 묘사하고 있다. 우리는 지
구가 수백만년에 걸쳐 만들어 온 자원을 파내고 있다. 우리는 그렇
게도 빨리 유실되는 토양이 지금과 같이 형성되기까지는 수백년, 아
니 어떤 경우에는 수천년이나 걸린다는 사실을 쉽게 잊어버린다. 비
옥한 토양을 만들어 내도록 고안되어 있는 기계는 전혀 없다. 우리
가 21세기 중반까지 110억 인구를 적절하게 먹여살리고자 한다면,
우리는 토양을 남용하기보다는 오히려 풍요롭게 하는 농사법들을 이
용함으로써 토양을 돌볼 필요가 있을 것이다. 현재 수십억 톤의 토
양 자양물이 인간과 동물의 노폐물과 특히 인간이 양산해 내는 쓰레
기에 대한 우리의 그릇된 관리로 인하여 해마다 토양으로 되돌려지
지 않고 있다. 일례를 들면 우리의 광대한 하수 처리 체계는 토양
속의 유기물들에 도움이 되기보다는 복잡하고 비용이 많이 들며, 오

히려 우리의 주요 강과 호수와 대양들을 오염시키고 있는 것이다.
많은 지역의 농부들이 만일 자신들의 옥토를 보전하고자 한다면, 석
유 화학 제품을 원료로 하는 각종 비료와 살충제들의 사용을 포기하
고 유기 비료를 사용하는 농법으로 돌아가지 않으면 안될 것이다.

필리핀의 열대림

「2000년의 지구 보고서」는 세계 도처에서 지구의 자원들, 그중에서도 특히 오늘 이 시대에 위협을 받고 있는 자원들에 관한 자료를 제공하고 있다. 식량과 토지, 물, 중요한 광물들과 에너지가 이런 대상에 포함되어야 한다는 것은 충분히 이해할 수 있는 일이다. 그러나 산림, 특히 열대우림들을 여기에 포함시키는 것은 공기나 물과 비교해 볼 때 낯설고 잘 수긍이 되지 않을 것처럼 보일는지도 모른다. 많은 사람들은 신선한 공기가 없이는 살 수 없지만, 열대우림은 없어도 살아남을 수 있다고 생각할 수가 있는 까닭이다.

아마도 인간들은 열대우림 없이도 살아남을 것이다. 그러나 그것은 그저 존재해 있는 것이지 살아가는 것은 아닐 것이다. 열대우림은 이 세계에서 가장 풍요로운 생태계(life systems)들에 속한다. 여기에는 수많은 동·식물들과 곤충, 새들이 살고 있다. 필리핀의 밀림들에만 해도 거의 2만 종의 식물과 이보다 훨씬 더 많은 종류의 이끼류와 균류, 조류(藻類)들이 있다. 풍부한 식물은 또한 폭넓게 다양한 종류의 동물과 새들을 밑받쳐 준다. 실제로 필리핀에는 900가지 이상의 새의 종이나 아종이 있다. 그중에서도 가장 유명한 것은 필리핀 독수리이다. 이 장대한 새 — 세계에서 두번째로 큰 독수리 — 는 루손 섬과 비사야 제도 그리고 민다나오에서 발견된다. 나는 70~71면에서 이 새의 중요성에 관하여 좀더 언급할 생각이다.

그러나 산림은 이것이 위치해 있는 영역에 있어서만 중요한 것이 아니다. 산림들은 이것과 인접해 있는 환경과 지구 전체 그 모두에 중요하다. 열대우림은 우리의 공기와 물의 질하고 아주 밀접한 관계가 있다. 즉, 열대우림은 토양을 보존하고 기후를 조절해 주며, 물의 분배에 영향을 미친다. 이것들은 자연의 가장 풍부한 생명의 터 가운데 하나로서, 우리에게 먹이를 제공하고 우리를 치유해 주기도 하는 온갖 식물들에게 이것들이 살아가는 데에 필요한 것들을 공급해 준다.

그러나 이 깨어지기 쉽고 다른 것으로 대치할 수 없는 생태계가 지금 무자비하게 파손되어 가고 있다. 쿠바의 면적만한 규모의 열대 우림이 해마다 파괴되고 있다. 분명히 이런 현상이 무한정 계속되어서는 안된다. 많은 전문가들이 예견하고 있는 바에 따르면, 2020년까지는 아마존과 서아프리카의 일부 지역을 제외한 대부분의 열대림이 사라지게 될 것이고, 이와 더불어 지구상의 다른 생명체들, 특히 인간 존재들에게 파국적인 결과들이 초래되기에 이를 것이다.

이같은 세계적인 규모의 열대우림 파괴라고 하는 악몽이 불행하게도 최근 수년 동안 필리핀, 특히 민다나오에서 현실로 나타나 왔다. 최근에 출판된 한 책에는 「민다나오의 목재 산업 : 벌거벗겨지는 땅과 뿌리뽑히는 사람들」[7]이라는 제목의 장이 마련되어 있는데, 여기서 이같은 파괴에 관한 전반적인 실상이 파헤쳐지고 있다.

원래는 필리핀 국토 — 3,000만 헥타아르 — 의 대부분이 빽빽한 열대우림들로 뒤덮여 있었다. 그런데 1920년대 이래, 특히 제2차 세계대전 이후 벌목이 주요한 수출 주도 산업 가운데 하나가 되었다. 외국의 벌목 회사들과 흔히 이런 회사들의 앞잡이 노릇을 했던 이 지역 출신 엘리트들이 벌목으로 엄청난 이익을 챙겼다. 이들은 항구마다에서 기다리고 있는 미국과 일본의 배를 통나무들로 가득 채우기 위해 골짜기며 언덕이며 산을 가차없이 벌거벗겨 나갔다. 이런 상황에서 사실상 이 특별한 생태계를 제대로 이해하고자 하는 그 어

---

7. "Mindanao Wood Industry"(민다나오의 벌채 산업), in *Showcases of Under-development*, Alternate Resource Center, Davao City, Philippines.

떠한 관심도 기울여지지 않았고, 어쩌면 지금도 그러한데, 어린 나무들과 다른 생명체들에 대한 손상을 최소화하려는 배려도 거의 취해지지 않고 있는 실정이다.

나무를 다시 심는 일은 이것이 벌목 허가를 얻는 데 필요한 법적 요건임에도 불구하고 일종의 우스갯거리 정도로밖에 취급되지를 않는다. SEC(The Security and Exchange Commission)를 방문해 보면 왜 그런지를 알 수 있다. 즉, 벌목 사업에 종사하는 이 지역의 기업가들 대부분이 저명 정치인들이거나 영향력있는 군 출신들인 것이다. 이들은 자기네들이 산림법을 무시하면서도 처벌을 받지 않을 수 있다는 것을 알고 있는 것이다.

벌목자들로부터 시작된 국토의 손상은 이주 경작자들에 의해 한층 더 확산된다. 이같은 현상은 특히 지난 40년 동안 민다나오에서 전형적으로 나타나 왔다. 40년 전까지만 해도 민다나오는 주로 이슬람교와 정령을 숭배하는 부족민들로 구성된 낮은 인구 밀도를 나타내는 곳이었다. 그런데 두 가지 요인이 최근 몇 십년 동안 루손 섬과 필리핀 중부의 비사야 제도로부터 많은 사람들이 이곳 민다나오로 이주하도록 몰아붙였다. 그 첫째 요인은 인구의 증가였다. 우리는 이 책의 2부에서 필리핀의 인구가 금세기에 들어서 어떻게 하여 4배로 증가했는지를 보게 될 것이다. 어떻든 둘째 요인은 루손 섬과 비사야 제도에서의 대규모적인 토지 개혁 정책들에 대한 요구와 직결되는 것인데, 미 행정부와 독립 이후의 필리핀 정부들이 이러한 요구를 정면으로 수용해서 대처해 나갈 의사가 없었던 데서 그 둘째 요인이 야기되었다. 즉, 정부는 수출을 겨냥한 대규모 플랜테이션들을 해체하고 농부들에게 토지를 분배해 주기보다는 땅이 없는 많은 소작인들로 하여금 민다나오로 이주하도록 조장하였던 것이다. 10년이 채 못되었거나 그만한 기간 동안에 저지대의 숲과 맹그로브 늪의 광활한 토지 면적이 개간되거나 간척되었다. 이들 지역은 대개가 왕

왕 엘리트 계층의 사람들에게 분할되었고 더 최근에는 초국적 농업 관련 산업 회사들의 수중에 떨어지도록 허용되었다. 그래서 오늘날의 땅 없는 소작인들은 경작하고 있는 얼마간의 땅을 개간하기 위해 산과 언덕들로 벌목꾼들을 따라간다. 4년에서 5년이라고 하는 짧은 기간 이내에 토양이 피폐해지고 침식되는 사태가 벌어지고, 이에 따라 그들은 매 장소마다 거듭해서 파괴의 순환을 일으켜가면서 점점 더 깊숙히 산과 언덕들로 이동해 들어간다.

공공 간행물들은 너무도 흔히 부족민들의 화전 농업이 숲을 파괴한다고 비난한다. 여기서 부족민들이 전통적으로 행해 온 화전 농법과, 평원에는 자신들이 경작할 땅이 전혀 없어서 어쩔 수 없이 산으로 산으로 밀려 올라갈 수밖에 없는 저지대 소작농들의 화전 기술을 구분지어 살펴보는 것이 중요하다. 동남아시아에서 부족 농업에 대해 연구해 온 해롤드 콘클린(Harold Conklin)과 같은 인류학자들에 따르면, 부족사회의 농부들은 환경에 민감하다고 한다. 이들의 주장에 의하면, 이런 류의 농업은 경작자들이 경작지를 일정하게 지속적으로 옮겨다님으로써 숲이 재생해 나가도록 하기 때문에 오랫동안 유지될 수 있다. 그렇지만 저지대에서 이주해 온 이들의 기법은 오래 갈 수가 없다. 태우는 것이 매우 광범위한 데다가 쉬지 않고 계속되는 경작이 표토를 빨리 침식시키기 때문이다. 사실, 이런 형태의 농업은 대개가 열대우림 지역의 토양의 성질을 잘못 알고 있는 데에 그 원인이 있다. 나무와 덩굴이 무성하게 자라나기 때문에 사람들은 흔히 이곳의 토양이 틀림없이 매우 기름질 것이라고 생각한다. 그러나 실제로는 많은 열대우림 지역의 토양은 별로 기름지지가 못하다. 계속되는 강우로 토양이 씻겨나가고, 유기물질은 토양에 축적되지 못한 채 여러 가지 곤충들과 균류에 의해 빠른 속도로 식물의 성장 과정 속에서 재순환된다. 일단 열대우림지를 뒤덮고 있는 초목들이 벌목이나 나무를 불태움으로써 제거되고 나면 얇은 토양층이 노출될 것이고, 이는 빠른 속도로 바람에 깎여나가거나 침식될 것이다. 남아메리카와 동남아시아 지역에서는 모두 저지대에 있는 최상의 농경지에서 밀려나온 땅 없는 소작인들이 산림에 막대한 손상을 입히고 있다. 그러나 여기에서도 비난받을 대상은 열대우림의 비탈에서 자신들과 가족들의 생계를 이어나가려고 발버둥치고 있는 가난한 소작인들이기보다는 대단위 플랜테이션과 상품으로써 판매하기 위해 행해지는 작물 재배를 지원하고 조장하는 바로 그 사람들이다.

산을 벌거숭이로 만드는 사태는 필리핀에서의 경우 현재 위험한 수준에 이르고 있다. 필리핀의 국가 경제 발전 기구(NEDA)에 따르면, 1960년대 후반과 1970년대를 통틀어서 벌목 회사들과 땅 없는 소작인들이 파괴한 산림은 최소한 연간 17만 헥타아르에 이른다. 그러나 최근의 위성 사진들을 보면 NEDA가 우림의 훼손 규모를 십중팔구 실제보다 낮게 잡았으리라는 판단을 하게 된다. 그 위성 사진들은 현재 숲으로 덮여 있는 면적이 전 국토의 30%에도 미치지 못하고 있음을 여실히 보여주고 있기 때문이다. 만일 현재와 같은 추세가 계속된다면 거의 대부분의 원시림들이 2000년이 되기 전에 사라져 버리고 말 것이다.

벌목이 야기시키는 부정적인 영향들은 무수히 많다. 열대우림지를 뒤덮고 있는 초목들이 제거되면 손상되기 쉬운 표토, 특히 비탈을 덮고 있는 부분들이 빠른 속도로 침식된다. 이렇게 침식된 표토는 이번에는 다시 강바닥과 관개 수로 그리고 강 어구에 침적되어 끊은 비용을 들인 관개사업들을 무용지물로 만들고 기름진 농경지와 풍부한 어장들을 파괴한다. 산림의 벌채와 분수계(分水界)의 파괴는 물을 흡수할 나무들이 없어짐으로써 태풍이 불어닥치는 시기와 장다기 동안에 극심하고 광범위한 홍수 피해를 가져온다. 1984년 8월과 9월, 10월 석달 동안 필리핀에서 잇따라 발생한 태풍은 민다나오의 동쪽 해안에 있는 광대한 토지 면적과 비사야 제도에 속해 있는 많은 섬들, 특히 세부(Cebu)와 네그로스(Negros)를 황폐화시켰다. 하지만 이런 현상들은 아마도 앞으로 수년 내에 닥칠 더욱 심한 손상을 예고하는 전조에 지나지 않을 것이다.

셈을 치러야 할 시기가 필리핀에 이르렀다. 국영 일간지인 「불리틴 투데이」(*The Bulletin Today*)는 "위기에 처한 중부 비사야 제도"라는 제목하에 1984년 7월 23일 체부에서 보내진 기사를 보도하였다. 이 나라의 지역 개발 위원회는 산림의 파괴와 무분별한 자원 개발이 야기시키는 갖가지 사태에 대해 경고한 적이 있었다. 강들이 말라가고 엄청난 규모의 토양 침식이 발생했으며, 바다 생물이 파괴되고 해수가 지하수로 스며들고 있다는 것이다. 아무튼 저 보도에 따르면, 이 모든 현상은 다음 세기 초에 이르면 이 지역 전체를 불모지로 바꾸어 놓을 수도 있는 재앙이 임박해 있다는 표징들이다.

이와 동일한 메시지가 민다나오에서 발간되는 주간지인 「미사미스 위클리」(*The Misamis Weekly*)에 실렸다(1984년 2월 18일). "밀림의 약탈"이라는 제목하에 실린 이 기사에는 계속되는 벌목으로 민다나오 중부 지방이 황무지로 바뀌어가고 있다는 내용이 언급되었다. NIA(The National Irrigation Administration)는 분수계가 파괴되면서 자신들이 수행한 대부분의 관개사업이 무용지물화되고 있다고 경고한다. 코타바코 북부의 미드사얍-리분간(Midsayap-Libungan) 평원에서는 분수계의 파괴로 8,000헥타아르에 이르는 우수한 농경지의 생산성이 격감되었다. 라나오 델 노르테(Lanao del Norte)의 경우 현재 관개 시설의 30%만이 제몫을 하고 있는 상황이다. NIA가 이 지방의 당국에 대해 밀림의 파괴 행위가 중단되지 않으면 "생산성이 높은 이 지역의 땅이 2000년까지는 불모지가 되고 말 것"이라고 경고를 가할 정도로 사태가 상당히 위급한 실정이다.

현재의 실상은 황량하고, 미래는 한층 더 불길할 것처럼 보인다. 필리핀이 겪고 있는 현재와 같은 경제적 위기 상황 속에서는 불법 벌목이 종식되리라는 희망은 실낱같기만 하다. 귀하디귀한 외국 자본을 끌어들일 수 있는 것이기만 하다면 어떤 자원이든지 앞뒤 가리지 않고 마구잡이식으로 개발될 것이다. 이것은 루피노 막바누아(Rufino T. Magbanua)의 견해인데, 그는 1984년 9월 24일 「불리틴 투데이」에 실린 한 기사에서 다음과 같이 지적하고 있다. "딜림법들을 제대로 집행하지 않기 때문에 민다나오에서의 불법 벌목이 점점 더 성행하고 있다." 1983년에는 102만 3천 입방 미터의 나무가 민다나오에서 일본으로 수출되었다. 그런데 필리핀의 자원부에 의해 설정된 수출량은 60만 입방 미터였던 것으로, 결국 이는 40여만 입방 미터가 해외로 밀수출되었다는 것을 의미한다. 현재 아키노 정부는 벌목 인가를 취소하고, 재조림을 권장함으로써 남아 있는 열대우림들이 파괴되는 것을 막기 위해서 애쓰고 있는 중이다.

우리는 지금까지 벌목이 필리핀에서 밀림을 파괴하는 주요 요인들 가운데 하나라는 사실을 살펴보아 왔다. 활엽수에서 생산해 낸 경재(硬材)에 대한 제1세계 국가들의 요구는 한이 없다. 이같은 요구는 제2차 세계대전 이래 15배나 증가되어 왔다. 예컨대 일본은 자국의 산림을 보호하는 엄격한 법률을 가지고 있지만, 일본이 이렇게 자국의 산림을 보호할 수 있는 것은 개발 도상 국가들로부터 전체 수요의 반 이상을 수입해 들여다가 쓰기 때문인 것이다. 수입 물량의 대부분이 동남아시아로부터 들여오는 것인데, 완성된 목제품들에 대한 높은 관세로 하여 수입품들은 통나무 형태로 들어올 수밖에 없다. 이는 자원국들의 목재 가공 산업의 발달을 효과적으로 저지한다. 제1세계 국가들은 모든 것을 자기네들 좋을 대로 한다. 이를테면 제1세계 국가들은 생산국들로부터 싼 값에 원료를 사들이고, 그것을 완제품으로 만드는 제조 부문은 자기네들이 독차지하고 있는 것이다.

제1세계 국가들에서 사는 사람들이 즐겨 찾는 간이 식당에서 먹는 한 끼의 식사가 열대림을 훼손시키는 일이라는 사실을 상상하기란 결코 쉬운 일이 아닐 것이다. 그러나 이는 지극히 분명한 사실이다. 열대우림을 제1세계 국가들의 간이 음식인 햄버거 산업 원료 공급처인 소 사육장으로 전환시키는 것은 이 열대우림을 가장 허비적이고 파괴적으로 이용하는 것이다. 이런 지역에서는 통상적으로 지표면을 덮고 있는 초목을 태움으로써 숲을 제거한다. 그러면 상하기 쉬운 토양 위를 소들이 밟고 지나다님에 따라 지속적으로 압력을 받음으로써 침식 속도가 급격히 빨라지게 되고, 이로 해서 토양의 질은 빠르게 저하되고 만다. 땅이 척박해지고 나면 목장들은 자리를 옮겨다니고, 그렇게 해서 파괴의 순환이 되풀이되어 나간다. 이런 과정을 거쳐 생산되는 쇠고기는 미국에서 생산되는 것보다 값이 절반도 못 되거나 3분의 1 값밖에 되지 않는다. 이런 까닭에 이 지역의 땅들이 그렇게 간이 음식 산업체들에 의해 할 수만 있으면 집어삼켜지고 있는 것이다. 이런 경로로 하여 열대림을 돌이킬 수 없을 정도로 망가뜨리고 있는 이 파괴의 순환이 바로 저 값싼 햄버거와 더불어 시작될 수가 있는 것이다.

우리가 지금까지 위에서 보아왔듯이, 숲을 제거해 버린 데 따른 지역적·세계적 영향은 농업에 파국적인 재앙을 야기시키고, 또한 극적인 기후 변화들을 유도할 수 있다. 한데 특히 중요하면서도 지금까지는 거의 충분히 주목받아오지 못한 한 분야가 있는데, 전대미문의 어마어마한 규모로 자행되고 있는 종들의 파괴 현상이 그것이다. 숲 지대를 뒤덮고 있는 초목은 200만 종에 달하는 식물과 곤충, 동물들의 서식지이다. 폴과 앤 에를리히는 그들의 저서 「멸종」(*Extinction*)에서, 현재와 같은 파괴 상황과 그 비율을 감안해 볼 때, 지구상의 모든 생명체들의 25%가 다음 세기 초 10년이 채 지나기 전에 멸절될 가능성이 있는 것으로 추정한다. 이와 같은 규모의 멸종은 확실히 그렇게 쉽게 감이 잡히지 않는다. 이는 너무도 끔찍스러운 일이라서, 우리 양심의 집합체인 정신은 오히려 이를 무시하고 싶어하는 그런 어떤 것일지도 모른다. 더욱이 이것이 직접적으로 인간의 각종 과학 기술로부터 야기되는 것일 때 특히 그러하다. 그러나 만일 우리가 생물권에서 발생하고 있는 변화의 규모가 얼마나 엄청난지를 깨닫게 되면 — 이는 공룡이 6천만 년 전인 중생대 말기에 멸종한 이래 가장 대규모적인 변화인데 — 우리는 멸종과 연루되어 있는 끔찍스런 살육을 정면으로 솔직하게 직시하지 않으면 안될 것이다. 토마스 베리는 리버데일 종교 연구 센터에서 펴내는 한 자료[8]에서 멸종에 대해 다음과 같이 주장하고 있다:

어떤 영구성을 띠는 개념이다. 이는 정상적인 재생산 과정을 통해 재생될 수 있는 개개의 생물체들을 일회적으로 죽이는 것과 같은 행위가 전혀 아니다. 그렇다고 단순히 수가 감소되는 것을 의미하지도 않는다. 뿐만 아니라 이것은 어떻든 치료될 수 있는 손상이거나, 어떤 대체 가능한 것이 발견될 수 있는 그런 것도 아니다. 또한 그것은 단순히 우리 자신의 세대에만 영향을 미치는 어떤 것도 아니며, 어떤 초자연적인 힘에 의해 구제될 수 있는 어떤 것도 아니다. 그렇다! 그것은 지상에든 천국에든 전혀 치유책이 없는 절대적이고도 궁극적인 행위이다. 한번 멸절된 종들은 영원히 사라져 버린다. 다가올 세기들에 우리를 이어갈 세대들이 아무리 많을지라도, 그들 가운데 누구도 하늘을 나는 여행— 비둘기라든가 우리가 멸절시킨 다른 생물체들 가운데 어떤 것을 보게 되지는 못할 것이다.

여러 나라의 많은 보전 단체들이 자신들의 지역에서 멸절당할 위기에 처한 종들의 목록을 발표하고 있다. 필리핀에서 멸절당할 위기에

---

8. Thomas Berry, *Riverdale Papers* 8권. Riverdale Center for Religious Studies, Riverdale, New York 10471.

처한 가장 유명한 종은 장대한 필리핀 독수리이다. 1985년 4월 내가
이 책을 쓰고 있던 동안에 코타바토 남부 지방의 세부(Sebu) 호숫가
에 자리잡고 있는 산타 크루즈 미션(Santa Cruz Mission)에서 매우 이
례적인 한 사건이 발생하였다. 어린 수컷 필리핀 독수리 한 마리가
코뿔새 무리에 밀려 호수 위에 내려앉았다. 그 독수리는 호수의 물
고기 양식지에서 사용되는 그물에 걸려들게 되었다. 그 새는 한 어
부에게 잡혀서 우리가 있는 지역으로 인도되었다. 이에 우리는 즉시
다바오(Davao) 시에 있는 필리핀 독수리 보전 단체에서 활동하는 전
문가들을 데려와서, 이들로 하여금 이 독수리를 조사하여 상처를 입
었는지의 여부와, 상처를 입었다면 치료를 해야 할 상황인지의 여부
를 판단할 수 있도록 하였다.

　이 독수리가 미션에 머무는 동안 거주할 대나무로 된 커다란 집이
만들어졌는데, 이 새는 여기서 열흘 동안을 지냈다. 그동안 수백 명
의 부족민들이 이 새를 보기 위해 무리를 지어 몰려 왔다. 이들 사이
에서 전해져 내려오는 민담에는 이 새에 관한 전설이 많이 있다. 물
론 독수리는 통상적으로 자신의 거처가 인간들에 의해 방해받을 그
런 장소들은 피하기 때문에, 전에는 필리핀 독수리를 실제로 본 사
람이 거의 없었지만 말이다. 나이 많은 트볼리 지도자들은 그처럼
불가사의한 방식으로 찾아든 이 새가 자기 종족에게 보내지는 어떤
의미심장한 메시지를 지니고 있다고 느꼈다. 그리고 이 새를 본 사
람들은 정말 그럴 것임에 틀림없으리라는 것을 믿어 의심치 않았다.
사람들은 하나같이 키 3피트에 날개 하나의 길이가 7피트인 이 장대
한 새를 바라보면서 그 아름다움에 매료되어 경이로움에 사로잡히지
않을 수가 없었다.

　노인들의 입에 오른 그 옛 민담들이 옳다. 이 새는 어떤 메시지를
갖고 있다. 그 메시지가 무엇인가는 필리핀 독수리 보전 단체의 책
임자인 로날 크루파(Ronal Krupa)와 밤이 깊도록 이야기를 나누었을

때보다 분명해졌다. 크루파는 이 지역이 거의 완전히 나무로 뒤덮여 있었을 때는 이 지역 일대를 통틀어서 약 11,000마리 정도의 새가 살고 있었던 것으로 추정한다. 그러나 오늘날은 그 수가 약 150쌍도 못 된다. 이 새의 종이 이렇듯 멸절 직전에 놓이게 된 것은 지나치게 사냥을 해대거나 덫을 놓았던 데 그 원인이 있는 것이 아니라 일차적으로 독수리의 서식처인 열대우림이 파괴되었기 때문이다. 필리핀 독수리 보전 단체는 이 새가 처해 있는 상태에 관해서 사람들이 알도록 교육시키고자 진력하고 있다. 이러한 보전 프로그램들을 마련하는 일에 참여하고 있는 찰스 린드버그(Charles Lindberg)는 이 독수리를 가리켜 "하늘을 나는 것들 가운데 가장 훌륭한 비행사"라고 일컫고 있는데, 아무튼 크루파와 그가 이끄는 팀은 이 새를 멸종 위기에서 구하기 위한 마지막 노력으로서 이것을 사로잡아 새끼를 번식시키려고 애쓰고 있기도 하다. 크루파는 이 새가 가지고 있는 평가할 수 없으리만큼 귀중한 그 본질적인 가치를 떠나서는 이 새 역시 광산 노동자가 데리고 있는 카나리아와 다를 바가 없다고 말한다. 만일 약탈당한 환경이 이 독수리가 생존해 나가도록 뒷받침해 줄 수 없다면, 미래에는 점점 더 소수의 종들밖에는 생존을 뒷받쳐 줄 수 없게 될 것이다. 1960년에 맨 처음으로 위험에 직면해 있는 이 독수리에게 주의를 기울이도록 요청한 필리핀 조류학자 디오스코로 라보르(Dioscoro Rabor) 박사도 이같은 사실을 거듭 천명하고 있다. 그의 지적에 따르면, 최근 수년 동안 세부 섬에서만 해도 아홉 가지의 새의 종과 그 아종이 멸종되었다는 것이다.

세계적인 차원에서는 자연과 자연 자원의 보존을 위한 국제 연합이 멸절 위기에 처한 종들의 최신 목록을 정규적으로 발표하고 있다. 이 목록에는 800종의 고등동물들이 포함되어 있다. 여기에는 커다란 고래들과 아시아 산 코끼리들, 그리고 매우 다양한 종의 고양이들과 주로 열대림에서 서식하는 수많은 새들과 동물들이 포함되어 있다. 그러나 이 목록에는 주로 포유동물과 새들에 국한해서 등록되어 있기 때문에 여기에 올라 있는 것들은 그야말로 빙산의 일각에 지나지 않는다. 가장 광범한 파괴 현상은 식물들과 곤충들한테서 발생하고 있다. 어떤 전문가들은 앞으로 25년 이내에 전체 식물의 10분의 1이 멸절될 위기에 처해 있는 것으로 추정한다. 또한 멸종 비율이 점차 증가하여 1990년까지는 해마다 1만 종이 멸절될 것으로 예견하기도 한다.

참으로 다양한 생명체들로 구성되는 지구 공동체에 가해지는 손상은 엄청나다. 몇몇 저술가들은 이같은 현상과 관련하여 비행기에 박힌 나사못의 이야기를 사용한다. 어떤 사람이 고공 비행을 하는 도중에 한 나사못이 떨어져 나가는 것을 보았다고 하자. 그때 그는 그다지 걱정할 필요는 없을 것이다. 하지만 만일 수천 개의 나사못이 사방에서 떨어져 나가는 것을 본다면, 정상인일 경우 누구라도 두려움을 느끼게 될 것이다. 바로 그렇게 지금 생명체들로 구성된 하나의 거대한 집적체에서 나사못들이 떨어져 나가고 있다. 우리는 언제 어디서 어떻게 회복할 수 있을지 알지 못한다. 단지 우리가 아는 것은, 생명권 내의 생명체들이 상당한 정도로 멸절당하고 있다는 것이 극도로 심각한 현상이지 않을 수 없다는 것과, 그 결과 우리의 삶의 질이 크게 훼손되리라는 사실이다. 우리는 지금 이 행성을 고사시켜 가고 있는 중이고, 오로지 쥐와 바퀴벌레, 그리고 다른 해충들만이 번성하게 만들면서 그 천연의 장대함을 박탈해 가고 있는 것이다.

농업 분야에서 역시 귀중한 품종들을 잃게 될 것이다. 1981년 10월 16일자 「타임」지에 실린 "콩류와 유전 인자들의 조작"이라는 기사는 바로 이 점에 주의를 환기시키고 있다. 뿐만 아니라 이와는 좀 다른 각도에서 식물들, 그중에서도 특히 고도의 경쟁이 벌어지는 열대림 환경에서 자라는 것들의 유전적 구조에 대한 연구를 통하여 식량 생산에 있어서의 획기적인 가능성을 열어나갈 수 있다는 점이 지적되고 있기도 하다. 참으로 오랜 시기에 걸쳐서 열대림의 저 다양하고 생명력이 강한 생태계는 이곳의 생명체들에게 온갖 병균과 해충들에 대한 아주 높은 저항력을 부여해 주었다. 유전학계에서 이룩한 최근의 연구 성과들에 힘입어서 지금은 이런 유전 인자들을 일반 곡류들과 현재 폭넓게 식량 작물로 쓰이고 있는 여러 곡물들에로 이전시킬 수 있게까지 되었다. 이와 같은 현상은 이제 대규모로 화학 비료와 살충제를 사용할 필요가 없게끔 해줄 것이다. 이와 관련하여 한 가지 지적하지 않을 수 없는 것은 최근에 멕시코의 우림 지역에서 자라고 있는 다년생 곡류를 발견한 것인데, 이로써 매년 쟁기질을 하고 다시 심어야 할 필요성을 제거하여 곡물 생산의 혁명을 이룰 수 있으리라고 예견된다. 이것은 오늘 이 시대에 굶주리고 있는 수백만의 사람들에게 그야말로 기쁜 소식이다. 또한 이는 생산 비용을 절감하는 데 크게 기여할 것이기 때문에 농부들에게도 기쁜 소식이다. 끝으로 이것은 땅으로서도 기쁜 소식이지 않을 수 없다. 다만 한 가지, 우리의 이 세대만이 아니라 앞으로 올 모든 세대들을 위해서도 획기적인 이 모든 가능성들이 산림의 멸절과 더불어 끝장나고 말리라는 사실을 결코 간과해서는 안될 것이다.

이처럼 많은 생명체들의 상실은 다른 어디서보다도 약학계에서 첨예하게 감지될 것이다. 우림에서 추출된 약품들은 지난 20년 동안 저혈압과 류마티스성 관절염 호지킨 병, 그리고 백혈병을 치료하는 데 있어서 결정적인 역할을 해왔다. 20년 전만 하더라도 백혈병으로 고생하는 어린이는 거의 예외 없이 죽은 것이나 다름없었다. 하지만 지금은 마다가스카르의 열대우림 지역에서 발견된 한 식물인 "로지 페리윙클"(rosy periwinkle)에서 추출된 약으로 인해서 살아날 가능성이 상당히 높아지기에 이르렀던 것이다.

산림 파괴의 일부 영향들은 정부의 사업 계획 입안자들에 의해 결코 언급되지 않고 있다. 그럴 경우 자신들이 산림 지역 일대에서 사는 부족민들에 의해 시달릴 것이기 때문이다. 필리핀에서의 경우 부족민들은 정치적인 위계에 있어서 가장 낮은 층에 자리잡고 있어서, 이들의 관심사들은 정치적으로 별 영향력을 갖지 못한다. 대부분의 정부 기구들은 이들이 필요로 하는 것들에 대해서 제대로 부응할 수 있도록 조직되어 있지 않다. 부족민들을 지원하기 위해 특별히 설치된 기구들조차도 흔히 이들의 환경과 문화를 파괴해 왔을 정도이다. 결국 정부의 사업 계획 입안자들은 벌채 사업의 경제적 이득을 산정할 때, 부족민들의 물리적·문화적 생존에 있어서 밀림이 수행해 온 중요한 역할을 거의 고려하지 않는 것이다.

한 예로, 트볼리인들은 자신들의 주요 식량 — 뿌리 작물과 상당히 다양한 식용 식물들, 견과류와 과일류, 그리고 동물들 — 을 밀림에 의존하여 산다. 밀림은 주거에 따르는 여러 가지 필요한 것들과 식사를 조리하는 데 필요한 땔나무들을 공급해 준다. 또한 이들이 다치거나 병이 들었을 때 치유를 위해 사용하는 약초도 역시 밀림에서 얻는다. 하지만 밀림과 이들과의 관계는 여기서 그치지 않는다. 트볼리 예술과 음악은 밀림과 밀접하게 연결지어져 있어서, 사실상 밀림이 벌채됨에 따라 이 모든 것들이 죽어가고 있는 상황이다.

트날락(T'nalak)이라고 하는 의복은 밀림에서 난다. 청동을 주조하는 데 쓰이는 밀랍 역시도 마찬가지이다. 피리라든가 "헤겔룽"(hegelung)이라고 불리는 두 줄짜리 현악기와 같은 여러 음악 기구들을 만드는 데 필요한 재목도 밀림에서 얻는다. 그리고 많은 작곡가들과 가수들이 자신들의 노래와 음악과 시를 위한 영감을 밀림에서 이끌어 내고 있다. 밀림과 더불은 이와 같은 친밀하고도 포괄적이며 창조적인 관계를 감안할 때, 우리는 비로소 이러한 순환이 파괴될 때 벌어질 사태가 어떠할지를 충분히 상상할 수 있게 될 것이다. 그럼에도 불구하고 트볼리의 부족민들이라든가 이런 문제와 얽혀 있는 여타의 부족 집단들은 이들의 가장 귀중한 자원들을 사용하고 고갈시키는 데 대해서 결코 자문을 요청받지도, 정당하게 보상받지도 못하고 있다.

루손 섬의 아브라 지역에 살고 있는 팅지인들(Tinggians)에게 취해진 조치가 이런 실태를 보여주는 단적인 예이다. 1974년 부족민 선조의 땅을 보호하기 위한 것이라는 명목으로 대통령령 410호가 포고된 지 열흘 뒤에 있은 일이다. 이들의 밀림 20만 헥타아르가 팅지인들과는 일체의 협의도 없이 첼로필(Cellophil Resources Corporation)이라는 벌채 및 종이 원료 제조 회사에 넘겨져 버렸던 것이다. CRC는 베어낸 통나무를 강물에 띄워 보냄으로써 자신들의 물고기 서식지와 관개 수로들을 파괴하지 말라는 부족민 지도자들의 최소한의 요청마저 묵살해 버렸다. 하천 유역에서는 벌목을 하지 말 것과 부족민들을 위해 일정한 공동 밀림과 목초지대를 보존해 달라는 요청 역시 마찬가지였다. 여러 차례에 걸쳐서 기회 있을 때마다 부족 지도자들은 정부 당국에 진정을 내었다. 그렇지만 정부는 이 지역에다가 군 주둔지를 증가시키는 것으로 이들의 진정에 대응했는데, 이곳에 주둔하는 군 당국은 정부 입장만을 전할 따름이었다.

10년이 지난 지금, 무분별하게 벌인 벌채 사업의 결과들이 감지되기 시작하고 있다. CRC는 이 지역에서 빠져 나갈 채비를 다 갖춘 상태이다. 이들의 작업이 유발시킨 환경 훼손은 너무도 막대해서 도저히 산정할 수가 없을 정도이다. 그들은 가고 팅지인들은 남을 것이다. 한때 아름답고 풍요로웠던 자신들의 밀림이 이제는 대부분 망가져 버렸다. 쌀 생산은 줄어들고, 이 지역 주민들의 전통적인 단백질 공급원인 고기잡이도 침니(沈泥)화 현상과 토사 현상으로 인해서 처참하리만큼 줄어들었다. 게다가 홍수는 더욱 잦아졌다. 한 부족사회 전체의 생존 그 자체가 위기에 내몰려 있는 처지이다. CRC가 맨먼저 허가를 얻어낼 수 있었던 까닭은 무엇이었는가? 이것이 부족민들의 이익과는 완전히 배치되는 것이었음에도 불구하고 말이다. 이에 대해 가능한 한 가지 답변은 CRC가 필리핀의 헤르디스 그룹에 종속되어 있는 회사라는 사실이다. 이 회사의 소유주인 헤르미니오 디지니(Herminio Disini)는 혼인을 통해서 이멜다 마르코스(Imelda Marcos)와 연줄이 닿아 있고, 마르코스(Ferdinand Marcos)와는 골프 파트너였던 것이다.[9]

역사는 900년간의 영화를 누린 마야 문명이 소멸되고 만 것이 전쟁 때문이 아니라 밀림이 사라진 이후 지속적인 곡물 재배로 인해 야기된 토양 침식에 주된 원인이 있음을 역력히 보여주고 있다. 카르타고와 메소포타미아, 그밖의 다른 여러 지역의 사람들도 이와 유사한 운명을 겪었다. 다시 한번 지적하지만, 나무들을 베어내서 산림을 황폐화시키는 것은 이러한 문명들의 몰락에 있어서 중요한 한 요인으로 작용하였던 것이다. 이와 동일한 현상이 이 시대에 벌어지고 있는 중이다. 최근 몇년 사이에 벌목으로 인해 산림이 크게 황폐화되는 현상을 겪은 나라들 — 방글라데시와 에티오피아, 수단, 인도, 파키스탄, 그리고 아프리카의 사하라 사막 일대의 초원 지대— 이 하나같이 흉작과 기근, 모든 것을 쓸어가 버리는 홍수에 시달려 온 것은 결코 우연한 일이 아닌 것이다.

비록 열대우림이 지구상에서 가장 풍요로운 생태계 중의 한 곳이지만, 이곳은 전혀 제대로 이해되어 있지도 않고 제대로 평가받지도 못하고 있다. 만일 벌목자들과 목장주들, 그리고 화전 농민들에 의한 현재와 같은 파괴가 줄어들지 않고 지속된다면, 수백만년 동안 열대 지역을 주름잡아 온 이 기운차고 다양한 생태계도 한 세대 이내에 더 이상 존재하지 못하게 되고 말 것이다. 제1세계에 속한 나라들의 국민 대다수의 생활 양식이 많은 경우에 그들 자신도 모르는

---

9. Catherine Caufield, "A Reporter at Large", *New Yorker*, 1985년 1월 14일, 47-99면.

사이에 이러한 파괴의 원인으로 작용하고 있다. 우리가 구입해 들이는 새 가구나 고기 일색의 식사는 산림을 베어내는 것에 토대를 두고 있는 까닭이다. 그럴 경우 결국 미래의 모든 세대가 빈곤화를 겪게 될 것이다. 만일 이와 같은 파괴가 멈추어지고, 다시금 열대림을 푸르게 할 수 있는 녹화 프로그램이 시도되게 하려면, 제3세계 국가들에서 엄격한 조치가 내려질 필요가 있다. 그러나 이런 것들은 제1세계 국가들에서 사는 소비자들의 수요상에 주요한 변화가 수반되지 않는 한 결코 성공하지 못할 것이다.

지금까지의 고찰을 통해서 우리는 열대우림의 소멸이 어떻게 지구 공동체의 다양성과 풍성함을 파괴하게 되는가를 볼 수 있었다. 이와 같은 파괴는 이 공동체의 구조를 약화시키고, 그렇게 멀지 않은 미래에 이 생명권 내에서 대규모적인 붕괴를 초래할 수 있는 그런 것이다. 또한 우림의 파괴는 지구 공동체를 구성하는 일원인 인간을 빈곤에 빠뜨리게도 될 것이다. 우리가 이미 보았듯이 우리의 식량과 물, 옷, 주거, 그리고 치료제가 지구 공동체로부터 온다. 따라서 이 공동체에 대한 일체의 훼손은 결과적으로 우리 모두에게 영향을 미칠 수밖에 없게 되는 것이다.

물의 오염

헤이어달(Thor Heyerdahl)은 1972년에 스톡홀름에서 행한 한 연설을 통하여 다음과 같은 물음을 제기한 적이 있었다. 그는 뗏목을 타고 태평양을 건너고, 파피루스를 이용해 만든 배를 타고 대서양을 건넘으로써 고대 뱃사람들의 모습을 재연하였던 인물이다. "우리는 지금 여러 대양들에다가 무슨 일을 하고 있는가?" 그는 자신의 청중들에게 생명이 대양들에서 시작되었다는 것과, 숨을 쉬는 일체의 동물들이 의존해 있는 대기 중의 산소가 대양들 내에 살고 있는 식물성 플랑크톤에 의해 생산되고 있다는 사실을 상기시켜 주었다. 만일 우리가 대양에서 사는 이 플랑크톤을 죽인다면, 우리는 이것을 먹고 사는 물고기들을 잃을 것이고, 더욱 좋지 않은 현상으로서, 인간 존재들과 다른 동물들에게 필요한 산소 공급이 반감되리라는 것이다. 하지만 많은 사람들은 이렇게 물을 것이다. 인간들이 대양을 죽이는 것이 정말 가능한 일일까? 헤이어달은 "그렇다"고 답한다. 만일 우리가 이것을 지금까지와 같이 계속해서 지구의 폐기물과 폐수처리장으로 취급한다면 말이다. 오늘날 우리는 거의 모든 것을 대양으로 떠내려 보낸다. 그러면서 그렇게 떠내려 보낸 모든 것이 사라져 가기를 바라고 있다. 여기에는 각종 살충제와 살균제, 세제, 납과 아연, 구리, 카드뮴, 니켈, 중금속, 석유, 화학 약품들, 그리고 핵폐기물과 산업 폐기물, 사람들이 버리는 갖가지의 쓰레기와 오물, 동물들의 오물 등이 포함되어 있다. 그런데 이 가운데 거의 대다수가 미생물로 분해될 수 없는 물질들이다. 우리는 대양의 일부분만 오염되어도 모든 바다 생물들을 죽음으로 몰고 갈 수 있다는 사실을 간과하고 있다. 대양에 살고 있는 대부분의 생물체가 수면 가까이에 집중되어 있고, 해안 근처에서 서식하고 있기 때문이다.

이 세계에 있는 모든 오염된 강들은 싣고 온 쓰레기들을 곧바로 대륙붕에 쏟아 놓는다. 현재 쏟아져 나오는 쓰레기의 규모는 엄청나다. 1970년대 초에 프랑스의 강들은 해마다 180억 입방 미터의 오염 물질을 바다로 실어날랐다. 독일 연방공화국(서독)의 경우 매년 90억 입방 미터의 오염 물질을 방출하는 것으로 집계되었다. 하지만 이것은 하루에 33억 6천만 입방 미터에 달하는 냉각수는 계산에 넣지 않은 수치이다. 이 나라에서는 염화나트륨 3만 톤을 포함하여 매일 5만 톤의 쓰레기가 라인 강으로 배출되고 있다.

필리핀의 경우, 환경 오염 관리 위원회에 따르면 이 나라에 있는 총 412개의 강이 정도의 차이는 있지만 오염되어 있는 것으로 밝혀졌다. 마닐라를 관통하면서 흐르는 파시그 강은 담수어가 살던 맑은 강이었다. 그러나 지금은 138개의 산업체와 오수로 인해 오엳된 생물학적으로 "죽은" 강이 되어버렸다. 네그로스 섬에서는 슈거 센트럴즈(Sugar Centrals) 회사가 설탕 생산에 따른 부산물들, 특히 당밀(糖蜜)로서 강과 가까운 대양을 오염시키고 있다. 농촌 지역들에서 다른 어떤 것보다도 가장 파괴적인 영향을 미치는 것은 매일 10만 톤 이상의 부스러기 광물을 강들과 해안 근처의 바닷물로 흘려 보내는 24개소의 광산들이다.

유해 물질들을 바다로 실어 나르는 강들과 배수관들 이외에도 공장들과 가정과 자동차에서 뿜어내는 유독한 연기 역시 마침내는 바다에 이르게 되고 만다. 미국 한 나라에서만도 매년 1억 4,200만 톤의 대기 오염 물질이 대양으로 유입되고 있다. 생태학자들은 석유 오염에 대해서 역시 크게 우려하고 있다. 토리 캐넌(Torrey Canyon)과 같은 초대형 유조선이 10만 톤의 원유를 영국 해협에 유출시켰을 때 떠들썩한 적이 있었다. 그렇지만 전세계의 해군 함대와 상선들로부터 매년 방출되는 10만 톤 훨씬 이상의 기름에 대해서는 매스미디어

에서 전혀 보도하지를 않고 있다. 여기에다가 덧붙여서 유조선들의
세척을 감안할 때, 우리는 헤이어달이 자신의 파피루스 배(RA 호)를
타고 대서양을 횡단하는 동안 대양 전체에 걸쳐서 응고된 기름 찌꺼
기가 띠를 이루고 있는 것을 보았던 이유를 인식할 수 있게 될 것이
다. 보다 크게 엉겨 있는 기름 덩어리들은 흔히 고착생활을 하는 만
각류나 바다 벌레들로 뒤덮여 있다. 그렇기 때문에 이런 것들은 물
고기들한테는 매혹적인 먹이가 되곤 한다. 한데 사람들이 그런 물고
기를 먹을 경우, 그 오염 물질은 다시 인간 세포 속으로 침투해 들어
갈 기회를 얻게 되는 것이다.

나는 이미 살충제와 농업 용수로 쓰였다가 흘러나온 물로 맑은 강
과 호수가 오염되는 현상과 산성비와 관련된 문제들에 대해서 주의
를 환기시킨 바 있다. 물의 상태가 악화되어서 이 세계의 여러 지역
에서는 벌써 상당히 심각한 수준에 다다르고 있다. 지금은 맑은 물
을 접할 수 있는 기회가 그만큼 박탈되어 있는 것인데, 콜로라도에
있는 "록키 산맥 연구소"(Rocky Mountain Institute)는 1990년대에 들
어서면 현재 에너지가 가장 중요한 자원으로서 차지하고 있는 그 위
치에 물이 대신 들어서게 되리라고 예견할 정도이다. 미국에서의 경
우, 관개 시설이 오래 된 지하수 저장소들에서 지반 침하를 야기시
키고 있다. 미국의 대평원에 자리잡은 여섯 개의 주 지하부에 있는
오갤랠러 대수층(帶水層: Ogallala Aquifer)은 매년 약 4분의 1 인치
씩 가라앉고 있는 것인데, 무한히 가라앉기만 한 채 붕괴되지 않을
수 있기를 기대하기란 불가능한 일일 수밖에 없을 것이다.

바다는 또한 많은 사람들에게 있어서 중요한 식량 생산지이다. 그
러나 이 부문에서 역시 인간의 욕구는 물고기의 양을 현저하게 감소
시키고 있다. 1950년에서 1970년 사이에 어획고의 연간 증가분이
7%였다. 1975년에는 최고의 증가를 기록했는데 이 해에는 7천만
톤의 고기가 바다에서 잡혔다. 이런 과정에서, 꼭 짚어서 세 종류만

언급한다고 하더라도, 청어와 북대서양산 고등어 그리고 앤초비가
심각하리만큼 격감되어서, 이때 이래 바다에서 얻는 수입이 크게 줄
어들어 왔다. 이런 사태를 초래케 한 주범들은 대양에서 닥치는 대
로 모조리 걷어올리면서 고기들을 공해(公海)로 몰아나가는 소련과
일본의 대규모 어선단들이다. 종래의 바닷고기 포획량이 감소되면
서, 이 어선단들 중 일부는 남극 지역에서의 새우잡이 쪽으로 눈길
을 돌리고 있다. 바다에 엄청나게 많은 양의 새우들이 있는 것은 사
실이다. 그렇지만 새우의 양이 심각하게 격감될 경우 바다에서 이것
들을 먹고 사는 고래, 물개나 바다표범 등 기각류에 속한 여러 동물
들 그리고 펭귄과 같은 다른 여러 종들에게 파국적인 결과를 맞게
할 수 있다.

최근 몇년 사이에, 필리핀에서 다른 어느 지역보다도 지극히 풍부
한 두 바다 생태계 — 산호초와 맹그로브 — 가 위협받고 있다. 7천
개가 훨씬 넘는 섬들로 이루어진 군도인 필리핀에는 약 4만 4천 평
방 킬로미터에 달하는 면적을 뒤덮고 있는 아주 광범위한 암초에 아
주 다양한 종류의 산호들이 풍부하게 서식하고 있다. 산호초들은 수
많은 살아 있는 동물들과 어마어마하게 많은 죽은 산호들의 뼈들로
구성되어 있다. 이것은 믿을 수 없으리만큼 다양한 바다 생명체 —
물고기와 게 종류들, 연체동물들 그리고 해초류들 — 의 집 구실을
한다. 또한 산호초는 계속해서 쏟아져 내리는 열대 지방의 폭우로부
터 해안을 보호하는 방벽 역할을 하기도 한다. 산호들의 찬란한 색
과 다양한 모양은 지구 위에서는 그 어디서도 찾아볼 수 없는 아름
다움과 매력을 갖춘 세계를 이룬다는 것이 다이버들의 지적이다.

그러나 애석하게도 이 유일무이한, 그야말로 독보적인 필리핀의
생태계가 죽어가고 있다. 필리핀 대학의 해양 과학 센터(University
of the Philippines' Marine Science Center)와 뒤마구에테(Dumaguete) 시
에 있는 실리만 대학(Silliman University)이 공동으로 수행한 산호초

에 대한 광범위한 조사에서 조사 대상 가운데 단지 5%의 산호만이 우수한 형태로 존재했던 것으로 밝혀졌다. 이중에서 거의 50%는 상당히 손상되어 있었는데, 많은 공장들이 산호를 파괴해 가고 있다. 산호초 가운데 가장 중요한 부분들은 거의 침니화되어 있는 듯싶다.

산호들은 매우 예민한 창조물이다. 그렇기 때문에 벌거벗겨진 산허리에서 쓸려 내려온 흙으로 인해서 흐려진 물은 산호의 폴립을 죽이거나 이것들의 성장을 현저하게 둔화시킨다. 이와같이 순환적인 파괴 과정은 다시 한번 자연의 체계가 상호 연관되어 있다는 사실을 명백하게 드러내 준다. 산호초를 죽음으로 몰아넣는 데 연루되어 있는 또 다른 요소들로는 다이너마이트를 사용하는 것과 같은 파괴적인 고기잡이 기술과 미국과 오스트레일리아, 유럽과 일본 등지로의 산호 수출이 있다. 1977년에 공포된 한 대통령령에 의해 산호의 수출이 금지된 적이 있었다. 그러나 이 수출 금지령은 엄격하게 집행되지 않고 있다. 제1세계 국가들의 국민들이 가정에 마련해 놓는 수족관을 장식하기 위해 필요로 하는 산호 수요량이 계속 늘고 있다는 것은 다량의 산호가 지금도 여전히 이 나라에서 밀수출되고 있다는 것을 뜻한다. 이같은 관행들이 중단되지 않는 한, 20년 이내에 이 나라에는 거의 산호가 남아 있지 않게 될 것이다. 한데 산호초의 죽음은 물고기들에 있어서 심각한 쇠퇴를 뜻할 수밖에 없다. 대부분의 어류들은 연안 생태계에서 먹이를 찾아 살고 있기 때문이다. 이러한 사태는 다시 필리핀인들에게까지 영향을 미치게 되는데, 물고기와 쌀, 채소를 주식으로 하는 이들에게 있어서 위에서와 같은 현상은 결국 영양실조의 심화와 죽음을 뜻하게 될 것이다.

맹그로브는 개펄과 열대 지역의 해안을 따라 자라고 있다. 이것들은 흙이 별로 없고 높은 염도를 유지해야 하는 것과 같은, 많은 식물류의 성장을 방해하는 조건들을 특성으로 하고 있다. 그렇지만 이와같은 조건들은 다른 여러 종들에 있어서도 이상적인 조건이 되기도

한다. 어떻든 산호초와 마찬가지로 맹그로브 역시 다양한 종류의 물고기들이 번식하고 성장하는 데 없어서는 안될 곳이다. 또한 맹그로브는 많은 종류의 야생동물과 조류(鳥類), 파충류, 양서류 그리고 곤충들의 집 구실을 하기도 한다. 뿐만이 아니다. 이것들은 산업 공해와 침식된 흙을 걸러내는 일종의 여과기 체계로 작용한다. 맹그로브에서 얻어지는 나무는 특히 단단하고 내구성이 좋아서, 주변에 사는 주민들의 건자재로 쓰이는 이외에도 상업적으로도 매우 다양한 용도를 갖고 있다.

그렇지만 불행하게도 맹그로브의 이와 같은 유익한 쓰임새가 전반적으로 공직자들이나 상품 기획자들에 의해 제대로 인식되어 있지가 않다. 이로 인해서 맹그로브 역시 필리핀의 여타 생태계가 겪는 최악의 운명을 똑같이 겪을 수밖에 없었다. 1920년의 경우 필리핀에서 맹그로브가 자라는 면적이 약 50만 헥타아르에 달하는 것으로 추산되었다. 현재는 그 수치가 15만 헥타아르에도 미치지 못한다. 이 생태계를 압박해 온 주범 몇 가지는 이미 언급한 바 있었다. 이를테면 빗물에 씻겨 내려온 농약과 광산에서 쏟아져 나오는 광물 부스러기 그리고 농업과 상업상의 목적으로 행하는 개간 사업이 그런 것들이다. 이것 외에도 맹그로브 숲을 상업적인 양어지(養魚池)로 바꾸거나 이 지역에 호화판 유흥지를 세우는 것도 그러한 요인들에 속한다. 원인이 어떤 것이든간에 이로 인한 연쇄 반응은 많은 필리핀인들이 직접 분명하게 피부로 느끼게 될 것이다. 맹그로브를 파괴해 버리는 것은 조류(藻類)의 영양 상태를 악화시킨다는 것을 뜻하고, 이는 다시 물고기가 먹이를 그만큼 덜 얻게 된다는 것을 뜻한다. 이렇게 되면 물고기가 줄어들지 않을 수 없게 되는데, 이런 사태는 인간을 그만큼 더 굶주리게 만들 수밖에 없는 것이다.

지금까지 우리는 공기와 햇빛, 토양, 숲과 다양한 생명체들 그리고 물, 한마디로 우리가 사는 지구의 자연 생명 체계에서 벌어지고 있는 현상을 개괄적으로 살펴보았다. 포괄적으로 언급하자면, 이와 같은 훼손은 자연 세계와의 상호 부조적인 관계를 구축하려는 시도를 전혀 보이지 않는 우리의 이 현대 산업 문화, 우리의 이 현대 상업 문화의 소산이다. 이것은 우리에게 하나의 충격으로 다가오고 있다. 우리는 지금까지 우리에게 길과 집, 현대의 식품과 공장들, 우주 왕복선 그리고 컴퓨터를 안겨주는 우리의 이 과학 기술이 점점 더 복잡하게 얽히면서 순수성을 잃어가고 있다고 느낀다. 각각의 품목은 쇠퇴될는지 몰라도, 우리의 과학 기술은 이것들에 대해서 영원을 각인해 주고 있는 것이 오늘의 현실이다. 그러나 생태계 보전 운동과 이 책이 전달하고자 하는 메시지는 다르다. 지금까지 과학 기술을 중심으로 전개되어 나온 것과는 다르면서도 더 적확한 어떤 이야기가 있는 것이다. 우리의 이 탁하고 답답한 공기, 오염된 물과 대양, 생산량이 줄어들고 있는 농경지, 점점 더 확산되어 가는 황무지 그리고 종들의 멸절은 진짜 이야기를 들려주고 있다. 이런 현상들은 점점 더 강력해져 가는 우리의 과학 기술에 대한 보이지 않는 비용, 흔히 경제학자들의 계산에 포함되지 않는 비용이다. 궁극적인 분석에 있어서, 오직 유일하게 실제적인 대장(臺帳)인 지구라고 하는 이 대장 내지 장부(帳簿)는 우리에게, 지구는 유한할 뿐만 아니라 쉽게 상처받을 수 있다고 이야기해 준다. 또한 이 대장은 우리에게 만일 인간 존재들이 이 실제의 생태학적 진술에 입각하여 자신들의 삶을 꼴지어 나가기 시작하지 않는다면, 자연계는 심각하게 고갈되어 마침내는 붕괴될 수도 있다고 전해주고 있다.

인간다움의 위축

이와 같은 파괴로부터 야기되는 빈곤화는 우리의 신체·물리적인 차원에서 필요로 하는 것들의 범위를 훨씬 더 넘어간다. 우리가 우리의 환경을 파괴할 때, 우리는 우리 자신의 인성(人性), 우리 자신의 인간다움 역시 위축시키게 된다. 우리 자신이 이미 생명 공동체와 불가분의 관계에 놓인 채 그 공동체의 일원으로 존재하기 때문이다. 우리가 느끼는 경이감과 미, 기쁨에 대한 느낌은 우리를 에두르고 있는 세계 내에 충만해 있는 색과 형태와 음악으로부터 비롯된다. 우리의 상상력은 우리가 살고 있는 이 세계의 경이로운 다양성에 의해 자극을 받는다. 인간의 다양한 전례와 음악과 미술, 시와 춤은 새들의 리듬과 멜로디, 나무를 스치는 바람 그리고 강에서 흘러가는 물을 의식 차원에서 표현한 것에 다름아니다. 위대한 작곡가들이 창조계를 소재로 해서 작곡한 교향곡들은 단순히 그들 개인의 천재성에서 터져나온 것이라기보다는 오히려 자연 세계에서 영감을 받아 이루어진 것이다. 그리고 이 음악은 바로 그 지구의 경이로움들을 예찬하고 있는 것이다.

토마스 베리[10]는, 우리가 만일 달에서 태어나서 그곳에서 우리의 전 생애를 살 경우, 우리의 상상력은 달 세계에서 볼 수 있는 풍경의 황량함을 그대로 드러내 줄 것이라고 지적한다. 우리의 감지력 역시 둔해질 것이고, 따뜻함도, 색도 결하고, 뉘앙스를 포착할 수도 없게 되고 말 것이다. 우리의 언어 또한 극히 제한되었을 것이다. 이름 붙여야 할 것들이 얼마 되지 않을 것이기 때문이다. 따라서 우리가 이

---

10. Thomas Berry, *Reverdale Papers* 8권.

행성을 달과 같이 만들면 만들수록, 우리는 그만큼 더 우리 자신을 파괴해 나가고 있는 것이다. 많은 사람들이 이 점을 파악하지 못하고 있다는 이 사실이야말로 비극이다. 그렇지만 위에서와 같은 상황은 불결하고 다 쓰러져 가는 빈민가에서 살고 있는 어린이들과 가깝게 지내는 교사들이나 사회 활동가들이 매일같이 체험하는 일이다. 계속해서 버려진 땅과 폐허로 둘러싸인 채 아름다움을 접하지 못하면서 살고 있는 사람들은 자신들의 정서생활과 영적인 생활 면에서 심각한 지체(遲滯)를 겪고 있는 것이다.

라인강 지방의 위대한 신비가인 마이스터 에크하르트(Meister Eckhart)는 모든 창조물의 계시 차원에 주의를 환기시킨 바 있다. 그는 "모든 창조물은 하느님의 말씀이요 하느님에 관하여 씌어진 책이다"[11]라고 갈파하고 있다. 토마스 아퀴나스 성인 역시 「신학 대전」의 제1부, 물음 47, 제1절에서 이와 상당히 유사한 생각을 개진하고 있다.[12] 그의 논증에 의하면 하느님은 당신의 선성이 창조물들에게 전달되고 또 그것들에 의해 그 선성이 반향될 수 있도록 그것들을 감탄스러우리만큼 다양하게 창조하셨다는 것이다:

> 그러므로 우리는 사물들의 구별됨과 다수성은 제1능동자(first agent), 곧 하느님의 의도에서 비롯한다고 말해야 한다. 왜냐하면 그분은 당신의 선성이 창조물들에게 전달되고 또 그것들에 의해 그 선성이 표출되도록 하기 위하여, 또한 그분의 선성은 하나의 창조물만으로는 합당하게 표출될 수 없을 것이기 때문에 여러 사물들을 존재하게 하였다. **그분은 많고 다양한 창조물들을 생산해서, 신적인 선성의 현시**

---

11. 이것은 Matthew Fox에 의해 *Cry of the Environment,* 1984, Bear and Company, Inc., P. O. Drawer 2860, 산타페, NM 87504, 90면에 인용됨.

12. Thomas Aquinas, *Summa Theologiae,* Biblioteca De Autores Christianos, MCMLVI.

에 있어서 어떤 한 창조물이 결하고 있는 것이 다른 창조물에 의해 제공될 수 있도록 하였다. 하느님에게 있어서는 단순하고 동일적인 선이 창조물들에게 있어서는 다양하고 다중적인 까닭이다. 그렇기 때문에 우주 전체는 어떤 것이든간에 어떤 한 창조물이 그러한 것보다 더 완전하게 신적인 선성에 참여하고, 그 선성을 더 잘 표출해 주는 것이다(강조는 저자에 의한 것임).

신에 대한 우리의 심오하고도 경이로운 지각은 상당한 정도로 자연 세계의 미와 다양성으로부터 비롯된다. 시편 작가는 레바논 삼나무의 표상을 사용하고 있고, 출애굽기는 이스라엘 백성에 대한 하느님의 사랑과 돌보심을 자기 새끼를 날개에 태워 데려가는 독수리의 그 사랑과 돌봄에 견주고 있다(출애 19,4). 그러므로 우리가 어떤 종들을 멸절시킬 경우, 이는 곧 그러한 종들이 유일무이하게 독특한 방식으로 하느님의 신비를 표출해 줄 수 있는 가능성들을 영원히 파괴하는 것에 다름아닌 것이다.

그렇지만 어떤 사람들은, 어떤 특정한 종의 멸절은 우리가 그다지 크게 우려할 바가 아니라고 주장할 수도 있을 것이다. 생명(체들의) 공동체가 생동적으로 살아 있는 실재이고, 다른 것들이 진화해 가는 반면에 일부의 종들은 늘상 죽어가는 것이기 때문에 그러하다는 것이다. 종들이 자체의 자연 서식지에서 차츰 사라져 갈 수 있다는 것은 사실이다. 그러나 이런 일이 자연적으로 발생하는 비율은 매우 낮다. 특히 신생대 내지 제3기의 지구 역사 시기에 들어서는 더욱 그러하다. 이 시기 동안에는 생명체들이 출현해서는 거의 전부가 생존해 나왔던 것이고, 이에 따라서 이 행성은 온갖 생명체로 가득 차게 되었던 것이다. 그러나 우리 세대는 너무도 비생산적인 방식으로 생명체들을 멸종시켜 가고 있는 중이다. 이 시대에는 풍요로움이 누적되지 않고 있다. 오히려 우리는 이 행성을 불모화하고, 이것이 살아 있는 유기체들에 대해 훨씬 더 척박하게 만들어 놓기 시작한 것이다.

　지구 역사상 처음으로 현대의 산업사회는 전세계적인 규모로 확산되어 존재하게 되었고, 이 산업사회의 정교한 촉수(觸手)는 지구 구석구석까지 안 닿아 있는 곳이 없다. 나 자신이 지금 필리핀에서 살고 있고 또 여기서 활동하고 있는 까닭에, 현재 발생하고 있는 일들이 어떤 것인지를 드러내 보여주기 위해서 이곳에서 벌어지는 많은 예들을 제시해 왔다. 풍부한 자연 자원과 다양하기 이를 데 없고 생명력이 강한 생태계를 갖춘 이 군도에서 나는 그동안 자연 세계가 무참히 파괴되고, 독으로 물들고, 강탈당하는 것을 목격하였다. 30년쯤이 지나는 동안 한때 건강했던 이 환경은 정말이지 어마어마한 학대를 받아 왔다. 지금은 거의 모든 생태계가 하나같이 심각하게 손상당하고 있는 실정이다.

유린당하는 아일랜드

생태학은 이 작은 행성인 지구에서의 상호 의존 관계들에 관하여 다룬다. 우리의 공기와 물, 햇빛, 토양과 살아 있는 생명체들은 지구 전체로 구성된 한 식구의 일원이다. 앞에서 제시된 많은 예들은 수천 킬로미터씩이나 떨어져 있는 생명체들이 이 세계의 저 멀리에서 자행되는 오염으로 인하여 어떻게 영향을 받는지를 입증해 주고 있다. 바람과 공기의 흐름은 불고 싶은 대로 불어간다. 미국과 영국에서 그리고 독일의 루르 지방에서 발생된 산성비가 캐나다와 스칸디나비아의 호수들을 파괴한다. 오염된 물도 마찬가지이다. 실제로 어떤 특정 국가의 영수(領水) 내지 영해(領海)와 같은 것은 존재치 않는다. 현재 대서양으로 흘러들어가고 있는 에이레의 강들의 물은 대양의 해류에 의해 하루 새에 사방팔방으로 이동된다. 필리핀에서의 경우 종들의 다양성이 상실되면서, 이 땅의 모든 주민들은 빈곤에 빠지게 되었는데, 식물들이 인간 존재들을 먹이고 치유해 주었기 때문이다. 우리 모두는 땅에서 출현해 나온 존재들인 것이다.

이런 상황을 전해 들으면서 아일랜드나 다른 서방 국가들에 사는 사람들은 결코 어깨를 추스르며 탄식조로 이렇게 말할 수만은 없는 일이다. "필리핀 사람들은 너무 안됐군. 내가 그런 일로 곤경을 겪는 것은 아니니까 다행이지. 내가 어떻게 할 수 있는 일이 아닐 때는 잊어버리는 게 차라리 훨씬 낫지." 불행하게도 이렇게 훼손됨으로써 야기되는 엄청난 곤경은 현재의 필리핀인들과 미래의 필리핀인들이 겪어야만 하는 것이 사실이다. 그러나 이것은 모든 사람들을 근심에

젖어들게 할 수밖에 없다. 우리는 부분적으로 그와 같은 훼손에 대해서 책임이 있다. 제1세계 국가들에 있어서의 현재의 생활 수준이 제3세계의 목재와 자연 자원들에 대한 수요를 창출시키고 있기 때문이다. 종국적으로는 제1세계에 사는 사람들과 특히 이들의 자녀들 역시도 오늘 이 시대의 낭비에 대한 대가를 지불할 것을 요청받게 되고 말 것이다. 지구 가족 가운데 어느 하나에게 가해진 손상은 빠르게 사방팔방으로 퍼져 나간다. "이제 생각은 세계적으로, 행동은 지역적으로"라는 생태계 보전을 위한 구호가 발생하게 된 이유, 곧 이 구호의 "존재 이유"(raison d'être)가 바로 여기에 있는 것이다.

그렇다면 아일랜드에 있어서의 지역적인 상황은 어떠한가? 경계를 기울여야 할 요인이 전혀 없는 것이 확실한가? 에이레 사람들은 국내외에서 모두 국토의 아름다움을 자랑했다. 이들은 「저 네(4) 푸른 들판」이라든가 「엔트림의 초원」 같은 발라드를 갖고 있었다. 관광 안내 책자들은 아메리카 사람들과 유럽인들에게, 비록 언제나 청명하지는 않을지 몰라도 오염하고는 거리가 먼 호숫가에서 낚시를 해보라며 부추기고 있다.

우리 모두가 친숙한 아일랜드에 대한 표상인 "에머랄드 섬"(Emerald Isle)이라는 이미지를 조망하는 것으로 이 장을 시작하는 것이 순서일 듯싶다. 에머랄드 섬이라는 말은 필경, 초원과 습지 그리고 경작지로 구성된 이 지역이 최근에 생성된 것이라는 사실을 알고는 이에 대한 놀라움에서 비롯된 표현이었을 것이다. 마지막 빙하 시대의 얼음이 녹으면서, 급속하게 초목이 이 지역을 뒤덮었다. 1만 년 — 이는 지질학적 시간대로는 한순간에 지나지 않는데 — 전 이곳 아일랜드는 온대림으로 빽빽했었다. 너도밤나무과에 속한 나무들과 느릅나무는 좀더 좋은 땅에서 자랐고, 오리나무는 습한 지역에서 그리고 소나무는 박토에서 자랐다. 이 산림은 당시에는 오로지 산과 습지대에 의해서만 파괴될 수 있을 뿐, 사람의 손은 전혀 닿지 않았다. 그후 5,000년쯤 전에 아일랜드에 최초로 도착한 신석기 시대의 농경인들은 숲을 베어내기 시작하였다. 그렇지만 당연히 처음에는 그 속도가 느렸다. 그러다가 도구가 개량되고, 목초지와 가정 안팎에서 쓸 재목이 더 많이 필요해짐에 따라 더 많은 나무들이 도끼질을 당하게 되었다. 일부 외관 지역을 제외하고는 거의 모든 원시림이 제1차 세계대전이 시작되기 직전까지 벌목되었다.

산림의 파괴가 비탄에 잠기는 일 없이 통과될 리는 만무한 노릇이다. 이 지역 전원의 불모화와 황폐화, 그리고 야생 생명체들의 파괴가 18세기 때의 민스터의 한 시인이 노래한 통절한 탄식 속에 이렇게 포착되어 있다: Cad a dheanfaimid feasta gan adhmad, tá deire na gcoitle are lár?(나무가 송두리째 베어졌으니, 재목이 없이 우리가 무얼 할 수 있을까?) 과거에 대한 그리움에 사로잡혀서 아일랜드에 살았던 본토박이 에이레인이나 식민지 지배 세력 그 누구도 지구 위에서 옳게 살지 못했다는 분명한 사실을 있는 그대로 보지 않으려 해서는 안된다. 실제로 이런 경향을 허용하지 않는 일은 매우 중요하다. 그렇지만 창조계를 돌보고자 하는 새로운 태도가 사람들 사이에서 나타나지 않는 한, 지금까지의 훼손은 현재 발생하고 있는 훼손 상황과 견줄 때 아무것도 아닐 수가 있다. 오히려 자연 환경 가운데 손상되지 않은 채 보존되어 내려온 것은 그 대부분이 개발*해서 득될 것이 없다고 여겨졌기 때문이거나 최근에 이르기까지 비교적 접근이 불가능했기 때문이었다고 지적하는 것이 한결 사실에 가깝다.

최근에 발생한 소요 형태 가운데 시민과 종교, 정치 지도자들에게 중대한 관심을 불러일으킨 사건은 어떤 것들이었는가? 나는 지난 16년 가운데 상당 기간을 필리핀에서 지냈다. 그렇기 때문에 아일랜드

---

* 말이 개발이지 착취에 다름아니다. 영어로는 이 두 의미를 동시에 내포하는 exploit이라는 동사가 쓰였다 — 역주.

의 생태계에 가해진 최근의 훼손에 관한 상세한 보고를 직접 접할 기회가 없었고, 그러므로 나 자신이 인용하는 사례 가운데 대부분이 신문이나 잡지에서 취해진 것들이다. 어떻든 이 자료들은 전반적으로 에이레의 생태계에 대해서 점차 파괴적인 경향을 보이기 시작했다는 사실을 보여주고 있다. 한편 1985년에 이 책이 거의 마무리되어 가고 있을 무렵, 안 포라스 포르바타는 「환경 상태」[1]라는 책을 펴냈다. 이것은 에이레의 환경 상태에 관한 최초의 종합적인 보고서인데, 이것 역시 도시와 지방에서 오염이 증가함에 따라 관심도가 높아지고 있다는 사실을 지적하면서 끝맺고 있다.

---

1. An Foras Forbartha, *The State of the Environment*, Dublin, ed. David Cabot, 1985.

물의 오염

「선데이 트리뷴」(*The Sunday Tribune*) 지 1982년 8월 8일자에 실란 도날 머스그레이브(Donal Musgrave)가 쓴 특집 기사에는 이렇게 기술되어 있다. "럭 덕(Lough Derg)은 사람들이 버린 쓰레기와 산업 폐수, 빗물에 씻겨 내려온 농약과 중부 지방 습지대에서 떠내려온 부식토를 수용하는 거대한 저장소가 되어 버렸다." 이 기사는 아일랜드에서 두번째로 커다란 이 호수에서 발생하고 있는 사태에 대해서 경각심을 불러일으키고자 시도한다. 만일 현재와 같은 오염 수준이 근본적으로 철저하게 감소되지 않는다면, 럭 덕은 앞으로 이삼십 년 내에 죽어버리고 말 것이라는 것이 이 기사의 결론이다. 이는 이 나라 전체의 커다란 재앙이 될 것이지만, 특히 티퍼러리(Tipperary) 북부와 클래어(Clare) 동부 그리고 갤웨이(Galway) 지방에 심각한 재난이 될 것이다. 조류(藻類)의 번식을 촉진시키고 부영양화를 유발시키는 이와 동일한 요소들, 그중에서도 특히 오수 문제는 럭 닉(Lough Neagh) 일대를 조사하면서 위험한 인산염의 사용을 대체할 수 있는 방안들을 모색하고 있는 얼스터 뉴 유니버시티(New University of Ulster)의 과학자들을 크게 우려하게 만들고 있다. 이 계획에 참여했던 과학자들 중 한 사람이 1985년 초에 BBC와 인터뷰를 한 바 있는데, 그는 만일 사람들이 이 호수에 유입되는 물을 정화 시설을 갖추어서 제대로 처리하는 데 성공하지 못할 경우, "여러분들은 럭 닉한테 작별 인사를 할 수밖에 없을 것이다"라는 끔찍한 경고로 이 대담을 끝맺었다. 그같은 사태가 광범위하게 펼쳐지고 있는 어업과 조류(鳥類), 육상동물들 그리고 호수 일대에 살고 있는 사람들에게 뜻하는 바가 어떤 것일지를 상상해 보라.

「선데이 트리뷴」은 같은 해 8월 22일자에서 다시 물의 오염에 관한 주제를 다루었다. 이번에는 산업 폐수와 정화 처리되지 않은 생활 오수로 인하여 야기된 연안의 오염에 관한 자료까지 제시되었다. 안 포라스 포르바타의 보존 연구 부서 책임자인 데이비드 캐벗(David Cabot) 박사는 에이레에서의 경우 오염과 환경 보호에 대한 EEC의 정책이 여지없이 무시되고 있다고 주장하였다. 이 기사 역시 최근 몇년간 농업 부문에서의 현저한 공해 증가에 주의를 환기시키고 있다. 여기서 지난 5년 동안 에이레의 강과 개울들의 질산화 수준이 100% 증가하였다는 사실이 지적되었다. 질산화 수준의 증가는 지금까지 동물과 인간의 개체 수와 관련하여 출산 장애를 일으키는 것으로 알려져 있다. 캐벗 박사는 "나는 우리의 호수들 가운데 상당수가 이번 세기가 끝나기 전에 죽어 버릴 수도 있다고 생각한다"고 진술하였는데, 그의 이같은 단언은 사람들로 하여금 정신을 가다듬고 주의를 기울이지 않을 수 없도록 해주었다.

지난 몇년 동안 여러 지역 공공 기관에서 공급되는 수도물이 농업 폐수로 인하여 오염되어 왔다. 나 자신이 1982년 그믐날 저녁에 고향 마을(Nenagh)에서 이러한 사건을 겪은 일이 있었다. 이 지방 주간지인 「가디언」(*The Guardian*) 1983년 1월 8일자는 "500만 갤런 식수 오염"이라는 큼지막한 머릿줄과 함께 이 사건을 다루었다. 이 보고는 극히 심각하고도 매우 걱정스러운 많은 의문을 촉발시켰다. 위생 설비 과장인 존 오플린(John O'Flynn) 씨는 "오염을 입증하거나 추적하는 것이 불가능하다"고 말하였다. 오염의 주요 원천을 추적하는데 있어서 정부 당국의 이와 같은 무능은 주민들로 하여금 매우 불안한 생각에 빠져들지 않을 수 없게 만들고 있다. 특히 다음번에 누출된 물질이 훨씬 더 독성이 강할 경우를 가정할 때 더욱 그러하다.

이때 발생한 사건을 국영 방송과 텔리비전 방송사를 통하여 시민에게 알려 경계하도록 하는 일도 상당히 지연되었다. 「가디언」에 실린 기사는 오플린 씨가 자신이 유해 물질 누출 사고를 처음 통고받은 것이 목요일(1982년 12월 30일) 밤 7시 30분이었다고 말한 것으로 전하고 있다. 그런데도 RTE(Radio Telefís Eireann)는 이 뉴스를 금요일 오후 6시 30분까지 내보내지 않았던 것이다. 다른 공직자들은 이 사건을 대수롭지 않은 것으로 여기면서 묻어가려고 들었다. 시머스 맬로운(Seamus Malone) 씨는 "이런 유형의 오염은 반세기에 한 번 발생한다. 이런 사태가 다시 발생할 가능성을 지나치게 과장하지 않는 것이 바람직하다"고 말한 것으로 보도되었다. 다행스럽게도 그는 식언을 하지는 않았다. 「가디언」은 1985년 7월 6일에, 저수장에 가해진 또 다른 오염 위협이 주 위원회 대책반의 신속한 대응으로 모면되었다는 뉴스 기사를 실었던 것이다. 그렇지만 심각한 재앙이 될 수 있었던 이러한 사건에 대해서 공직자들이 그런 식으로 도도한 태도를 취한다면, 정말이지 앞으로의 일이 우려되지 않을 수 없다. 대중이 그 실제의 위험들을 정확하게 의식하게 될 경우 엄청난 참사를 몰고 올 수도 있다는 점은 결코 간과되어서는 안될 것이다.

　핵폐기물과 관련하여 우리가 이하에서 보게 되겠지만, 오염의 위험에 대해서 거의 모든 공직자들이 한결같이 보이는 반응은 참으로 걱정스러운 것이지 않을 수 없는데, 그들은 그들 자신이 그런 위험들이 얼마나 심각한 것인가를 충분히 알고 있으면서도 이를 덮어가려는 경향을 보이고 있는 까닭이다. 그 결과 현재는 여러 정부 조사기구의 보고서를 시민들이 도무지 믿지 않게 되고 말았다.

「아이리쉬 타임즈」(*The Irish Times*) 1982년 12월 12일자에서 다시 한번 물이 한 기사의 주제로 다루어진다. 에이레 국립 과학 기술 위원회(National Board of Science and Technology)의 오웬(Owen) 씨는 가정과 산업 현장에서 에이레의 여러 만과 바다로 방출되는 폐수가 매년 10%라는 경악스러운 비율로 증가하고 있다고 토로하였다. 동일한 맥락에서 페디 우드워스(Paddy Woodworth)는 「아이리쉬 타임즈」1984년 7월 20일자에서 "더블린 만은 시의 쓰레기 하치장인가?"
라는 제목의 한 기사를 통하여 아일랜드 동해안 일대에서 발생하고
있는 사태를 짚어보고 있다. 그는 "더블린 만의 수면과 이 지역 일대
의 바닷가를 쓰레기장으로 만들어 버리는, 걸러지지 않은 다량의 오
수와 위생 제품들에 대한 완곡한 표현들"을 지적하는 것으로 자신의
글을 시작하였다.

　너나 할 것 없이 모두가 최근 몇년 동안 오염 현상이 증가되어 왔
다고 생각한다. 그렇지만 전문가들은 이것이 건강에 심각한 위협이
될 정도인가의 여부에 대해서는 의견의 차이를 보이고 있는 것 같
다. 갤웨이 단과 대학의 미생물학부에 적을 두고 있는 피터 스미스
(Peter Smith) 박사는 자신의 자녀들이 더블린 근처의 덜리마운트
(Dollymount)에서 헤엄치는 것을 허락하지 않으려 든다. 한데 더블린
회사의 경영 분석가인 퍼거스 힐(Fergus Hill) 박사는 단정적으로 이
렇게 진술하였다. "어느 정도 오수로 오염된 물에서 미역을 감는 것
이 병원균들을 옮길 수 있는지에 대해서는 만족할 만한 증거 자료를
찾아볼 수가 없다." 하지만 그가 과연 자신의 자녀들을 오염된 물에
서 헤엄을 치도록 허락할지는 의문스럽지 않을 수 없다. IUC(Irish
Underwater Council)의 공보관으로 일하고 있는 세인 그레이(Shane
Grey)는 달리 생각한다. 이 지역 일대에서 수영을 하면서 여름 방학
기간 대부분을 지낸 그의 네 아들들이 위장염과 간염에 걸렸기 때문
이다. 만일 누군가가 물을 조금 마시는 일이 생길 경우, 그의 코와
두 눈 그리고 입이 무언가가 심각하게 잘못되어 있다고 자기한테 알
려주는 그런 상황에서, 그 누구라도 학문 세계에서 벌어지는 논의로
부터 그다지 위안을 이끌어 낼 수가 없는 것이다.

핵 폐기물

1982년 말과 1983년 초에 사회 저명 인사들은 일간지들에다가 보낸 편지와 성명서들을 통해서 에이레 해안에서 남쪽으로 400마일 떨어진 대서양 해저에 다량의 방사성 폐기물을 처분함에 따른 장기적인 영향에 관하여 관심을 표명하기 시작하였다. 방사성 폐기물을 해저에 처분하려고 하는 정부 당국자들은 폐기 시설이 방사능을 누출하지 않도록 방지되어 있으며, 따라서 단기적으로건 장기적으로건간에 전혀 건강에 위협을 가할 소지가 없다고 주장한다. 그러나 대부분의 국민들은 지금 현재 그와 같은 장담을 믿으려 들지 않고 있다. 만일 그러한 위험이 그렇게 적다면, 그러한 오염 물질을 맨 처음 생산해 낸 바로 그 나라 내에 그런 폐기물을 묻지 않는 이유는 무엇인가? 미국 국립 해양 대기 자문 위원회(NACOA)는 1984년 7월에 레이건 대통령과 의회에 제출한 한 보고서에서 미국이 폐기물 처리 장소로 대양을 사용하지 못하도록 한 조치를 종료시킬 것을 권고하고 있는데, 이들은 "과거 방사성 폐기물 문제를 다루는 데 있어서 — 그리고 시민들에게 적절하게 홍보하도록 하는 데 있어서 — 전문가들이 그들의 현재 운영 체계에 대해서 신뢰를 얻는 만큼 실적을 올리지 못하고 있다"고 지적하고 있는 것이다(*The Irish Times*, 1984.7.23).

한편, 소위 특수 처리 시설이 파괴 불가능하다고 하지만, 이것의 파괴 가능성 자체가 의문스럽지 않을 수 없다. 에이레 해와 영국 허협 중에서 수심이 얕은 곳에 떨어뜨려진 이와 유사한 시설물들이 해류의 영향을 받아 궁글려지면서 깊은 바다 밑에 이르게 되고, 그 후로도 지속적으로 가해지는 해류의 압력에 의해 균열이 생겨 시설물이 열리고 말았던 것이다. 윌리 킬리(Willie Kealy)와 톰 쉘(Tom

Shell)이 「선데이 인디펜던트」(*The Sunday Independent*) 1984년 7월 22일자에 기고한 핵폐기물과 지진에 관한 기사("Quake Raises Nuclear Waste Fear")에 따르면, 에이레 해의 경우 지진대에서 벗어나 있기는 하지만, 어떻든 이 지역에서 지진이 발생할지도 모른다는 사실은 많은 환경론자들의 등골을 오싹하게 만들어 준다는 것이다.

힉키(Des Hickey)는 1983년 1월 9일자 「선데이 인디펜던트」에 실린 글에서 에이레 해에서의 또 다른 류의 핵 오염에 대해 주의를 기울인 바 있었다. 그는 이렇게 묻고 있다. "에이레 해는 원자력 발전소에서 발생된 폐기물의 처리장이 되어야만 할 것인가?" 힉키는 영국 북부의 윈드스케일(Windscale, 지금은 셀라필드)에서 유출되는 방사능 물질에 대해서 비판을 가하였는데, 이 시설은 일부 과학자들에 의해서 "이 세계에서 가장 열악한 핵 발전소"라고 진술되고 있다. 결과적으로, 더블린 단과 대학의 물리학부에 적을 두고 있는 피터 미첼(Peter Michell) 박사에 따르면, 에이레 해는 전혀 자랑스럽지 않은 기록을 보유하고 있다. 이곳은 지금 현재 전세계에서 방사능으로 가장 심각하게 오염된 바다인 것이다.

케네디(Declan Kennedy)는 「아이리쉬 타임즈」 1983년 1월 31일자에 기고한 한 기사를 통해서, 방사능 물질과 같은 장기적으로 영향을 미치면서도 치명적인 결과를 초래할 수 있는 것들에 대해서 이처럼 눈에 안 보이면 그만이라는 식의 접근 방법에 대해 강렬하게 비판을 가한다. 먹이 사슬의 매커니즘에 대한 기본적인 지식만으로도 우리는 바다의 유기체들에 의해 흡수된 그 물질들이 종국에 가서는 인간의 세포 내에 축적되리라는 것을 훤히 알고 있는 터이다. 만일 이와 같은 오염 현상이 현격하게 줄어들지 않는다면, 우리는 앞으로 몇 십년 이내에 사산아(死産兒)들과 돌연변이체들의 발생 그리고 암과 같은 질병들의 격증을 겪게 될 것이다.

1984년에는 컴브리아(Cumbria)의 셀라필드(Sellafield)와 에이레 해의 반대편에 위치한 도시인 던달크(Dundalk)에 대해서 논쟁의 초점이 맞추어졌다. 논제는 이른바 저준위 핵폐기물을 바다에 폐기 처분하는 것의 효과와 그 영향에 관한 것이었다. 이 지역의 한 텔리비전 프로그램은 이곳 어린이들에게서 나타나는 높은 백혈병 발생을 셀라필드에서 방출되는 방사능과 연결지었다. 1984년에 실시된 영국 정부의 한 공식 조사에서도 이 지역에서 백혈병의 발생률이 높다는 사실이 확인되었다. 그렇지만 그 원인이 방사능 유출인지의 여부에 대해서는 의문을 표시하였다. 그러나 그린피스와 같은 영국과 아일랜드의 생태계 관련 단체들은 이 보고서가 날조된 것이라고 반박하였고, 원자력 발전소에서 방사능 유출을 즉시 종식시킬 것을 요구하였다.

「아이리쉬 타임즈」 1984년 7월 24일자는, 스트랭포드 아드글라스(Strangford Ardglass) 지역에서 2,500명의 환자들을 치료한 바 있는 니콜라스 네이피어(Nicholas Napier) 박사가 1980년에 6개월 동안 심한 백혈병 증세로 두 명이 사망했음을 확인하였다고 보도하였다. 네이피어 박사는 그 자신이 "에이레 해에 방사능 물질이 폐기 처분된 것이 미칠 영향들에 대해서 깊이 관심을 기울이고 있다"고 진술하였다. 그런데 바로 그날, 국민의 건강을 책임지고 돌보는 일을 하는 북아일랜드의 한 관리인 패튼(Patten) 씨는 원자력 발전소는 다운(Down) 주의 주민들에게 전혀 어떤 위험도 가하지 않았다는 자기 부서의 조사 결과를 자신있게 되풀이하는 것이었다. 하지만 지금 그러한 부인은 회의만을 더욱 증폭시킬 따름이다.

「아이리쉬 타임즈」 같은 판은 두 에이레 과학자인 패트리시아 쉬헌(Patricia Sheehan) 박사와 아이린 힐러리(Irene Hillary) 박사가 실시한 연구 결과를 보도하였다. 이들의 연구는 1957년 윈드스케일(셀라필드)에서 발생한 방사능 유출 사고와 그 당시 던달크에서 학교를 다니다가 후에 결혼한 여자들이 출산한 어린이들에게 다운씨 증후군(Down's Syndrome)이 이례적으로 높게 발생하는 현상간에는 어떤 관련이 있을 수 있는가에 관한 것이었다. 기초적인 준비 조사에서는 한 학급의 여학생 열한 명 가운데 여섯 명이나 다운씨 증후군에 걸린 아이들을 낳은 것으로 나타났다. 처음에는 이런 현상이 어떤 한 바이러스가 이 지역에 번진 아시아의 인플루엔자와 결합되어서 발생한 것이거나, 아니면 적어도 그런 바이러스와 방사능의 오염도가 높아진 상태가 상호 작용을 일으킨 데 기인한 것이리라고 생각되었다. 하지만 「아이리쉬 타임즈」에 몸담고 있는 딕 그로건(Dick Grogan)은, 이 연구자들이 "이제는 가설의 방향이 순전히 방사능에 의해 야기된 영향이라는 쪽으로 기울어졌다"고 진술한 것으로 전하고 있다.

땅의 오염

농경지를 훼손시키는 주요 오염원에는 두 가지가 있다. 그 첫번째 오염원은 최근 몇 십년 동안 에이레의 농업 형태를 주도하게 된 산업적이고 화학적인 농경 방법들에서 찾아보게 된다. 세계적인 규모의 농업 관련 화학 약품 성산업체인 치바-가이지(Ciba-Geigy)의 아일랜드 경영자까지도 에이레의 농업 현장에서 현재 사용되고 있는 화학 약품들을 규제할 법이 결여되어 있는 것에 대하여 불만을 토로한 바 있었다. 「아이리쉬 타임즈」 1984년 12월 15일자는 그가 한 다음과 같은 말을 인용해 싣고 있다. "소비자들과 일반 대중의 이익을 보호하기 위해 화학 약품들을 기준치에 맞게 사용하도록 확고하게 규제할 수 있는 법안이 결핍되어 있다는 것이야말로 재앙의 원천이었다." 바로 이런 농약들이 강과 호수로 그리고 마침내는 바다로 흘러들어가고 있는 것이다.

산업 부문에 의한 땅 오염 역시 계속 증가 추세에 있다. 제라드 오드와이어(Gerard O'Dwyer)는 「선데이 트리뷴」 1984년 7월 1일자에서 티퍼러리(Tipperary) 주의 실버 마인즈(Silvermines)에 있는 예전의 모우글(Mogul) 광산에서 날아온 먼지에 의해 야기된 동물과 인간의 건강에 대한 위협들에 관하여 지적하고 있다. 이 지역의 먼지는 여러 광물이 씻겨 내려온 물과 시안화물을 포함한 화학 물질들이 내포되어 있는, 이를테면 "광물 부스러기로 뒤범벅이 되어 있는 호수"에서 발생된다. 즉, 이 호수의 물이 말라붙게 되면, 먼지가 인근의 목초지로 날아간다. 이로 하여 그 일대의 많은 소들이 납 중독으로 떼죽음을 당하였다. 티퍼러리 주에서 좀더 남쪽에 위치하는 지역에서 농장을 경영하는 한 사람은 현재 다국적 농약 제조 회사와 법적 투쟁중에 있다. 이 농장주에 따르면, 지난 3년 동안에 70여 마리의 소들이 자신이 운영하는 농장에서 죽어갔다는 것이다. 이 지방의 주위원회는 이 회사가 책임이 없다고 판정을 내렸다. 그렇지만 이 농장주는 공장에서 방출되는 화학 물질들이 자신의 농장을 망쳐놓고 있다고 확신하여, 고등법원에 법적으로 소송을 제기하기 시작했던 것이다.

쓰레기 하치장 역시 아일랜드에 있어서 땅을 오염시키는 한 원천이다. 론 엘던은 그의 한 저서[2]에서 쓰레기 산을 형성해 놓고 있는 일회용품 소비사회에 관하여 기술하고 있다. 쓰레기와 관련하여 가장 골머리를 썩이는 요소는 그 대부분이 미생물로 분해되지 않는다는 점이다. 엘던은 에이레의 도시에서는 한 가구가 매주마다 평균 약 22킬로그램 규모의 쓰레기를 버리는 데 비해서 농어촌에서는 가구당 약 14킬로그램 정도의 쓰레기를 버린다고 지적한다. 폐기물 가운데 일부가 유독하다는 사실은 말할 것도 없는 일이지만, 산더미처럼 쌓여 있는 쓰레기는 에이레 지방민들의 사기를 꺾는 역병(疫病)이기도 한 것이다.

끝으로, 2장에서 좀더 자세하게 살펴본 바 있는 종의 멸절이 때때로 전적으로 열대 지역에 위치한 제3세계 국가들에 대해서나 영향을 미치는 것으로 생각되는 경향이 있다. 하지만 그렇지가 않다. 종의 멸절은 불행하게도 온대 지대에 있는 나라들에도 역시 영향을 미치고 있는 것이다. 최근 몇 십년 동안 농업 경제 — 우리는 이와 관련하여 이 지구의 한 지역에서 다른 곳으로 식량이 수송되는 것을 지적할 수 있을 것이다 — 는 소규모 농가들에 대해서 엄청난 압박으로 작용하였다. 예컨대 영국에서의 경우 더 큰, 이른바 더 생산성이

---

2. Ron Elsdon, *Bent World* (Inter-Vasity Press, Leicester LE1 7GP, England, 1980) 40면.

높은 영농을 수립해야 한다는 이와 같은 경제적인 압력이 가중되어
왔는데, 바로 이런 압력이 3,200킬로미터의 산울타리와 75,000헥타
아르의 황야를 파괴한 원인이었다. 결국 채산성 압력에 의한 소규모
농가의 이와 같은 광범위한 개간 사업이 종국에는 근 300종에 가까
운 초목들의 생존을 위협하고 있는 것이다. 근래 몇 십년 동안 확산
된 보다 현대적인 과학 기술에 의한 영농이 아일랜드의 종의 다양성
을 파괴하는 압력으로 작용하고 있다는 것은 이론의 여지가 없는 일
이다. 「환경 상태」에 따르면 아일랜드에서 점차 증대된 영농의 기계
화가 1936년 이래 1제곱 킬로미터당 2킬로미터의 산울타리의 상실
을 유발시킨 것으로 나타난다. 그리고 이러한 상실의 대부분은 1973
년 이래 발생하였던 것이다.[3] 현재 아일랜드에서 멸종 위기에 처해
있는 것들은 식물 52종, 새 종류 18종, 양서류 1종, 포유류 3종인
데, 이것들은 모두 야생 동식물 보호법에 의해 보호받고 있다.[4] 에이
레 야생 동식물 보호 협회는 특히 습지대의 전면적인 농지화 사업에
대해서 강력하게 이의를 제기한다. 이들은 광범위한 영역에 걸친 이
독자적인 생태계가 손가지 않은 채로 그대로 보존되어야 한다고 보
는 것이다.

---

3. *The State of the Environment*, 52면
4. 위의 책 84면.

공기 오염

공기 오염은 더블린에 있어서 시민의 건강을 해치는 결정적인 위험 요소 중의 하나이다. 페트 브레넌(Pat Brennan)이 「아이리쉬 타임즈」 1984년 11월 27일자에서 지적한 바에 따르면, 이제는 더블린이 유럽의 주거지 가운데 가장 건강에 좋지 않은 곳들 중의 한 곳이다. 이 기사의 제목은 "우리가 숨쉬는 공기가 우리를 죽일 것이다"(When The Air You Breathe Can Kill)이었다. 부시장인 데이비드 버언(David Byrne)은 열악한 수준의 공기 상태는 "가정 연료로 고체 연료 사용량이 증가한 데서 비롯되었다"고 지적한다. 최근 몇년 동안 오염 수준이 높아진 것은 1973년의 석유 위기 이후 고체 연료를 사용하는 보일러 설치를 지원하는 정부의 허가 조치에 기인한다는 것은 정말이지 아이러니가 아닐 수 없다. 이 기사는 에너지를 관장하는 부서나 환경청 어느 곳도 아직 이 문제를 풀어나갈 계획들을 마련하지 못하고 있다는 사실을 지적하고 있다. 데이비드 버언은 그 해결책은 천연 가스에 달려 있다고 주장한다. 물론 단기적으로 볼 때는 맞는 견해일 수 있다. 그렇지만 천연 가스는 결코 항구하게 생산될 수가 없는 일이다. 따라서 앞으로 계속해서 다른 해결책이 모색되어야만 할 것이다. 더블린과 코크(Cork), 리머릭(Limerick)의 열악한 공기 상태를 드러내 주는 한 지표는 이 도시들의 중심지에는 이끼들이 거의 자라지 않는다는 사실이다. 우리는 여기서 필리핀 독수리의 경우와 마찬가지로 지구 공동체의 한 구성원 — 비록 하등한 것임에는 틀림없다고 하더라도 — 이 우리가 우리 자신을 포함하여 모든 생명체들을 위험으로 몰아넣고 있다고 이야기해 주는 또 다른 한 예를 대하게 되는 것이다.

먹거리

오투울(Fintan O'Toole)은 「저널 테크놀로지-아일랜드」(*Journal Technology-Ireland*) 1984년 1월호에서 에이레의 육류와 버터, 치즈 생산품들이 위생적이라는 일부 신화에 관하여 추적하고 있다. 최근까지만 해도 에이레의 농장주들은 거의 무제한으로 항생 물질을 구입할 수 있었고, 이로 인해 육류와 버터, 치즈 생산품들에 항생 물질 잔류 정도가 엄청난 비율에 이르렀다. 오투울은 농무성이 1982년 10월 1일에서 15일까지의 자료로 제출한 수치를 인용하고 있다. 이에 따르면 에이레의 경우 영국과 그외 유럽 국가들의 항생 둘질 잔류 기준치인 0.1%보다 18.7%가 높게 나타나고 있는 것이다. 이 기사는 생산자들에 의해 내수 시장과 수출 시장에 대해서 달리 적용되고 있는 소위 이중 기준에 대해서 주의를 기울이고 있다. 수출을 위한 생산품들은 엄격하게 검사되지만 내수 시장용 제품들은 그렇지가 않은 것이다. 퍼거스 파일(Fergus Pyle)은 「아이리쉬 타임즈」 1984년 7월 31일자의 한 기사("Risk Areas For Meat Eaters")에서 다시 이 문제를 다루고 있다. 육류업계 종사자들은 항생물질들이 어떻게 "성장 촉진제"로서 사용되고 있는가에 관한 숱한 사례들과 "자신들의 약품 소비를 확장시키기 위해 진력하는 제약회사들과 유선염을 치료할 목적으로 약품을 투여했던 소들로부터 짜낸 우유를 협동조합에 넘기는 부정직한 농장주들에 관한" 많은 사례들을 알고 있다. 1984년 초에 정부의 한 식량 자문 위원회가 발표한 보고서에 역시 이 문제가 인지되어 있을 뿐만 아니라, 소비자들에게 실제적으로 여러 위험이 가해지고 있다는 사실이 인정되었다. 이런 위험 가운데는 사람들 사이에서 보이는 알레르기 과민 반응 현상들과 특정 항생물질들에 대해서 저항력을 갖춘 미생물 병원체의 발달이 포함되어 있다.

　지금까지 내가 정기 간행물에서 인용해 온 자료들 대부분을 이제 는「약속과 성취」[5]라는 제목으로 출판된 한 단행본을 통해서 입수할 수 있게 되었다. 이 책은 1984년 더블린 단과 대학에서 환경과 관련 하여 개최된 한 회의에 제출된 논문들을 모은 것이다. 여기서는 아 일랜드에 있어서의 환경 문제들이 분석되어 있다. 즉, 이것은 에이 레 정부의 정책들과 그러한 정책들에 내포되어 있는 의미를 다각적 인 차원에서 성찰하고 있는 것이다. 한데, 자료에 입각해서 도출되 어 나오는 결론들 중 상당수가 모든 시민들을 위하여 종합적인 환경 보전책을 강구하는 것이 아니라, 기득권 세력의 갖가지 이익에 영합 하여 지속적으로 그들의 환경 파괴 행위들을 방조해 온 정부를 성토 하고 있다. 여기에는 모든 시민이 환경에 대해서 관심을 기울이도록 하여 이를 통해서 환경에 관한 어떤 새로운 국민적 공감대가 창출되 어 나올 수 있어야 할 것이라는 지적도 보인다. 이렇게 하기 위해서 는 가정과 학교 그리고 교회들에서 공식적인 교육 경로를 통해서는 물론 비공식적인 교육 경로를 통해서도 다양한 방식으로 계속해서 계몽되어야 할 것이다. 경제계의 사업 기획가들과 농부와 목장주들 은 땅과 자연의 순환을 존중하는, 영농에 대한 새로운 접근 방법을 자발적으로 모색해 나가지 않으면 안될 것이다. 또한 공직자들 사이 에서는 반드시 어떤 새로운 책임 의식이 형성되어 나와야 할 것이 다. 지금까지와는 다른 이러한 새로운 책임 의식만이 이들이 고도로 오염을 유발시키는 산업체들의 집권 세력에 제공하는 단기적인 경제 적·정치적 이익보다는 이 땅과 국민들의 건강을 앞세울 수 있도록 해줄 수 있을 것이다. 끝으로 모든 것이 너무 늦기 전에 이 나라의

---

5. John Blackwell과 Frank Convery, *Promise and Performance: Irish Environmental Problems Analysed* (The Resources and Environmental Policy Centre, UCD, Dublin, 1983) 409면.

건강과 아름다움과 장기적인 풍요로움을 보호하기 위하여 이와 같은 새로운 결단을 지속적으로 밑받쳐 줄 수 있기 위해서는 엄격한 입법 조치가 필요하다. 만일 시민들의 의식 속에서 획기적인 변화들이 발생되지 않을 경우, 우리는 다가올 10년 동안 이미 위협적인 수준에 도달한 환경 속에서 더욱 심각한 훼손 상황을 목격하게 될 것이다.

경제 성장에 있어서 환경이 갖는 중요성에 관하여 1985년에 전 유럽 차원에서 실시한 한 조사 결과 역시 이같은 사실을 뒷받침해 주고 있다. 질의에 응한 유럽인들 가운데 60%가 환경 보전이 지속적인 경제 성장보다 더 중요하다고 생각하고 있었다. 한데 에이레 출신 조사 대상자들 가운데서는 참담하게도 25%만이 이러한 관심에 동참하고 있다. 이를 통해서 볼 때 우리는 에이레 지도자들이 국민을 바람직한 변화 쪽으로 이끌어가지 않고 있다고 말할 수 있을 것이다.

이제 다음과 같은 물음이 제기된다. 지금 당장은 아일랜드에서 그 같은 새로운 의식을 보여주는 징표가 거의 나타나지 않고 있는 상황에서 과연 그러한 새로운 의식이 어디로부터 형성되어 나올 것인가? 환경 오염에 관한 뉴스가 보도되지 않고 지나가는 주간이 거의 없다시피 하다는 명백한 사실에도 불구하고, 주요 교파의 교회 지도자들을 포함하여 저명 인사들은 지구의 파괴에 관하여 좀처럼 언급을 하지 않아 왔다. 에이레 교회 협의회(Irish Council of Churches)와 가톨릭 교회는 「아일랜드에 있어서의 환경 문제」[6]라는 제목이 달린 얇은 책자를 발간한 바 있다. 이 책에는 아일랜드 전체에 있어서의 환경 실태 조사와 간략하게 소개된 환경 윤리 그리고 교회와 사회를 겨냥하여 자세히 개진된 여러 권고 사항들이 담겨 있다. 그러나 다른 많

---

6. John Blackwell, *Environmental Problems in Ireland: A Report to the Churches* 1981.

은 뛰어난 책자들과 마찬가지로 이것 역시 그다지 커다란 성과를 거두지 못하고 있는 듯싶다. 우선 첫째로, 이것이 여러 교회나 일반 서점들에서 쉽게 접할 수 없다는 점이다. 빈곤이라든가 이와 관련한 사회정의 문제들이 근래 몇해 동안 강단(講壇)에서 주목을 받아 왔던 것이 사실이다. 그러나 나 자신이 단언하지만, 환경 훼손과 관련한 윤리적·영적 차원들이 일요일 강론이나 교회 지도자들의 윤리적 권고들을 통하여 뚜렷하게 개진되는 경우가 거의 없었던 것이다. 그렇지만 다행스럽게도 지구에 대한 존중과 사랑 그리고 자연 세계 속에서 하느님을 체험할 수 있도록 해야 할 것이라는 도전이 오늘 이 시대의 학교에서 사용되는 일부 기초 교육 자료에서 뚜렷이 개진되고 있다.

우리는 오로지 이와 같은 관심이 정말이지 너무 늦기 전에 이 교회 안에서 더 넓게 확산되기를 희망하고 또 그렇게 되기를 기도할 수 있을 따름이다. 결국 우리는 이렇게 묻지 않을 수 없을 것이다. 땅의 풍성함이 손상되고, 강들이 유독 물질들로 오염될 때 그리고 수많은 조류와 포유류의 종들이 영원히 사라진다고 할 때, 돈이 얼마간 남아돈다고 해서 그게 무슨 가치가 있겠는가? 우리의 현재의 나태와 부주의로 말미암아 우리가 우리의 자녀들에게 오염되고 더럽고 황폐화된 환경을 물려주면서, 민족의 정치적 일치를 목표로 하여 매진할 것을 주장할 때, 이것이 과연 설득력이 있겠는가? 우리가 전격적으로 돌아서지 않는 한 우리는 계속해서 자연 세계를 회복시키는 것이 아니라 오히려 더 손상시킬 것이고, 아름다운 나라를 통해서 부여받은 인간적 성장과 창조의 가능성들을 위축시킬 것이고, 우리를 에두르고 있는 이 세계 내에서 하느님을 만나고 체험할 수 있는 우리의 능력을 졸아붙게 만들 것이다. 우리는 실제적이고도 불가역전적인 방식으로 이 땅의 자연 세계의 생태계들을 파국으로 몰고 가게 되고 말 것이다.

옛 우주 생성론의 종언

지금까지 나의 관심은 지난 2세기 동안, 그리고 근래의 몇 십년 동안 점점 더 인간의 갖가지 요구가 생태계들이 스스로를 회복시킬 수 있는 능력의 범위를 벗어나기에 이르렀다는 점을 밝히고자 하는 데 있었다. 나는 전세계적인 규모로도 그렇거니와 필리핀과 아일랜드와 같은 특수한 생명권들에서 인간들이 매우 중대한 방식으로 지구의 구조를 바꿔놓고 있다는 것을 분명하게 밝히기 위해 진력해 왔던 것이다. 기술공학의 지원을 받는 대규모 사업들 — 댐 공사와 도로 공사, 수로 공사, 신도시 개발과 위성도시 개발, 그리고 대규모 상가 건설 — 은 이 땅의 지리적 형태를 바꾸어가고 있다. 상업과 농업에 사용되는 화학 제품들은 공기와 물과 땅을 오염시키고 있다. 열대림의 훼손으로 인해서 수천 종에 이르는 생물체의 서식지가 파괴당하는 중이다. 광산업과 다른 채굴 산업들은 많은 에너지와 광산 자원들을 급속하게 고갈시켜 가고 있다. 이와 같은 현상들은 한결같이 점점 더 증가일로의 추세에 있다. 인간 존재들은 모든 것을 가공하려는 열기에 사로잡힌 채, 지구가 이와 같은 특수한 자연 자원들을 형성해 내기까지, 그리고 하늘을 날고 물속을 헤엄치고 땅 위와 흙 밑에서 움직이는 우리의 동반자들인 저 다양하고 상호 의존적인 생물체들의 공동체를 발전시켜 오기까지 얼마나 오랜 시간이 소요되었는지를 완전히 망각해 버린 것만 같다.

우리가 겪는 곤경의 대부분은 우리가 과학 기술에 매혹당해 있다는 데서 비롯되었다. 과학 기술이 더 정교해지면 정교해질수록, 이

것은 인간들을 점점 더 자연 세계 공동체의 밖에 위치하게 만들기가
쉽다. 그렇게 되면 우리는 지구에 대한 실제적인 친밀한 관계를 더
이상 느낄 수 없게 되고, 지구가 심각하게 일그러지고 훼손당할 때
에도 전혀 아무런 실제적인 상실감을 느낄 수 없게 된다. 인류의 특
정한 지체가 더 나은 건강과 수명의 연장과 관련하여 현대의 과학
기술에서 득을 보아 왔다는 것을 부정하는 것은 어리석은 일이 될
것이다. 그렇지만 이와 같은 득을 성취해 나가는 과정에서 만일 우
리가 계속해서 지구를 파괴한다면, 그렇게 해서 얻어진 이득의 대부
분은 일시적인 것에 지나지 않는다는 것이 조만간 입증되고 말 것이
다. 오늘 우리가 처해 있는 상황은 땔나무를 구하려고 혈안이 된 채
자기의 손에 들린 강력한 톱에 매료되어 있어서, 단지 가지를 자르
는 것이 아니라 자기 쪽으로 기울어져 있는 나무를 톱질하는 데 여
념이 없는 그런 사람이 처해 있는 상황과 유사하다. 만일 그가 자신
이 지금 무슨 일을 하고 있는지를 곧바로 자각하지 않을 경우, 그 나
무는 여지없이 그를 무참하게 덮쳐 버리고 말 것이다. 그렇게 되면
정작 관 하나 짜는 데 드는 몇 개의 널판지 외에는 더는 필요가 없게
될 것이다!

어떤 사람은 이렇게 물을는지 모르겠다. 인류 공동체가 왜 이렇게
단견적이 되었는가? 이 공동체가 병들고 지친 행성으로 전락시킬 경
로를 전속력으로 달음질쳐 가고 있는 듯이 보이는 까닭은 무엇인가?
여러 전문가들, 특히 종교 지도자들이 지구가 직면해 있는 대규모적
인 도전들에 대해서 사람들이 주의를 기울이도록 하는 데 실패한 까
닭은 무엇인가? 토마스 베리 수사는 「새로운 이야기」[1]라는 한 소책자
에서 현대 우리의 불안과 방향감 상실은 대부분 현대 서구 사람들이

---

1. Thomas Berry, *The New Story*, Teilhard Studies No. 1, 1978년 겨울,
   American Teilhard Association for the Future of Man, 86 Madison Ave., New
   York, N. Y. 10021.

의미로운 정체감(sense of identity)을 상실했다는 사실에 기인한다고 갈파한다. 우리에게는 이 세계의 출현과 이 세계에서의 우리의 위치와 역할을 설명해 줄 포괄적인 "신화 내지 이야기"가 없다. 이런 의미에서 우리는 고대나 현대의 다른 대부분의 사회들보다 훨씬 더 빈곤하다. 그리스인들에게는 「일리아드」와 「오딧세이」가 있었다. 힌두교의 인도 세계에는 「라마야나」(*Ramayana*)와 「마하바라타」(*Mahabharata*)가 있었다. 고대 아일랜드에서는 방랑 시인들이 「타인」(*Táin*)과 같은 대서사시들을 이야기했었다. 불교 세계에는 불타의 이야기들이 있고, 트볼리 사람들에게는 「투드불룰」(*Tudbulul*)이라고 일컬어지는 서사시가 있다. 이 모든 이야기들은 인간의 실존에 어떤 의미와 위치를 부여해 준다. 여기서는 특수한 사회에서 각기 최고로 평가받는 가치들이 간직되어 있고, 또한 예찬되어 있다. 다른 무엇보다도 가장 중요한 것은 이것들 모두가 하나같이 그것이 형성된 지역의 사람들로 하여금 그 사회의 목표를 위해서 일하도록 고취시켜 준다는 것이다. 이와는 달리 현대의 서구인들에게는 특히 자연 세계와 관계를 형성하는 데 있어서 자신들을 이끌어줄 그와 같은 포괄적인 이야기가 없다. 우리에게 있는 도덕적이거나 종교적인 이야기들은 전혀 지구를 도외시하고 있고, 이에 따라 우리는 2장에서 분명하게 드러났듯이 부적절한 방식으로 그리고 때로는 무익하고 매우 파괴적이기까지 한 방식으로 지구와 관계를 맺고 있는 것이다.

베리 수사에 의하면, 서구의 유럽 세계가 언제나 그렇게 빈곤했던 것은 아니었다. 중세 후반기까지는 주로 신플라톤 철학이나 아리스토텔레스 철학을 통하여 해석된 창세기의 창조 이야기에 기초를 둔 우주 발생론이 있었던 것이다. 그리고 법적인 세계와 정치적인 세계, 또한 자연과 인간의 아름다움을 예찬했던 예술 세계의 토대들은 바로 이 우주 발생론에 입각해 있었다. 토마스 아퀴나스의 「신학대전」을 포함하여 당시의 신학적 성찰은 이때의 우주 발생론적 관점에 그 뿌리를 두고 있었다.

이 이야기의 일관성과 이것이 모든 사람들에 의해 받아들여졌던 상황이 15,6세기에 들어서서 급격히 무너지기 시작하였다. 이러한 현상을 어느 한 사건 탓으로 여긴다는 것은 어리석은 일일 테지만, 아마도 흑사병(1347~9)이 결정적인 역할을 수행했던 듯이 보인다. 이 전염병은 14,5세기에 유럽인들에게 정신적으로 엄청난 영향을 미쳤다. 이 병은 어디서 오는지 알 수 없는 듯싶었고, 플로렌스와 베니스 등과 같은 여러 곳에서는 몇 주 만에 주민의 절반을 죽음으로 몰아갔다. 당대의 성직자들은 설교를 하면서 이 전염병을 사악한 세대에게 가해진 하느님의 벌로 해석하였다. 한데 이 해석은 당시의 세대가 이전 세대들보다 더 악하지 않았다고 느꼈던 사람들에게 그리스도교 신앙에 관한 심각한 의문을 불러일으켰다. 그것은 정의로운 세계를 창조하시고 질서지으셨던 인자하신 하느님에 대한 신앙에 대해 정면 대치되는 듯싶었던 것이다.[2]

16세기가 시작되면서 우주 세계에 대한 전통적인 이야기의 타당성을 둘러싼 이와 같은 불안정한 사태는 계속해서 지구가 모든 것의 중심이라는 종래의 견해를 견지하는 사람들과 코페르니쿠스처럼 지구는 지구의 축을 중심으로 회전하면서 고정되어 있는 태양의 둘레를 돌고 있다고 주장하는 사람들로 갈라지는 사태로 발전하였다. 이와같이 새로운 코페르니쿠스의 이론은 거대한 우주가 관측될 수 있는 가능성을 열어주었고, 천체들의 운동에 관한 더 타당한 설명을 제시해 주었다. 한데 이것은 많은 사람들에게 심각한 충격으로 와닿게 되었다. 지구가 창조계의 중심 자리에서 몰려 내어지는 것은 그 당시 천동설에 대한 그리고 이보다 한층 더 중요한 것으로서 정통신학에 대한 도전으로 간주되었던 것이다.

---

2. P. Ziegler, *The Black Death*. Harper Torchbooks, New York, 1969, 259-79면.

그렇지만 옛 이야기들과 우주 발생론들은 그렇게 쉽게 사라지지를 않는다. 교회 당국자들은 1633년에 갈릴레이에 대한 재판과 단죄로써 옛 신화를 재구축하고자 애썼다. 그러나 이미 상처는 입을 대로 입은 상태였다. 과학을 연구하는 공동체는 이 재판에 대해서 크게 격분하였다. 이 재판은 교회 당국자들이 새로운 학문들의 발전을 완고하게 반대하지나 않을까 했던 우려를 그대로 사실로 확인시켜 주었다. 이때 이래 과학과 종교는 서구 세계에서 서로 갈려 다른 길을, 때로는 상호 적대적이기까지 한 길을 걷는 쪽으로 기울어졌다. 종교계의 사상가들은 더 넓은 우주적·세계적 관련사(關聯事)들로부터 그리고 심지어는 문화적 관련사들로부터도 자신들의 관심을 거둬들여서 거의 전적으로 그리스도교 이야기의 독자성에 관심을 집중하기 시작하였다. 그 결과 창조신학은 일반적으로 무시되었고, 거의 모든 신학적 천착이 구속과 구원의 과정 그리고 예수의 인격과 구원의 길을 따라 개인의 영혼을 인도하는 데 요청되는 내적인 영적 규율들, 또한 교회 공동체 내부의 규범과 법적 신분에 한정되기에 이르렀다.

프로테스탄트의 개혁은 16세기에 서구교회를 완전히 갈라놓았다. 프로테스탄트 계의 전통은 대부분이 스콜라 학파의 전통적인 자연신학을 거부하는 쪽으로 기울어졌다. 이들은 구원의 우선성과 은총의 질서를 강력히 주장하였다.

이 자리에서 나는 16세기부터 20세기 사이에 발생한 계몽 사조와 과학 혁명에 대한 그리스도교의 체험과 반응에 관한 나의 논의가 가톨릭 전통에 한정되어 있다는 점을 밝혀 둘 필요가 있다고 생각한다. 내가 이렇게 가톨릭 전통에 한정해서 살펴보고자 하는 것은, 나 자신이 가톨릭 교회의 일원으로서 이 교회의 전통에 더 친숙하기 때문이다.

내가 진술하는 내용의 상당 부분이 유럽과 북아메리카의 프로테스탄트 전통에도 적용될 수 있는 것이 사실이다. 하지만 매우 많은 수의 프로테스탄트 신자들의 경우, 특히 자유주의 전통을 따르는 신자들이 그러한데, 계몽 사조와 당대에 떠오르기 시작한 과학적 학문들과의 대화에 뛰어들었다. 가톨릭 신자들과 복음주의 계열의 프로테스탄트 신자들은 이를 일종의 배신으로 보았고, 이러한 경향들에 맞서서 지속적으로 논쟁을 제기하였다. 이들은 자유주의 프로테스탄트 전통이 새로운 지식에 끌려다니면서 흔히 전통적인 그리스도교 가르침을 포기하는 잘못을 범하였다고 지적한다. 이렇게 해서 아퀴나스가 그의 시대에 보여주었던 것과 같은 시도로서, 당대에 떠오르는 우주 발생론적 통찰들을 토대로 하여 그리스도교 신앙을 구축하려는 일체의 시도로부터 가톨릭 학계 거의 전체와 숱한 복음주의 프로테스탄트 교회가 등을 돌리는 결과를 낳게 되었다.

그 이후 계속되는 여러 세기들 동안에 그리스도교 교회들이 갖고 있던 지극히 창조적인 에너지의 상당량이 서로가 서로를 죽이는 싸움과 반목에 쏟아부어졌다는 사실을 기억하는 일 역시 중요하다. 이러한 사태로 해서 그리스도교 사상가들은 르네상스와 중·남·북아메리카와 아프리카, 아시아와 오세아니아에서의 식민지 확장과 관련된 더 커다란 문화적·역사적 흐름들을 이해하고 해석할 시간을 거의 얻지 못하고 말았다. 그러한 교회간의 대립상은 또한 종교 사상가들의 눈을 멀게 해서 유럽의 과학계에서 발생하고 있었던 것을 보지 못하게 막아 버렸고, 따라서 결과적으로 이들이 그 당시 대두되고 있던 새로운 우주적·행성적·지질학적·생물학적 발견들에 대해서 종교적인 의미를 부여할 수 없게 만들었던 것이다.

하지만 과학자들은 지구와 생물체들의 역동성에 관한 탐험을 계속하였다. 18,9세기 동안 지질학자와 생물학자와 박물학자들은 유럽과 신세계 모두를 대상으로 밀도깊게 자연 세계에 대한 탐험을 시작하였다. 스코틀랜드의 지질학자인 제임스 허튼(James Hutton, 1726~79)은 "지구는 어떻게 형성되었는가?"라는 물음을 제기하는 것으로 시작하였다. 그는 단순히 창세기의 진술을 지구의 기원에 관한 과학적인 묘사로 받아들이지 않았다. 그보다는 현재 나타나고 있는 자연적과정들 — 흐르는 강들과 비, 밀물과 썰물, 화산 그리고 지진 현상들— 은 지질학적 시대들의 오랜 계기(繼起) 속에서 어느 정도 유사한양식으로 계속 작용해 왔다는 주장을 견지했다. 이때 당연히 대주교어셔(Ussher, 1582~1629)가 창세기에 대한 절대적인 추종에 입각해서산정한 지구의 나이 — 수백만년이 아니라 몇 천년 정도 — 에 대한계산들은 맞지 않는 것으로 거부되었다.

이와 거의 동시대에 식물학자인 칼 폰 린네(Carl von Linné, 1707~78)는 서로 다른 생명체들을 속(屬)과 종(種)으로 구분짓고 분류하는 자신의 원리들을 발전시켜 나갔다. 현대 분류법의 기원을 이루는 그의 저서 「자연의 경륜」(*The Economy of Nature*)은 유럽에서 생명체들을 체계적으로 분류하려는 모든 박물학자들에게 있어서 기본교재가 되기에 이르렀다. 이것은 유럽 밖에서, 즉 선교사들과 상인들과 박물학자들이 새로운 식물과 동물들의 폭넓은 다양성을 발견하는 곳에서 특히 중요한 역할을 하였다. 프랑스의 식물학자인 뷔퐁(George L. L. C. de Buffon, 1707~85)의 연구 역시 자연 세계에 대한 이같은 새로운 접근과 자연 세계에 대한 지식을 전파하는 데 있어서극히 중요하였다. 뷔퐁은 1739년에 궁정 식물원의 관리인으로 임명받은 뒤에 이곳에 있는 식물 하나하나를 목록화하는 데 그의 생애를바쳤다. 이렇게 해서 그의 「박물지」(*Histoire Naturelle*) 36권을 저술한 것이다. 그의 저작은 신학자들을 포함하여 여러 방면의 인사들로부터 공격의 표적이 되었다. 당시 신학자들의 경우 창세기의 창조에관한 진술에 대치된다고 본 막 부상하기 시작한 과학적 증거 자료에직면하여 점점 더 방어적인 태세를 취해가고 있었다.

지구상에서 생명체가 어떻게 출현하였는가에 관한 새로운 이해에한몫을 한 개척자적인 생물학자 가운데 한 사람이 라마르크(J. B.

Lamarck, 1744~1829)였다. 오늘날에 와서는 그의 연구에 대해 별반 주의가 기울여지지 않고 있다. 그의 진화론이 다윈의 입장과 상충되기 때문이다. 그렇지만 시대적으로 볼 때, 생명체가 지구상에서 어떻게 진화했는가에 대한 새로운 이해를 발전시키는 데 있어서 그의 견해는 매우 중요한 역할을 수행하였다. 그는 화석이 오늘의 세계에서 가장 가깝게 상응하는 살아 있는 유기적 조직에 남아 있다고 진술한 최초의 과학자 중 한 사람이었다. 라마르크는 아주 깊은 곳에 있는 암석층에서 발견되는 원시 화석들간에 나타나는 계속성에 대해 자각할 수 있도록 많은 사람들을 크게 일깨워 주었다.

19세기의 지질학자들은 점점 더 많은 화석들이 축적되듯이 선배들의 연구에 힘입어 체계를 구축해 나갔다. 찰스 라이얼(Charles Lyell, 1797~1875)은 1830년에서 1833년 사이에 「지질학 원론」(*Principles of Geology*)이라는 지구의 형태에 관한 세 권의 저서를 썼다. 여기서 그는 허튼의 제1 변화설(第一變化說, uniformitarianism)을 더욱 발전시켰다. 그는 지구의 모든 현상들 — 산과 강과 계곡 — 은 수천년에 걸쳐 작용하는 자연의 힘에 의해 꼴지어졌다고 주장하였다. 여기서는 이와 같은 자연적인 현상들을 설명하기 위해서, 신학자들이 새롭게 출현하는 화석 자료에 대한 반응으로 그렇게 하듯이, 계속되는 파국과 재창조에 관한 이론을 제기할 필요가 없게 되었다. 라이얼의 연구는 다음과 같은 두 가지 이유로 해서 특히 중요하다. 즉, 우선 그의 연구는 이전의 몇 백년 동안 발견되었던 많은 자료들을 집대성하고 있고, 과학자들 사이에서 발전되어 나왔던 지구의 출현에 관한 어떤 합의를 이루어 내었다는 점에서 중요한 의미를 가진다. 둘째로 그의 연구서는 찰스 다윈이 비이글(Beagle) 호를 타고 있을 때 갖고 있었던 책이다. 다윈은 여행을 하는 동안 이것을 최대한 활용하였던 것인데, 이런 이유로 해서 이것은 진화에 관한 우리의 이해에 있어서 특수한 위치를 점하고 있는 것이다.

찰스 다윈(Charles Darwin, 1809~82)은 1859년에 「종의 기원」(*The Origin of Species*)을 출판함으로써 생물학과 여타의 많은 지식 분야에 혁명을 일으켰다. 다윈은 그가 비이글 호를 타고 항해를 시작했을 때만 해도, 동시대의 거의 대부분의 과학자들과 같이 종은 불변적인 것이라고 믿었다. 라틴아메리카와 태평양과 오스트레일리아를 여행하는 동안 식물과 동물들을 관찰한 결과 전통적인 교설과 관련한 심각한 문제점들이 제기되기에 이르렀다. 여행 도중에는 물론이고 그 이후에도 계속해서 그가 붙들고 씨름했던 문제들의 대부분은, 오로지 종이 불변하는 것이 아니고 공동의 한 조상으로부터 내려왔다고 할 때만이 비로소 만족스럽게 풀릴 수 있을 따름이었던 것이다. 예컨대 다윈은 에쿠아도르로부터 960킬로미터 떨어져 있는 섬들로, 깊은 바다로 해서 각 섬이 서로 분리되어 있는 갈라파고스 제도에서 인접한 섬들에 나타나는 유사하지만 뚜렷한 차이를 보이는 식물구계와 동물구계를 발견하였다. 다윈이 볼 때 이처럼 밀접하게 관련된 생명체들은 하느님에 의해 서로 구분되게 만들어진 창조물들을 통해서이기보다는 오히려 공동의 한 조상으로부터 발달해 나왔던 것이 분명하였다. 누군가가 이와 같은 진화를 받아들였다고 할 경우 수천 년에 걸쳐서 진화가 발생하는 그 과정을 어떻게 설명할 것인가 하는 문제는 여전히 남는다. 다윈은 자신의 여행을 통해서 진화는 아무 이유 없이 발생하는 것이 아니라, 특수한 생태학적 환경에 가장 잘 적응된 유기체들이 생존하고 번식하는 자연 도태의 과정을 통해서 발생하는 것이라는 사실을 너두도 분명하게 확인하게 되었다. 한데 진화의 과정에 대한 다윈의 설명은 현대 유전학의 기원을 장식하는 변이와 유전에 관한 멘델(A. Mendel)의 연구 없이는 여전히 불완전한 것이었다. 그때까지도 계속해서 모든 생명이 단일한 원천에서 출현하였다는 이론을 뒷받침하려는 강력한 논증이 제시되고 있던 상황이었다.

종교 공동체의 많은 사람들은 충격과 분노 속에 다윈의 이론에 반발하였다. 이들은 진화론이 창세기에 간직되어 있는 지구에 관한 옛 이야기에 대해 공격을 가하고 있음이 분명하다고 생각하였다. 옥스포드의 주교인 윌버포어스(Wilberforce)와 같은 사람들은 이 이론을 믿음이 없는 과학자 집단에 의해 자연 세계의 정점에 마련되어 있는 자리에서 인간들을 끌어내려서 그 대신 이들을 저급한 동물들과 한데 묶어놓으려고 행해지는 시도라고 비웃었다.

종교계와 신학계가 생물학과 사회학처럼 다양한 학문들에 있어서 다른 학자들을 흥분시켰던 진화론적인 통찰들에 대해서 똘똘 뭉쳐 하나같이 반대하기만 하였다고 주장하는 것은 그릇된 생각이지 않을 수 없다. 스코틀랜드의 복음주의파 학자요 설교가인 헨리 드루먼드(Henry Drummond)는 1880년대에 「영적 세계에서의 자연법」(*Natural Law in the Spiritual World*)이라는 제목이 달린 한 책을 출판하였다. 이 책은 영국과 미국 그리고 유럽 대부분의 지역에서 엄청나게 인기가 좋았다. 이것이 이렇게 널리 유포된 것은 매력적인 방식으로 진화론적 과학의 통찰들을 영적인 영역에 적용하고자 하였다는 사실에서 비롯되었던 것이다.

일반적으로 근대주의자들로 통칭되는 몇몇 가톨릭 학자들 역시 19세기에 자연과학과 역사적 접근 방법들이 강조되면서 제기된 도전에 부응하기 위하여 노력하였다. 한데 이들은 객관적 진리의 존재 가능성을 부인하는 것으로 나타났고, 따라서 종교적 진리들을 훼손하는 것으로 보였기 때문에 이 운동은 교황 비오 10세에 의해 단죄되었다. 「빠센디」(*Pascendi*, 1907)에서의 이 단죄와 그 이후로 발생한 교회의 단호한 조치들은 가톨릭 교회 안에서 일체 근대주의의 싹을 뿌리째 뽑아버리고 말았는데, 이는 근대주의자들이 제기했던 많은 문제들이 1960년대에 들어서 제2차 바티칸 공의회가 열리기까지 강력하게 억눌려 있었다는 것을 의미하였다.

가톨릭의 근대주의자들이라든가 프로테스탄트의 자유주의자들과 같은 그리스도교의 여러 개인과 집단들의 경우 자연과학과 사회과학이 엄청난 영향을 미치고 있던 이 세계와 관계를 형성해 나갔다. 그렇지만 그리스도교 사상가들 대다수는 여전히 종교에 관한 전통적인 이해에 대해서 가해져 온 도전에 대처하는 데 실패하고 있었다. 이들은 종교 둘레에 담을 설치해 놓고 경험과학들이 계속해서 퍼붓는 공격으로부터 이것을 안전하게 도피시키려고 시도하였을 따름이었던 것이다.

칸트(I. Kant)의 노선을 따라서 철학자들과 신학자들은 윤리·도덕적 가치와 종교적 가치에 대한 연구와 관련되어 있는 사고 과정과 발견들은 경험과학과 관련되어 있는 그것들과 전적으로 분리되어 있다고 주장하였다. 그러므로 이 두 탐구 계열은 나란한 길을 계속 부딪침 없이 걸어나갈 수 있다는 것이다. 이때 탐구를 수행하는 양쪽 모두 상호 예의를 지키려고 할 것임에는 틀림없다. 하지만 이들은 각자의 연구 작업이 띠는 도전적인 성격을 이해하고자 하는 시도는 결코 보이지 않을 것이다. 진화를 놓고 볼 때 종교 세계는 일반적으로, 과학적으로는 폐기된 파라다임의 준거틀에 입각해서 이허된 창세기의 창조 진술에 대해서 완강하게 집착하는 모습을 보였다. 이와 같은 입장을 취함으로써 종교적인 이해는 이 세계에 대해서 새롭게 떠오르는 과학적 견해와의 창조적인 대화에 뛰어들 수 있는 능력을 상실하게 되었고, 이에 따라 이 영역은 점점 더 빈곤해지게 되었다.

과학자들의 공동체 역시도 속(俗)과 성(聖)간의 양분으로 말미암아 발목이 묶인 채 빈곤해졌다. 자연 세계에 대한 과학계의 접근은 지나치게 기계론적이었다. 여기서는 더 이상 자연이 살아 있는 것이라든가 영의 현존이 속속들이 태어 있는 그러한 것이 아니었다. 그나마 남아 있던 영의 현존도 덜 계몽된 시대의 마지막 자취로서 순식간에 몰려나고 말았다. 이러한 과정 속에서 자연은 대상화되어 버렸고, 일체의 권리와 본연의 존엄을 박탈당하였다. 이제 이것은 조야한 물질로 여겨지면서, 인간의 필요를 그리고 때로는 단지 인간의 탐욕을 만족시키기 위해 실험되고 조작되었다. 과학자들의 공동체가 18,9세기에 와서 점점 더 자신의 위력을 과시하면서는, 이 세계를 변혁할 수 있는 과학과 기술공학의 힘에 대한 일종의 강한 신앙을 발전시켰다. 마침내 과학이 구세주의 역할을 떠맡기 시작했던 것인데, 많은 사람들은 결국에 가서는 이 과학이 종교의 필요성을 제거해 줄 것이라고 확신하였다. 그렇지만 기계론적인 과학의 전능함에 대한 신앙을 보였던 그와 같은 무모한 시절은 지나가 버렸다. 20세기가 가까워오면서 이 세계는 약속되었던 꿈들의 일부가 백일몽임이 판가름났다는 것을 깨달았다. 핵무기들은 지구상의 모든 생명을 파기할 수도 있는 위협적인 것이다. 그리고 산업 공해는 공기와 물과 땅을 파괴하고 있고, 엄청난 다수의 인류가 빈곤 상태에서 점증하는 억압과 불평등에 시달리며 살고 있다.

이 모든 현상들이 자연과 영의 차원들을 분리시키는 기계론적인 우주관의 결과이다. 하지만 생물학과 유전학, 상대성 이론과 양자 물리학에 있어서의 현대적인 과학적 사고는 기계론적 과학의 물질주의적 시각 대부분을 의문시하고 있고, 또한 사실상 이를 거부하고 있다는 점은 지적해 마땅할 것이다. 이렇게 함으로써 그 현대의 과학적 사고는 종국적으로 지구 공동체의 유익을 가져오는 데 이바지할, 과학과 종교 서로가 서로를 풍요롭게 해줄 상호 작용이 성취될 새로운 시대로 통하는 문을 열어가고 있는 것이다. 그러나 우리는 여기서 먼저 우리가 사는 이 현대 세계를 철저하게 꼴지었고 오늘에 이르기까지 계속 영향을 미치고 있는 토대들을 구축해 주었던 세 사람의 과학자에 관하여 살펴보기로 하자.

프랜시스 베이컨(Francis Bacon)과 르네 데카르트(René Descartes) 그리고 아이작 뉴튼(Isaac Newton), 이 세 사람의 저작들은 그들 당대에 심대한 충격을 불러일으켰을 뿐만 아니라 오늘에 이르기까지도 그들이 쓴 작품의 영향을 계속 확인하게 된다. 이들의 작품들은 자연 세계에 대한 서구인들의 관계에 있어서 "파라다임의 전이"를 야기시켰다. 당시까지는 철학자들을 포함해서 대다수의 사람들이 자연을 하나의 살아 있는 생동적인 실재(實在)로 보았다. 이것은 많은 사람들에 있어서, 인간들에 의해 존중되지 않으면 안되고, 때로는 우주적인 그리고 사회적인 조화와 평화를 확고히하기 위해서 달랠 필요가 있는 그런 것으로 이해되었던 것이다.

이 세 인물의 저서들에 깊이 뿌리를 내리고 있는 현대의 과학적 방법은 이와는 전혀 다른 방식으로 자연에 접근하였다. 자연은 더 이상 영들로 충만해 있는 것이 아니었다. 이것은 탈신성화되었고 (desacralized) 대상화되었다. 자연에서 그 생명적인 힘들을 갈라놓은 과학자들은 자연을 지배하는 법칙들에 관한 이해를 개진하기 시작하였다. 과학자들은 자신들로 하여금 추상적인 수학적 형태로 자연법칙들을 구성하도록 해주는 통제된 실험을 통하여 이와 같은 시도를 실행하였다. 일단 과학자들이 자연 내부로부터 일체의 역동적인 내적 생명력을 제거하고, 지구 공동체의 다른 구성원들이 갖고 있을 수 있는 윤리적 권리와 관련하여 아직 남아 있는 그 어떤 관심도 일소한 뒤에는, 산업의 정상 자리를 차지하는 과학 기술자들과 정책 결정자들의 무대가 걸쳐지게 되었다. 이들은 자신들이 마음에 드는 방식으로 자연 세계를 조작하였고, 인간의 욕구 내지 인간이 필요로 하는 것들 ― 이것이 실제로 필요한 것인지 혹은 허구적인 것인지의 문제가 제기될 수밖에 없는 것이지만 ― 을 만족시키고자 한다. 어떤 변화를 시도하면서 그 변화의 규모와 영향과 관련하여 설정되는 한계는 오로지 과학 기술 자체의 역량에 의해 설정될 따름이었다. 자연은 전혀 아무런 고유한 권한이나 가치를 갖는 것으로 받아들여지지 않았다. 이것은 단지 예외적인 방식으로 창조자에 의해 갖추어진 한 기계라는 것으로서, 여기에는 더 심오한 방식으로 인간의 마음과 혼과 더불어 관계를 형성해 나가는 것과 같은, 그 내부로부터 자체에 생기를 불어넣는 어떤 역동적인 생명의 원리가 갖추어져 있다고는 전혀 생각하지 않았던 것이다.

프랜시스 베이컨(1561~1626)은 그의 고전적인 작품 「노붐 오르가눔」(*Novum Organum*)으로 이 무대에 등장한 최초의 인물이었다. 이 작품은 그리스도인들과 로마인들과 스콜라 학파 사람들의 지적 전통과는 너무도 결정적인 균열을 드러내고 있다. 베이컨은 거의 2천년 동안 서구 정신계를 장악해 왔던 형이상학적 사변을 펼치는 것은 쓸데없는 일이라고 생각했다. 그는 사물들이 실제로 어떻게 작용하고 이것들이 인류를 위해서 어떻게 기여하게 만들 수 있을까를 천착할 때 인간의 에너지들이 훨씬 더 생산적으로 활용될 수 있을 것이라고 보았다. 지식이란 통찰과 이해에 관련된 것이 아니라 힘에 관련된 것이라는 것이 그의 생각이다. 그리고 힘은 지구의 자원들을 변모시키는 데 활용되지 않으면 안되는 것이었다. 혹자는 여기서, 비뚤어진 방식이기는 하지만 땅(지구)에 대해 지배를 행사하라는 성서의 명령이 성취되고 있었다고 말할 수도 있었을 것이다. 아무튼 지구에는 더 이상 신비가 부여되지 않았다. 이것은 이제 탐구자에게 경외를 불러일으키는 어떤 것도, 그렇다고 사랑으로 함께 친교를 나눌 어떤 것도 아니었다. 오히려 그 자연의 비밀은 맹공을 당하였고 점점 더 거세게 폭로되어야 했다. 이로 인해서 동물과 식물 세계는 물론 대부분의 인간 공동체가 어떤 희생을 치르든지간에 말이다.

토마스(Keith Thomas)는 최근의 수세기 동안에 나타난 자연 세계와 인류의 관계에 관한 한 연구에서 한 가지 중요한 지적을 하고 있다. 그는 베이컨의 시각(視覺)이 이 세계에 대한 세속주의적인 시각에서 비롯한 것이 아니었다고 주장한다. 그에 따르면 오히려 베이컨에 있어서 "학문의 목적은 인간에게 인간이 타락 때에 부분적으로 상실했던 창조계에 대한 지배를 회복시켜 주는 데 있었다"[3]는 것이다. 나는 이 자리에서, 어떤 한 사람이 지구에 대한 시각을 형성하는 데 있어서 종교적인 토대를 갖추고 있다는 것이 반드시 지구와 그의 관계가 따뜻하고 상호간에 서로를 고양시켜 주는 관계이리라는 것을 의미하지만은 않는다는 것을 강조할 필요가 있으리라고 생각된다. 우리가 앞으로 이 책에 나타나는 많은 경우들에서 보게 되겠지만, 그것은 오히려 정반대의 효과를 미칠 수도 있는 것이다.

베이컨은 그의 사후에 출판된 한 책(*New Atlantis*, 1672)에서 자신의 시각을 실천으로 옮기기 위한 한 연구 기관을 세울 것을 주창하였다. 이 기관은 베이컨이 지적하기로 단지 이론적인 문제들만이 연구되는 그와 같은 대학들에서와는 달리 훨씬 더 실천적인 지향을 갖도록 되어 있었다. 이 학술 기관에는 강좌를 열 수 있는 시설들과 훌륭한 도서관, 연구 시설들, 작업실들 그리고 지식을 유용한 과학 기술로 전환시킬 수 있는 조직이 포함될 것이다. 여기서 역점은 지구를 변모시키기 위하여 지식을 활용하는 데에 놓여 있었다. 베이컨 자신이 이렇게 쓴 바 있었다: "우리 재단의 목적은 사물들의 원인과 보이지 않는 운동에 대한 지식을 얻고 인간의 통치 영역을 확장하는 데에 있다. 그리하여 **가능한 모든 것들에 영향을 미치도록 하려는 것**이다"[4](강조는 저자에 의한 것임).

베이컨은 그의 시대 이래 지금까지 계속해서 능력과 힘을 축적해 온 서구 세계에서 두 가지의 중요한 흐름을 일으켜 주었다. 첫째, 그의 사상은 주로 과학자들의 공동체 내에서 엄청난 정신적 에너지를 풀어 놓아서, 생명체들이 어떤 대가를 치러야 했든지간에, 이들로 하여금 이들 과학자를 포함하는 이 지구의 비밀들을 연구하고 기록

---

3. 이것은 Stephen F. Mason, *A History of the Sciences*, Collier Books (New York, 1962) 27면.

4. 위의 책 255면.

하고 상호 연관지을 수 있도록 하였다. 또한 그의 사상들은 지식이 갖는 의미에 대한 일체의 성찰이라든가 그 지식이 어떻게 사용될 수 있을지에 대한 성찰과 관계없이 지식을 위한 지식에 대한 추구를 합리화해 주기도 하였다. 우리가 살고 있는 오늘 이 시대에 있어서의 경우 지식의 추구와 그 지식으로 도모될 수도 있는 용도간의 이와 같은 양분 상태는 원자 물리학과 화학공학 그리고 유전공학과 같은 분야에서 매우 뚜렷하게 드러나고 있다. 이같은 연구 영역에 종사하는 과학자들을 위한 기본적인 과학 교육에는 일반적으로 그들이 풀어 놓을 힘의 본질에 관한 그 어떤 진지한 성찰이라든가 이같은 힘이 사용될 수 있는 맥락과 관련한 윤리적 고찰이 전혀 포함되어 있지를 않은 것이다.

과학자의 과제에 대한 협의의 규정은 제2차 세계대전기에 추진되었던 맨하탄 프로젝트에서 명확하게 찾아볼 수 있다. 이에 따르면 과학자의 역할은 필요하다면 어떤 수단을 써서라도 지식을 에두르고 있는 방벽을 뚫고 자연의 비밀을 획득하여 궁극적으로 이 지식을 전달해 주는 일이다. 새로운 지식이 도모될 수도 있을 용도는 과학자의 영역에 속해 있지가 않은 것이다. 그 지식을 어디에 어떻게 사용할 것인가를 결정하는 일은 문제의 그 두려운 힘에 대해서 거의 아는 것이 없는 철학자나 신학자 혹은 정치가나 그밖의 어떤 자들에게 맡겨져 있을 따름이다. 오늘 이 시대의 많은 사람들은, 과학자들 자신도 마찬가지인데, 바로 이와 같은 양분 상태가 실제로 엄청나게 중대한 재앙을 몰고 오는 근본 원인이라는 사실을 인식하고 있다.

데카르트(1596~1650)는 수학자이자 철학자였다. 그의 공헌 중에서 가장 핵심적인 것은 자연을 지배하는 법칙들을 간결하고 체계적인 방식으로 이해하고 진술하는 데 수학이 중요한 역할을 한다는 것을 역설하였다는 점이다. 그는 수학적 방법이 모든 실재를 포괄할 수 있도록 발전되고 확장되어야 한다고 주장하였다. 경험론적인 입장을 견지하는 과학자는 모든 실재에 대한 연구에서 측정과 정확성, 규칙성과 예측 가능성을 확보하기 위하여 이와 같은 방향으로 나아가지 않을 수 없었다. 이 학문은 통제된 실험을 통하여 보편적인 객관적 법칙들을 발견해 내는 데 있어서 본질적인 중요성을 갖는 것이었다. 데카르트의 이러한 통찰에 입각할 때, 그때 이후 수세기 동안 물리학과 같이 적확(的確)한 산정을 꾀할 가능성이 가장 높아 보이는 학문들이 탁월한 지위를 구가하였다는 사실은 충분히 이해할 수 있는 일이었다. 이 학문들에 기용된 과학적 방법론은 다른 모든 학문의 규범이 되기에 이르렀다.

이러한 통찰은 인류의 어떤 특정한 부류에게는 지금까지 많은 유익을 가져다 주었다. 그렇지만 과거 몇 세기에 걸쳐서 이것이 지구 공동체로 하여금 지불하도록 한 대가는 엄청난 것이었다. 수학과 냉랭한 합리성이 인간 존재에게 양적인 관계들을 이해하고 조작할 수 있는 커다란 힘을 부여해 주었지만, 이것들은 이렇게 질적인 판단과 관련된 것들은 다룰 수가 없는 것이었다. 그러므로 이것들은 이렇게 질적인 판단이 요구되는 것들을 중요치 않은 것으로 간단히 외면해 버리거나 측정 가능한 양적인 것들로 환원시키려 든다. 이를테면 색과 맛, 온기, 냄새, 기쁨 그리고 고통과 같은 것들은 흔히 소홀히 대해졌다. 기계론적인 과학계의 경우, 수량화(quantification)를 꾀하기가 어렵고, 설령 적확한 계측이 취해진다고 하더라도 이것 자체가 흔히는 그다지 신뢰도가 높지 않은 생물학이나 심리학, 사회학 그리고 인류학과 같은 학문들에 대해서 차갑고 때로는 어느 정도 못마땅히 여기는 듯싶은 눈초리를 던지고는 하였다. 그럼에도 불구하고 이런 학문 분야들에 종사하는 사람들 역시 이와 같은 수의 매력에 사로잡혔던 것이 사실이다. 우리는 심리학과 인간학에서도 점점 더 통계와 수학적 관계들로 점철되는 현상을 발견하게 되었다. 하지만 그와 같은 것들은 인식하고 관계를 형성하는 인간의 방식이나 삶에서 그 어떤 통찰을 촉진시키기보다는 오히려 때때로 그러한 통찰을 흐려놓을 수가 있었던 것이다.

이와같이 모든 것을 수학적 정식으로 환원하고자 하는 갈망은 곧바로 거슬러올라가다 보면 데카르트에게 가닿게 된다. 자연의 모든 것이 — 곤충과 식물과 동물 그리고 인간의 몸에 이르기까지 — 단순히 수학적으로 적확하게 진술될 수 있는 보편적인 기계론적 법칙들에 의해 지배되는 일종의 기계로 간주되었다. 데카르트는 논리와 수학과 계측에 역점을 두는데, 그는 자신의 이러한 시도를 통해서 인간 존재들의 유익을 위해 자연의 비밀들의 빗장을 끄를 수 있으리라고 주장하였다. "우리가 우리 시대의 장인들이 만들어 놓은 여러 가지 것들을 분명하게 이해하는만큼, 이러한 지식을 이것이 응용되는 일체의 용도에 적용해 나감으로써, 우리는 우리 자신을 **자연의 소유자**요 주인들이 되게 할 수 있는 것이다"[5](강조는 저자에 의함).

데카르트가 과학적 실험에서 수학적 엄정성을 기하는 것과 관련하여 인류 공동체에 남겨 놓은 위력은 새롭게 부상되고 있던 과학 기술 시대의 개척자들에 의해서 그 과학 기술이 활용 가능해지게 될 때 대대적인 자연의 변모를 도모하는 데 효과적으로 사용하기 위해 장악되었다. 그때 이래 이러한 통찰과 충동에 의해 꼴지어지기 시작했던 이 세계에서 모든 것이, 가장 작은 입자로부터 인간의 일에 이르는 모든 것이 시간과 공간과 에너지의 단위로 측정되어야 했던 것이다.

아이작 뉴튼(1642~1727) 경은 새로이 대두되기 시작한 기계론적 파라다임의 형성에 기여한 그 세번째 인물이었다. 뉴튼은 때때로 현대 과학의 아버지로 여겨질 정도로 현대의 과학적 지식의 발달사에서 상당히 중요한 위치를 차지하고 있는 인물이다. 그는 그의 유명

---

5. 위의 책 168면.

한 저서인 「프린치피아」(*Principia*)를 통하여 지구 역학과 천체 역학에 관한 자신의 발견들을 발표하였다. 천체 영역과 관련하여 다른 관측자들에 비할 때 그가 가장 탁월하게 앞선 면은 운동법칙들에 대해서 수학적 엄정성을 부여해 주었다는 점이었다. 보편적인 중력의 원리에서 얻어지는 예측 가능성에 입각해서 우리는 지구로 떨어지는 물체들의 운동과 천체상의 행성들의 운동을 설명하게 된다.

뉴튼의 우주는 인과법칙들에 따라 상호 연결되어 있는 부분들로 구성된 복잡한 그리고 정교하게 측정되어 있는 한 구형의 기계와 매우 닮았다. 실제로 이것은 최초의 자동 기계로서 우주의 시계 모델을 발전시키는 데 있어서 중요한 역할을 담당했던 저 시계와 밀접하게 닮았다.

비행기를 탔다가 현실로 돌아왔을 때에도 시계 모델은 여전히 위력을 발휘하고 있었다. 이 세계의 맨 밑바닥에는 무생물이 있고 이어서 공정한 관찰자가 대개 불가능한 간격에 이르기까지, 차곡차곡 식물과 곤충과 동물들로써 고도로 층화되어 있는 것으로 나타났다. 그 간격을 뛰어넘어서는, 이른바 피라미드의 정상에는 이 구조에 있어서 절대적으로 우월한 존재인 인간이 자리잡고 있었다. 지능이 인간 존재들에게 이러한 우월한 위치를 부여해 주었다. 그리고 그 과정에서 자연 세계는 평가절하되기에 이르렀다. 하나의 생명 공동체로서의 우주에 대한 이와 같은 시각 속에는 살아 있는 종(種)들간의 밀접한 관계에 관한 대화가 전혀 들어설 여지가 없다. 여기에는 우주를 한 종에 가해지는 손상이 전체에 가해지는 손상으로 파악되는 하나의 밀접하게 연관된 가족이라고 보는 이해가 전혀 없는 것이다. 오히려 우주와 지구는 오로지 인간 존재들을 위해서 그리고 그들에 의해 이용되기 위해서 존재하는 것으로 여겨졌을 따름이었다.

우주에 대한 이와 같은 "기계론적" 견해는 18, 19, 20세기 동안에 서구인들을 엄청나게 매혹시켰다. 이것은 발명가들이 이 지구를 변모시키고 처리해 나가기 위한 새롭고, 더 강력하고, 이런 견지에서 더 효과적인 과학 기술들을 발전시키는 데 필요한 인지 체계와 자극을 제공하였다. 산업혁명과 더불어서 이 과학 기술들의 위력과 규모가 엄청나게 증대하였다. 오늘 이 시대에 있어서 화학 산업과 핵산업 그리고 기술공학은 다른 외부 요인에 의하여 통제되지 않는 그 자체의 독자적인 힘을 갖고 있는 듯싶다. 그런 가운데 이러한 산업들은 이 지구를 일그러뜨리고, 물과 공기와 땅을 오염시키고, 생명체들을 죽이고 있다. 또한 이것들은 이 행성을 집어삼키고 모든 살아 있는 것을 파괴시킬 불기둥을 언제든지 솟아오르게 할 수 있는 위협이 되고 있는 것이다.

기계론적인 파라다임은 "공작인"(homo faber)으로 하여금 더 효과적이고 능률적으로 이 행성을 활용하는 데 필요한 새로운 기계들을 창출해 내도록 자극하는 것으로 그치지 않는다. 이것은 우리가 지구상의 모든 것을 보는 방식에 영향을 미쳐 왔던 것이다. 존 로크(John Locke)나 아담 스미스(Adam Smith)와 같은 이들의 저서들은 정치적인 그리고 경제적인 실재들에 대한 우리의 이해를 좌우해 왔다. 경제 상태가 어느 정도의 경기를 나타내는가를 판단하기 위해서 우리가 사용하는 현재의 지표들 — 국민 총생산(GNP) — 은 단지 우리에게 제조와 서비스 부문에서 자연 자원들을 얻어서 이것들을 가공 처리한 뒤에 가능한 한 빨리 소비 경제를 통해서 유통시키고 수년 안에 쓰레기 하치장으로 내버리게 되는 속도를 이야기해 줄 수 있을 따름이다. GNP 지표들은 생명 공동체의 모든 종들간의 재화와 서비스의 상호 교환에 관해서는 전혀 이야기해 주지 않는다. 또한 생명 공동체 그 자체가 어느 정도로 활성화되어 있는지, 혹은 이 생명 공동체 그 전 체계가 붕괴될 수 있을 정도로까지 어느 단일한 한 종에 의해서 희생되고 있는지에 관해서도 역시 마찬가지이다. 여기에는 어느 한 특수한 인간 공동체의 몇 퍼센트가 이와 같은 파괴를 통해서 득을 보고 있는지에 관해서도 전혀 기록되어 있지 않다.

개선된 과학 기술과 보다 효과적인 기구들을 통해서 개방 비율이 증대하는 데 따라서 경영 지표들은 개인 경영 사업들과 전체 산업 경제와 관련하여 개선된 비율을 나타내 준다. 이런 견지에서 경영은 그 자체가 총체적인 지구 공동체에 대해서 전혀 책임을 갖는 것으로 보지 않는다. 설령 이것이 그 어떤 적절한 보고 체계에서 실제로 바닥 현상을 보이고 있다고 하더라도 말이다. 만일 우리가 지구를 계속해서 약탈한다면, 일치의 사업 경영이 결국 붕괴될 것이다. 이익이 아니라 파괴가 모든 사람들이 받게 될 공동의 몫, 곧 모든 이들이 겪게 될 공동의 운명이 되고 말 것이다.

데이비드 노블의 「기획된 아메리카」[6]는 기계와 관련된 은유적인 표현이 미국을 그리고 아메리카 경제의 중요성으로 인해서, 지난 백 년 동안 이 지구 거의 전체를 어떻게 변화시켰는지에 관한 뛰어난 보고서이다. 그 변화는 처음에는 채굴업으로부터 시작하여 제조업, 농업, 작업 조건, 광고, 인간 관계 그리고 인간의 자기 인식에 이르기까지 삶의 모든 측면에 걸쳐서 영향을 미쳤다. 노블은 1860년대 이래로 과학적 테크놀로지와 합리성을 앞세우는 자본주의가 삶의 제 측면을 어떻게 변모시켰고, 어떻게 재구성해 놓았는지를 기술하고 있다. 그는 변화의 주된 동인이 기계 기술자들로부터 나타났다고 주장한다. 1860년대까지 기계 기술자들은 숙달된 기술자들 밑에서 도제로 지냄으로써 대부분의 훈련을 받았다. 이때는 정교한 이론적 훈련을 받을 필요가 거의 없었다. 왜냐하면 증기기관을 만드는 일까지도 포함해서 대부분의 주요 작업들이 그다지 복잡하지가 않았기 때문이었다.

---

6. David Noble, *American by Design: Science, Technology and Tne Rise of Corporate Capitalism* (Oxford University Press, 1977) 179면 이하.

하지만 1880년경부터 미국에 석유 화학과 전기 산업이 대두되면서 모든 것이 달라져 버렸다. 이 산업에 종사할 기술자들은 더 철저한 이론적·기술적 훈련을 받지 않으면 안되게 되었고, 이에 따라 이 초기 산업들의 실제적인 문제들에 대해서 한층 더 직접적으로 과학적 상상력이 집중될 수밖에 없게 되었다. 화학과 전기, 자동차 산업계는 각기 경쟁자에게 뒤떨어지지 않기 위해 연구와 기획 부서들을 필요로 하게 되었다. 이러한 산업계에 고용된 기술자들은 순수과학은 물론 응용과학 부문에 대해서도 전문적인 훈련을 받아야 했다.

이런 산업체의 장들은 전통있는 종합 대학과 단과 대학들이 자신들의 요구에 반응했던 방식에 대해서 전혀 탐탁하게 여기지 않았다. 하버드와 예일 대학, 그리고 그외의 기존 대학들은 당시까지도 여전히 인문과학과 과학 이론에 중점을 두고 있었던 까닭이다. 기업체들은 이러한 지식 대부분이 시대에 뒤떨어졌다고 보았던 것으로서, 이에 기업체들 자체의 과학 기술 교육 기관들을 설립하게 되었다. 이런 교육 기관들 중에서 가장 먼저 설립되었고 또 가장 유명한 MIT(Massachusetts Institute of Technology)는 1861년에 세워진 이래 먼저 미국 내에, 그리고 이어서 세계 전역에서 설립된 이와 유사한 많은 연구 기관들의 전형이 되어 왔다. 필리핀의 일리건 시에 있는 민다나오 대학에도 이런 류의 기관이 설립되어 있는데, 이 기관은 일리건 과학 기술 연구소(IIT)라고 일컬어지고 있다.

이런 교육 기관들을 졸업한 사람들은 자연 세계를 바꿔놓고 댐과 다리, 제철 공장, 화학제품 공장 설비, 원자력 발전소, 그리고 치명적인 무기 제조 공장을 짓는 데 참여해 왔다. 그러나 노블의 주장에 따르면 과학 기술자들은 무생물적인 대상들을 바꿔놓는 것으로 만족하지 않았다. 이들은 사람들을 산업 생산 과업에서는 능률적인 인간 노릇이 되고, 소비 경제에서는 유통되는 상품들을 받아들이기만 하는 수동적인 인간 소비 기계들이 되도록 하는 소위 "과학 기술" 시대의 인간들로 만들기 시작하였다. 이와 같은 현상은 광산 갱구의 합리화와 표준화에 대한 요구에서 분명하게 드러난다. 또한 이는 자동차 산업을 위해서 발달시켜 왔고, 지금은 대부분의 부품 조립식 생산 라인에서 볼 수 있는 대량 생산 공정에서 여실히 확인된다.

산업혁명 초기 단계 때에 칼 마르크스(Karl Marx, 1818~83)는 이러한 과정들이 노동자들을 얼마나 소외시킬 수 있는가를 직시했었다. 노동자들의 경우 자신들의 삶에 영향을 미치는 사안들이 결정되는 과정에 참여하지 못할 뿐만 아니라 자신들의 노동이 창출하는 자본에 거의 접근할 수가 없기 때문에 이들은 소외될 수밖에 없다는 것이다. 비록 노동자들의 작업 조건과 이들의 생활 수준이 제1세계의 여러 나라들에서 주목하리만큼 개선되었음에도 불구하고, 노동자들 앞에 기계들을 들여놓음으로 해서 야기되는 소외는 지금까지도 많은 나라들에서 매우 심각한 실정이다. 교황 요한 바오로 2세는 회칙 「노동하는 인간」[7]에서 이와 같은 현상에 대해 주의를 환기시키면서, 노동자는 생산 과정의 "객체"가 아니라 "주체"이어야 한다고 언급한 바 있었다.

제조의 전 과정은 광고술에 의해 완결지어진다. 대대적인 선전으로 소비자들을 현혹시켜서 수요를 창출한다. 청량음료 산업은 유행을 조작한다. 코카 콜라는 총매출액의 엄청난 비율에 해당하는 금액을 광고 예산으로 지출한다. 선전은 영양면에서는 거의 아무런 가치가 없는 음료로서 사람들의 건강에 오히려 해롭기까지 할 수 있는 다량의 설탕이 함유되어 있는 내용물을 마시도록 수백 수천만 명을 자극한다. 또한 상품 선전은 사람들을 탐욕스럽게 만들 수도 있다. 그리고 사람들은 그들이 어떤 모습으로 어떻게 존재하는가에 따라서가 아니라 그들이 소유하는 것에 의해 가치 평가를 받게 된다.

---

7. *Laborem Exercens*, 1981, 범선배 옮김, 한국 천주교 중앙 협의회, 서울.

노블은 산업화된 나라들에 있어서 인간 존재들이 살고 일하는 방식에서는 물론 그들이 자기자신에 관하여 생각하는 방식에서까지도 심각한 변화가 발생하였다고 주장한다. 한데 이같은 현상은 의도하지 않은 부수적인 결과가 아니다. 오히려 이는 계획되었던 일로서, 이의 성취를 위해서 심지어는 여러 가지 전략들까지 동원했었던 것이다. 노블은 1913년에 NCRC(National Cash Register Company)의 한 최고 경영권자가 한 다음과 같은 말을 인용하고 있는데, 그는 자신의 궁극적인 바람을 전혀 숨김없이 다음과 같이 진술하고 있다. "나는 그야말로 인간 기계의 효율성을 증대시키는 데 지극한 관심을 갖고 있다."

은유적인 언어 표현 방식에 있어서 살아 있는 존재로부터 기계 쪽으로 그 중심이 변화된 현상은 기계를 우리 자신과 살아 있는 모든 실재에 대한 표상으로 삼는 경향을 강화시켜 왔다. 이것은 거의 수 세기 전부터 시작된 조류의 최종 단계에 해당한다. 이것은 지금 현재 우리의 의식 아주 깊숙히 자리잡고 있어서, 웬델 베리가 「선물: 복된 땅」에서 지적하고 있듯이, 이와 같은 사태를 더 이상 거의 인식하지 못하고 있다:

산업혁명이 발생하기까지, 소위 산업화된 "선진" 제국 대부분의 국민들이 갖고 있던 주도적인 표상은 유기체적이었다. 그 표상들은 살아 있는 것들과 관계된 것이었다. 그것들은 생물학적이거나 목축적·농경적, 혹은 가족적이었던 것이다. 하느님은 "목자"로 이해되었고 신자들은 그의 목장에서 풀을 뜯는 "양떼"로 인식되었다. 땅을 경작했던 사람들은 "살림살이"를 하는 것으로 표현되었다. 한데 우리는 오늘에 와서 남자와 여자 모두를 마치 이들이 기계인 듯이 "단위"로 이야기하는 것을 들으면서 별반 거부감을 보이지 않는다. 머리를 "컴퓨터"로, 생각해 낸 안들을 "인풋"(내지 입력)으로, 다른 사람들의 반응을 "피

드백"(내지 환류 시스템)으로 언급하는 것은 일상적인 일이 되었고, 또 이는 받아들일 수 있는 일로 여겨지고 있다.[8]

주로 과학 기술을 이끌어들임으로써 야기되어 온 인간의 삶에 있어서의 이와 같은 변화들은 우리가 이미 앞에서 여러 차례 보았듯이 지구에 대해서도 역시 숱하게 성처를 남겨놓았다. 물론 그 누구도 기업의 과학 기술이 의식적으로 이 행성을 약탈하고 해독(害毒)을 끼치기 위해서 존재하기 시작했다고 들고 나서지는 않을 것이다. 실제로, 예컨대 화학 제품 산업은 그 자체를 굶주리는 사람들에게 음식을 제공해 주는 수혜자로 보고 있다. 원자력 발전 산업은 스스로를 산업체와 가정에 전력을 공급하는 시설들의 선두에 위치한다고 간주한다. 무기 제조 산업조차도 자체를 인류 공동체의 평화 제조기라고 선언하고 있다. 아마도 십중팔구 현대 세계의 주요 산업 하나하나가 스스로를 풍요와 기쁨, 행복, 쾌락과 평화가 가득한 새 시대를 선도한다고 보고 있을 것이고, 때로는 종종 다른 관련자들에 의해 그렇게 인식되고 있기도 하다. 그러나 지구는 이 눈부신 외모 뒤에 전혀 다른 기록을 남겨놓고 있다. 지난 한 세기 동안, 그리고 특히 제2차 세계대전 이래로 우리는 외롭고 비참한, 그리고 침묵에 잠긴 세계를 창출해 왔던 것이다.

---

8. Wendell Berry, *The Gift of Good Land* (North Point Press, San Francisco, 1981) 113면.

새로운 이야기

우리는 이렇게 물음을 제기할 수 있을 것이다. 인류 공동체는 기계 은유의 수중에서 어떻게 스스로를 해방시킬 수 있을까? 기계의 숱한 유익이 우리를 유혹하고 현혹시켜 왔다. 불행하게도 노동 절약을 가져다 주는 현대 과학 기술의 발명품들로부터 지극히 커다란 혜택을 누린 사람들은 종종 과학 기술의 부정적인 측면들을 의식하지 못하고 있다. 우리는 계속 확산일로에 있는 과학 기술망이 제3세계에 속하는 국가들에 사는 사람들 대다수에게 그리고 지구 자체에 대해서 영향을 미쳐온 바를 적확하게 기록으로 전하지 못하고 있다. 우리는 과학 기술의 힘을 우리의 세계에 풀어 놓기 이전에 과학 기술에 대한 더 깊은 이해를 갖추지 않으면 안된다. 달리 말하자면, 우리는 우리로 하여금 그야말로 이 과학 기술과 관련한 새로운 의미 맥락을 필요로 하는 것이다. 우리가 이를 효과적으로 성취해 내기 위해서는, 지구상의 생명에 관한 이야기와 이 이야기 속에서 인간 존재들과 이들이 가공해 내는 물품들이 수행해야 할 창조적인 역할에 대한 새로운 이해를 갖추지 않으면 안된다.

한마디로 지구의 출현에 관한 어떤 한 새로운 이야기 내지 신화가 있어야 하겠다는 말이다. 인간의 의식이 싹튼 이래, 이야기는 인간의 이해와 의미를 전달하는 기본적인 도구 역할을 해왔다. 역사 전체를 돌아보더라도 어느 문화에서든지 이야기꾼들은 사람들의 마음을 사로잡아 즐겁게 해주었고, 그들의 삶에 기쁨과 의미를 가져다 주었다.

내가 여기서 소개하고자 하는 "이야기"는 현대의 인지 방식들을 통해서 우리에게 다가오는 우리 자신의 우주 세계에 관한 이야기이다. 이상하게 들릴는지 모르겠지만 — 이야기가 과학적 진술과 연결되는 것은 흔치 않은 일일 테니 말이다 — 이 이야기의 화자들은 과학자들이다. 이들은 우리의 우주 세계와 관련한 알기 쉽고 흥미진진한 새로운 이야기를 구성하고 다듬어 나왔다. 이 이야기 시리즈는 어느 한 과학자 단독의 작품이 아니다. 이것은 많은 개별적인 과학자들과 과학 분야의 학문들이 공동 협력한 모험적인 시도의 산물인 것이다. 경탄스러워하면서 더 성능이 좋아진 망원경으로 밤하늘을 응시해 온 천문학자들이 물질의 미세한 입자들을 연구해 온 물리학자들과 한데 얼려들게 되었다. 이 이야기의 중요한 요소들을 분명하게 규명하기 위해 생물학자들과 유전학자들이 살아 있는 세포를 연구하면서 오랜 기간을 보냈다. 이따금 이 과학계 전체가 지금까지 진술되었던 지극히 매혹적이고 놀랄 만한 이야기를 하나로 교직(交織)하면서 이 이야기를 진전시켜 나갔다.

이 이야기를 구성해 나가는 일은 지금도 계속되고 있는 중이다. 천체에 대한 인공위성 탐사와 해저 탐험으로도 그 꼴은 전혀 완성되지 않는다. 그럼에도 불구하고 그 넓은 윤곽들이 잡히기 시작해서 이 이야기는 탁월한 창조성과 다양성, 풍부성과 아름다움을 띤 것으로서 드러나고 있다.

무엇보다 중요한 것은 이것이 우리의 이야기, 지구 공동체에게 그리고 특히 인류에게 이때까지는 꿈도 꾸어보지 못했던 넓이와 깊이를 선사해 주는 우리의 이야기라고 하는 점이다. 이것은 확실히 혁명적인 이야기로서, 일말의 회의도 없이 이 우주 세계가 결코 기계론적 원리들에 따라 움직이지 않고 있음을 확인시켜 준다. 생명 그 자체의 출현으로부터 계절의 순환과 생명체들의 신진대사 과정들에 이르기까지 자연의 일체의 과정들이 긴밀하게 서로 연관되어 있다.

이 새로운 이야기는 400년간의 기계론적 이야기에 대한 강력한 해독제이다. 이 새로운 이야기는 200억 년에 달하는 이것의 장대한 범역에 견줄 때 과거의 옛 이야기가 그야말로 얕은 실개천에 지나지 않음을 드러내 준다. 또한 이것은 우리에게, 우리가 기계론적인 과학과 과학 기술을 포기하지 않는다면 이 아름다운 지구의 미래의 번성을 가로막고 위험에 처하게 만들 것이라고 일러주고 있다. 이 이야기는, 현재 나타나고 있는 우주 세계의 맥락 밖에서 인간 존재들을 이해하려고 시도하는 것은 곧 우리 자신을 부당하게 제한시키는 것이고, 개인으로서이건 한 종으로서이건 자기 자신에 대한 이해를 위한 일체의 참된 노력을 차단하는 것에 다름아니라고 진술한다. 이 새로운 이야기는 점점 더 우리의 삶을, 우리의 종교적인 감성까지도 꼴지어 나가지 않으면 안된다. 또한 이것은 인간의 활동에 필요한 행동 규범들을 마련해 주어야 한다. 뿐만 아니라 이것은 무엇보다도 전 인류 공동체가 이 이야기의 지시에 따라 삶을 영위할 수 있는 영적인 에너지를 제공해 주어야 할 것이다.

우리는 지금까지 물리학적이고 생물학적인 저 이야기 진술이 19세기 후반과 20세기 초에 과학계로부터 차츰차츰 대두되었다는 점을 보았다. 한데 부분적으로는 과학계와 대다수의 종교인들간의 뿌리깊은 반감과 오해로 말미암아, 여기에는 한 가지 본질적인 차원이 빠져 있었다. 이 이야기는 영적인 이해를 결하고 있었던 것이다.

이 간격을 이어주는 작업은 사제이자 고생물학자인 삐에르 떼이야르 드 샤르댕(Pierre Teilhard de Chardin, 1881~1955)의 천재성과 용기를 통해서 시도되었다. 떼이야르는 우주 세계에 관한 이야기를 완성되게 진술하는 데는 반드시 이 우주 세계의 정신적 차원이 내도되어야 한다고 역설하였다. 그렇지 않으면 그 표현은 단편적이게 될 것이고, 인간 존재들을 합당한 우주적 맥락에 위치시키는 데 실패하게 되고 말리라는 것이다. 떼이야르는 20세기에 들어 지성계에서 체험된 소외의 대부분은 인간의 목적에 대한 지나치게 제한된 이해로부터 비롯되었다고 생각하였다. 한데 떼이야르에게 있어서 우주와 지구 그리고 인간의 모험적인 시도는 부조리와는 거리가 먼 것이었다. 200억년 전에 우주가 형성된 맨 처음 순간부터 물질의 모든 입자는 그 자체 내에 후대에 가서 나타나기에 이르렀던 모든 것 ― 인간의 의식을 포함해서 ― 의 근원을 내포하고 있었다. 사물들의 "내면성"에 관하여 합당하게 묘파하지 못하는 우주 이야기에 관한 일체의 진술은 근본적으로 불완전할 수밖에 없고, 인간 존재들이 소외를 목격하게 될 이원론으로 귀결되고 말 것이다.

이에 떼이야르는 사물들의 "외면성"과 "내면성"에 대한 이야기를 단일한 합(合, synthesis)의 견지에서 진술하기 시작하였다. 비교 종교학자들 가운데 원로 중의 원로인 머치아 엘리아데에 따르면, 현대 과학자들의 언어를 사용하는 떼이야르는 "불가지론적인 과학자와 일반적으로 종교에 관하여 식견이 없는 사람들에게 가닿을 수 있고 또 그런 인물들에게 역시 의미있는 말들로 자신의 신앙을 진술하는 최초의 그리스도교 저자"였다.[1] 「인간의 현상」에서 시도된 그의 전체적인 종합은 상당히 포괄적이면서도 강력한 것이었다. 줄리언 헉슬리가 이 책의 서문에서 지적한 바에 의하면, 떼이야르는 "삼중의 종합을, 즉 물질적·육체적 세계와 정신과 영의 세계, 과거와 미래 그리고 다양과 일치, 다수와 일(一)과의 종합을 이루었다."[2]

떼이야르에 따르면, 은하와 태양계와 지구는 별들의 맨 처음 세대에서의 물질의 종합화를 통해서, 즉 "시원의 원자"에 있어서의 최초의 에너지로부터 지구라는 행성 위에서의 생명의 탄생과 마지막으로

---

1. Mircea Eliade, *Occultism, Witchcraft and Cultural Fashions. Essays in Comparative Religion* (University of Chicago Press, 1976) 12면.

2. Julian Huxley, Introduction to Teilhard de Chardin, *The Phenomenon of Man.* (Fontana Books) 21면.

인간 의식 그 자체에 이르기까지의 일련의 극적 변화를 통해서 전개되어 나왔다. 그리고 계속적인 변모를 거치면서 점증적으로 물질이 복잡화됨에 따라 이에 상응하는 내면화의 증가가 나타나게 된다.[3] 그렇지만 각각의 전개 과정은 저 이야기를 완전하게 진술함으로써 성취될 충만함의 견지에서 숙고되었다. 실제로 이 각각은 전체 이야기의 한 부분으로서 파악될 때 비로소 그 충만한 의미를 얻게 되는 것이다. 예컨대 질량이 더 무거운 원자들이 갖는 충만한 잠재력은 생명을 지속시키고 발전시키는 데 있어서의 그리고 궁극적으로 인간의 의식에 있어서의 그 역할을 통해서 드러나게 될 것이다. 이런 이유로 해서 떼이야르는 인간의 뿌리를 바로 저 맨 처음 시작으로까지 거슬러올라가서 찾고, 이어서 진화 과정의 충만한 역동성이 인간 안에 수용되어 있다고 역설하고 있는 것이다.[4] 전 진화 과정을 이해하는 데 있어서 인간 존재가 관건이 된다. 예컨대 우리는 인간에 앞서 존재했던 모든 것을 조야한 물질로 환원시킨 채 — 기계론적 과학이 종종 그러하듯이 말이다 — 의식은 단지 이 과정의 마지막 단계에 나타난 한 차원에 불과하다고 주장할 수가 없다. 만일 그렇다면, 진화 과정에서 일체의 열망과 분투를 통해 성취된 영광이 단지 사후에 생각해 낸 것에 지나지 않는다는 것을 뜻할 것이기 때문이다.

그렇지만 인간은 지구 공동체로 침입해 들어온 존재가 아니다. 떼이야르가 인용하는 줄리언 헉슬리의 말대로 "인간은 자신이 진화 자체를 의식하게 된 그 진화 이외에 다름아니라는 것을 발견한 존재이다."[5] 인간의 정신도 포함해서 인간의 모든 측면은 산과 강, 동물과 새 그리고 지구 공동체의 다른 구성체들이 그렇듯이 지극히 지구의 일부를 이룬다. 떼이야르는 처음부터 영적 차원에 집중하고 끊임없

---

3. *Phenomenon of Man*, 329면.

4. 위의 책 244면.

5. 위의 책 243면.

이 이런 태도를 견지함으로써 고전적인 뉴튼의 과학 전통의 상당 부분을 밑받쳐 온 이원론적이고 물질론적인 접근 방법을 극복한다. 그의 사상의 넓이와 깊이는 끊임없이 새롭게 발생하는 이 우주를 생동하며 서로 밀접하게 관계된 하나의 실재로 정립해 놓고 있다. 인간 안에서 이 우주는 가장 강렬하고 충만하게 드러나는 것이다.

루이스 토마스(Lewis Thomas)라든가 제임스 러브록과 같은 현대의 과학자들은 이러한 관점에 동조한다. 토마스에 따르면, 오랜 기간에 걸쳐 거리를 두고 바라본 지구는 하나의 막 태어나는 생명체처럼 나타난다. 한 살아 있는 행성 — 우주의 정원 행성 — 으로서의 지구의 이와 같은 모습은 인공위성이 지구로 송신한 사진들에서 역력히 확인해 볼 수 있다. 이것들을 보면 지구는 아름다운 푸른 색을 띤 모든 창조물들의 거소(居所)이다. 현재는 많은 책과 포스터에서 흔히 이런 사진들을 보게 된다. 이 사진들은 자신이 연관되어 있는 관계에 대하여 숙고해 볼 시간을 갖고 있는 사람이면 누구에게나 충격을 가한다. 이것들은 인간 공동체를 갈라놓는 일체의 사소한 갈등들을 한눈에 볼 수 있게 하는 가운데 인간 존재들이 생명체 가족의 일부를 이루고 있다는 점을 일깨워준다.

미국 국립 항공 우주국(NASA)에서 일한 영국의 과학자인 러브록은 최초의 달 착륙이 있은 후 얼마 지나지 않아서 그의 유명한 "가이아 가설"(Gaia hypothesis)을 내놓았다.[6] 이 이론은 단순한 박테리아로부터 인간 존재들에 이르기까지 전 생물체들이 상호 관련되어 있어서, 하나의 단일한 실체로 간주될 수 있다고 주장한다. 이 살아 있는 실체는 이것을 구성하는 부분 요소들의 힘을 뛰어넘는 힘들을 소유하고 있다. 그가 가이아 — 이것은 그리스 신화론에서 한 여신으로

---

6. J. E. Lovelock, *Gaia: A New Look at Life on Earth*, Oxford University Press 1979.

인격화된 지구를 상기시켜 준다 — 라고 일컫는 이 실체는 체내에서 균형을 유지하려는 항상성(恒常性; homeostasis) 기제들을 작용시켜서 스스로 체온을 조절할 수 있는 인간의 몸과 같이 지속에 적합한 조건들을 극대화하는 기제들을 갖고 있다. 우리는 이러한 경향을 입증해 주는 한 현상을 대기 중의 산소 함유량이 약 21% 정도에서 안정되어 있었다는 점과 지구의 온도가 수백만년 동안 안정된 상태를 유지해 왔다는 사실에서 찾을 수 있을 것이다.

이처럼 진화하는 지구에 대한 이와 같은 시각(視覺)은 이저, 다양한 입증 자료들에 비추어 볼 때, 이 행성에 존재하는 모든 조직체에 있어서 무엇이 실재적인 것이고 이러한 모든 조직이 얻기 위해 노력할 만한 가치가 있는 것은 무엇인지를 판단하게 해주는 규범이 되지 않으면 안된다. 인간 존재들은 지구 이야기 내에서 인간이 수행할 진정한 역할을 식별해 내기 위하여 가능한 한 창조적으로 이 행성의 운동 과정에 뛰어들어야 한다. 새롭게 나타나고 있는 이 이야기는 인간 공동체에게 서로가 서로를 풍요롭게 하고 고양시켜 줄 방식으로 인간-지구 관계를 이끌어갈 수 있는 기본적인 규범들을 부여해 줄 것이다. 이 규범들은 우리의 정치적·경제적·사회적·통상적(通商的)·종교적 조직들에 의해 수용되어서, 이 기구들이 지구 공동체를 황폐화시키는 것이 아니라 더 고양시킬 수 있어야 할 것이다.

이 새로운 이야기의 일련의 흐름을 살펴보기에 앞서, 떼이야르의 통찰이 서구 그리스도교의 신학적·영적 전통에 있어서 강조점의 중요한 전이를 일으킬 것이라는 사실에 주의를 기울일 필요가 있다고 생각한다. 중세 시대 이래, 특히 종교개혁 이후로 서구의 신학적 전통에 있어서 상당 부분이 아우구스티누스 계열의 신학에 가닿을 수 있는 타락 / 구속신학에 거의 전적으로 집중되는 경향을 보여 왔다.

이 신학적 전통에는 합당한 창조신학이 전혀 수용되어 있지 않다. 하느님의 창조적인 사랑이 나타났던 200억년이 단지 인간 구원의 드

라마가 펼쳐지는 무대로, 혹은 그 자체로 철저하게 죄스러운 것으로서 변모를 필요로 하는 어떤 것으로 간주되었다. 떼이야르가 종교에 기여한 가장 중요한 공헌은 창조계에 관한 현시대의 이해를 포용하기 위해서 균형점을 이동시켜 놓은 데에 있다. 그는 성 바울로와 성 요한의 주제인 우주적 그리스도를 끊임없이 새롭게 발생하는 우주에 관한 이야기의 견지에서 해석해 나간다. 그는 20세기의 종교는, 만일 이것이 우리 시대의 갑남을녀 모두에게 의미있는 것이 되고자 한다면, 우주적 진화에 대한 우리의 새로운 이해에 입각해서 구축될 필요가 있다고 확신하고 있다. 떼이야르는 이런 맥락 속에서 과학자들에 의해 진술된 이야기에다가 성스럽고 종교적인 의미를 부여해준다. 만일 종교가 인간의 의식을 변혁하고자 한다면, 이는 피할 수 없는 일이라는 것이 그의 확신이다. 나는 6장에 가서 이 이야기의 종교적인 의미에 관하여 다시 논의해 나갈 생각이다.

떼이야르 사상의 여러 측면에서 몇 가지 난문제들이 나타나는 것은 사실이다. 그의 사상 가운데 어떤 면들은 실제로 더 정통적인 과학자들과 신학자들을 혼란에 빠뜨리는 경향을 보인다. 그리고 과학기술적 진보의 선성과 그 진보의 불가피성에 대한, 어느 정도는 무비판적인 그의 신뢰에 있어서도 문제가 없는 것은 아니다. 하지만 그럼에도 불구하고 그는 우리에게 오늘의 우리가 기울이는 모든 노력을 이끌어나가야 할, 우주에 관한 새로운 이야기를 향하도록 해주었고, 또 그 자신이 그러한 새로운 이야기를 진술해 주었다.

내가 여기서 소개하는 일련의 이야기에는 토마스 베리가 「새로운 이야기」[7]에서 쓴 떼이야르 계열의 도식이 전반에 깔려 있고, 실제로 이 이야기는 그 도식을 적용한 것이다. 여기에는 우주 이야기에 있어서의 은하와 지구, 생명과 인간의 의식 단계들이 내포되어 있다.

---

7. Thomas Berry, *The New Story*.

우주 이야기

우주 이야기는 우리가 우리를 에두르고 있는 이 세계를 놀라움과 경외와 호기심을 갖고 바라보는 그 순간 각 인간 존재에게서 시작된다. 우리가 과학자들로부터 이 이야기에 관하여 익히기 시작할 때, 이 우주는 놀라운 방식들로 우리에게 그 자체를 드러내 준다. 만일 가장 가까이에 있는 산에 우리의 시선을 향하도록 한다면, 혹은 별이 많은 날 밤에 하늘을 응시한다면 더욱더 우리는 이 세계가. 이 물리적인 세계가 항구하다는 생각을 하게 되지 않을까 싶다. 어느 것도 진리에서 외떨어져 있을 수가 없다. 우주의 기원들에 대한 현대의 과학적 탐구들을 반영하고 있는 「인간의 현상」에서 떼이야르는 이 이야기의 제1의 특성은 변화와 변모에 있다고 진술한다. 변모들에 따르는 시간 규모는 참으로 엄청나고 그 공간은 거대하다. 여기에 관련된 특성들은 종종 시간과 공간에 대한 우리의 인간적 지각으로 파악할 수 있는 것을 뛰어넘는다. 그러면서도 그것들은 여전히 우리에게 우리가 진화해 나가는 한 우주 속에 살고 있다고 지적해 준다. 우리 시대에 있어서의 도전은 이러한 통찰이 오늘의 세계 속에서 우리의 진로를 어떻게 이끌어 나갈 것인가를 이해하는 것이다. 이하에서 전개되는 내용을 통해서 우리는 이 이야기에 대하여 다소 광범하게 그 윤곽을 잡아 나가게 될 것이다.

오늘 이 시대에 이르러서는 우즈에 맨 처음 시작이 있었다는 것이 과학계의 일치된 인식이다. 우주는 엄청난 밀도를 갖는 "시원의 원자"에 의해 500억년에서 200억년 사이에 존재하기 시작하였다. 그런데 이 "시원의 원자" 안에는 우주의 역사 전체에 걸쳐서 수많은 변모를 통하여 나타나게 되었던 그 일체의 잠재력이 내포되어 있었다.

이 시원의 원자는 빅 뱅(Big Bang)으로 알려지게 된 대폭발을 겪었다 (나는 빅 뱅이라는 말을 특히 좋아하지 않는다. 이 말은 이 지극히 성스러운 사건에서 일체의 신비와 시를 탈취해 버리기 때문이다).

최초의 폭발은 밖으로 폭발하는 "물질"을 사방으로 흩어지게 하였다. 폭발 자체가 주목할 만한 사건이다. 버나드 로벨(Bernard Lovell)과 같은 과학자들은, 만일 우주가 단 1초만 더 빠르거나 늦게 갈라져 나왔더라면, 이것은 뒤이은 단계에서 결코 은하계를 형성할 수 없는, 혹은 그 자체로 붕괴되고 말 그와 같은 방식으로 폭발하였을 것이라고 진술한다. 그러므로 이 우주는 그 최초의 순간, 대부분의 민족들의 서사시에 나타나는 그 한 거룩한 순간에 최저의 가능성 — 거의 전무한 가능성 — 상태에서 존재하기 시작했던 것이다. 이와 같은 사실은, 그리고 또다시 거의 전무한 가능성 상태에서 발생한 무생명체로부터 생명체로의 변모와 같은 극도로 중요한 여타의 많은 변모 현상들은 우리에게 이 우주의 덧없음에 관한, 그 깨어지기 일보 직전의 나약성에 관한 무언가를 이야기해 주고 있다. 그럼에도 불구하고 분명히 지속하고 있는 어떤 한 실재가 존재한다. 과학자들은 최근 수년 동안 그 최초의 폭발에서 생긴 빛이 지금까지도 태양계에 있는 모든 실재를 비추고 있다는 사실을 밝혀 내었다.

최초의 폭발 동안과 그 이후에는 우리가 알고 있는 것과 같은 물질은 존재하지 않았다. 이 우주는 팽창되면서 이와 동시에 냉각되었는데, 이에 따라서 양성자와 중성자들이 수소와 헬륨의 원자핵 속으로 융합되었다. 팽창과 냉각이 계속됨에 따라 점진적으로 전자들이 핵과 결합되어 원자들을 형성하게 되었고, 이에 우리가 알고 있는 물질이 태어나게 되었다. 원자와 분자들 — 이것들은 태양계를 형성하고 있는데 —, 행성들과 지구상의 모든 살아 있는 유기체들은 수십억 년 전에 각기 구체적인 별을 구성하는 요소들이 되었다. 은하들은 최초의 수소 구름에서 형성되었다. 이 거대한 구름들은 공간 속으로 흩어졌다가 서로 무리를 이루게 되었는데, 중력에 의한 압력으로 하여 자체로 붕괴되기도 하였다. 온도가 상승함에 따라서 이것들은 자체의 중심에서 핵폭발을 겪게 되었고, 이로 하여 별들이 태어나게 되었다. 그런데 이러한 핵반응 과정들은 수소를 헬륨으로 변환시킨다. 예컨대, 현재 태양은 매초당 450만 톤의 비율로 수소를 헬륨으로 변환시키고 있다. 우리의 태양과 같은 별들은 수소 공급이 끝날 때까지 이러한 변환 과정을 지속해 나갈 것이고, 수소가 완전히 고갈되면 이것들은 대개 수축되어 죽게 된다. 만일 은하들이 단지 작거나 중간 크기의 별들르만 구성되어 있다면, 생명체에 없어서는 안되는 탄소나 인, 유황 그리고 철과 같은 비중이 무거운 원소들은 그 중심에 결코 나타날 수가 없었을 것이다. 이러한 원소들을 자체의 중심에서 합성시키는 초신성들(supernovas)의 작용이 발생하면서, 말하자면 이것들이 다 죽어가던 상태에서 후대에 다시 모두어들일 수 있는 공간으로 이 원소들을 토해내게 되었던 것이다.

약 50억년에서 100억년 전어, 우리의 태양계는 이보다 앞선 세대의 별들의 파편으로부터 태어난 먼지와 가스로 구성된 기체의 구름으로서 태어났다. 원래의 태양 성운은 산산이 부서져서 공간 속으로 흩어져 버렸다. 이중에서 물질의 큰 부분들이 원 태양으로부터 멀리 이탈한 지점에서 한데 엉키게 돼었다. 이 덩어리가 계속해서 회전함에 따라서, 이것들의 중력장(重力場)이 더 작은 행성들과 운석들을 끌어당기게 되었고, 이렇게 하여 이것들이 더 커다란 행성들을 형성하였다. 이러한 과정은 오늘의 우리가 알고 있는 것과 같은 행성들이 꼴을 갖추기 시작하기에 이르기까지 계속되었다. 여기서 수소와 헬륨으로 이루어진 밀도 높은 대기로 둘러싸여 있는 물질의 견고한 중심이 그 기본 구조를 이루고 있었다. 그리고 중력에 의한 압력이 태양 내에서 열핵 반응을 일으키게 되면서, 강렬한 복사가 지구 최초의 대기에 있던 수소와 헬륨의 대부분을 휩쓸어가 버렸다.

지 구

이미 앞서 언급했듯이 지구는 우주의 정원 행성이다. 우리가 알고 있는 한 지구는 생명체를 지탱시킬 수 있는 — 그것도 비상하게 풍부하고 윤택하고 다양하게 말이다 — 유일한 행성이다. 이것은 단지 그 자체의 자원들만으로 생명체를 지탱시켜 주지 않는다. 지구는 태양으로부터 자로 잰 듯이 적절한 거리에 떨어져서 꼴을 이루고 있다. 즉, 지구는 태양의 열과 에너지가 생명에 좋은 조건들을 만들어 내기에 족할 만큼은 가깝고, 수성이나 금성의 경우에서 발생했던 것처럼 모든 것을 압살할 정도로 가깝지는 않은 그런 거리에 위치해 있는 것이다.

과학자들은 지구가 약 46억년쯤 전에 존재하기 시작했다고 추정한다. 이것은 원래 차가웠다. 한데 지구의 내부가 중력의 압력에 의해 뜨거워지기 시작하였다. 그렇지만 이 압력은 별들에서 나타나는 것과 같이 핵 중심을 밝힐 만큼 크지는 않았다. 오히려 이렇게 해서 증가된 온도와 압력은 용해된 니켈과 철의 원자핵의 형성을 야기시켰다. 이런 식으로 해서 이 행성은 그 초기 진화 과정 동안에 다층으로 구성된 꼴을 취하기 시작하였다. 중금속들은 중앙으로 가라앉고 경금속들은 상부로 솟아올랐다. 이 최상부층, 즉 지구의 표면은 맨틀 위에 깔려 있는 경금속들과 함께 비교적 얇은 암석층으로 형성되어 있다. 오늘 이 시대의 많은 지질학자들은 이 지각이 다수의 플레이트로 구성되어 있는데, 이것들은 이동하면서 서로 부딪기도 하며, 그 가운데 남아메리카의 안데스 산맥이나 히말라야와 같은 산들을 돌출시킨다고 확신하고 있다. 지각의 밑에는 맨틀이 있다. 이것은 지구 중심부를 향하여 약 20 내지 30킬로미터에서 2,000킬로미터까지 자리잡고 있으면서, 지구 부피의 거의 대부분을 차지한다. 맨틀 밑에는 지구의 핵이 있다.

지구는 지금 현재 가만히 있는 상태가 아니다. 그리고 이것은 확실히 젊은 행성이지도 않다. 전세계에 걸쳐 분포되어 있는 수많은 화산들이 가스와 마그마를 토해 놓으면서 수백만년이 넘도록 대기와 대양을 만들어 놓았다. 대양들이 안정 상태를 유지하고 있는 것은 행성 지구의 역사에 있어서 매우 중요한 의미를 갖는 획기적인 현상이었다. 왜냐하면 대양들이야말로 이 행성에 나타난 생명체의 탄생지요 초기의 요람이기 때문이다.

산소가 풍부한 대기의 출현 역시 더 고등한 생명체들에 있어서 결정적인 것이다. 원래의 대기는 주로 일산화탄소로 가득 차 있었다. 한데 이것이 지구 핵에서 발생한 열과 태양 열의 증가로 하여 타버리게 되었다. 이렇게 해서 지구가 냉각됨에 따라 새로운 대기가 형성되기 시작하였다. 화산들은 계속해서 수소와 탄소, 질소와 산소의 형태로 수증기와 가스를 방출하였다. 그리고 냉각되는 과정에서 수소는 산소와 결합하여 물을 형성하게 되었다.

살아 있는 물질을 구성하는 모든 화학적 원소들은 원시 대양들의 "수프"에 이미 있었다. 최초의 유기 분자를 산출해 내기까지 불활성 혼합물이 어떤 화학적 반응들을 겪었는지는 아직 분명하지가 않다. 이 과정은 아마도 우주의 복사 작용에서 야기된 상당한 전기 에너지와 관련이 있었을 것이다. 일단 살아 있는 분자가 자체를 재생산할 수 있게 되자 지구상에는 생명체가 존재할 수 있게 되었다. 대양에서 출현한 작은 바다 미생물들이 대기에 산소를 풀어 놓는 데 중요한 몫을 담당하였다. 한데 이것들은 재생산과 증식을 위해서 최초의 태양의 "수프"를 먹어치우기 시작하였고, 이로 해서 생물체는 그 발생 초기에 단번에 멸절되어 버릴 듯싶었다. 그러나 다시 한번 더 지구는 자체 내에 깊이 간직되어 있는 창조성들을 통해서 반응하였다.

그리하여, 태양 에너지를 사용함으로써 무생물적인 물질을 살아 있는 조직으로 변화시키고 대기 중의 산소 함유량을 조절하는 중요한 광합성 과정이 시작되었던 것이다. 이러한 초기의 식물들과 그 자손들은 광합성을 통하여 대기 중의 산소 구성비가 약 21%에서 유지되도록 해왔다. 우리 자신을 포함하여 모든 동물들은 비생명체를 화학적 에너지로 변환시킬 능력을 결했을 텐데, 만일 광합성 작용이 이루어지지 않았다면 모든 동물들은 생존할 수가 없었을 것이다. 이를테면 광합성은 후대에 대양에서 출현하여 지구 위를 걷거나 공중을 날아다닐 폐로 호흡하는 생물로 이어질 일련의 과정에 있어서 그 첫 단계에 해당하였던 것이다.

광합성은 또한 생명권의 유지에 있어서도 없어서는 안될 것이었다. 왜냐하면 바로 이것이 유기적 생물체로 하여금 무생물적인 물질을 변환시켜서 세포들을 재생산하도록 해주기 때문이다. 나무의 수많은 잎들이라든가 바다의 물고기, 들의 풀이라든가 인간의 뇌, 그 어떤 것에 있어서든지 일체의 세포들의 화학적 구조는 지극히 유사하다. 이러한 현상은 식물과 동물들이 그 엄청난 차이에도 불구하고 동일한 기원에서 유래하는 것이라는 점과 이것들이 서로 친밀하게 연관되어 있다는 것을 가리켜 준다. 모든 살아 있는 것들은 광범위하게 확장된 단일한 가족의 구성원인 것이다.

지구의 진화에 있어서의 몇 가지 핵심적인 계기(契機)들에 관한 이와 같은 간략한 개관을 통해서 우리는 많은 성찰 거리들을 얻게 되었다. 여기서 우리는 무엇보다도 먼저 생명체를 태어나게 하고 또 지탱시켜 줄 수 있었던 대기와 대양을 형성하는 것과 관련된 시간과 규모에 관하여 숙고해 보아야 할 것이다. 둘째로, 우리는 불과 몇 십 년 사이에 대기의 화학적 구성 요소를 바꿔놓고 수십억 톤의 오염 물질들과 폐기물을 대양으로 쏟아넣고 있는 우리의 이 산업화 과정에 관하여 숙고해 보지 않으면 안된다. 우리가 폐기물을 바다로 쏟아넣는 것에 대해서 과학자들은 점점 더 우려하기 시작하였다. 실제로 우리가 2장에서 보았던 것처럼, 쏘르 헤이어달의 지적 — 육지 위에 사는 생명체는 바다 속에 사는 생명체에 전적으로 의존해 있기 때문에, 바다가 죽었다는 것은 곧 행성이 죽었다는 것을 뜻한다고 말해도 무방하다는 — 은 우리로 하여금 우리가 지금 행하고 있는 것을 멈추고, 이 행성의 생명 유지 장치에 기여할 것이 무엇인가를 진지하게 성찰하도록 촉구하고 있다.

행성들과 태양, 지구의 형상과 생명의 탄생 과정에서 우리는 일련의 불가사의한 변환들을 겪었다. 원시 화구의 압축되고 극도로 뜨거우며 밀도가 높은 에너지로부터 시작하여, 이 모든 전개 과정들은 최초의 원자 형성으로부터 인간의 생명에서 그 절정에 달하는 이 행성에서의 생명 출현에 이르기까지 거의 무수한 일련의 단계들을 거쳐 나왔다. 이 우주 전체는 차의식을 부여받은 존재인 인간 안에서 그 자체를 반영해 주고 있고, 그 자신의 경이로운 여정을 경축하고 있다. 인간의 몸들을 구성하는 요소들만이 아니라 인간의 정신들 역시도 초신성의 제 폭발의 사그라들어가는 잔화(殘火) 속에서 그 꼴을 갖추었다. 사물들의 "내면성"은 우주의 총체적인 발전과 동일한 시·공간 속에서 형성되어 그 역사를 함께해 나오고 있는 것이다.

현재 우리 주변에서 볼 수 있는 우주의 출현과 생명체들의 탄생과 번성이 있기까지 여기에는 엄청난 시간 — 수십억년 — 이 소요되었다는 사실을 기억하는 것은 중요한 일이지 않을 수 없다. 인간들은 필경 자신들을 진화 과정의 정점으로 간주할 것이다. 그렇지만 우리는 우리가 비교적 최근에 기원한 존재들이라는 점을 결코 잊어서는 안된다. 인간과 닮은 형태를 한 가장 오래된 화석은 단지 약 500만 년 정도 전의 것이고, 오늘의 우리 자신의 종으로서의 "호모 사피엔스"(homo sapiens)는 그보다 훨씬 뒤에 존재하기 시작했던 것이다. 우리는 우리가 비교적 젊다는 것을 고려하여, 이 행성의 역동적인 생명 현상에 끼어들 때 신중에 신중을 기하지 않으면 안될 것이다. 이를테면 우리는 DDT와 같은 유독성 물질들을 지구 체계 내에 이끌어들이지 않도록 주의를 기울여야 한다. 지구 자체의 자연 발생적인 화학적 생성물들은 그와 같은 화합물들을 만들어 내지 않았는데, 여기에는 필경 지극히 합당한 이유가 있었을 것이다. 2장과 3장에서 이미 보았던 것처럼, 인간이 제조해 낸 많은 물질들이 현재 지구상의 거의 모든 자리에서 생명을 위험으로 몰아넣고 있다.

특히 산업혁명이 시작된 이래, 인간의 활동이 미친 영향을 파악하는 데는 우리가 이해할 수 있는 시간 척도를 통해서 지구의 이야기를 진술하는 것이 도움이 될 수 있을 것이다. 만일 우주의 전 역사를 단 일 년으로 압축시킨다고 할 경우, 인간 존재들은 365일째의 오전 11시에 나타났다고 할 수 있다. 그리고 생명권에 대해서 지극히 해로운 영향을 미치고 있는 산업혁명은 한 해의 마지막 2분의 1초 중에 발생했다고 할 수 있을 것이다.

또한 우리는 생명체가 변화하지 않는 지구상에서 진화한 것이 아니라는 점에 주목하고 있다. 생명체의 출현은 점점 더 복잡한 생물체들이 출현하는 길을 열어놓았다. 앞에서 이미 살펴보았듯이 수계(水界)와 산소가 풍부한 대기의 출현은 더 고등한 생물체들의 출현에 "필요불가결한 요건"(sine qua non)이었다. 생물계를 지탱시켜 주는 이러한 생명체들의 정교한 상호 작용에 대하여 주목할 때, 우리는 대기와 바다를 오염시키는 경향을 보이는 일체의 시도들을 중단하지 않을 수 없을 것이다. 많은 경우에 있어서 우리는 장기적인 효과들이 어떻게 나타날 수 있을 것인가에 대해 전혀 인식하지 못하고 있다. 시간이 경과하게 되면 그 변화들을 인지할 수 있게 될 테지만, 탄산 가스가 지구 대기에 미치는 "온실"효과의 예에서와 같이 그때는 이미 너무 늦어버려서 그러한 영향으로 인한 손상을 회복시키지 못할 수도 있다.

이와 같은 사실은 우리로 하여금 이 이야기에 있어서 우리가 흔히 잊어버리기 쉬운 또 다른 한 중요한 요소에 가닿게 한다. 우주에 관한 이야기를 이루는 일련의 변환 과정은 거꾸로 되돌릴 수 없는 성격을 띠고 있다. 우리는 출생을 통하여 스스로를 새롭게 이어가는 생명체들과 시기 내지 때의 계기(繼起)에 익숙해 있기 때문에, 진화 과정의 불가역전적인 성격에 관해서는 거의 숙고하지 않는다. 하지만 떼이야르가 「인간의 현상」에서 진술하고 있듯이, "한 번, 오직 한 번, 지구는 행성으로서 자체의 존재 과정 속에서 스스로를 생명으로 충만하게 할 수 있었다. 마찬가지로 한 번, 오직 한 번, 생명은 의식(reflection)의 문턱을 넘어가는 데에 성공하였다. 생명에 있어서와 마찬가지로 사고(思考)에 있어서도 역시 오로지 꼭 한 번의 시기만이 있어 왔다."[8]

우리는 진화 과정의 불가역전적인 성격과 관련하여 이것이 뜻하는 것이 무엇인지를 면밀히 살펴볼 필요가 있다. 현대의 산업 문화는 인간 공동체를 위한 확고한 생명의 길을 지속적으로 구축해 나가고 있지 않기 때문이다. 우리는 현재 점점 더 지구의 자원들을 대량으로 소비하고 있다. 동시에 우리는 수많은 종들의 식물과 등물들을 멸종시키고 수십만 종의 다른 생물체들의 생존을 위협하는 방식으로 살고 있다. 우리는 최소한 지구 위에서의 경우 행성 체계가 인간의 혼동에 의해 쉽게 상처받을 수 있다는 점을 깨닫지 않으면 안된다. 인간 공동체는 지금 즉시 인류의 행태가 지구상의 생명 공동체의 안녕에 얼마나 치명적인가를 인식해야만 한다. 인간 존재들은 식충이로서 처신하기보다는 지금 즉시 「가이아」의 심장이요 정신으로서 자신의 합당한 역할을 취해야 하고, 이로써 지구상의 모든 생명에 필요한 조건들을 최적화해 나가야 하는 것이다.

---

8. Pierre Teilhard de Chardin, *The Phenomenon of Man*, 30면.

「가이아」의 154와 155면에서는 지구상에서 펼쳐진 가장 중요한 생명 전개 과정에 있어서의 몇 가지 단계가 일별되고 있다. 그 화자는 최초의 미세한 화석들을 통하여 확인할 수 있는, 거의 35억 년 전에 나타난 생명의 불꽃에 관하여 묘사한다. 수백 수천만년에 걸쳐서 이 불꽃은 더 풍부한 생명이 천천히 창출되는 데 필요했던 조건들을 이루면서 지극히 불안정하게 사그러들어갔다. 산소가 풍부하게 많은 대기와 태양의 자외선으로부터 단순한 생명체들을 보호하는 오존층이 약 20억년경 전부터 시작하였다. 약 10억년의 기간 동안 생명은 생식을 통해서 재생산할 수 있는 능력과 스스로 양분을 취할 수 있는 능력을 발달시켜 나갔다. 이것은 생명의 불꽃에 강력한 자극이 되었다. 현재까지 남아 있는 화석들은 최초의 무척추동물들이 캄브리아기, 즉 약 5억 7,000만년 전에 출현하였음을 보여주고 있다.

약 2억 2,600만년 전인 이첩기 말과 약 6,500만년 전인 백악기 말에는 대멸절기가 나타났었다. 그럼에도 불구하고 생명의 불꽃은 재생산과 생존에 필요한 방책들을 더 낫게 발달시킴으로써 언제나 다시 도약하여 강력해졌고 다양화되었다. 이하에서 보게 되겠듯이 포유동물들은 만일 공룡들이 6,500만년 전에 멸종하지 않았더라면 결코 번성할 수 없었을 것이다.

생명체들이 뭍으로 움직여 올라왔을 때 이 이야기에 있어서의 한 주요한 이정표가 통과되었다. 이같은 일은 아마도 여러 강 어귀나 얕은 바다에서 일어났을 것이다. 이렇게 되면서 새로운 생명체들이 말라 죽지 않기 위해서는 새로운 생존 방법들을 익혀야 하였고, 또한 산소를 호흡할 능력을 갖추지 않으면 안되었다. 초기에 육지에서 서식하게 된 것들은 양서류와 이끼, 우산 이끼 등이었다. 후자의 것들이 후대에 약 3억 4,500만년경 전인 석탄기를 주름잡았던 겉씨식물 — 꽃이 없는 식물 — 들과 약 1억 3,000만년경 전인 백악기 동안에 번창했던 속씨식물 — 꽃이 피는 식물 — 들의 조상이었다.

　파충류, 특히 공룡들은 2억년에서 6,500만년경 전 사이에 지구를
주름잡았는데, 이것들은 약 6,500만년쯤에 너무도 갑작스럽게 지구
상에서 사라져 버렸다. 한데 지금까지도 어떤 이유들로 혜서 이런
돌발적인 현상이 일어났는지가 완전히 밝혀지지 않고 있다. 현재는
한 유성이 지구와 충돌하였기 때문이 아닐까 보고 있다. 아무튼 이
렇게 되면서 북반구에 있는 초목 대부분을 삼켜 버린 화산 폭발이
유발되었을 것이고, 그 결과로 나타난 지구 환경에 있어서의 핵겨울
양상이 몸집이 커다란 파충류의 소멸을 야기시켰을 것이다. 일단 공
룡들이 사라지게 되자, 포유류 생명체들이 번성하였다. 더운 피 동
물들은 재생산을 위한 새로운 방책들, 모체 내에서 생산, 양육시키
는 방법들을 발전시켰다. 더운 피 동물들은 자신들의 체온을 조절할
수 있는 능력을 갖고 있었기 때문에, 이로 인해서 지구상의 다른 기
후 지역들로 이동해 갈 수 있는 능력들을 증대시키게 되었다. 새로
운 생존 기법들이 영장류의 출현을 통하여 한층 더 발달하게 되는
것을 분명하게 볼 수 있다. 실체를 입체적으로 볼 수 있는 이것들의
시각(視覺)과 사물들을 붙잡을 수 있도록 잘 적응된 구조는 특히 숲
에서 살기에 적합하였다.

인간 존재들의 출현

"호모 사피엔스"가 어떻게 그리고 어디에서 출현했는가의 문제를 놓고 고생물학자들과 고고학자들 사이에서 숱한 논란이 전개되고 있다. 최근 수십년 동안에는 대부분의 연구가 동아프리카에서 행해져왔다. 인간 존재의 기원들을 밝혀 내고자 하는 노력들은 폭넓은 관심을 불러일으켰다. 최근의 발견 내용들은 거의 언제나 「타임」(*Time*)이나 「리더스 다이제스트」(*Reader's Digest*) 최신판에 실려 있다.

최근의 연구에서 발굴되고 있는 바에 따르면, 사람과에 속하는 존재의 출현은 400만년 전으로까지 거슬러올라간다. 여기에는 "오스트랄로피테쿠스"(australopithecus)와 "호모 에렉투스"(homo erectus) 그리고 "호모 사피엔스"(homo sapiens) 이렇게 세 유형이 있다. "오스트랄로피테쿠스"는 약 100만년 전까지 아프리카에서 살았다. 이들은 이마가 툭 불거져 나오고 턱이 돌출해 있음에도 불구하고 신체 구조에 있어서 현대의 인간들을 닮았다. 이들은 똑바로 서서 걸었고, 뇌의 용량이 증가되었을 뿐만 아니라 가공하지 않은 도구들을 사용하였다. "호모 에렉투스"는 지금은 멸종되었는데, "오스트랄로피테쿠스"와 동시대에 존재했던 것으로 생각된다. 이들의 뇌 용량은 더 컸고, 이들이 사용한 도구도 훨씬 더 진보한 것이었다. 그리고 이들은 사회적 조직으로 최초의 형태들을 발달시키기도 하였다. "호모 에렉투스"는 오랜 동안 같은 장소에서 살았는데, 이들의 후예가 "호모 사피엔스"이다. 이 후예들에 이르러서는 또다시 뇌의 용량이 더 확장되어 약 1,350cc에 달하게 되었다. "호모 사피엔스"로서 지금은 멸종된 두 종, 즉 "네안데르탈인"(Neanderthal)과 "크로마뇽인"(Cro-Magnon)은 세계 여러 지역의 발굴 현장에서 나타나고 있다. "네안데

르탈인"은 아프리카와 아시아 그리고 유럽의 지중해 지역에 걸쳐서 널리 퍼져 있었다. 이들은 동굴에서 살았고, 사냥꾼이자 상당히 능숙하게 도구를 만든 장인(匠人)이었다. "크로마뇽인" 화석은 유럽에서 발견되었는데, 이것은 약 3만년경 전까지 거슬러올라간다. 이들은 훨씬 더 발달된 기술과 다양한 예술 형태들 그리고 죽은 자들에 관한 종교적인 믿음을 소유하고 있었다. 우리를 "호모 사피엔스"의 시기로 이끌어가는 것이 바로 이것이다.

이어서 부족 시대가 도래했는데, 이때는 인간 공동체가 창조성을 꽃피운 시기였다. 인간 존재들은 세계 도처에 정착하였다. 참다운 발견의 시대는 흔히 지적되듯이 그리스도 기원 이후 15세기가 아니라 바로 이때였다. 언어와 사회, 정치, 윤리, 종교 체제들의 폭넓은 다양성 역시 인간 창조성의 이 청춘기 동안에 나타나게 되었다. 부족 시대의 사람들은 신화의 세계를 창조해 냈고, 오늘에 이르도록 여전히 우리의 세속적·종교적 생활을 이끌고 있는 인간 의식의 원형적 구조의 상당 부분을 형성하여, 이 면에서 상호 동일성을 띠게 되었다. 이때 형성된 것들 가운데는 위대한 영웅과 인간의 심혼 내에서는 물론 지구상의 어떤 구역을 관통하는 여행 상징 그리고 거룩한 장소 상징에 관한 신화들이 포함되어 있다. 영들의 세계에 관한 윤곽도 역시 이때 설정되었다. 이런 것들은 이 공동체가 자연계와 초자연계하고 관계를 형성해 나가는 데 있어서 이들에게 지침을 제공하는 것으로 작용하였다.

오늘 현재에 이르기까지도 여전히 우리가 사용하고 있는 기본적인 음식 자원들 가운데 거의 대부분이 부족 시대 중에 발견되었다. 오늘 우리 시대의 과학자들은 부족 시대의 사람들이 수천여 년에 걸쳐 진화시켜서 축적해 온 지혜가 엄청나게 방대하다는 사실을 파악하기 시작하고 있다. 부족 시대의 문화들은 오랜 기간 동안 지속되어 내려왔다. 이 문화의 주체들은 만일 자신들을 에두르고 있던 자연 세계와의 조화로운 관계를 발전시키지 못했다면 결코 살아남지 못했을 것이다. 우리는 우리의 무지로 해서 때때로 인간의 모험적 역경 가운데 부족 시대 단계를 어떤 한 원시적인 기간으로 간주하곤 한다. 그렇지만 인간이 인간으로 존재한다는 것이 뜻하는 바의 토대들과 그 특징적 요소들은 바로 이때 확립되었다고 말할 수 있을 것이다.

식물 재배와 동물들의 길들이기, 인구 밀도의 증가, 관개(灌漑) 기술이나 야금술(冶金術)과 도기의 발달과 같은 농업 기술의 도입과 더불어서 "대문명"들이 발생하였다. 제일 첫 문명은 약 5,500년 전에 메소포타미아에서 발생하였고, 그후에 인더스 강 기슭의 하랍파(Harappa)와 중국에서 문명이 발생하였다. 또한 중앙아메리카에서는 마야와 아즈텍 문명이 나타났다. 이와 같은 문명들을 발달시키는 데 있어서 종교는 중요한 몫을 담당하였다. 성지와 성전들 그리고 사제의 제 계급은 사회, 정치, 경제생활에서 역시 주목할 만한 역할을 수행하였다. 이러한 문명들은 또한 고전적인 대종교들, 이를테면 힌두교와 불교, 유대교와 그리스도교 그리고 이슬람교를 탄생시켰는데, 이번에는 이것들이 우리의 윤리적·종교적 의식을 아주 깊이 꼴지어 주었다. 오늘에 이르기까지도 여전히 우리의 행동들에 영향을 미치고 있는 윤리·도덕적 원리들의 상당 부분은 바로 이러한 문명기에 형성되었다.

글로 표현된 언어들은 훨씬 더 많고 광범위하게 퍼져 있던 문화들이 정치 지도자와 상업계의 지도자들에게 가해 온 조직 부문에서의 도전을 해결하는 데 도움이 되었다. 또한 글로 옮겨진 말은 한 사회로 하여금 자체 내에 간직된 신화와 이야기, 시와 의식(儀式)들을 기록으로 남길 수 있게 해주었고, 자체의 법을 공포할 수 있게 해주었다. 뿐만 아니라 각 사회는 문자화된 말을 통하여 천체의 운동들을 그려낼 수 있게 되었는데, 이것이 다시 역법(曆法)의 발달로 이어졌다. 이 역법의 발달과 정교화는 지구와 인간 관계들에 있어서 한 획기적인 일이지 않을 수 없다. 이것이야말로 각 개인들과 전체 사회들이 스스로를 더욱더 깊이 자연의 리듬 속에 통합시킬 수 있게 해주었던 것이다. 또한 이것은 인간에게 농경생활을 하는 공동체에게 일종의 선물이었던 자연 세계의 흐름을 통제할 수 있는 수단과 그것을 예측할 수 있는 능력을 부여해 주기도 하였다.

이 시기에 있어서의 또 다른 한 중요한 유산은 추상적인 사고를 발전시키는 데 주의가 기울여졌다고 하는 점이다. 이런 현상은 모든 문명들 속에서 확인해 볼 수 있다. 그리스 사상가들은 로고스(*Logos*) 사상 — 이것은 중국에서 나타났던 도(道) 사상에 상응한다 — 을 추구하였고, 인도의 많은 사색가들은 궁극적 실재, 혹은 브라만(*Brahman*)에 대한 추구에 몰두하였던 것이다.

끝으로, 우리는 대문명기에 세계 수준의 상거래의 발생과 그 규모의 점진적인 증가를 볼 수 있게 되고, 과학적인 연구의 초기 단계를 확인하게 된다. 역사상에 나타난 커다란 문명들의 상당수가 서로 고립된 상태에서 확장되어 나가는 방식으로 발달하였다. 그러다가 16세기부터 지구 구석구석까지 서구의 식민지 확장이 전개된 이후로 문명들은 서로 점점 더 많은 접촉을 갖게 되었다. 떼이야르는 세계 전체 차원에서 많은 전통들이 서로간에 접촉을 확대하게 해준 이러한 현상을 "지구화"(planetization)라고 일컫고 있다. 이는 우리가 속한 문화의 뿌리가 어디에 있든지간에 지구상의 거의 모든 인격체는 오늘 이 시대에 와서는 문명화된 전통들의 수렴에 의해 영향을 받고 있다는 것을 뜻한다. 여기에는 인간 공동체가 우리를 살찌우고, 미래에까지 생존케 하기 위해서는 이러한 전통들 각각의 지혜와 지식을 필요로 한다는 인식이 내포되어 있다.

산업화된 시기는 150년이라고 하는 짧은 기간 동안 — 이 시기의 토대는 베이컨과 데카르트 그리고 뉴튼의 활동을 통해서 마련되었는데 — 수많은 단계들을 통과해 나왔다. 이 시기는 석탄과 증기로 시작되었다. 이어서 토마스 에디슨(Thomas Edison)이 전기의 사용과 관련하여 발명해 낸 것들과, 19세기 후반에 나타난 석유의 발견과 그 사용으로 인하여 산업화 시대에 있어서 전기와 석유 화학 사업이 주도하는 단계로 넘어가게 되었다. 그리고 1945년 8월 6일, 히로시마에 최초의 원자폭탄이 투하됨으로써, 글자 그대로 꽝(bang) 하는 폭음과 더불어 핵 시대가 개시되었다. 오늘 이 시대의 인류 대부분은 핵으로 인한 대학살로 인해서 송두리째 재가 되어버리지나 않을까 하는, 혹은 핵폐기물에서 유출된 발암물질에 접촉되지나 않을까 하는 불안 속에 살고 있다. 이 시대가 제공하는 편리한 물건들과 혜택들이 많은 사람들에게 생활의 수고를 더는 데 기여해 왔다는 점은 그 누구도 부정할 수 없을 것이다. 그렇지만 그 혜택들은 엄청난 대가를 지불하고서 얻어지는 것이다. 실제로 산업화 시대는 이 행성 지구의 화학적 구성 요소와 지질학적 특징 그리고 생태학적 상황을 뒤바꿔 놓았고, 우주 이야기에 있어서 모든 선행 단계에 불가역전적인 방식으로 영향을 끼쳤다.

가이아(GAIA)의 시대

인간 공동체는 이 지구에서 발생하고 있는 사태에 대해서 점진적으로 자각하기 시작하여, 덜 착취적인 방식으로 지구를 대하기 시작하였다. 스코트 카펜터(Scott Carpenter)가 우주 공간에서 지구를 찍어 놓은 사진들은 지구에 대한 우리의 이해와 경외에 있어서 그 한 훌륭한 전환점이 되어 줄 수 있을 것이다. 우리는 이 지구가 바다와 대기와 하늘, 햇빛과 살아 있는 생물체들이 단일한 기능을 띤 행성 체계 속에서 지극히 일체화되어 있고 상호 관련되어 있다는 것을 깨닫게 된다. 이에 루이스 토마스(Lewis Thomas)와 같은 과학자의 경우, 이 생명권에 대한 가장 적절한 비유는 이것이 단일한 살아 있는 세포라고 말할 수 있었던 것이다.

지난 15년 동안 많은 개개인들과 단체들이 새로운 이야기의 메시지를 진지하게 받아들이기 시작하였다. 1962년에 출판된 레이첼 카슨의 책 「침묵의 봄」[9]은 농업에서 사용되는 화학 제품들의 오염 효과에 관하여 경각심을 일깨워 주었다. 그후 다른 많은 연구들이 잇따라 시도되었고, 이런 연구들은 이 세계의 생태계에 대하여 사람들의 의식을 재고시켰다. 지금은 많은 사려깊은 사람들이 인간 존재들은 이제 사물의 참된 가치를 이해하기도 전에 그것들을 파괴하는 안정되지 못한 미성년자들처럼 처신할 것이 아니라 살아 있는 세포 내에서 창조적인 요소로서 기능하지 않으면 안된다고 확신하고 있다. 우리가 현재 보이고 있는 착취적인 방식들을 포기하고 생태학적으로 지구와 더 조화로운 관계를 형성하는 쪽으로 나아가는 것이야말로

---

9. Rachel Carson, *Silent Spring*, Fawcett Crest, New York 1962.

이 행성 지구의 안녕에 필수불가결하게 요청되는 일이다. 만일 우리가 효과적이고도 포괄적인 방식으로 이와 같은 시도를 행하지 않는다면, 지구 공동체는 불과 몇 십년 안에 끔찍스런 곤궁에 처하게 될 것이다. 에티오피아와 수단 그리고 북아프리카의 다른 여러 나라들에서 지금 현재 벌어지고 있는 사태가 10억여 명의 사람들에게 비일비재하게 벌어지게 될 것이고, 지구 공동체의 무수한 생명체들이 단숨에 멸종되고 말 것이다.

이쯤에서 일단 멈추고, 우주 이야기를 이끌어갈 수 있을 듯싶은 몇 가지 원리들을 식별해 내기 위한 시도를 하는 것이 좋을 것 같다. 만일 그와 같은 원리들이 명백히 존재한다고 한다면, 또한 그것들이 맨 처음부터 우주에 관한 이야기의 각 단계에서 줄곧 작용해 왔다고 한다면, 이 이야기 속에서 한 역을 맡고 있는 인간들은 자신들의 일체의 행위 내지 활동 속에서 현명하게 이 원리들을 존중하지 않으면 안될 것이다.

우리는 지금까지 최초의 동일한 "질료"로부터 시작하여 별들의 중심에서 발생한 변환 과정들을 거쳐서 생명에 맞갖은 한 행성으로서의 지구가 형성되기에 이르기까지 우주 이야기의 여러 단계들을 살펴보았다. 그 과정에서 우리는 서로 다른 많은 생물들을 생산해 내려는 충동이 새롭게 나타나는 이야기의 제1의 충동으로 드러나고 있다는 사실에 깊은 인상을 받은 바 있다. 우리는 이를 아직 분화되지 않은 "질료"의 최초의 변환 작용들에서 확인해 볼 수 있다. 이는 초신성들의 심장부에서 발생한 변환 작용들 속에서 명확하게 드러난다. 또한 우리는 광물들과 암석 형성물들의 서로 다른 결정(結晶) 구조들, 그리고 무생물과 생물체들이 깜짝 놀라리만큼 어마어마한 다양성을 띠고 있는 지구의 내부에서 그와 같은 현상을 확인할 수 있다. 뿐만이 아니라 우리는 한 건강한 생태계의 다양성과 공생(共生) 관계, 그리고 그러한 생태계의 적응성에서도 이를 확인해 볼 수가 있다. 이는 인간 삶의 스펙트럼 속에 나타나는 문화들과 정착 양식들, 사회, 경제, 정치, 종교 체제들의 폭넓은 다양성에 그 즉적을 남겨놓고 있다. 만일 다양화되고자 하는 이 충동이 가능한 모든 방향에서 분출되지 않았다고 한다면 이 이야기는 아마도 그 충동 자체의 무게로 하여 활기를 잃고 침체된 채 뒷걸음질치고 말았을 것이다.

　인간의 활동이 이와 같은 다양성을 존중했다면, 이것이야말로 사리에 맞는 일이었을 것이다. 하지만 불행하게도 우리가 이미 앞에서 본 것처럼, 최근의 과학 기술에 바탕한 부품 조립식 생산 체계와 대량 생산 과정들은 결코 다양성을 가치롭게 여기지 않는다. 표준화와 부품들의 상호 교환 가능성, 능률 그리고 생산성이 더 높기 평가될 따름이다. 다양성을 촉진하기보다는 오히려 표준화 내지 규격화를 시도하려는 충동은 열대의 밀림과 같이 천연적으로 다양하고 강한 생태계가 파괴된 채 단일 작물을 재배하는 대단위 농업 지대로 대체될 경우 특히 파괴적이고 비극적인 결과를 낳는다. 이런 형태의 산업화된 농업의 기생충적인 성격은 스텐필코(Stanfilco)와 델몬트(Del Monte) 그리고 유나이티드 프루트(United Fruit)와 같은 다국적 (농업 관련) 기업들이 대규모 과일 생산지를 운영하고 있는 민다나오에서 아주 분명하게 드러난다. 단기적으로는 화학 약품들과 화학 비료의 양을 증가시켜서 사용할 경우에 재배가 효과적일 수 있다. 그렇지만 장기적으로 볼 때는 당연히 이런 영농법은 미래가 없다. 화학 약품들과 화학 비료들의 다량 사용과 이에 따른 대지의 산성화는 결국 토양을 황폐케 하고 그 비옥한 생산력을 파괴할 것이기 때문이다.

　맥코이는 필리핀의 네그로스(Negros) 섬에서 40년 동안 사탕수수가 재배되면서 미친 파괴적인 영향을 그의 한 저서[10]에서 매우 잘 요약해 놓았다. 그는 다음과 같이 지적한다: "이 지역은 이 지역 자체

---

10. Alfred McCoy, *Priests on Trial*, 1984.

를 먹이고 입힐 수 있었던 통합된 산업 생존 경제로부터 다수의 빈곤과 계절적인 기아로 특징지어지는 단일 작물인 사탕수수 생산에 의존하는 상태로 전환되면서 어김없는 경제적 후퇴를 겪어 왔다."

내가 이 장을 쓰고 있는 지금 지방 신문들은 네그로스의 빈곤과 대규모의 기아에 관한 기사들로 가득 채워져 있다. 어떤 사람들은 만일 사탕수수 값이 올라가면 이 지역민들의 형편이 다시 호전되리라고 생각한다. 하지만 지난 40년간의 이야기는 그렇지 않음을 드러내 주고 있다. 또한 이 이야기는 지구의 지혜, 즉 경제를 포함한 모든 수준에서의 다양성이 활력과 생명을 지속시키는 데 있어서 필수 불가결한 요소라고 하는 사실을 입증해 주고 있다.

"존재하는 것들의 내면성"의 계시

우리는 이 이야기가 진전되어 감에 따라, 점증하는 다양성과 짝을 이루는 것으로서 지속적으로 확장되어 나온 의식과 더 증가되는 내면성 — 떼이야르에 따르면 이것은 저 다양성과 밀접하게 연결되어 있다 — 을 발견하게 된다. 각 실재는 그 자체의 인지 가능성 내지 내면성을 띠고 있다. 모든 실재는 그 자체 내에 생명의 궁극적인 신비를 독특하게 명확히 드러내어 줄 수 있는 능력을 갖고 있다. 이런 식으로 이해할 때, 수소 원자로부터 시작하여 이 이야기에 등장하는 각 실재는 그것이 인간 존재들에게 유용한가의 여부를 떠나서 그 자체 나름의 유일무이하게 독특한 가치를 갖고 있고, 따라서 그 각각의 실재는 그 실재로서 존중되지 않으면 안될 것이다. 인간 존재들이 수소 원자보다 한층 더 완전한 방식으로 신비의 현존을 현시해 주고 있다는 것은 두말할 나위가 없다. 그럼에도 불구하고 맨 처음부터 이중의 차원이 드러나 있다. 떼이야르가 일컫듯이 우주 혹은 우주 생성 내지 발생 이야기는 이중의 추진력을, 다시 말해서 점증되는 "복잡화"(complexification)와 확장되는 의식을 내포한다. 우리는 지금 이 이야기에 있어서 본원적이면서도 친숙한 주제로 되돌아와 있다. 즉, 단순히 물리적인 접근 방법은 근본적으로 결함을 안고 있는 것으로서 지극히 위험스러운 것이지 않을 수 없는데, 특히 이 것이 인간 활동의 토대가 될 때는 더욱 그러한 것이다.

우주는 사실상 인간 존재들이 그 총체적인 차원에서 관계를 맺어 나가는 법을 터득하지 않으면 안되는 지구 물리학적이고 영적·생명 체적인 한 실재이다. 생태학적인 바탕 위에 세워진 일체의 영성에 있어서 그 토대가 되어야 하는 모든 실재의 신비 차원은 상징들을 통해서 가장 잘 체험된다. 우리는 분석적인 능력들을 통해서 사물들을 해부하고 쪼개놓는 경향이 많다. 개념적인 세계가 흔히 실재들을 서로 갈라놓는 반면에, 상징들은 이것들을 연결지어 놓는다. 상징을 통해 표현되는 여러 사물의 의미들은 서로를 비추어 주고, 반향시켜 준다. 그러는 가운데 서로의 의미를 상호간에 강화해 주고, 사물들의 의미에 대한 우리의 통찰을 깊여 준다. 자연의 상징들 예컨대 물과 땅, 불, 바람 그리고 생명체들에 대한 새로워진 체험은 기계론적으로 정향된 우리의 이 세계가 보이는 지나친 분석과 합리화와 단편화에 대한 아주 좋은 해독제로 작용할 수 있을 것이다. 우리는 상징들을 통해서 인간과 지구의 상호 관련성을 강조하는, 총체적이고 창조적인 방식으로 이 지구를 체험하게 된다. 이러한 방식을 통해서 우리는 인위적으로 축조된 우리의 이 세계가 우리와 자연 세계 사이에 설치해 놓은 장벽들을 뛰어넘을 수 있게 된다. 인간 존재들은 이와 같은 사유의 흐름을 따르는 가운데 우주의 온 과정과의 관계에 있어서 성숙한 모습에 이를 것이다. 우리 인간은 우주의 의식적 차원의 화신이다. 그렇기 때문에 우리의 일차적인 소명은 이 장대한 창조계의 아름다움과 경이로움을 인식하고 경축하는 바로 그것이다.

하지만 떼이야르에 따르면, 다양성과 "내면성"이 우주 이야기에 있어서 그 궁극적인 면모를 드러내 주는 말들인 것은 아니다. 이 이야기에는 포괄적인 상호 의존성과 이 이야기에 나타나는 모든 실재와 일체의 국면을 한데 결속시켜 주는 친교(communion)가 있다. 중력의 법칙은 우주에 존재하는 모든 입자를 다른 일체의 입자와 끊어질 수 없는 끈으로 묶어놓고 있다. 이와 같은 결합 관계는 무생물체로부터 살아 있는 존재들로 넘어갈 때 그 복잡성이 더욱 증가된다. 살아 있는 것들의 생물학적이고 유전적인 통일성을 지배하는 법칙들은 다윈과 멘델, 두 사람의 연구를 통해서 밝혀졌다. 떼이야르가 강조하고 있듯이, 존재를 이어가는 생명체의 이러한 친화성(親和性)은 모든 생명체가 갖는 고유한 속성이다. 만일 단순한 분자들을 결합시키려는 압력이 존재하지 않는다면, "사랑이 인간화된 형태로 우리와 더불어 더 숭고하게 드러날 수가 없었을 것이다." 사랑은 이와 같은 친교의 가장 숭고한 표현이다. 이것은 자연 세계와 동료 인간 존재들 그리고 궁극적으로는 하느님을 포용한다. 사랑의 변환 능력은 이제 인간의 의식이 오메가 점(Omega point)에서의 새로운 일치·결합 단계에 도달하고 그 새로운 단계를 성취하도록 밀어주고 있다. 모든 실재를 서로 결속시켜 주는 친교와 사랑은 우리에게 살아 있는 생명체들이 실제로 하나의 거대한 가족의 성원들이고, 따라서 우리 모두가 매우 실질적인 방식으로 형제요, 자매요, 사촌간이라는 사실을 일깨워 주고 있는 것이다.

떼이야르의 시각에서 드러난 위에서와 같은 틀은 우리가 21세기로 넘어가면서 창조계에 관한 우주적 이야기를 구성하는 데 있어서 그 발판이 되어 줄 수 있을 것이다. 이 이야기는, 최소한 그 물리적 차원의 진술에 있어서의 경우, 현재 현대 과학이 가르쳐지고 있는 모든 곳 ─ 아프리카와 인도, 중국, 소련, 오세아니아와 남북 아메리카 ─ 에서 입에 올려지고 있다. 이 이야기의 요소들이 지금도 계속해서 확장되고 있기 때문에, 이것은 그렇게 멀지 않은 장래에 지구 전 공동체에 있어서 어떤 한 일체화시키는 힘으로 작용할 수 있을 것이다. 사람들의 상상력을 포착하기 위해서는 이 이야기가 과학적 언어의 추상적인 형태로 진술되도록 해서는 안될 것이다. 오히려 이것은 그 아름다움과 장대함이 오늘의 우리를 움켜쥐고 있는 생명을 파괴하는 이야기로부터 벗어날 수 있게 해줄 그와 같은 방식으로 노래로 표현되고 묘사되어서 예찬될 수 있어야 하는 것이다.

이것이 우주적인 이야기임에는 분명하다. 하지만 여기에는 현대의 과학 기술이 갖고 있는 획일적으로 평준화하는 특성은 전혀 내포되어 있지 않다. 이 이야기는 이 지구의 다른 지역들과 다른 문화들 속에서 각기 서로 다른 맛을 지니게 될 것이다. 이것을 사막에서 입에 올리는 사람들은 열대우림 지역의 무성한 밀림 한복판에서 그렇게 하는 사람들과는 전혀 다른 설화를 갖게 될 것이다. 이 이야기는 각각의 개별적인 환경 속에서 지구의 출현과 지구의 저 풍요로운 특수 생명권, 그리고 땅에 의해 꼴지어졌음은 물론 그 땅을 꼴짓고 있는 사람들의 여러 유산들을 함께 경축할 것이다.

필리핀 ─ 환태평양 화산대로 에둘려 있고 끊임없이 지진으로 흔들리고 있는 곳에서 지구의 두 플레이트 사이의 접촉 지점에 위치한 열대 지역의 군도 ─ 이 존재하게 된 것에 관한 이야기는 모든 필리핀인들이 각별히 관심을 갖는 이야기이다. 이 삶 이야기에는 열대림과 맹그로브 늪과 산호초의 출현에 관한 내용이 담겨 있다. 필리핀 이야기의 인간 부분은 최초로 이 섬들에 왔고, 지금까지 루손과 민다나오 섬에서 찾아볼 수 있는 니그리토들과 더불어 시작되는데, 이것은 그 나름의 독특한 차원을 띠고 있다. 이들에 이어서 말레이족들이 물밀듯이 몰려들었다. 필리핀은 전략적으로 요충지에 위치해 있고, 이에 이 나라는 역사적으로 여러 주요 문명들의 합류 지점이 되어 왔다.

몇몇 학자들은 필리핀이 나자파힛 제국의 전성기 때 인도 세계의 영향하에 놓인 적이 있었다고 주장한다.[11] 중국의 상인들은 2,000년에 걸쳐서 필리핀을 왕래해 왔고, 중국계 영구 정착촌들은 스페인 사람들의 도착 이후 곧바로 세워졌다. 이슬람 또한 15세기 이래 필리핀의 이야기를 꼴짓는 데 영향을 미쳐 왔다. 그리스도교와 서구 문화가 스페인과 미국의 식민지 시대에 그렇게 영향을 미쳤던 것처

---

11. Eric Casiño, "Two Kingdoms", in *Filipino Heritage*, 1977, 4권, 738-41면, Lahing Pilipino Publishing Inc., Manila.

럼 말이다. 필리핀의 역사와 현재의 상황에 정통한 사람이면 누구나 다 알고 있듯이, 이 모든 영향력들의 관계가 언제나 조화롭지만은 않았다. 하지만 오히려 이 독특한 혼합 상태는 엄청난 창조적 가능성들을 열어 주었다. 우리가 지구를 단일한 한 공동체로 생각하기 시작하는 이 시점에서 필리핀의 교육은 반드시 이 이야기의 모든 측면을 진술하지 않으면 안될 것이다. 필리핀인들은 오로지 이 이야기를 알고 있음으로써만이 참으로 열대 밀림의 풍부성과 맹그로브 늪과 산호초 그리고 그들 자신의 것인 저 독특한 유산을 정확하게 파악할 수 있을 것이다. 이 이야기를 아는 것, 이것이 그들에게 자신들의 땅과 문화를 포용하고, 너무 늦기 전에 이것들을 구할 수 있는 무엇인가를 행할 수 있는 힘을 부여해 줄 것이다.

아일랜드 이야기에 역시 그 나름의 아름다움이 배어 있다. 아일랜드의 시인과 이야기꾼들은 수세기에 걸쳐서 고대 아일랜드에 관하여 이야기해 왔다. 이들은 이 섬을 떠받치고 있는 암석층이 형성된 것이 믿기지 않을 정도로 오랜 세월인 약 20억년 전까지 거슬러올라간다는 사실을 거의 알지 못한다. 이 바위들은 웩스포드(Wexford) 주에 있는 도니걸(Donegal)과 킬모어(Kilmore) 부두의 일부 지역에서 확인해 볼 수가 있다. 비유컨대 아일랜드 이야기라고 하는 비단에는 많은 실들이 얽히고 설켜 있다. 이 암석층이 형성되는 과정의 오랜 역사가 그 자체로 하나의 경이로운 이야기이다. 여기에는 비와 태양이 점진적으로 산을 깎아 내린 오랜 동안의 침묵의 순간들이 자리잡고 있다. 뿐만이 아니다. 여기에는 산들을 솟게 하고 특이한 모양으로 용암들을 분출시킨 — 우리는 이를 북부 앤트림 해안을 따라 돌아보면 한눈에 확인할 수 있다 — 긴장과 격렬한 지질 변동의 순간들 역시도 있었던 것이다.

이 섬에서의 생명의 역사는 바위 골격에 살을 붙여 나간다. 이 역사는 원시 이끼와 지의류(地衣類)로부터 시작하여 석탄기와 여러 차레의 빙하기에 걸쳐 존재했던 커다란 양치류들로 넘어간다. 클레어 (Clare) 주의 뷰렌(Burren) 지역은 이 독특한 생명 역사에 대한 살아 있는 증거이다. 우리는 이곳에서 북극과 고산 지대 그리고 지중해 지역에서 사는 각종의 식물들이 동시에 나란히 자라고 있는 것을 볼 수 있다. 아일랜드에 등장하는 인간들을 빼놓은 상태에서는 아직 이 이야기가 완성되지 않을 것이다. 이 지역을 찾아온 여러 민족들은 모두 다 이곳의 물리적인 지세와 아일랜드 문화의 형태에 그들의 흔 적을 남겨놓았다. 여기에는 위대함과 아름다움, 고양됨의 순간들이 아로새겨져 있다. 뿐만 아니라 고통과 좌절, 모순과 황폐의 순간들 도 간직되어 있다. 그러나 오늘의 아일랜드와 아일랜드 사람을 깊이 이해하는 데 있어서 이 이야기의 모든 측면이 하나같이 중요하다. 또한 이 이야기의 모든 측면들이야말로 몇 십년 이내에 아일랜드를 파산시키는 것이 아니라 이전에 존재했던 그 모든 것 위에서 확고하 게 이 나라를 일으켜 세우는 가운데, 오늘의 아일랜드 국민에게 열 려 있는 선택 가능성들을 분명하게 밝혀 주고 있는 것이다.

부족한 것은 두말할 나위도 없는 일이나마 이렇게 지극히 간략하 게 필리핀 역사와 아일랜드 역사를 살펴본 것은 오로지 이 이야기가 각 생명권에 자체의 뿌리를 내리뻗지 않으면 안될 것이라는 점을 입 증해 보이는 데 그 뜻이 있을 따름이다. 이것은 결코 특수한 기원 신 화들과 각 문화와 종교의 정체성(identity)을 내동댕이치지 않을 것이 다. 창세기의 두 창조 이야기도 유대인과 그리스도인들 모두에 있어 서 가장 중요한 가치들의 대다수를 형성하는 데 있어서 여전히 중요 한 역할을 수행할 것이다. 또한 많은 사람들은 이 이야기들을 통해 서 이 아름다운 세계를 창조하심에 있어서의 하느님의 사랑과, 이 사랑이 인간 존재들로부터 불러일으키지 않을 수 없었던 반응, 그리 고 인간의 행태 대부분을 지배해 온 규범들을 그대로 체험하게 될 것이다.

　그렇지만 이렇게 되자면 창세기 이야기들이 새로이 더 폭넓은 맥락에서 이해되어야 하리라는 것이 전제된다. 창세기에는 물리적인 세계가 정적으로 파악되어 있다. 여기에는 생명의 요람을 이루는 미시 체계와 거시 체계의 공동 진화가 진술되어 있지 않다. 우리는 이미 우주 이야기를 전개하는 과정에서 이에 관한 여러 예를 볼 수 있었다. 실제로 원시 대양들에서 최초의 미생물과 대기의 출현은 생명 진화에 있어서 그 이후의 단계들에 앞서 필요한 조건이었던 것이다.

　우주 이야기의 각 단계에는 이 이야기를 이끌어가는 많은 힘들간의 역동적인 상호 작용이 나타난다. 이 이야기는 정적이거나 불가변적인 것이 아니라 계속해서 새롭게 전개되는 과정 속에서 부단히 변환되고 있다. 창세기와 우주의 기원에 관한 다른 대부분의 전통적인 신화들에 있어서 별들과 태양, 달 그리고 지구 이 자체는 단일한 한 행위를 통하여 그 각각의 위치에 놓이게 된다. 여기에는 이것들을 끊임없이 새롭게 나타나는 것으로 보는 그와 같은 시각은 없다. 이것들은 언제나 인간 주체들이 개인적이거나 문화적인 목적을 성취하는 데 있어서 그 무대 내지 배경으로서 그 각각의 위치에 존재한다. 하지만 이제 이 이야기들은 끊임없이 새롭게 나타나는 우주의 맥락 속에 놓여져야 할 것으로서, 이 맥락 속에서는 모든 것이 생동적으로 다른 모든 것과 연관되어 있다. 특수한 문화와 종교의 신화들 — 인도의 베다와 트볼리인들의 「투드불룰」 — 은 이 우주 이야기의 맥락 속에서 새로운 의미를 얻게 될 것이다. 이 이야기의 지역판은 많은 문화와 민족들의 다양성과 각 민족의 유일무이하게 독특한 정체성 그리고 인간과 우주 공동체의 친교를 경축하는 것이 될 것이다.

　우주에 관한 이 새로운 이야기는 다른 역동적이고 중요한 신화와 같이 우리의 삶살이들에다가 더 깊은 의미를 부여해 주고, 이 이야기에 내포된 통찰들에 따라서 우리가 우리의 세계를 조직해 나가도록 투신할 수 있게끔 자극해 준다. 우리가 최근의 착취적인 세계를 포기하고 모두가 평등하고 충족될 수 있는 항속 가능한 세계를 구축하고자 할 때, 그때 이것은 우리를 이끌고 우리에게 용기를 북돋아 주고, 어려움을 극복할 수 있는 자양을 공급해 줄 수 있을 것이다. 이 이야기는 우리가 열대 밀림을 상실하는 것의 참된 의미를, 그 손실의 참 중요성을 파악할 수 있도록 도와 줄 것임에 틀림없다. 이 특수한 생태계에 존재하는 무수한 생명체들은 지구의 역사 가운데 약 3억년간을 암호화해서 간직하고 있다. 이 이야기는 한두 세대가 지나기 이전에 이 특수한 생활 터전을 제거하는 것은 그야말로 완전히 얼빠진 처사라고 갈파한다. 즉각적인 경제적 이득이 제아무리 매혹적으로 나타난다고 할지라도 말이다.

이것은 다양한 생명 체계들이 필요로 하는 것들과 상치되는 현대 문화의 숱한 측면들과 관련하여 심각하게 동요를 일으키는 물음들을 제시한다. 우리의 현대적인 과학 기술들의 대부분은 생명 구조를 계속해서 점점 더 약화시키고 있다. 핵과 관련된 과학 기술들은 이 면에서 아마도 가장 두드러진 것이리라고 생각한다. 원료를 채굴하는 때부터 시작하여 핵 생산 과정의 매 단계마다 방사능 유출의 위험이 도사리고 있다. 펜실베니아의 드리마일 섬과 우크라이나의 체르노빌에서 발생한 것과 같은 사고들은 우리에게 핵 관련 과학 기술이 얼마나 취약한가를, 그리고 이것을 가동시키는 인간 존재들이 실제로 잘못을 범할 수 있다는 것과 안전 요건들을 강화함에 있어서 감시 기구들이 얼마나 허술할 수 있는가를 일깨워 주고 있다. 원자력 발전소들을 가동시키기 위해서 많은 과학자들과 전문 기술인들을 양성해 온 미국과 소련에서 이러한 사고들이 발생했다고 할 때, 우리는 필리핀의 바타안(Bataan) 원자력 발전소와 같은 다수의 원자력 발전소들이 제3세계 국가들에서 가동되는 것을 보면서 정말이지 최악의 사태를 우려하지 않을 수가 없다. 더군다나 인간이 잘못을 범할 가능성 외에도 예컨대 바타안 원자력 발전소는 다섯 개의 화산 — 이

중에 네 개는 활화산인 것으로 추정된다 — 으로부터 160킬로미터에
도 못 미치는 거리에 위치해 있는 것이다.

　일단 핵이라고 하는 요정이 병에서 풀려 나오게 되면, 이것은 수
천년간 지구 공동체를 붙어다니면서 골치를 썩일 것이다. 핵폐기물
을 저장하고 처리하는 데 따르는 안전 대책이 전혀 마련되어 있지
않은 상태에서, 광범위하게 원자력을 개발하는 것은 무책임한 일로
보인다. 「작은 것이 아름답다」의 저자인 슈마허는 "핵폐기물의 처리
장으로는 지구상의 그 어느 한 곳도 안전하다고 할 수 없다"[12]고 주
장한다. 우리는 3장에서 오늘날 상당수의 핵폐기물이 대양들의 가장
깊은 곳에는 아무런 생명도 존재하지 않는다는 그릇된 가정하에 그
런 바다 속에 쌓이고 있다는 사실을 지적한 바 있었다. 하지만 최근
의 해저 탐험 결과 대양의 모든 곳에서 생명체들이 발견되었다. 일
단 방사성 물질이 생화학적 순환 과정에 용해되기만 하면, 이것은
그야말로 모든 것 — 물과 플랑크톤과 해조류와 물고기 — 을 방사
능으로 오염시키게 된다. 이것들을 먹고 사는 더 고등한 생명체들은
1,000배 내지 그 이상 방사능을 축적할 수용력을 갖고 있다.

　우리는 현재 고방사능 핵폐기물을 엄청나게 많이 쌓아가는 중이다.
현재 미국에 있는 원자력 발전소들은 2000년까지 2억 갤론의 폐기물
을 만들어 낼 것이다. 현재 같아서는 이 방사성 물질 대부분이 무해
한 수준까지 자연적으로 붕괴되는 데 약 800 내지 1,000년이 걸릴
것이다. 모든 핵 반응에 의해 산출되는 플루토늄 293의 반감기는 24
만년이다. 그러므로 이와 같은 과학 기술을 발달시킴으로써 우리는
우리를 뒤따를 모든 세대를 위험에 처하게 하고 있는 것이다.

　우리의 과학 기술에 이의를 제기하고 우리로 하여금 새로운 생활

---

12. E. F. Schumacher, 1973. *Small is Beautiful* (Perennial Library, Harper and
　　Row, New York) 136면, 김진욱 옮김, 범우사, 서울.

양식을 택하도록 힘을 북돋아 주는 것 역시 중요하다. 그렇지만 이 새로운 이야기가 즉시 수행하지 않으면 안될 핵심적인 과제는 우리가 인간적인 존재가 된다는 것이 뜻하는 바를 재규정하도록 돕는 일이다. 이 우주 이야기는 더 이상 우리가 특히 최근 몇 세기간에 자연 세계에 대한 우리의 착취를 조장해 왔던, 인간과 자연 세계간의 거의 건널 수 없는 간격을 벌여 놓도록 허용하지 않을 것이다. 우리가 즉각적으로 이를 실행에 옮기지 않는다면, 우리는 조만간에 우리를 지탱해 주고 있는 바로 그 세계를 파괴하고 말 것이다.

하지만 자연 세계에 대해서 인간이 오만하게 군림하는 태도는 매우 뿌리깊고 지극히 광범위하게 만연되어 있다. 이러한 변모를 보여 주는 한 훌륭한 예가 1984년 8월에 마닐라에 있는 아시아 사회 연구소(Asian Social Institute)에서 개최된 생태학과 사회정의에 관한 한 세미나에서 밝혀졌다. 이 세미나를 주최한 사람들은 참석자들에게 자신들의 삶에 미친 산업 공해의 영향에 관하여 소개해 달라며 라구나호에 설립되어 있는 수산업 협동조합에 대해 대표를 파견해 달라고 초청한 바 있었다. 라구나 드 베이(Laguna de Bay)는 이미 알려져 있는 바와 같이 필리핀에서 가장 크고 그리고 얼마 전까지만 해도 가장 풍부한 어장이었다. 이곳은 약 9만 헥타아르 넓이에, 연안 길이가 220킬로미터에 달한다. 어민들은 이 지역에 사는 노인들이 "말라 파라이소"(준-파라다이스)라고 일컬었던 한때 아름다웠던 이 호수가 앞뒤를 가리지 않고 자행된 파괴 행각으로 죽어 버린 것을 한도 끝도 없이 탄식하였다. 어민들은 이 "낙원"이 최근의 몇 십년 내에 어떻게 이처럼 모든 것을 잃고 말았는지를 상세하게 기술해 주었다. 그들에 의하면 가까운 산에서 행해지는 벌채가 이 호수의 수심을 현저하게 줄어들게 하였고, 호수 연안의 수많은 산업체들에서 방출되는 산업 폐수와 인근 주거 지역들에서 쏟아져 나오는 생활 하수가 물을 썩게 하여 황폐화시켰던 것이다. 이로 인해서 자연히 어민들의 어획량은 차츰 감소되었고, 결국 이들과 이들의 가족들은 점점 더 빈곤해지고 말았다. 이들은 자신들의 생활 터전이 파괴되었기 때문에 먹거나 입는 데 필요한 혹은 치료받는 데 필요한 돈을 벌지 못하고 있다고 불만을 토로하였다. 한데 이들이 마지막으로 호소한 것은 자신들의 호수를 오염시켜 놓은 그 지방의 공장들에서 이들이 일자리 하나 구할 수 없다는 점이었다.

나는 죽 들으면서, 생태학적 파괴로 인하여 자신들의 삶이 파탄되는 상황을 겪었던 어민들 자체가 돈에 의해 운영되는 경제 가치들을 받아들여 결국에는 그런 가치들이 이들의 몸에 배어 버렸다는 것이야말로 특히 비극적인 일이라고 느꼈다. 종국적으로 볼 때, 이들의 손실은 음식물이나 다른 상품들을 구입하는 데 필요한 돈을 만들어 내는 데 있어서 그들의 무력화에 그치지 않는다. 그들이 당한 손실은 그 훨씬 이상이었던 것이다. 실제로 이들은 단지 그 지역 상점에서 물건을 살 현금만이 아니라 그들이 먹거리를 얻는 그 일차적인 원천을 상실했다. 뿐만 아니라 그들은 일차적으로 좋은 영양분이 풍부한 먹거리와 건강한 환경으로부터 오는 자신들의 건강의 원천 역시 상실하였다. 이들이 가게에서 사는 가공된 음식물은 십중팔구 어느 모로 보나 그들의 천연 음식물만큼 영양분이 충분하지 못할 것임에 틀림없다. 그리고 이들이 노래와 시적 영감을 일깨우는 원천 자리를 상실하였기 때문에 이들의 정서생활 역시도 메말라 버리게 되었다. 앞으로는 마닐라를 지나 흘러가는 파시그(Pasig) 강에 떠내려가는 똥덩어리를 소재로 한 흥겨운 리듬의 노래를 부르는 사람은 결코 없을 것이다. 끝으로, 이들의 영적인 삶 또한 마찬가지로 위축되어 버렸다. 이곳 민다나오의 바닷가에 있는 여러 마을에 사는 어민들은 종종 내게, 자신들이 신적인 존재의 현존을 가장 친밀하게 체험하는 것은 자기네가 특히 별이 총총 빛나는 밤에 배에서 보내는 오랜 시간 동안이라고 말하고는 하였다.

어민들 문제의 해결책은 이들이 일자리와 주간 단위의 임금을 얻을 수 있는 공장들을 더 많이 짓는 데 있지 않다. 이들의 호수를 되살려 놓는 것, 이것이 그 해결 방안일 따름이다. 이것은 물과 수생식물들 그리고 호수에 사는 각종 물고기와 수생식물에 대하여 관심을 갖고 이들을 돌본다는 것을 뜻한다. 만일 이 생태계가 예전의 그것처럼 빼어난 모습으로 회복될 가능성이 있기만 하다면, 어민들의 근심은 상당히 줄어들 수 있을 것이다. 인간 존재들은 일반적으로 풍부한 환경 속에서는 그들 자신을 스스로 돌볼 줄 아는 능력을 갖고 있다. 달리 말하자면, 라구나호 어민들의 실질적이고도 지속적인 발전은 이 호수의 생명을 돌보는 것과 연관되어 있는 것이다.

이 이야기는 우리에게 인간 존재들을 다시 한번 자연 세계 속에서 자신들의 본연의 맥락을 찾아내지 않으면 안된다고 말해주고 있다. 이 이야기에서 단순히 인간과 관련된 부분에만 초점을 맞춘 채 우리는 인간 이외의 다른 창조계와는 아무런 유기적 연관성을 띠고 있지 않은 듯이 처신할 수도 있을 것이다. 그러나 이렇게 인간에게 초점을 맞추고서 여타의 창조계와 아무런 유기적 관계도 갖지 않는 듯이 처신하는 것은 200억년에 걸쳐 형성된 이 우주 이야기의 다른 더 큰 부분을 간과하는 것에 지나지 않는다. 최근 몇 세기 동안에 인간 존재들은 자연 세계 속에서 전혀 여유를 가져보지 못해 왔다. 우리의 과학 전통과 인간 중심적인 인본주의 전통 그리고 종교적인 전통들은 자연 세계에 대하여 심각하리만큼 강한 적대감을 보여주었고, 우리는 자연의 일부가 아니라는 환상을 창조해 내고자 시도해 왔다.

이와 같은 과정은 산업화 시대가 시작된 이래 한층 더 강화되었다. 이 시대 이전까지만 해도 대다수의 인간 존재들은 그래도 지속적으로, 때로는 매일같이 이 지구와 접촉을 가졌다. 과거에는 어부건 농부건 유목민이건간에 하나같이 자신들이 자연에 의존해 있다는 것을 거부하기로 마음먹었다가는 생존할 수가 없었다. 한데 산업화

시대가 시작되면서 마침내 인간을 자연 세계에 묶어놓는 족쇄들이 끊어져 나갔고 인간이 해방되었다는 환상이 창조되었다. 우리는 이제 더 이상 우리가 직접 가꾸는 농장이나 밭에서 먹거리를 가져오지 않는다. 이제는 우리의 먹거리가 공장에서 만들어진 용기들에 담겨진 형태로 가까운 슈퍼마켓 진열대로부터 날라져 오는 것이다. 고속도로와 지하철 그리고 통신 매체들과 직장생활로 특징지어지는 현대의 도시생활은 우리를 자연으로부터 완벽하게 차단시켜 놓는 데 거의 성공하였다. 오늘, 지금 이 순간부터 우리는 즉시 이렇게 인간에 의해 쳐진 올가미에 걸리지 않고 오히려 의식적으로 이를 제거할 수 있도록 힘을 쏟아야 할 것이고, 그러는 가운데 지구 공동체 내에서의 우리의 올바른 위치를 재설정해 나가도록 해야 할 것이다.

마지막으로 한 가지 분명하게 지적하고 싶은 것은 인간을 자연 세계 내에 다시 끌어들인다는 것은 결코 인간의 의식을 왜소화시키거나 평가절하하는 것으로 나타나지 않는다는 사실이다. 오히려 그와는 반대로, 이미 우리가 떼이야르에게서 보았던 것처럼, 이는 우리를 매우 분명하게 모든 실재의 기원들에 가닿게 해주기 때문에 인간의 모험적인 역정에 새로운 폭과 깊이를 부여해 주는 것이다. 우리는 이를 통해서, 창조적인 방식으로, 즉 우리로 하여금 우주의 역사 과정 속에서 새로운 창조적 역할을 맡을 수 있도록 해줄 그와 같은 방식으로 우주 내에 있는 다른 모든 실체와 재연계될 수 있을 것이다. 우리가 인간으로서 받은 소명은 탈취하는 것도 노략질하는 것도 강탈하는 것도 아니다. 오히려 돌보고, 양육하고 축복하고 감사드리는 것, 이것이 바로 우리가 인간으로서 받은 소명이다. 이와 같은 소명 의식은 인간 존재들과 창조계의 다른 구성체들이 함께 성장하고 있고, 모두가 공동의 운명을 공유하고 있다는 데 대한 우리의 점증하는 자각으로부터 나타나기에 이른 것이다.

제 2 부

새로운 신학에의 부름

새로운 이야기에 입각한
창조신학

이 책의 제1부에서는 지구상의 모든 생명을 밑받쳐 주는 체계를 제공하는 자연 환경에 대한 급속한 오염이 우리 시대의 가장 심각한 문제임을 논증해 왔다. 나는 이 과정에서 필리핀과 아일랜드의 상황에 각별한 역점을 두면서 공기와 토양, 숲과 살아 있는 생명체와 물에 관한 최근의 연구에서 얻어진 자료들을 제시한 바 있다. 여기서 나는 줄기차게 대부분의 파괴 현상이 현대의 과학 기술을 원용한 생산 과정에서 비롯한다고 주장하였다. 산업화된 나라들에 사는 사람들이 과학 기술로부터 누려 온 혜택이 우리가 그것의 대가 전체, 특히 지구 공동체의 다른 구성원들에게 미치는 손실을 정확하게 사정(查定)하지 못하게끔 방해해 왔다. 나는 앞에서 이미 기계 시대의 기원과 발달의 역사를 간략하게 소개한 적이 있다. 그리고 5장에서는 인간과 지구 서로가 서로를 고양시키고 존속시킬 수 있는 그와 같은 방식으로 인간들이 지구와 관계를 형성하는 새로운 길을 찾아보고자 시도하였다.

인간을 지구 공동체 안에 다시 이끌어들이고 그 안에 자리잡게 하려는 노력은 그리스도교 신앙 내지 신학에 바탕해 있는 체험에 관한 어느 정도 체계적인 성찰에 가닿게 된다. 우리는 지금까지 내가 기술해 온 저 심각한 생태학적 황폐화가 지구의 미래를 위협하고 있고, 따라서 그리스도교 신앙을 포함하여 다른 모든 종교적 신앙 체계들의 경우 이와 관련하여 매우 심각한 문제에 직면해 있다고 하는 토마스 베리의 무뚝뚝한 진술에 관하여 언급하는 것으로 제2부에서 펼칠 우리의 논의를 시작할 수 있을 것이다. 이 도전 — 이것은 지구의 역사에서 가장 치명적인 도전인데 — 은 그리스도교 사상가들이 오늘의 과제에 부합하는 새로운 창조신학을 형성하는 데 자극제가 되어 줄 수 있었다. 한 가지 슬픈 사실은, 많은 논자들이 지적하는 것처럼, 지금 이 순간까지 가톨릭 교회는 생태학적 위기에 관하여 입을 다물어 왔다는 점이다. 여러 면에서 볼 때, 교회는 지금 어떤 일이 벌어지고 있는지를 의식하지 못하고 있거나, 아니면 지나치리만큼 다른 많은 문제들에 온통 정신을 빼앗기고 있는 듯이 보인다.

모든 존재들 — 교인들과 더 넓은 인간 공동체 그리고 생명이 있는 것들의 전 공동체 — 이 이러한 실패로 인하여 지구가 겪는 고통에 대해서 응분의 책임을 지게 될 것이다. 그렇지만 앞서 4장에서 추적해 본 과거의 "그리스도교적" 우주 생성론의 붕괴에 입각해 볼 때 이와 같은 실패는 어느 정도 이해할 수 없는 것도 아니다. 자연 세계에 대하여 관계를 맺어 나가는 데 필요한 준거(準據)가 무너져 버렸고, 이로 인해서 그리스도인들은 어찌할 바를 모르는 채 시대의 흐름 속에서 표류하는 처지에 놓이고 말았다. 가톨릭의 신학적·영성적 전통들은 이러한 붕괴로 인하여 오히려 창조의 신비를 놓고 전혀 실질적인 씨름을 벌이지 않았다. 신학자들은 전적으로 인간 역사에 초점을 맞추게 되었다. 그 과정에서 이미 우리가 살펴보았듯이, 이들은 자연 세계에 관한 성찰을 일체 다른 사람들에게 내맡겨 놓았다. 이렇게 되면서, 거의 전적으로 "타락"과 "구속"에 관한 아우구스티누스 계열의 신학적 전통에서 이끌어 낸 인간 역사에 관한 이들의 관점까지 일방적인 것이 되어버리고 말았다.

창조 중심의 신학으로부터의 일탈은 여기서 끝나지 않았다. 신경에 몸의 "부활"을 천명하는 신앙고백이 있음에도 불구하고 구원에 대한 이해는 자연의 세계를 거부한 채, 오히려 자연적인 세계"로부터" 사람들을, 그것도 너무도 흔히 단지 영혼만을 구속하는 것에 집중하는 경향을 보였다. 영적인 것에 대한 선호를 보이는, 실재에 대한 이와 같은 이원론적인 접근 방식하에서, 비록 부적절한 우주 생성론에 근거해 있었기는 하지만 어떻든 그때까지의 그리스도교 나름의 창조신학이 움츠러들기 시작해서, 결국에는 신학 입문서나 신학교 교육 프로그램에서 거의 자취를 감추기에까지 이르렀다. 이에 구약성서에 나오는 창세기와 제2 이사야, 시편과·지혜 문학에 담겨 있는 풍부한 창조 전승이 잊혀져 버리게 되었다. 또한 그 결과로, 현재 너머에 있는 세계 속에서의 인간의 구원에 대해 전적으로 집중되는 가운데, 바울로와 베네딕드, 프란치스코, 빙엔의 힐데가르트(Hildegarde of Bingen), 마이스터 에크하르트(Meister Eckhart) 그리고 토마스 아퀴나스의 총체적인 창조신학과 더불어 예수의 가르침에 내포된 창조 차원까지도 간과되고 말았던 것이다. 겨우 지난 30년 동안, 주로 떼이야르의 여러 저작이 그리스도교 세계에 가해온 자극에 힘입어서, 다시금 신학자들이 새로운 창조신학을 추구하고 또 발견해 내기 시작하였다. 이들은 현재 과학자들과 다른 종교 전통들 그리고 유대-그리스도교 신앙의 심층부(深層部)와의 창조적인 대화에서 영감을 이끌어 내고 있다.

하느님에 대한 태도

우리는 여기서 앞에서 살펴본 새로운 이야기가 우리의 하느님관에 어떤 영향을 미쳤는가를 물어나감으로써 창조신학에 관한 성찰을 시작해 볼 수 있을 것이다. 이 물음은 결정적인 물음이지 않을 수 없다. 지구에 대한 우리의 이해는 하느님에 대한 우리의 태도에 달려 있는 까닭이다. 우리가 우리 시대에 부합하는 하느님에 대한 이해를 모색하기 시작할 때, 우리는 당연히 우리가 내세우는 여러 전제들을 반드시 돌아볼 필요가 있다. 왜냐하면 이것들은 우리가 신적인 존재(the Divine)를 어떻게 보는가를 상당히 좌우할 것이기 때문이다. 베이컨이나 데카르트 그리고 뉴튼은 결코 반종교적인 인물들이 아니었다. 오히려 영적인 차원에 대해서 이들이 부적절하게 강조한 것이 기계 시대가 펼쳐질 무대를 마련해 주었던 것이다.

종교사가들과 비교 종교학자들은 시간과 공간 속에서의 인간 차원의 스펙트럼을 넘어가면 신적인 현존 체험에 대한 매우 다른 그리고 어떤 때는 서로 상충되기까지 하는 이해들이 존재한다고 진술한다. 많은 부족사회들에 있어서 신적인 존재는 보통 우주와 지구와 자연 현상들 속에 충만하게 퍼져 있는 영적인 현존으로 인식되어 있다. 신적인 존재가 특수한 방식으로 자연 현상들 — 나무와 바위, 강, 산 그리고 화산과 같은 것들 속에서 그 자체를 현시해 준다는 것이다.

알 수 없는 것(the numinous)의 세계에 대한 이와 같은 접근 태도는 동남아시아 전역에서 매우 흔히 찾아볼 수 있다. 예를 들어 필리핀에 있는 트볼리인들 사이에서는 강이나 나무, 혹은 산들이 각기 그것 자체의 고유한 영을 갖고 있는 것으로 간주된다. 종교 의식은 대개가 이 영들을 기쁘게 해주고 달래기 위해 거행된다. 이러한 의식을 거행하는 사람들은 선한 영들의 여러 축복을 끌어들이고 악한 영들로부터의 파괴를 격퇴하려는 의도를 갖고 있다. 이들에게서는 우주적인 현상들, 즉 일식이나 월식 또는 지진이나 태풍과 같은 파괴적인 자연 현상들이 어떤 도덕적인 의미를 부여받고 있다. 이런 현상들은 흔히 의미있는 어떤 중대한 방식으로 자연 세계를 뒤바꾸어 놓음으로써 영들의 지배에 대한 침해를 응징하는 벌로 간주되었다. 이에 나무를 베는 일이라든가 집을 짓는 것과 같은 매우 단순한 일을 할 때조차도 영적인 세계의 권한들을 인정하는 데 필요한 합당한 의식들이 요구될 정도이다.

알 수 없는 것의 세계에 대한 이러한 접근 방법은 그야말로 전체적이기도 하다. 여기서는 자연 세계로부터 인간을 갈라놓는 것이라고는 전혀 보이지 않는다. 자연은 결코 인간의 소비를 위하여 인간이 선택하는 그 어떤 방법에 의해서 조작될 수 있는 가공되지 않은 물질로 간주되지 않는다. 오히려 이것은 영의 현존으로 충만해 있고, 이에 그러한 현존으로서 존중되지 않으면 안된다. 앞으로 보게 되겠듯이, 우리가 자연 세계를 오용하지 못하도록 막아 줄 수 있을 여러 부족 종교들의 접근 방법으로부터 우리 그리스도인들이 배울 수 있는 것이 많이 있다. 부족 시대적인 의식을 갖고 있는 사람들은 확실히 그들 주변의 세계에 있어서 영의 현존에 대해 민감한 것이 사실이다.

대부분의 고전적인 대종교들은 이와 다른 쪽의 극단으로 치닫는다. 그리스도교의 철학적인 전통은 현상적 세계에서 일체의 영의 현존을 추려내어 초월적인 존재로 파악되는 신적인 존재, "신" 개념에 응축시켜 놓았다. 지속적으로 변화하는 현상적인 세계에 반하여 "신"은 이 세계의 부패를 뛰어넘은 정적이고 무시간적인 존재로 이해된다. 이 완전하고 불가변적인 "신"격(Divine person)은 이 지구 공동체의 기쁨과 고통과는 직접적으로 아무런 관련이 없다. 그는 지구 공동체 전체를 뛰어넘어 있고, 열정적으로 이것의 운명에 말려드는 존재이지도 않다.

이러한 접근 방법으로 인하여, 모든 실재를 연결짓는 줄을 구성하는 중요한 연결 고리들이 끊어져 버렸다. 그리고 기계 시대가 시작된 이래 하느님에 대한 우리의 이해 속으로 끼어든 기계론적인 가정 내지 전제들로 인하여 그 틈은 훨씬 더 벌어지고 말았다. 우리가 앞에서 살펴보았던 그 "우주"가 여기서는 완벽하게 기능하는 부품들로 꽉 채워진, 훌륭하게 구성된 한 시계로 간주되었다. 이러한 상황 속에서 하느님은 "우주"를 꼴지었고, 이 시계를 돌아가게 하였던, 그리고 어느 정도 이것이 스스로 알아서 하도록 내버려 둔 전능한 시계 제조자로서 이해되었다. 이 전 과정이 근본적으로 정적이기 때문에, 하느님은 이것에 대해서 별다른 관심을 갖고 있지 않은 것으로 간주된다. 한데 불행스럽게도, 바로 이러한 시각(視覺)이, 오늘 우리 시대의 그리스도교적 하느님관이 형성되는 데 작용하였던 원천들 중 하나이다. 하느님에 대한 이러한 관념은 지구에 대해서 특히 파괴적으로 작용한다. 하느님이 창조계에 발생하는 것에 대해서 관심을 기울이지 않는 존재로 생각된다고 할 때, 인간 존재들이 주제넘게 그에 대해 관심을 기울일 이유가 도대체 없을 것이기 때문이다.

그러나 이것 외에 하느님에 대한 우리의 이해를 구축하는 데 작용한 또 다른 원천이 있다. 물론 그것은 성서의 전통이다. 야훼, 이스라엘의 하느님은 당신의 백성과 당신의 창조계 모두에 대해 충실하셨다(창세 8,22; 9,9.10.13). 이 대목들에서 낮과 밤 그리고 계절적인 변화들의 계기(繼起) 현상이 지구 공동체에 대한 그분의 관여를 표현하는 징표들로 해석되고 있다. 그분의 관심은 단지 어떤 한 제1원인으로서 보이는 그런 것이기보다는 오히려 인격적이고 능동적인 것으로 나타난다. 시편 104,27에는 모든 창조물들이 "제 때에 저희에게 먹이를 주시는"* 하느님을 바라보고 있다고 묘사되어 있다.

이처럼 하느님에 대한 성서적 이해에는 자연 세계 내에 그분이 내재해 계시다는 것에 대한 감지가 내포되어 있는 것이 사실이다. 그렇지만, 그럼에도 불구하고 이것이 성서의 전통에 있어서 가장 중요한 관심사는 아니라는 죔은 있는 그대로 인정하지 않을 수 없는 상황이다. 부족 종교가 현상적인 세계와 영의 세계간의 계속성을 강조하는 데 비해서, 성서에 있어서의 경우 신과 인간을 자연 세계로부터 차별화해야만 할 커다란 필요가 있었던 듯이 보인다. 필리스 버드에 따르면[1] "하느님이 그분 자신의 모습에 따라 자신의 닮은꼴로 인류를 창조하셨다"는 창조의 첫 — 제관계 — 이야기에 나오는 제1의 진술은 하느님과 인간 존재들 모두가 자연 세계와 구분된다는 것을 말한다는 것이다. 이는 창조 행위가 하느님의 말로 나타난다는 사실과, 둘째 창조 이야기에 나오는 도공의 진흙과 같은 그 어떤 세상적인 매체를 통해서도 매개되지 않는다는 사실에 의해서 한층 더 강조되고 있다. 한걸음 더 나아가서, 사람들이 이 신의 태양과 달 그리고 특히 자연의 주기들과 같은 그러한 자연적인 현상들로부터 무한히 떨어져 있다는 것을 잊지 않도록 하기 위해서 신의 상을 제작하는 것이 일체 엄격하게 금지되어 있는 것이다(신명 4,15-40).

프레드릭 터너는 「지리학을 넘어서」[2]에서 환경적 요소들이 이와 같은 틈을 야기시킨 것이라고 주장한다. 중동의 메마르고 황량한 환경 속에서 이 지역에 일찍부터 정착해 살던 정착민과 유목민들은 모두 신과 인간을 자연 세계로부터 분리시킬 필요를 느꼈을 것이다. 이곳의 인간 존재들이 몇 안되는 산과 메마른 사막, 스텝 지역 그리고 협

---

* 이 번역은 고 선종완 신부가 시편을 옮겨 펴낸 「성영」, 한국 천주교 중앙협의회, 1959에서 따왔다 — 역주.

1. Phyllis Bird, 1983. *Images of Women in the Old Testament*, ed. Gottwald, Norman, 252-89면, Orbis Books, New York.

2. Frederick Turner, 1980. *Beyond Geography: The Western Spirit Against the Wilderness*, Viking Press, New York.

소한 평지에서 생존하기 위해서는 자연 세계를 지배하고 통제하고 길들이는 데 자신들의 피와 땀을 온통 쏟아붓지 않으면 안되었다. "비옥한 초승달 지대"와 같은 곳에서조차 수없이 많은 세대들이 늪 지대의 물을 빼고 관개 수로를 설계하고 구릉 지역을 층계화하는 일로 자연과 더불어 씨름을 벌여야만 했던 것이다. 자연 세계가 더 생산적일 수 있고, 당시 새롭게 나타나고 있던 문명을 밑받침해 줄 수 있게 하기 위해서 말이다. 열대 지방의 저 풍부하게 남아도는 천연 자원하고, 아니 유럽 온대 지역의 비옥한 자원하고만 비교하더라도 중동 지역은 그야말로 거칠고 다루기 힘든 땅, 너무도 결실을 내지 않는 땅이었다.

뿐만이 아니다. 이곳에서는 부단히 깨어 경계해야만 할 필요도 있었다. 만일 인간 존재들이 자연의 힘들에 맞서 계속해서 투쟁하지 않을 경우, 거의 예외없이 끔찍스런 사태가 벌어졌다. 정말이지 순식간에 그동안 인간이 그토록 고생스럽게 정복해 놓은 것을 집어삼켜서 황무지로 만들어 놓고 마는 것이다. 이처럼 지속적으로 카오스(혼돈)가 침투하지 못하도록 저지시켜야 할 필요성이 있었음을 드러내 주는 흔적들이 창세 1,3-8에 나오는 내용으로서, 빛을 어둠으로부터 그리고 밑의 물을 위의 물로부터 갈라놓는 시도에 그대로 담겨 있다. 오로지 관개 수로들을 건설하고 깨끗이 관리할 뿐만 아니라 과수를 심고 곡물 생산지와 목초지를 돌아가면서 조성하는 부단한 노고를 통해서만이 광야의 도래를, 황폐화를 막을 수 있을 뿐이었던 것이다. 이같은 사정은 창세 3,17-20에서 아담에게 내려진 다음과 같은 벌에 그대로 반영되어 있다:

> 네가 네 아내의 소리를 따라,
> 내가 너에게 따먹지 말라고 일러 명한 나무에서 네가 따먹었으니,
> 네 탓으로 땅은 저주를 받아,

네 한평생 줄곧

너는 큰 수고를 하여 거기서 먹을 것을 얻으리라.

땅이 네게는 가시덤블과 엉겅퀴를 차라나게 하리니,

너는 들풀을 먹게 되리라.

너는 네 이마에 땀을 흘려야 빵을 먹을 수 있을 것이요,

이렇게 하기를 네가 흙으로 돌아갈 때까지 하리라.*

여기에는 이 지구가 생명의 원천이라는 사실이 인정되어 있다. 그러나 이것은 거의, 아니 전혀 인간의 노력이 기울여지지 않아도 각 개인이나 사회에 대해서 풍족한 음식을 제공해 주는 열대 지역의 한 섬과 같은 온화하고 풍부한 땅이 아니었던 것이다. 이곳은 적대적인 세계로서, 인간이 지속적으로 쟁기질을 하여 땅을 갈아엎어야 하고 피땀어린 노고를 통해서만이 변모될 수 있을 따름인 그런 세계였다.

황폐화 현상을 막기 위해 필요했던 지속적인 경계를 가장 분명하게 확인해 볼 수 있는 것은 기원 전 2000~1000년경에 중동 지역에서 점차 성장하기 시작했던 도시들에서다. 성벽과 동산 내지 정원 그리고 경작지는 자연의 힘에 맞서 지속적으로 투쟁한 인간 존재들의 싸움을 드러내 주는 중요한 상징들이다. 두텁고 견고한 벽은 자연 재해와 적들의 공격으로부터 차단하여 주민들을 지켜 주었다. 이들은 그 성벽 안에서 안정감을 느끼고 외부의 힘을 제어할 수 있었다. 그러는 가운데 이들은 그 안에서 그들 나름의 세계를 꼴지어갈 수 있었던 것이다. 성벽 밖으로 나서면 즉시 거칠고 예측 불가능하고 위험스러운 광야가 시작되었다. 인간 존재들은 영웅적인 용기를 갖고 있다고 하더라도 누구나가 마찬가지로 결코 이 광야를 완전히

---

* 이 번역은 고 선종완 신부가 옮겨 펴낸 「창세기」, 한국 천주교 중앙 협의회, 1959, 1980에서 따왔다 — 역주.

길들일 수가 없었다. 이 지역의 사람들은 언제나 깨어 경계하지 않으면 안되었다. 자연은 결코 완전히 믿어둘 수 없는 그런 것이었기 때문이다.

공동 경작지 역시 이것이 또 다른 형태의 안전을 제공해 주었다는 점에서 도시에 대한 또 다른 한 중요한 상징이었다. 인간 존재들은 여분의 곡식을 생산하고 이를 저장해 놓음으로써 더 이상 자연의 변덕에 전전긍긍하지 않을 수 있게 되었다. 이들은 이제 미래를 내다보면서 계획하고 조직화할 수 있게 된 것이다.

끝으로, 인간 존재들은 동산 내지 정원이라고 일컬어지는 도시의 성벽 내에 가꾸어진 공간 속에서, 자연을 완전히 지배할 수가 있었다. 이들은 여기서 자연으로부터 즐거움을 얻을 수 있었다. 이들은 정원에서만큼은 자신들이 주인이요, 자연은 그것이 띠고 있는 무섭고, 두렵고, 예측 불가능한 측면을 상실하였다는 것을 충분히 알고 있는 것이다. 이제 앞으로 보게 되겠지만, 정원 표상은 성서의 창조관에 있어서 중요한 몫을 수행하고 있다.

인간적인 환경 역시 물리적인 환경 못지않게 신에 관한 성서적 이해를 꼴짓는 데 있어서 중요한 역할을 담당하였다. 하느님과 지구에 관한 성서 메시지의 형태는 이스라엘 내에서 가나안 사람들에 의해 행해졌던 풍산(豊産) 제의들에 맞서 형성되었다. 우리는 예언자들이 동족 이스라엘에 대해 그들이 산 위에 마련된 신당들을 찾아가는 것을 끊임없이 꾸짖던 일련의 사건들로부터, 그들이 유목생활 방식을 포기하고 그 지역에 정착하여 곡물을 심고 포도를 가꾸기 시작했을 때 이와 같은 풍산 제의들이 그들에게 얼마나 매혹적이었는가를 알 수 있을 것이다.

가나안 종교는 앞에서 살펴보았던 부족 종교들과 많은 공통점을 갖고 있었다. 여기서 숭배되는 신적 실재는 자연 세계의 리듬, 특히 풍산의 신비를 통하여 그 자체를 드러내 준다고 여겨졌다. 이 신적인 실재 자체 내에는 남성적 원리와 여성적 원리가 있었다. 남신들과 여신들의 짝짓기를 통한 이 두 원리들의 결합이 곡물과 가축과 인간 공동체의 풍산을 확고하게 보장해 준다고 믿어졌다. 풍산 제의들은 제의적 매음을 포함하여 가나안인들에 의해 수행되었다. 청원자와 성전의 매음녀들간의 제의적인 성교는 남신들과 여신들을 불러내어 같은 행위를 하도록 함으로써, 인간 공동체가 넘치는 추수를 거두는 축복을 체험하게 된다는 것이다. 궁극적으로 이 의식은 풍산 주기의 계속을 보장해 주고 우주적 질서를 재수립해 주는 것으로 이해되었다.

반면에 이스라엘은 신적인 힘의 경우 일차적으로 구체적인 역사적 사건들 속에서 계시된다고 브았다. 야훼는 일차적으로 이 세계를 창조한 창조자로서보다는 이스라엘을 이집트에서의 종살이로부터 해방시켜 주었고(출애 3), 이들을 하나의 백성이 되게 한(신명 4,32-38; 5,6) 하느님으로서 이해되었다. 창조자로서의 야훼에 대한 신앙은 훨씬 후대에까지도 나타나지 않았다. 이들에게 있어서 가장 중요한 출애굽 사건은 야훼와 이스라엘 백성을 깨어질 수 없는 유대로 결합시키고 이후의 지속적인 관계를 위한 토대를 형성한, 일회적인 동시에 항구한 효력을 띠는 계약을 통하여 최종적으로 공인되고 경축되었던 것이다.

이 계약의 요청들은 모든 이스라엘 사람들에게 향해진 것이었다. 다윗과 같은 유명한 왕조차도 계약의 요청들을 전혀 무시할 수가 없었다. 우리는 2사무 12,1-14에 나오는 다윗과 나단의 대면에서 이 점을 여실히 볼 수 있다. 이스라엘이 거행하는 핵심적인 축제와 제의들은 자연의 리듬들이 아니라 오히려 역사적인 사건들을 경축하였다. 과월절과 무교절은 원리는 자연의 흐름에 토대를 두고 있는 농경 문화적인 축제들이었다. 그런데 이와 같은 축제들이 출애굽 사건에 비추어 재해석되어서 당신의 백성을 위한 야훼의 개입을 역사적인 견지에서 기념하는 축제로 변모되었던 것이다. 이와 같은 종교 상황 속에서 제의는 신들을 감언이설로 꼬드기거나 조종하거나 달래기 위한 기술로 이해되지 않았다. 즉, 여기서의 경우 제의는 인간 역사 안에서의 하느님의 개입을 기억하고, 백성들로 하여금 정의로운 인간 공동체를 구축하도록 촉구하는 사건들로서 받아들여졌던 것이다.

하느님에 있어서의 남성과 여성

여성 인권운동 계열에 몸담고 있는 그리스도교 저자들은 현재, 하느님관에 영향을 미친 성서적 전통에 내포되어 있는 또 다른 중요한 유산에 대해서 우리에게 주의를 환기시키고 있다. 여기에는 생태학적인 차원에서 우리의 의식을 일깨우고 성장시키는 데 기여할 중요한 요소들이 간직되어 있다. 성서의 종교는 가나안의 의식에 나타나는 여성적인 요소에 대한 반발로 인하여 가부장적이고 계층 구조적인 경향을 보이고 있다. 성서에 있어서는 물론 후대의 그리스도교 저자들에 있어서 그 주류를 이루는 인물들은 모두, 흔히 여자들의 입장에서 억압적이고 소외를 초래한다고 보는 방식으로 하느님의 남성상을 강조하였다. 두 전통 모두 자신들의 전례와 신심 문학에서 하느님을 가리킬 때 남성 대명사를 사용하고 있다. 하느님의 남성적인 면은 하느님에게 통상적으로 부여된 남성적인 속성들에 의해서 한층 더 강조되었다. 야훼는 이스라엘의 편에서 싸우시고, 이스라엘 백성을 사막을 가로질러 새로운 땅으로, 그리고 자유에로 이끌어가신다는 것이다. 야훼는 왕이요, 목자요, 구원자요 재판관이자 아버지로 일컬어지고 있다.

지금 내가 여기서 진술하는 것에 관해서 어떤 오해도 있어서는 안 될 것이다. 내가 남성적인 성격 내지 특질이거나 여성적인 성격 내지 특질에 관하여 언급하는 의도는 이러한 특질들이 언제나 분명하게 어느 한 쪽의 것으로 선이 그어져 있다거나 이것들이 생물학적으로 그렇게 규정되어 있다고 말하려는 데 있지 않다는 점이다. 실제로 나는 각 인간의 인격에는 남성적인 차원과 여성적인 차원이 동시에 실재한다는 융(K. G. Jung)의 심리학의 통찰들을 전혀 간과하지 않고 있다. 내가 여기서 말하고자 하는 전부는, 각 문화들에 있어서, 이 경우에 고대 히브리 문화와 그리스 문화, 로마와 현대의 서구 문화들에 있어서 특정한 역할들과 서로 구분되는 행동 양식들이 통상적으로 성의 차이에 근거하여 남자들과 여자들에게 귀속되었다고 하는 점이다. 그 가운데 특별히 남성적인 것으로 구분되는 많은 역할들이 이들 문화 속에서 하느님에게 귀속되고 있는 것이다.

성서에 바탕해 있는 히브리 문화는 일반적으로 열등한 역할을 여자들에게 밀어붙임으로써 반(反)여성적인 편견을 한층 더 악화시키게 되었다. 이런 현상은 기원전 6세기 때의 유배 이후 특히 심해졌다. 정말이지 딱 두 가지 역할만이 여자들에게 개방되어 있을 뿐이었다 — 아내와 어머니. 이들은 그 어떤 정치적이거나 종교적인 직책도 맡지 못하도록 차단되었고, 이들의 아버지나 남편과의 관계를 떠나서는 법적으로 아무런 신분 보장도 받을 수가 없었다. 여자들의 억눌리고 누구 하나 돌아보려고조차 하지 않는 버림받은 처지가 신·구약 중간 시기에 행해졌던 한 아침 기도에 고스란히 드러나 있다. 이 기도에서 경건한 유대의 남성은 자기가 "이방인도, 여자도, 종도 아니라는 것"에 대해서 하느님한테 감사드리면서 그분을 찬양하였던 것이다.

한데 신약성서를 대충만 읽어보더라도 여자들에 대한 예수의 태도와 행동이 구약성서 시대 후기의 전통과 근본적으로 철저하게 상치되는 것을 볼 수 있다. 예수는 성적인 차별에 바탕해 있는 상당수의 금기(禁忌, taboo)들을 무너뜨렸다. 요한 4,7-42에 나타나는 사마리아 여자에 대한 그의 태도는 그러한 면을 보여주는 뚜렷한 한 예이다. 낯선 사마리아 여자에게 이야기를 건네는 것은 당시에 금기였고, 이에 제자들은 예수가 그 여자를 가르치시는 것을 보고는 충격을 받았을 정도이다(요한 4,27). 그러나 여자들의 행동거지가 속박되어 있었던 사회 속에서 무엇보다도 가장 놀라운 일은 예수가 그 여자로 하여금 그 여자가 속한 공동체에서 자신을 증언하도록 허용했다는 점이다(요한 4,39). 신약성서에 전해지는 다른 상황들에서의 경우 우리는 그가 자신의 사명을 수행하는 데 있어서 소위 의식적(儀式的)인 금기들에 의해 구애받지 않았다는 것을 확인해 볼 수 있다. 예컨대 그는 전혀 아무런 거리낌도 당황함도 없이 하혈하는 여자의 처지를 마음 써 주셨던 것이다(루가 8,43-48).

그리스도교 시대 가운데 훨씬 더 오랜 동안 교회의 주도적인 영적 전통이 예수의 이 창조적 본보기를 따르는 데 실패하였다는 사실은 여자들 자신에 있어서는 물론 교회와 더 넓은 이 지구 공동체에 있어서도 비극적인 일이다. 교회는 초기 교부 시대부터 예수의 복음보다는 자신이 삶을 영위했던 당대의 환경으로부터 자체의 삶의 지침을 이끌어 내는 가운데 여자들에 대한 구약성서 시대적인 태도 쪽으로 이탈하고 말았던 것이다. 교회의 역사에서 가장 큰 영향을 미쳤던 두 사상가 — 아우구스티누스 성인과 토마스 아퀴나스 성인 — 는 여자들은 남자들에 비해 열등하다는, 그래서 이들은 보호되지 않으면 안된다는 견해에 동조하였다.

하느님에 있어서의 이와 같은 성의 문제는 불가불 자연 세계에 대한 우리의 그리스도교적 입장과 관련되는 더 폭넓은 주제와 연결되어 있다. 여성 인권운동의 역사를 천착하는 사람들은 수십 세기에 걸쳐 여자들은 억압하고 남자들은 야만스럽게 만들어 온 저 언어와 정신 상태가 자연 세계를 지배하고 복종시키고 궁극적으로는 약탈하려는 남성의 노력과 공조 체제를 유지해 왔다는 점을 옳게 지적하고 있다. 많은 문화에 있어서 "남성"(macho)상은 여자들과 이 지구를 지배하기 위한 남성들의 갖가지 시도를 통하여 뚜렷이 확립되었다.

그러므로 하느님의 여성적 차원에 대해서 더 민감한 다른 조류들을 우리의 하느님 이야기 속에서 찾아보는 것은 참으로 중요한 일이지 않을 수 없다. 프랑스의 신학자인 이브 꽁가르는 「하느님의 여성적인 차원으로서의 성령」[3]이란 한 기고문에서 이러한 전통을 몇몇 예언자들과 특히 지혜 문학에서 찾아내고 있다.

하느님이 인간의 고통(passio)을 함께(com) 나누실 때의 아픈 마음, 즉 그분의 연민(compassion)은 우리에게 너무도 잘 알려진 많은 본문들 속에 아름답고도 따뜻하게 표현되어 있다. 호세아는 매우 감동적인 한 대목에서 이스라엘의 불충실에도 불구하고 이 민족에 대한 하느님의 한결같은 사랑을 묘사한다(호세 11,1-11). 이사야는 49,15에서 이렇게 묻는다: "여인이 자기의 젖먹이를 잊고 자기의 자궁에서 낳은 아들에게 연민을 갖지 않을 수 있겠느냐?"(「공동 번역」참조). 이 표현은 의문의 여지 없이 여성적이다. 이 점은 언어적으로도 입증된다. 히브리어로 연민에 해당하는 말인 *rāham*은 자궁을 뜻하는 *rehem*이라는 말의 복수 형태인 것이다.

꽁가르는 지혜 문학에서의 경우 하느님의 영이 여성으로 기술된다고 주장한다. 몇몇 본문들만 살펴보아도 우리는 이런 기미를 즉시 포착할 수 있을 것이다. 집회 14,22에는 지혜가 처녀같이 대해진다. 같은 책의 좀더 앞부분인 4,11-19에서는 그녀(지혜)가 돌보는 어머니요 선견지명이 있는 아내로 나타난다. 지혜 7,7-18에서의 경우 그녀(지혜)는 다른 일체의 좋은 것들보다도 높이 "모든 인류의 어머니로서"(지혜 7,12:「공동 번역」참조) 예찬되고 있다.

지혜는 창조력의 원천으로 이해된다. 이를테면 지혜 8,1에서는 지혜가 "모든 것을 질서짓는"(「공동 번역」참조) 실체로 파악되고 있는데, 이 대목의 저자는 이미 창세 1,2에서 나타나는 주제를 취해서 지혜를, 물 위를 빙빙 돌던 그리고 카오스(혼돈)로부터 우주와 모든 생명을 낳은 그 창조적인 "영"과 동일시하고 있는 것이다. 이와 유사

---

3. Yves Congar, "The Spirit as God's Femininity", *Theology Digest*, 1982년 여름, 129-32면.

한 배태(胚胎) 표상이 여수의 잉태를 전하는 루가의 기술에서 되살려지고 있다(루가 1,35). "영"에 있어서의 이와같이 어머니적인, 생명을 꼴짓는 역할이 다시금 두드러지게 드러나는 것은 공곤 복음서들이 전하는 세례 이야기에서이다(루가 3,22; 마르 1,10; 마태 3,16). 이때 그 "영"이 예수 위에 내려와 그분의 메시아 사명을 준비시키고 강화시켜 준다. 바울로는 예수의 부활과 그분이 영광을 받으신 사건에서의 그 "영"의 결정적인 역할에 관하여 진술한다(로마 1,4). 사도 2,1-13에는 오순절에 갓 태어난 교회의 창조력을 발산시키는 계기가 된 결정적인 사건에서 이 "영"이 생기를 불어넣고 능력을 일깨우는 역할을 하는 것으로 나타난다. 사도들은 이 "영"의 힘을 통해서 예수를 증거하고, 그분의 일을 계속 이어가게 되는 것이다.

　이와 같은 간략한 개곤을 통해서 우리는 성서 전통에 있어서 하느님의 여성적 차원이 가장 명백하게 드러나는 것은 지혜와 관련한 전통이라는 점을 볼 수 있었다. 신약성서에 이르러 이러한 전통은 하느님의 영에 관한 신학으로 발전해 나간다. 따라서 하느님에 있어서의 남성적인 면모에 대해 지나치게 강조했던 경향은 우리 자신의 전통 내부에서부터 한 강력한 여성적 현존에 의해 균형을 유지할 수 있어야 할 것이다. 여성 인권운동과 생태계 보존운동이 정말이지 동시에 발생하면서 우리에게 우리 자신의 전통을 더 깊이 숙고해 보도록 촉구하고 있는데, 여기에는 우리가 전혀 꿈꾸어 보지 못했던, 풍부한 발견의 기쁨이 있다. 아버지요 어머니로서의 하느님에 대한 이 새로운 총체적 시각은 우리에게 모든 생명체와 무생명체들간의 상호의존성을 고려하기를 거부하는 인간-지구 관계들에 관한 일체의 이데올로기적인 이해를 멀리하도록 요청하고 있다. 하느님에 있어서의 여성적 차원에 대한 이러한 발견은 그분(she / he)이 사랑으로 우주의 꽃인 행성으로서 창조하셨던 이 세계 안에서의 그분의(his / her) 현존에 대한 우리의 민감성(sensitivity)을 증대시켜 줄 것임에 틀림없다.

창조계 내에 계신 하느님

그리스도교의 하느님 신앙(信仰) 형태를 궁극적으로 파악하기 위해서는, 단수형으로도 복수형으로도 표현되지 않고 오로지 삼위일체로 표현된 하느님의 신비를 보아야 한다. 따라서 존재 자체의 신비의 핵심에 있어서도 우리는, 이미 159-65면에서 보았듯이, 끊임없이 새롭게 나타나는 우주에 관한 이야기에서 작용하는 3중의 역동성 ― 다양성과 내면성 그리고 포괄적인 상호 의존성과 친교 ― 을 대하게 된다.[4]

자신이 스스로를 표현하는 존재 ― 우리는 이 존재를 아버지와 동일시하고 있는데 ― 에 있어서 나타나는 첫번째 원리는 창조하려는 충동이다. 이 분출하는 에너지의 요동은 모든 것들이 정교하게 하나의 살아 있는 공동체로 조화를 이루고 있는 저 은하들과 별들이 위치해 있는 광대한 공간과 태양계와 지구상의 풍부한 생명, 이 모든 것을 포용하는 우리의 이 고도로 분화된 우주 안에서 그 자체를 현시하고 있다. 신경의 제일 첫 대목에는 전능하신 하느님 아버지가 "하늘과 땅의 창조자"이심이 천명되어 있다. 신의 능력과 섭리가 특히 저 과정 전체에 있어서 결정적인 계기 때에 이 엄청난 과정을 이끌었다. 이 계기들 가운데에는, 우리가 앞서 144면에서 언급했던 것처럼, 우주가 폭발했거나 그 자체로 붕괴되어 버렸을 수 있었던 저 기원 사건과 태양계의 탄생 그리고 태양과 지구가 함께 마침내 생명을 지탱해 주고 영양을 공급해 줄 수 있는 그러한 방식으로 이 둘의 위치가 정해진 것과 같은 일들이 포함될 수 있을 것이다. 끝으로 인

______

4. Thomas Berry의 편지.

간 이전의 생명체로부터 인간 생명체로의 전이는 이 전 과정에 있어서 최고점을 이루고 있고, 또한 여기에 전적으로 새로운 의미를 부여해 주고 있다.

진화 과정 전체가 간단히 좌초될 수도 있었던, 위에서 언급된 것만이 아니라 그외에도 숱하게 많은 다른 "위태로운" 순간들마다에는 이 창조계를 싸안고 있으면서 동시에 바로 그 심장부에 현존해 있는 각별한 강도의 신적인 이끄심이 작용해 왔을 것이다. 그동안 우리가 지구의 생명 체계에 대해서 지금 현재 위협이 되고 있는 것에 관하여 진술한 전체 내용을 고려할 때, 우리가 오늘날 단순히 인간에 있어서만이 아니라 진화 과정 전체에 있어서 역시 또 다른 한 결정적인 단계의 삶을 살고 있는 것만은 분명한 사실이다. 우리는 역사의 이 순간에 지구 전체를 이끌어 가는 대부분의 역할이 인간 존재들의 손 안에 놓여 있다는 것을 점점 더 분명하게 자각해 가고 있다. 새롭고도 창조적인 인간-지구 관계를 효과적인 방법으로 구축하고자 도모되었던 전세계 차원의 생태계 운동의 탄생은 확실히 하느님이 200억년이 지난 지금에도 여전히 이 창조계를 이끌고 계시다는 한 지표이다.

이 이야기에 나타나는 둘째 원리는 화구로부터 시작되는 모든 실재의 "내면성"이라는 차원이다. 우주 안에 있는 각각의 실재는 그 자체의 내적인 빛을 가지고 있는데, 이것은 하느님의 궁극적인 신비를 가리켜 주고 또한 그 신비를 비추어 내어 준다. 그리스도인들은 그리스도가 아버지의 궁극적인 계시이시라고 믿는다. 요한 1,14에 선포되어 있는 바와같이, 육화의 신비는 하느님이 예수 안에서 당신 자신을 전적으로 인간화하고, 그렇게 하여 모든 창조계와 동일시하셨다는 계시를 구성한다. 하느님은 그리스도를 통하여 불가역전적인 방식으로 당신 자신을 끊임없이 새롭게 나타나는 창조계와 결합시키셨다. 만일 우주 이야기가 우리에게 진술해 주고 있는 것이, 개별적인 각 인간 존재가 실질적인 방식으로 이 이야기 전체의 역사 속에서 내내 같이 존재해 왔다고 하는 것이라면, 그리스도는 참으로 가장 확실하게 그러한 분이시고, 모든 실재의 중심적인 차원이시다. 그분은 그분 자신이 직접 초신성들과 지질학과 지구의 생명 이야기에 서명을 하신다.

예컨대 만일 꽃이 피는 나무들과 관목들이 3억년 전에 나타나지 않았다면, 포유류 생명체는 뒤따라 출현할 수 없었을 것이다. 이와 같은 영양분의 농축이 없었다면, 그리스도를 포함하여 인간 존재는 지구상에 결코 서 있을 수 없었을 것이다. 이 특수한 기억이, 그리고 새롭게 나타나는 과정의 다른 모든 것에 대한 기억이 그리스도의 실재 안에서 수행된다. 그분 안에서 모든 것들이 일치된다. 바울로는 "그분이 전부이시며 모두의 안에 계십니다"(골로 3,11)라고 말함으로써 이 점을 요약해 주고 있다. 바울로는 끊임없이 새롭게 발생하는 우주에 대한 이해는 없었다. 그러나 그리스도의 우주적 차원에 대한 그의 통찰은 모든 것의 실재를 적확하게 포착하고 있다. 올바르게 이해된 육화 교리는 모든 사람들이 이 지구를 사랑하고 품어 안도록 그리고 여기서 신을 발견하도록 하라는 초대이다. 만일 모든 존재들 안에 있는 그리스도의 실재에 대한 이와 같은 민감성이 그리스도인들 사이에서 폭넓게 확산된다면, 우리는 단일한 백성으로서 다시 한번 더 사람들이 많은 부족사회들에서 찾아볼 수 있는 자연에 대한 외경과 존중을 되찾을 수 있게 될 것이다. 여기서의 자연에 대한 외경과 존중은 두려움에 근거해 있는 것이 아니고 그리스도 안에서의 모든 것들의 근본적이고도 유기적인 일치에 바탕을 두게 될 것이다. 가톨릭에서 거행하는 크리스마스 자정미사 때 주어지는 마지막 장엄 축복 중의 한 주제가 바로 이와 관련되어 있다. 그 축복문은 다음과 같다. "성자의 강생으로 하늘과 땅을 결합시키신 천주여 우리에게 당신 평화와 착한 뜻을 선물로 주시어 우리를 천상 교회에 결합시켜 주소서"* 하지만 여기에는 "지상적인" 것에 관한 배려가 덧붙여지지 않았는데, 오히려 그렇게 하는 것이 훨씬 더 "육화" 신비에 더 잘 부합하였을 것이다.

창조계에 대한 아버지의 넘치는 사랑이 십자가를 통하여 그리스도 안에서 특수한 방식으로 체험되었다. 그리스도는 그 자신의 인격에 있어서는 악의 신비로 인하여 갈가리 찢겨진 무력하고 십자가에 못박힌 하느님이시다. 그분이 우리에게 계시해 주시는 하느님은 지구의 끊임없는 유전(流轉)을 뛰어넘어 있고 고난과 고통에 흔들림이 없는 어떤 불변적인 제1원인이 아니다. 그분이 우리에게 계시해 준 분은 당신이 창조계에 열정적으로 연관되어 계시고 이것이 번성하는 것을 보고 싶어하시는 하느님이신 것이다.

끝으로 우리가 성령과 동일시하는 하느님의 여성적 차원이 있다. 이분(She)은 모든 실재를 한데 결속시켜 주는 친교·일치의 원리이시다. 성령은 모든 일치의 원천이시다. 일체의 마음을 끄는 힘과 결속력, 모든 친밀성과 친교·일치가 성령으로부터 비롯해 나온다. 그분 안에서(in her) 전 우주가 양육하고 포용하는 하나의 품 안에서 함께 결합된다. 그분(She)은 참된 결속과 친밀함의 표징인 일체의 풍부한 결실과 창조력을 고취시키시는 분이시다. 부서진 것을 고치고, 갈라진 것을 재결합시키고, 지구의 면면을 일신시키고자 하는 커다란 충동은 바로 그분으로부터(from her) 오는 것이다.

이 대목에서 나는 지금까지 우리 자신의 종교적인 전통을 살펴보고자 시도해 왔다. 이는 우리가 오늘 이 시대에 합당한 창조신학을 형성하는 데에 도움이 될 수 있을 것으로 기대되는 감추어진 자원을

---

* 이것은 우리말 미사 경본에서 그대로 따온 역문이다. 저자가 인용한 역문에 따라 이를 직역에 가깝게 옮기면 다음과 같다: "말씀이 사람이 되셨을 때, 땅은 하늘과 결합되었습니다. 그분이 여러분에게 당신의 평화와 착한 뜻을, 그리고 천상 무리와의 친교를 베풀어 주시기를 빕니다" — 역주.

찾아내기 위해서였다. 실상 성서의 전통은 지극히 풍부하기 때문에, 나는 이 책에서 나 자신의 견해를 진술해 나가는 작업을 수행함에 있어서 이 성서의 전통이야말로 참으로 보고(寶庫)임을 확인할 수 있었다.

이스라엘에서 신에 관한 의식이 발생하기 시작한 것에 관하여 살펴본 도입부의 진술 내용을 기억할 필요가 있다. 이것은 매우 중요한 일이다. 이스라엘이 태어난 배경에 있어서는 역사적 사건들에의 신의 현존이 자연 속에서의 하느님 체험에 우선하였다. 이스라엘이 자신의 환경과 자신이 직면해 있었던 역사적 도전과 더불어 씨름하면서, 인격적이요 유일신적이고 초월적인 동시에 역사의 사건들에 친밀하게 연관되어 계신 분으로서의 신에 대한 자체의 이해를 분명하게 형성해 나왔다. 이 풍요로운 상호 작용으로부터 얻어진 결실들은 이스라엘이 가나안 땅에 깊이 뿌리를 내리고자 시도하고 고대 근동 지역의 격랑의 정치적 실재들에 적응해 나갈 시기에 한 민족으로서 생존해 나가는 데 결정적인 힘이 되어 주었다. 이것은 인간과 신사이의 매우 특수하고 친밀한 관계를 촉진시킨 신에 대한 경탄스러운 인식을 정착시켰고, 인간들로 하여금 특히 서로에 대한 자신들의 태도에 대해 책임을 지도록 해주었다. 또한 이것은 이스라엘로 하여금 평화와 정의가 넘쳐 흐를 수 있는 공동체를 함께 구축하도록 고취하였다. 단지 유대 민족과 그리스도인들뿐만이 아니라 전 인류 공동체 역시 이와 같은 신관을 형성하는 데 있어서 이스라엘에 빚을 지고 있는 것이다.

한데 얻는 것이 있으면 잃는 것도 있는 법이다. 이와 같은 신관은 이것에 의해 꼴지어진 삶을 영위하는 사람들을 하늘과 들꽃, 산과 바다, 태양과 달, 별과 새와 나무 그리고 이외에도 이 지구에 살고 있는 모든 창조물들에 있어서의 하느님의 현존에 훨씬 더 무감각하게 만드는 경향이 있는 것이다. 다만 한 가지 분명하게 짚고 넘어가지 않으면 안될 것이 있다. 그것은, 즉 이러한 신 개념이 지구 공동체에 해가 덜 되었던 때에, 그리하여 얻는 것이 잃는 것을 훨씬 더 능가하였던 그러한 때에 형성되었다는 점이다. 하지만 오늘 이 시대에 와서는 사정이 달라졌다. 자연 속의 신적인 현존에 대하여 무뎌진 우리의 감지력이 전세계 생태계의 파괴를 야기시키면서 그 비극적인 양상을 드러내고 있는 것이다. 그렇지만 우리가 앞서 하느님에 있어서의 여성적인 차원에 관하여 논의하는 가운데 볼 수 있었듯이, 우리의 종교 전통 속에는 겨우 요즘에 이르러서야 빛을 보기 시작하고 있는 풍부한 노다지가 있다. 우리는 오늘 이 시대의 요청에 창조적으로 적절하게 대처하기 위해서 이러한 통찰들을 소중하게 간직하여, 우리의 종교적 상상력과 정서들이 우리를 에두르고 있는 세계 내에서 모든 것을 압도하고 있는 신의 현존에 가닿을 수 있도록 해야 할 것이다. 오직 이러한 방식을 통해서만이 우리는 지금까지 완전히 파괴되어 온 이 세계를 치유할 수 있는 일을 수행하고자 분연히 떨쳐 일어설 수 있을 것이다.

이스라엘의 신앙이 형성되어 나온 배경을 염두에 둘 께, 성서에 담겨 있는 제1의 가장 중요한 메시지는 바로, 이 세계가 사랑 깊으신 인격적 하느님에 의해 창조되었다(창세 1,1)는 것이지 않을 수 없다. 이 세계는 하느님고 불화 관계에 있는 악령으로부터 온 것이 아니다. 또한 이것은 그 자체로 악한 것도 아니다. 하느님이 자신의 창조계를 관조(觀照)하면서 "(그 만드신 것이) 좋았다"(창세 1,13. 18.21.25)고 보셨던 것이다. 여기에는 영은 선의 원리에서 유출되어 나오고 물질은 악마나 타락시키는 존재로부터 유출되어 나오는 것으로 묘사하는 물질과 영간의 양분법적인 관념은 전혀 나타나지 않는다. 이스라엘 백성은 하느님을 체험하고 예배하기 위해서 자연 세계로부터 물러나야 할 이유가 없었다. 시편 19,1 이하는 다음과 같이 노래한다:

새로운 이야기에 입각한 창조신학　201

하늘은 하느님의 영광을 자세히 이야기하나이다.
또 창공은 그이의 손수 하신 일을 알리나이다.
낮은 낮한테 말을 담뿍 쏟아 주고,
밤은 밤한테 지식을 전하나이다.*

숱하게 많은 다른 여러 본문들이 이 주제를 반향하고 있고, 또 더욱 깊이 개진하고 있다. 그 가운데서도 더 탁월한 본문들로는 창세 10, 12-13과, 특히 창조주 하느님에 관한 찬양을 노래하는 시편 104편을 들 수 있을 것이다.

---

* 이 번역은 고 선종완 신부의 「성영」에서 따왔다. 다만 「성영」에 "천주"로 되어 있는 것을 "하느님"으로 바꾸어 표기하였다 — 역주.

관리자 직분

창세 1,28에 나오는, 서로 창조된 한 쌍에게 내려진 하느님의 명령
— "자식을 많이 낳고 번성하고 땅을 가득히 채우고, 그것을 정복하
여라" — 은 많은 주석가들에 의해 성서의 인간-지구 관계를 형성하
는 데 있어서 관건이 되는 본문으로 간주되어 왔다. 위의 역문은 「예
루살렘 성서」에서 취한 것이다. 한데 다른 성서 번역본들은 "땅을 정
복하여라" 대신에 "땅을 복종시켜라" 혹은 "땅을 지배하여라"로 바꾸
어 옮겨 놓기도 한다.* 이 명령은 중동의 자연 환경에 관한 앞서의
진술에 비추어 이해할 때 많은 의미를 내포하게 된다. 여기서의 경
우 창조 그 자체가 카오스(혼돈)에서 질서를 이끌어 내는 것으로, 광
야를 밀어젖혀서 동산을 창조해 내는 것으로(창세 2,8) 이해되었다.
하느님 자신이 동산에서 기쁨을 느끼신다. 창세 3,8에는 그분이 저
녁 바람이 부는 때 동산에서 거닐고 계시다고 묘사되어 있다.

성서가 형성되어 나온 거친 환경은 길들여진 환경 — 인간은 여기
서 자연 세계보다는 신적인 존재와 훨씬 더 밀접하게 결합되었다 —
을 선호하는 데서 분명하게 드러나듯이, 참으로 유명한 것이었다.
하지만 그렇다고 해서 창세기에 나오는 저 명령이 인간들이 지구에
대해서 자신들이 하고 싶은 대로 해도 좋다는 허가서로 해석될 수

---

* 우리 나라의 현재 번역본들만 해도 「공동 번역」과 1989년에 개정되어 대
  한 성서 공회에서 발행된 개신교의 「성경 전서 — 한글 개역판」이 모두
  "땅을 정복하여라"로 옮겨 놓고 있다. 그리고 서인석 신부가 「한 처음의
  이야기: 창세기 1—11장의 기호학적 설화 분석」, 생활성서사, 1986년에
  번역해 놓은 창세기 1—11장 본문에도 역시 "땅을 정복하여라"로 옮겨져
  있다. 그런데 고 선종완 신부는 「창세기」에서 이 1,28을 "자식 낳아 번성
  하고 온 땅을 채워 그 (땅)을 복종시키라 …"고 옮겨 놓고 있다 — 역주.

있다는 뜻은 결코 아니다. 이 사명 위임은 인간 존재들을 하느님의 대리자로서, 이를테면 그분의 부왕(副王)들로서 행위하라는 일종의 초대로 이해될 때 가장 제대로 이해되는 것일 것이다. 테드 피터스 (Ted F. Peters)는 이것이 이 본문에 사용된 히브리어 *"radah"*의 의미라고 주장한다. 인간 존재는 왕의 부왕처럼, 하느님이 친히 "매우 좋다"고 체험하셨던 이 지구를 착취하는 것이 아니라 정의롭고 정직할 것이 기대되고 있다는 것이다.[5] 이러한 청지기(관리자) 직분은 인간들을 자연과 조화를 이룬 존재로서 그려내 주고 있다. 또한 이것은 인간들이 하느님 앞에 서 있는, 그리고 인간사들과 창조계에 대한 자신들의 관리 행위에 대해서 궁극적으로 하느님께 책임을 질 존재로서 그려내 주고 있다. 비록 인간이 하느님 자신의 모습에 따라 창조됨으로써(창세 1,27) 인간 이외의 창조계와 구분되어 있다고는 하더라도, 여기에는 결코 자연 세계에 대한 인간의 의존성과 자연계 자체 내의 요소들의 상호 의존성이 간과되어 있지 않은 것이다:

> 이제 내가 너희에게 온 땅 위에서 낟알을 내는 풀과 씨가 든 과일 나무를 준다. 너희는 이것을 양식으로 삼아라. 모든 들짐승과 공중의 모든 새와 땅 위를 기어다니는 모든 살아 있는 창조물들(생물)에게도 온갖 푸른 풀을 먹이로 준다(창세 1,29.30).

인간 존재들과 여타의 지구 공동체간의 상호 의존성은 창세기 8장과 9장, 특히 홍수 이후의 노아와 맺은 계약에서 더 깊이 개진되었다. 창세기 1장과 2장에서 인간이 각별한 위치를 부여받고 있는 것은 사실이다. 그렇지만 앤더슨과 같은 몇몇 성서 학자들은 창세기 1—11장 가운데 앞의 두 장에 전적으로 집중한 채 그뒤의 아홉 장을 고려

---

5. Peters, Ted F., in *Cry of the Environment*, 415-6면.

의 대상에서 젖혀놓는 것은 창조에 관한 성서적 이해에 대해서 지극히 불균형적인 서술을 개진하게 만든다고 주장한다.[6]

우리는 1장에서 9장에 걸쳐 펼쳐져 있는 그대로의 창조 이야기 전체를 살펴보지 않으면 안된다. 이 진술은 인간에게서 절정에 달하는 "하늘"과 "땅" 위의 모든 창조물들의 창조로 시작된다. 3장에서는 죄가 끼어들어오면서 인간-땅과 인간-신의 관계들을 일그러뜨려 놓는다. 이 원죄의 여파는 모든 것에 흠을 내고, 모든 것을 왜곡시킨다. 이는 아벨의 살해로 가족 관계들을 어그러뜨리고, 6,2에서 기술되는 것처럼 하늘의 아들들과 사람의 딸들간의 기이한 결합으로 빠져들게 된다. 이처럼 쌓이고 쌓인 악이 대홍수의 재앙을 촉발시켰다. 홍수 이후에 창세 1,28의 명령이 다시 되언급되고 있는데, 하지만 이번에는 먼저와는 달리 단지 인간 존재들만이 아니라 모든 창조계와 더불어 계약이 맺어지는(창세 9,8-17) 그와 같은 맥락에서 이 명령이 진술되고 있다.

앤더슨은 창세기 1장의 진술과 창세기 9장간의 현저한 언어적 상응성과 주제적 상응성에 주목하고 있다.[7] 창세기 1장에서의 경우 그 초점이 인간 중심적인 것이었다. 그렇지만 창세기 9장에서는 다음에서 볼 수 있듯이, 살아 있는 것들 모두의 공동체에 초점이 맞추어져 있다. "너뿐 아니라 너와 함께 지내며 숨쉬는 모든 짐승과 나 사이에 대대로 세우는 계약의 표는 이것이다"(창세 9,12).

이 모두를 포괄하는 계약이 청지기 직분의 핵심부에 놓여 있다. 인간 존재들과 자연 세계간에 구축되지 않으면 안되는 저 조화·일치는 상호 의존성에 대한 이러한 이해로부터 비롯해 나온다. 책임은 가볍게 여겨질 수 있는 것이 결코 아니다. 왜냐하면 궁극적으로 청

---

6. Bernhard W. Anderson, "Creation and the Noachic Covenant" in *Cry of the Environment*, 45-62면.

7. 위의 책, 47-51면.

지기(관리자 직분)에로의 부름은 하느님에 의해 인류에게 부여된 특권이기 때문이다. 모든 특권들에 있어서와 마찬가지로 인간 존재들은 자신들의 청지기 직분에 대해서 회계-책임을 져야 할 것이다. 만일 이들이 서로들간에는 물론 이 지구를 대함에 있어서 조화를 이루도록 돌보고 또 그러한 조화를 조장 내지 촉진시키고 있다면, 이들은 하느님의 모습과 그분을 닮은꼴로 성장해 가게 될 것이다.

청지기 직분에 요청되는 것들은 이스라엘 부족들이 차지했던 땅을 돌보기에 이르면서 지극히 분명하게 드러나게 된다. 이 땅은 이 백성이 "나의 말을 듣고 내가 세워 준 계약을 지키는"(출애 19,5) 충실성에 대한 응답으로 주어진 선물이었다. 한데 이들에게 주어진 것은 자기가 내키는 대로 사용하거나 남용할 수 있는 그 땅에 대한 완전한 소유권이 아니라 단지 소작권에 지나지 않았다. 야훼가 "땅은 아주 영원히 팔아넘겨서는 안된다. 땅은 내 것이요, 너희는 뜨내기요, 길손이기 때문이다"(레위 25,23)*라고 천명하시는 참된 땅 주인으로 묘사되고 있기 때문에 그러하다. 야훼의 대군주이심에 대한 존경과 땅을 돌보는 것, 그리고 덜 가진 자들에 대한 관심, 이 모든 것이 이보다 앞서 레위 25,4-7에 나오는 한 명령에 교직되어 있다:

> 칠 년째 되는 해는 야훼의 안식년이므로 그 땅을 아주 묵혀서 밭에 씨를 뿌리지 말고, 포도순을 치지도 말라. 너희가 거둘 때 떨어진 데서 절로 자란 것을 거두지 말고, 순을 치지 않고 내버려 둔 덩굴에 절로 열린 포도송이를 따지 말며 땅을 완전히 묵혀야 한다. 너희 땅을 묵히는 것은 너희뿐 아니라 너희 집에 머무는 너희 남종과 여종과 품꾼과 식객까지 모두 먹여 살리기 위한 것이다. 그러면 너희 가축과 너희 땅에 사는 짐승도 땅에서 나는 온갖 소출을 먹고 살 수 있을 것이다.

---

* 「공동 번역」과 선종완 신부의 「레위기」 참조 — 역주.

말이 난 김에 한 가지 덧붙이자면, 현대의 산업화된 농경 문화 역시 땅에 대한 이와 같은 존경을 충분히 되살려서, 단기적인 이윤을 극대화하기 위해 지속적으로 땅의 자원들을 착취할 것이 아니라 일정 기간 동안 전답을 휴경지로 쉴 수 있도록 해야 할 것이다. 웬델 베리는 「선물: 복된 땅」[8]에서, 현대의 영농은 식량 생산의 문제를 해결하는 데 있어서 획기적인 결과들을 낳았다는 사실을 인정하기는 한다. 그렇지만 그 결과는, 이로 인한 "부작용들"로 인해, 화학 제품에 의존하는 영농이 확고한 기반을 구축해 가고 있는 모든 나라에서 영농 그 자체의 생존이 위협당하고 있다는 것이다!

"너는 소가 밟아 가며 타작할 때 그 (소)의 입에 망을 씌우지 말라"(신명 25,4)*는 명령에는 농부가 자신의 생계를 의지하고 있는 닭이나 소 등과 같은 가축들을 존중할 것이 지시되어 있다. 신명 22,6-7에서는 이와 같은 존중이 들짐승에게까지 한층 더 확장되어 있다. "네가 길 가다가 어떤 나무에서나 땅 위에서나 새 둥지를 만났는데, 갓 깐 새끼들이나 알들을 어미새가 품고 있거든, 너는 그 새끼들을 어미새까지 아울러 잡지는 말아야 한다. 너는 어미새를 반드시 놓아 보내고, 그 새 새끼들만 잡아 가질 수 있으니, 이는 네가 행복하게 되고 오래 살기 위함이니라."

자연 자원들에 대한 이러한 현명한 사용법은 수많은 세월에 걸쳐서 터득한 생태학적 지혜에 바탕을 두고 있다. 여기서는 우리에게 생산물을 먹기는 하되 종자는 비축해 두도록 유의할 것이 권고되고 있다. 이렇게 할 때 인간측에서 설령 궁핍을 겪게 된다는 것을 뜻한다고 할지라도 말이다. 하지만 너무나 대조적이게도 현대의 농업 관련 산업은 종자의 다양화에 대해서 별다른 관심을 보이지 않고 있

---

8. Wendell Berry, 위(133면 각주)의 책.
* 이 역문은 고 선종완 신부의 「신명기」 번역에서 따왔다 — 역주.

다. 지금은 오히려 더 수익성이 높은 잡종 몇 가지로 품종을 축소시키고 있다. 그리하여 전통적으로 오랜 세월 동안 사용되어 온 다양한 종자들을 상당수 포기한 채 아예 이것들이 지구상에서 멸종되게 만들고 있다. 로열 더취 쉘(Royal Dutch Shell)이나 치바-가이지(Ciba-Geigy)와 같은 한 국가 단위를 뛰어넘는 초국가적 기업들이 현재 종자 생산에 대한 통제를 시도하고 있다. 이 기업들은 어마어마한 화학 비료 생산과 살충제 생산 시설들까지도 갖추고 있기 때문에, 미래의 시장에 있어서 고도의 화학적 작용(input)을 요하는 단일한 종자만이 재배될 수밖에 없을지도 모를 위험이 있는 것이다. 우리는 지금 전통적인 다양한 품종을 포기함으로써 우리가 식량 자원으로서 의존해 온 상당수의 원료를 상실하는 위험에 처해 있다. 동물과 인간의 소비를 위하여 곡물 생산을 증가하도록 압력이 가해진다는 것은 농민들로 하여금 잡종으로 품종들을 바꾸게 만들고 있다는, 그래서 실제로 농민들이 품종들을 잡종으로 바꾸고 있다는 것을 의미한다. 필리핀에 있어서도 전통적으로 다양했던 쌀 종자 수십 종이 멸종되어 가고 있는 실정이다. 현재 많은 유전학자들이 성서의 지혜를 되받아 전하면서, 우리 자신이 스스로 재앙을 불러들이고 있다고 경고한다. 에이레 사람인 나는 다양한 종을 한 종만 남기고 사라지게 한다는 것이 무엇을 의미할 수 있는지를 알고 있다. 1840년대에 아일랜드에서 감자 작물에 돌림병이 발생했을 때와 같이, 전염병이 습격해 올 경우, 단일 품종 일색의 전 농업 규모가, 그야말로 모든 것이 파괴되어 기근이 들게 될 것이고, 이어서 죽음과 황폐화가 나타나고 말 것이다.

죄와 구속

새로운 이야기와 창조에 관한 성서의 가르침에 대한 논의를 통해서
우리는 이 전 과정에 있어서의 제1의 추진력이 축복이요, 풍성함이
요, 생명임을 강조하였다. 만일 이것이 분명하게 파악되지 않는다면
다른 모든 것이 왜곡된다. 그렇지만 확실히 성서는 악의 실재에 대
해서도 결코 순진하지만은 않다는 사실이다. 죄와 구속과 구원은 성
서적 관점에 있어서 중요한 주제들이다. 그러나 이것들은 결코, 근
래 몇 세기 동안에 전개된 신학과 영성에서 너무도 흔히 그래왔던
것처럼 그렇게 창조와 무관한 위치에 있지도, 창조에 우선하지도 않
다는 점을 강조할 필요가 있다. 죄와 악, 구속과 구원은 그 각각의
합당한 맥락에 위치되어 있지 않으면 안된다. 그렇지 않을 경우 이
것들은 진부해지고 그 각각의 합당한 중대성에 입각하여 파악되지
못할 것이다. 실로, 만일 우리의 악이 오늘 이 시대에 창조계의 200
억년 전체를 위협하고 있다면, 참으로 이것이야말로 매우 중차대한
사태이지 않을 수 없는 일이다.

성서는 확실히 악의 문제를 이와 같은 방식으로 다루고 있다. 우
리는 여기서 이 세계에서 작용하고 있는 죄와 악의 현상과 그 위력
에 관하여 그리고 이것들을 극복해야 할 필요성에 관하여 매우 현실
적으로 파악되어 있음을 볼 수 있다. 성서에 나타나는 죄는 인간들
사이의 관계와 인간-신의 관계들을 왜곡시키는 데 그치지 않는다.
이것은 인간 존재들과 지구간의 생명을 지탱시켜 주는 조화로운 관
계에까지도 영향을 미치고 있는 것이다. 「창조와 구속에 관한 그리
스도교적 이해」를 저술한 에밀 브루너에 따르면, 창조물로부터의 일
탈(逸脫)과 하느님으로부터의 일탈은 병행해서 진행된다. 그는 다음

과 같이 지적한다: "인간이 자기 자신을 인간 이외의 전 창조계로부터 구분지으면 지을수록, 인간은 그만큼 더 자신을 주체로, 이 세계가 대상으로 존재하게 되는 '나'로서 의식하게 되고, 이에 따라 더욱 더 자신을 하느님과 혼동하고, 자신의 영을 하느님의 영과 혼동하며, 자기의 이성을 '신의 이성'으로 간주하게 된다."[9]

계약에 대한 충실 내지 주님의 길 안에서 걷는 것이 사람들 사이에서, 그리고 우주 자체 내에 질서와 조화를 이루어 주는 그만큼으로, 죄는 인간과 신의 친밀한 관계를 파괴하고, 인간을 비참한 지경으로 몰아넣고, 우주의 카오스를 야기시킨다. 이 점은 창세기가 전하는 "원"죄의 영향에 관한 논의 속에서 분명하게 밝혀진 바 있다. 이미 지적하였듯이, 그 죄는 아담과 하와에게서 하느님과의 친밀한 관계를 상실하게 하였을 뿐만 아니라, 자연 세계와 그들의 관계를 악화시키기도 했던 것이다(창세 3,17-19). 이와 동일한 총체적이고 유기적인 관계에 대한 관심이 시편 82,2-8에도 명확하게 드러나 있다. 이 시편 작가는 사악한 자들의 죄들이 땅(「공동 번역」에는 "세상")의 저 기초들을 흔들어 놓았기 때문에 짓밟히는 자들과 약한 사람들, 고아들 그리고 곤궁한 사람들을 대신해서 하느님께서 심판을 내려 주시기를 간청하고 있는 것이다.

죄가 인간 존재들과 자연 세계간의 조화를 파괴하는 것이라고 할 때, 완성되어야 할 구속은 반드시 시원의 일치를 치유하고 쇄신하고, 인간의 탐욕과 악행으로 말미암아 상처받았던 이 지구의 모든 곳을 되살려 내지 않으면 안된다. 하지만 불행하게도, 구속에 관한 이와 같은 총체적이고 유기적인 성서의 시각은 교회의 가르침에 있어서는 물론이고, 특히 교회의 실천적인 영역에서의 경우 전혀 전면

---

9. Emil Brunner, Dogmatics, 2권, *The Christian Doctrine of Creation and Redemption*, Lutterworth, England 1952.

으로 부각되지 못하였다. 오늘날의 많은 저자들은 몸과 자연 세계에 대한 신플라톤 학파 계열의 불신이 근래 몇 세기 동안 전개된 구속에 관한 신학적 연구에 있어서 더 통합된 성서적 시각보다 훨씬 더 막강한 영향력을 행사해 왔다고 생각한다. 실제로 신플라톤 학파 계열의 많은 학자들은 몸을 영혼이 갇혀 있는 일종의 감옥으로 보았다. 이러한 견지에서의 경우 구원은 영혼으로 하여금 몸이라고 하는 유폐지에서 탈출할 수 있도록 돕는 것을 뜻한다. 이와 같은 이원론은 히브리 사상에서는 전혀 발붙일 여지가 없다. 히브리인들에 있어서 구원은 총체적인 인간과 지구의 실재하고 연관되어 있어서, 전세계적인 차원과 더불어 사회적 · 정치적 · 경제적 · 생태적 차원을 동시에 띠고 있는 까닭이다.

최근에 와서는 구속신학(救贖神學)에서 더 이상 영혼 구원에 관하여 언급되지 않고 있다. 오히려 요즘에는 성서에 나타나는 이 세계에 관한 포괄적인 이해를 되찾고자 시도하고 있다. 구속은 이제 각 개인들이 개인적 · 사회적 삶 속에서 이루는 철저한 변모로서 이해된다. 따라서 여기에는 각 인격체의 사회적 · 정치적 · 경제적 활동들이 모두 포괄된다. 그러므로 구속은 이 세계에서 파괴되었던 균형과 조화와 아름다움을 그대로 되돌려 놓아야만 한다. 우리는 이러한 회복의 정도를 이사 11,6-7에서 확인해 볼 수 있는데, 여기에는 다음과 같이 자연에 있어서의 약육강식 관계들의 치유까지도 포함되어 있다. "늑대가 새끼양과 어울리고 표범이 숫염소와 함께 딩굴며 새끼 사자와 송아지가 함께 풀을 뜯으리니 어린 아이가 그들을 몰고 다니리라."

신약성서에 있어서는, 그리스도의 수난과 죽음과 부활에 의해 성취된 변모가 인간과 하느님간의 친교를 치유하고 회복시켜 주었을 뿐만 아니라 새로운 단계어로 고양시켜 준다. 바울로는 에페 1,8-12에서 이렇게 쓰고 있다: "그분은 우리에게 … 당신 뜻의 신비를 알려

주셨습니다. 이는 당신 속으로 마음먹으신 당신 호의로 하신 것이니, 때를 완성으로 이끄시어, 하늘에 있는 것이든 땅 위에 있는 것이든 만물을 그리스도 아래에 모으시려는(일치시키려는) 것입니다.”

바울로 신학을 연구하는 학자인 스타니슬라스 라이어넷 수사는 이 본문을 주석하면서, 바울로는 가능한 한 그리스도에 의해 이룩된 구속을 확장시키려고 한다고 기술한다. 그는 다음과 같이 쓰고 있다: “존재하는 그 어떤 것도 그리스도의 결정적인 영향을 벗어날 수가 없었다. 생물이건 무생물이건 혹은 인격체건간에 모든 실재는 그 자체의 조건에 합당한 방식으로 이 영향하에 놓이게 되는 것인데, 그렇지만 그 어떤 것도 그 각각의 재탄생을 박탈당하는 일은 없다.”[10] 바울로는 골로 1,20에서 다시 한번 더, 그리스도에 의하여 성취된, 코스모스에 존재하는 모든 것을 포괄하기에까지 이르러 있는 화해를 간파하고 있다. “(하느님께서는) 그분으로 말미암아 만물을 (그분 자신께로) 화해시키셨도다. 그분 십자가의 피로 말미암아 평화롭게 하셨도다. 땅 위에 있는 것들이나 하늘에 있는 것들이나!”

이 주제는 바울로가 그리스도를 통하여 그리스도 안에서 세워진 새로운 공동체가 문화적·성차별적·경제적·사회적 장벽들 일체를 무너뜨렸다고 역설하는 갈라 3,27-28에서 또다시 펼쳐진다. 오늘 이 시대에 우리는 여기에 생태계적인 차원을 덧붙일 수 있을 것이다. 바울로가 예수의 삶과 죽음과 부활이 위에서 언급된 일체의 것을 포괄하는 온 공동체의 한계 영역에까지 뻗쳐 있다고 보았던 것처럼, 우리가 새로운 이야기와 “가이아”의 실재 속에서 보았던 일체의 것이 의미하는 바는 곧 우리가 이 지구상의 모든 것을 포괄하기에 이르도록 저 경계들을 훨씬 더 확장하지 않으면 안된다는 것이다.

---

10. Stanislas Lyonnet, “Redemption of the Universe”, in *Contemporary New Testament Studies* (Liturgical Press, Collegeville, Minnesota, 1965) 432면.

그리스도를 통하여 그분 안에서 세워진 새로운 공동체는 모든 창조계를 포괄한다. 창조된 세계가 간직하고 있는 하느님의 치유의 손길에 대한 이러한 갈망을 포착하고 있는 가장 완벽하고 가장 흔히 인용되는 본문은 역시 로마 8,19-23의 다음 구절이다:

> 피조물은 하느님의 아들들이 드러나기를 애타게 기다리고 있습니다. 실상 이것은 허무에 굴복했지만 제 본의가 아니라 굴복시킨 분으로 말미암아 그리 된 것입니다. 그러나 희망은 있습니다. 그것은 피조물 자신도 부패의 종살이로부터 하느님 자녀들의 영광과 자유를 위해 해방되리라는 희망입니다. 우리가 알기로, 모든 창조된 우주는 지금까지 다 함께 탄식하며 진통을 겪고 있습니다. 그뿐이 아닙니다. 영의 첫 선물을 지니고 있는 우리 자신도 아들의 신분을, 바로 우리 몸의 속량을 기다리면서 속으로 탄식하고 있습니다.

라이어넷은 이 본문에 대한 그의 주석에서, 바울로는 결코 "자신의 지평을 오로지 인간의 세계에만 한정지으려고" 하지 않았다고 진술한다.[11] 인간의 몸의 구속과 우주의 구속은 서로 연결지어져 있다. 이 본문을 비롯해서 이와 유사한 여러 본문들은 그리스도인들에게 이들이 코스모스의 각별한 신비를 훨씬 더 상세하게 이해할 수 있는 새로운 자극이 되어 줄 것임에 틀림없다. 이들이 이 장대한 세계에 존재하는 모든 것들간의 상호 연관성을 자각하게 되게끔 말이다. 특히 우리의 이 시대에 바울로 신학의 이 예언적인 가르침은 모든 사람들이, 관계들이 어그러져 있는 바로 거기에 개인적·사회적·우주적 본성이 치유되어야 할 필요가 있다는 것을 의식하도록 자극을 가해 주고 있다. 우리의 시대에 구원론을 창조적으로 개진하고자 하는

---

11. 위의 책 423-36면.

의욕적인 도전은 인간 존재들의 지속적인 구속을 개인적으로는 물론 사회적으로도 역시 지구의 구속과 어떻게 연결지을 것인가를 성찰하는 것으로 표출된다.

대부분의 근본주의자들의 견해에 따르면, 이 세계는 오로지 인간 존재들에 의해 자원으로 사용되기 위해 그렇게 존재할 뿐이다. 이 세계는 아주 가까운 장래에 사라져 버릴 운명을 띠고 있기 때문에, 자연 세계가 오염되거나 인류의 일부 소집단의 생활 수준을 지탱해 주기 위해 강탈당하는 것은 실제로는 아무 문제 될 것이 없다는 것이다. 우리는 여기서 다시 한번 더, 종교가, 그리고 이 경우에는 지극히 부적절한 구원론이 사실상 자연 세계를 파괴하고 있는 이들에게 어떤 적극적인 자극으로 작용할 수 있다는 것을 확인하게 된다. 이들은 즉각적인 저-세계의 구원에 대하여 고도로 집중된 강조로 인해서 자신들이 행하고 있는 것이 하느님의 창조계가 지속해 나온 200억년을 파괴하고 있고, 앞으로 올 모든 세대를 빈곤으로 몰아넣고 있다는 사실을 보지 못하고 있는 것이다.

7

그리스도교의 응답에 있어서의
밝은 면과 어두운 면

다른 종교 내지 문화 전통들이 생동적인 창조신학을 추구하려는 우리의 작업과 관련하여 시사해 줄 수 있을 여러 가지 것들을 살펴보기에 앞서, 성서적인 관점에 의해 고취되었고 여러 세기에 걸쳐 다각도로 그리스도인들의 의식을 형성하는 데 영향을 미쳐 온 자연 세계에 대한 몇몇 접근 방법을 숙고해 보는 것이 유익할 것이다. 먼저 살펴 볼 두 접근 방법은 베네딕도 수도회의 전통과 아씨시의 프란치스코의 체험에서 비롯한다. 많은 사람들은 자연 세계에 대한 이와 같은 시각들에 친숙해 있다. 왜냐하면 이런 시각들이 모두 서유럽의 농경 문화 전통과 심미적인 전통에 지울 수 없는 각인을 남겨 놓았기 때문이다. 여기서 내가 개진할 셋째 경향은 힐데가르트(Hildegarde)의 저작들에서 이끌어 낸 것이다. 힐데가르트의 작품들은 최근에 와서야 알려지기 시작하였기 때문에, 그녀의 영향은 아직까지는 극히 제한적으로 나타날 따름이다.

베네딕도와 그의 형제들의
지구 돌보기

베네딕도 수도회들이 조직을 갖추면서 서유럽에 설립되기 시작한 것은 7세기부터였다. 서구 수도원 제도의 아버지인 누르시아의 베네딕도 성인(St. Benedict of Nursia)은 자기를 따르는 수도승들을 안정된 공동체에서 함께 살게 하기로 결정하였다. 그의 유명한 회규로 명문화된 수도원 생활의 리듬에는 기도와 일상의 육체 노동과 여러 형태의 학습과 전례 양식들이 포함되어 있다. 육체 노동에 관한 규정이 여기에 내포된 것은 어떤 의미에서 일종의 혁명적인 파격이었다. 그리스와 로마의 학자들은 일반적으로 육체 노동을 멸시하는 경향을 보였다. 이들은 학자가 그러한 저급한 일에 종사하는 것은 품위를 떨어뜨리는 짓이라고 생각했던 것이다. 그러나 베네딕도는 일과 기도를 결합시킴으로써 모든 형태의 노동의 품위를 높여 놓았다. 또한 그는 각 수도원이 자급 자족할 수 있어야 한다고 역설하였기 때문에, 육체 노동의 범위 중에는 자연히 집안의 허드렛일들로부터 시작해서 수공업과 정원 일, 땅을 경작하는 일, 그리고 가축을 돌보는 일까지도 포함되었다. 결국, 수도회의 안정성이란 곧 수도승들이 쇄신된 방식으로 땅을 경작하는 법을 터득해야 한다는 것을 의미하였다.

이 전통에서 나타난 자연 세계와의 상호 작용 모델은 "지구 길들이기"(taming of the Earth)라고 일컬어질 수 있을 정도로 수도승들은 땅을 돌보는 방법을 익혀 나왔다. 이것은 성서 자체가 전해 주는 동산과 관련한 전통을 지극히 확장시킨 것이었다. 이들은 늪지대의 물을 빼고, 삼림을 베어 내고, 땅을 경작하는 일을 시도하였다. 수도승들이 유럽의 농경 문화 전통에 이끌어들인 많은 기술들은 땅을 피폐화시키는 것이 아니라 실제로 그 비옥함을 제고시켰다. 수도승들과 이들과 함께 일했던 농부들은 르네 뒤보가 「땅한테 고백한 사랑」에서 자세하게 개진한 더 희망적인 이론을 실천적으로 입증해 주었던 것인데, 그는 이 책에서 다음과 같이 주장하고 있다: "인류와 땅-지구간의 상호 작용은 때때로, (사람의 손길이 닿지 않는) 광야에서 발생하는 것보다 훨씬 더 흥미롭고 창조적인 생태계를 창출해 낸다."[1]

땅을 훌륭히 가꾸고 책임있게 관리하는 직분에 관한 이러한 베네딕도 계열의 이해가 미국에 사는 웬델 베리 같은 농부들에게 공감을 불러일으키는 까닭이 어디 있는지를 이해하기란 어렵지 않다. 베리는 산업화한 고도-과학 기술과 석유 화학 제품들에 기초해 있는 농경 문화의 종언을 고발하는 인물로서, 이같은 농경이 땅과 경작자 모두를 퇴락시키고 있다고 주장한다. 땅을 부여받은 영적 실재와 선물로 주어진 땅의 모든 생산물들간의, 그리고 훌륭하게 가꾸는 일간의 베네딕도 수도회적 연속성이 베리의 저서인 「선물: 복된 땅」의 마지막 구절에 나오는 다음과 같은 아름다운 성찰 속에 포착되어 있다:[2]

> 살기 위해서는 우리 모두가 매일같이 창조계의 몸을 쪼개고 피를 흘리게 하지 않으면 안된다. 우리가 의식하면서 사랑을 갖고 허실(虛實)함이 없이, 그리고 외경을 간직한 채 이 일을 수행할 때, 이것은 일종의 성사(sacrament) 행위이다. 우리가 무지하고 탐욕스럽고, 서투르게 훼실하면서 파괴적으로 이 일을 행할 때, 이것은 일종의 신성모독(desecration) 행위이다. 그와 같은 신성 모독 행위를 할 때, 우리는 우리 자신을 영적·도덕적 고립 상태로 몰아넣고 다른 창조물들은 곤궁으로 몰아넣는다.

---

1. René Dubos, *Wooing the Earth*, Charles Scribner's Sons, New York 1980.
2. Wendell Berry, *The Gift of Good Land*, 281면.

자연 세계와 관계를 형성해 나가는 베네딕도 수도회의 모델은 인간 존재들을 위하여 지구의 계속적인 풍성함을 확보하는 과정에 있어서 이들이 간직하는 지구에 존재하는 모든 것들에 대한 감사와 지구에 대한 존중으로 특징지어진다. 인간들은 지구를 남용하라고가 아니라 이 세계를 충실하게 관리할 충직한 청지기가 되라고 불리었다. 그러나 출발점은 언제나 인간적 관점이었다. 그리고 당대인들에게 있어서는 아직, "사람의 손이 닿지 않은" 자연은 예측 불가능하고, 변화무쌍한 것이라는, 또한 만일 인간 존재들이 지속적으로 경계를 펼치지 않으면 이 자연은 쉽게 인간 존재들을 압도해 버릴 수 있는 것이라는 두려움도 그대로 남아 있었다. 이로 인해서 자연을 순치하며 이를 인간의 통제하에 끌어들이고자 하는 충동이 베네딕도 수도회 전통의 심장부에 자리잡고 있었던 것이 사실이었다. 그리고 역사가들은 땅을 돌보는 것과 관련한 이와 같은 전통은 베네딕도 수도회의 초기에 그래도 가장 효과를 거두었다고 지적하고 있다. 세월이 지나면서 여러 형태의 수입과 특히 유증(遺贈)을 통해서 베네딕도 수도원 공동체들은 땅을 점점 더 불려나갔다. 이들이 더욱더 강력한 경제적·정치적 중심체가 되어가면서 수도회의 장상, 수도원장은 마치 봉건 영주처럼 보이기 시작했고, 또 그렇게 봉건 영주처럼 처신하는 사례들도 나타났다.

모든 창조계와 더불은
프란치스코의 우애

베네딕도와는 달리 아씨시의 프란치스코(1182~1226) 성인은 철저하게 유랑자였다. 거리의 설교자였던 그와 그를 따르던 수도자들은 끊임없이 옮겨 다녔다. 이들은 아무것도 소유하지 않았고, 지구 위에서 부담스럽지 않게, 즉 지구에 대해서는 물론 이들의 생계에 필요한 것들을 대주었던 사람들에게도 역시 짐이 되지 않게 살아야 했다. 프란치스코는 유랑생활을 택하는 가운데 형제들을 위한 "공작인"(homo faber)으로서의 일체의 역할을 포기하였다. 그에게는 동산과 연관된 베네딕도 수도회 공동체들의 전통에 있어서 보이는 이 세계를 개조하고자 하는 충동이 없다. 프란치스코의 경우 자연 세계는 인간 존재들을 위하여 먹을 것과 입을 것과 거주할 곳을 제공해 주는 것이라는 식으로 실용주의적인 관점에서 파악되지 않는다. 오히려 그에게서는 선물로서의 모든 생명체에 대한 감사와 기쁨과 경탄과 찬양을 감지할 수 있게 된다. 프란치스코에게 있어서 이 세계에 존재하는 모든 창조물들은 하느님의 현존을 비추어 주는 거울이었고, 좀더 정확히 이해하자면, 이 모든 것들은 사람들을 하느님께 가닿게 해주는 사다리였다. 우리는 여기서 비롯해 나오는 접근 방법을 창조물에 대한 "우애로운 접근 방법"(fellowship approach)이라고 일컬을 수 있을 것이다. 프란치스코의 접근 방법 배후에는 자연을 지배하고자 하거나 변혁하고자 하는 그 어떤 의지도 숨어 있지 않다. 프란치스코는 자신이 "창조물들의 노래"에서 생물과 무생물 모두를 포괄하는 창조계 전체와의 혈족 관계를 보고 있고, 그 창조계 전체의 핵심을 깊이 통찰하고 있는데, 이는 아마도 유럽 역사 전체의 체험 속에서도 유일무이한 독보적인 것일 듯싶다. 그의 「태양의 노래」
는 다음과 같이 펼쳐진다:

태양의 노래

지극히 높으시고 전능하시고 자비하신 주여!

찬미와 영광과 칭송과 온갖 좋은 것이 당신의 것이옵고

호올로 당신께만 드려져야 마땅하오니 지존이시여

사람은 누구도 당신 이름을 부르기조차 부당하여이다

내 주여, 당신의 모든 피조물(창조물) 그중에도

언니 해님에게서 찬미를 받으사이다

그로 인해 낮이 되고 그로써 당신이 우리를 비추시는

그 아름다운 몸, 장엄한 광채에 번쩍거리며

당신의 보람을 지니나이다, 지존하신 이여

누나 달이며 별들의 찬미를 내 주여, 받으소서

빛 맑고 절묘하고 어여쁜 저들을

하늘에 마련하셨음이니이다

언니 바람과 공기와 구름과 개인 날씨

그리고 사시사철 찬미를 내 주여, 받으소서

당신이 만드신 모든 것을 저들로써 기르심이니이다

쓰임 많고 겸손되고 값지고도 조촐한 누나

물에게서 내 주여, 찬미를 받으시옵소서

아리땁고 재롱 피고 힘 세고 용감한 언니

불의 찬미함을 내 주여, 받으소서

그로써 당신은 밤을 밝혀 주시나이다

내 주여, 누나요 우리 어미인 땅의 찬미 받으소서

그는 우리를 싣고 다스리며 울긋불긋 꽃들과

풀들과 온가지 과일을 낳아 줍니다[3]

프란치스코의 언어와 생각, 그의 "언니 해님(태양)"과 "누나 달", 바람과 물하고 그간의 사랑 깊은 관계는 자연 세계에 대한 대화의 유럽식의 그리스도교적 접근 방법보다는 인도나 중국, 혹은 북아메리카의 한 추장 시애틀(Seattle)의 전통에서 찾아볼 수 있는 언어와 훨씬 더 닮았다. 한데 그는 신을 전적으로 자연과 동일시하는 것도 그리고 하느님에게서의 일체의 초월적 차원을 부정하는 것도 모두 피하고 있다. 그는 하느님과 이웃을 사랑하라는 그리스도교적 부름을, 그 이전이나 그 이후 대부분의 그리스도교 작품의 특징을 이루는 하느님-인간과 자연간의 분열을 치유하는 방식으로 모든 창조계를 포괄하도록 확장함으로써 이와 같은 시도를 보여주고 있다.

프란치스코는 소란과 격변의 역사 시기에 살았다. 이때는 오늘 이 시대에 와서 서구 문명 가운데 가장 파괴적인 충동이었던 것으로 입증된 상당수의 것들이 막 나타나기 시작하던 무렵이었다. 그는 거의 전적인 농촌 경제로부터 시장 경제 체제로 넘어가는 현상을 목격하였다. 그 자신이 직접, 그 후대의 수세기 동안에 인간 존재들이 이들 상호간에는 물론 자연 세계에 대하여 관계를 형성해 가는 방식에 심대한 영향을 미칠 상업 경제의 발흥을 겪었던 것이다. 한데 프란치스코 자신은, 비록 꽤 부유한 상인 가정에 태어났음에도 불구하고, 돈이나 재산 축적에 전혀 아무런 가치도 두지 않았다. 이로 인해서 그는 아버지의 격분을 샀음에도 말이다. 실제로 그의 가르침과 특히 그의 생활 양식은 돈에 대한 그리고 사람들이 소유하는 재산으로 인하여 그들을 높이 평가하는 식의 당대에 대두되기 시작했던 계급 의식에 대한 철저한 비판, 그 자체였다. 프란치스코는 생태계 윤리와 관련하여 우리에게 많은 것을 가르쳐 주고 있다. 우리가 살고 있는

---

3. St. Francis of Assisi. *The Canticle of Brother Sun, Omnibus Source*, 130-131면, Franciscan Herald Press, Illinois 60609. (본문 번역은 최민순 옮김, 「태양의 노래」, 「밤」, 성 바오로 출판사, 312-4면에서 따옴 — 역주).

이 소비사회가 가난한 사람들과 지구 자체를 해치기에 이르도록 재
산을 축적하려는 욕망에 사로잡혀 있기 때문이다. 프란치스코는 모
든 생명에 대한 경외와 그것들과의 친밀한 관계는 사물들을 소유하
고자 하는 일체의 욕구를 막아준다고 생각하였다. "머리 둘 곳조차
없는" 예수의 참된 추종자는 생명을 지탱시키는 데 필요한 것을 오
로지 땅으로부터 얻어야 했던 것이다.

　자연 세계에 대한 프란치스코의 사랑은 독특한 방식으로 서구인들
의 상상력을 사로잡았다. 제피렐리(F. Zeffirelli)의 영화「언니 태양
과 누나 달」은 프란치스코에 대해서 유럽인들이 느끼는 매혹을 현대
적으로 표출해 낸 작품이다. 여기서 그려지는 프란치스코의 상에는
창조물들에 대한 그의 사랑이 흘러나오는 샘인 하느님께 대한 그의
압도적인 열정이 정확하게 파악되어 있지는 않은 것이 사실이지만,
그래도 이 영화는 그의 삶의 한 중요한 면모를 민감하게 포착해 내
고 있다.

　오늘 우리의 세계가 간직하고 있는 프란치스코에 대한 기억은 치
유하고 화해시키고 창조하는 기능을 하는 그와 같은 것이다. 많은
사람들은 그를 기억하면서 평화론자가 되고 인간들 사이에 진정한
형제애를 구축하며, 인류와 지구를 위해 정말이지 너무 늦기 전에
전쟁을 그만두도록 할 결심을 굳히도록 고무받고 있다. 또한 자연주
의자들과 생태학자들은 그를 기억하면서 인간들에 의해 길들여지지
않은 자연을 보존해야겠다는 결단을 내리는 데 힘을 얻고 있다. 오
늘날 우리 세계에 설정되어 있는 자연 보호 지역들은 많은 이유로
꼭 필요하다. 멸종 위기에 처해 있는 동식물들이 살아 남고 절멸되
지 않으려면 서식지를 필요로 한다. 또한 야생의 자연을 체험하는
것은 인간의 영에 있어서 그 감지력을 확장시키고 고양시키는 계기
가 된다. 그것은 우리를 우리 자신으로부터 벗어나도록 이끌어 내어
준다. 광활한 대양이 되었든 열대우림이나 사막이 되었든간에 인간

존재들의 손이 닿지 않는, 길들여지지 않은 환경은 이 세계의 심장부에 자리한 궁극적인 신비를 가리키고 있는데, 이 신비는 인간 존재들에게 지구와는 물론 하느님과의 사이에서 더 깊은 친교에 이르도록 지속적으로 촉구하고 있다. 사계절의 성인 프란치스크는 기꺼이 생태학자들의 수호성인으로 선정되리만큼 오늘 우리의 시대에 특히 중요한 인물이다.

빙엔의 힐데가르트:
지구의 녹색화

빙엔의 힐데가르트(1098~1178)의 접근 방법은 베네딕도와 프란치스코의 두 접근 방법에다가 또 다른 한 독자적인 차원을 덧붙여 준다. 애석하게도 그녀의 저서들은 널리 알려져 있지 못한 실정이다. 그녀의 작품 선집들이 영어로 출판된 것이 겨우 지난 몇년 사이에 이루어졌을 정도이다. 이 훌륭한 여자 — 시인이자 음악가요, 화가, 신비가, 식물학자이자 식물 채집가이며, 교황들과 왕족들 그리고 교회 평의회의 자문자 — 는 자연 세계에 대한 서구 그리스도교의 이해에 독특하게 기여하였다. 지구에 대한 그녀의 접근 방법은 "지구의 녹색화"(greening of the Earth)를 보람으로 추구하고 있다.

신은 지구의 "녹색화"에 현존해 계시는데, 이는 유럽에 그리스도교가 널리 퍼지기 이전에 많은 유럽인들이 따르던 켈트 종교의 풍부한 시를 떠오르게 해준다. 힐데가르트는 자신의 저작들을 통해서 자연 세계의 지극히 심오하고도 본질적인 과정들에 대한 독특하게 여성적인 체험을 포착하여 이를 노래하고 있다. 베네딕도의 저 길들이고 조직하는 기법들과 프란치스코가 보여준 모든 창조물들에 대한 형제적 배려는 모두 다 실재에 대한 남성적 접근 방법에 있어서 가치있는 요소들이다. 그러나 힐데가르트는 여성적인 풍성함의 차원을 높이 기리고 있다. 그녀의 시는 지구에 대한 열광적이고도 감성적인 사랑으로 요동하고 있다. 그녀의 시에는 뜨거운 열정이 충만해 있다. 그녀는 다음에 소개되는 시에서 창조계에 대한 창조자의 사랑에 흥겨워하면서, 노골적으로 성과 관련된 언어를 사용하기를 꺼릴 이유가 전혀 없다고 보고 있다. 그녀는 이에 대해서 이렇게 진술한다:

"나는 창조자와 창조계의 커다란 사랑을 하느님이 남자와 여자를 함께 묶어 주시는 그 동일한 사랑과 충실성에다가 견주고 있다. 이는 그들이 함께 창조적으로 풍부하게 결실을 맺게 하시려는 것이다."[4]

힐데가르트에게는 창조계에 대해서 전혀 모호함이라든가 주저하는 태도가 나타나지 않는다. 지상적이거나 몸적이거나 무생물적인 자연을 언급하면서도 전혀 혐오나 반감이 없다. 그녀는 이 세계를 악하다거나 부패 내지 타락한 것으로 보지 않는다. 힐데가르트 이전과 이후의 숱한 그리스도교 신비가들의 저작들과는 달리, 그녀의 작품에서는 성성(聖性)을 추구하는 사람들에게 자연 세계로부터 물러날 것이 권고되지 않고 있다. 힐데가르트는 "거룩한 인물들은 지상적인 것 일체를 자신에게로 끌어들인다"고 갈파한다. 그녀에게 있어서 자연 세계는 인간들이 피해야 하거나, 아니면 정복하고 순치시키기 위해서 싸움을 벌여야 할 카오스(혼돈) 내지 황야 지대가 아니다. 자연은 기쁨과 경탄과 찬양과 경외 그리고 특히 사랑을 불러일으켜 준다. 자연은 지극히 아름답게 단장되어 있어서 그 창조자조차도 입맞추며 포옹하기 위하여 연인으로 가장한 채 자연에게로 다가가신다:

> 창조자가 당신의 창조계를 사랑하시는 만큼
> 창조계도 창조자를 사랑합니다
> 창조계는 물론
> 창조자의 사랑으로 꾸미어지고
> 그 사랑으로 흠씬 젖고
> 그 사랑의 선물토 채워지도록 꼴지어졌습니다
> 이 세계 전체가 그분께 안겨 입맞추어졌습니다[5]

---

4. Hildegarde of Bingen, *Meditations with Hildegarde of Bingen*, tr. by Uhlein, Gabriele, 1982, 56면, Bear and Company, P. O. Santa Fe, NM 87504-2860.

5. 위의 책 65면.

세계 도처에서 형성된 많은 문화들 속에서 땅은 어머니로서 숭배되고, 땅의 풍성함이 높이 기려진다. 이런 맥락에서 볼 때 힐데가르트가 이와 같은 표상을 이어받고 있는 것은 전혀 놀랄 일이 못된다. 지구의 기르는 역할은 결코 우리가 생물학적으로 필요로 하는 것들에 한정되지 않는다. 그 역할에는 우리의 정서적이고 영적인 안녕까지 내포되어 있는 것이다. 끝으로 지구는 "하느님의 아들"이 저 육(肉, flesh)을 형성하는 데 있어서 가장 창조적인 역할을 한다:

> 땅은 동시에 어머니입니다
> 땅은 모두의 어머니입니다
> 모두의 씨앗들이
> 땅에 보듬겨 있기 때문입니다
> 인류의 땅은
> 모든 촉촉함과
> 모든 푸르름과
> 모든 발아시키는 힘을 보듬고 있습니다
> 땅은 너무도 다양하게 풍성한 결실을 냅니다
> 이것은 정말이지, 단지
> 인류에게 기본이 되는 재원뿐만 아니라
> 하느님의 아들의 실체까지도 꼴지어 줍니다[6]

부디 힐데가르트의 작품들이 더 널리 알려지게 되어서, 그녀가 그리스도교 영성에서 정당한 위치를 차지할 수 있게 되기를 바랄 따름이다. 그녀와 친교를 나누는 가운데 우리 역시, 과거나 현대를 막론하고 그리스도교의 영적 입문서들에서 너무도 흔히 찾아볼 수 있는 자

____

6. 위의 책 51면.

연 세계에 대한 뿌리깊은 두려움과 적대감을 극복해 나가게 될 것이다. 우리는 그녀와 더불어서, 그리스도교 영성을 줄기차게 따라 붙어다니는 침울과 비관적 태도 그리고 죄의식을 떨쳐버릴 수 있을 것이고, 우리를 에워싸고 있는 이 세계 속에서 하느님의 현존을 기쁨에 차서 인식할 수 있게 될 것이다.

현대 세계에 있어서는 종종 여자들이 평화 운동과 생태계 운동의 선봉에 서서 활약하고 있다. 이들은 지구가 남성 지배적인 세계의 수중에서 겪고 있는 고통과 파괴를 훨씬 더 쉽게 포착하고 공감할 수가 있다. 이들 자신 역시 희생자들로서 살아 왔기 때문이다. 예컨대 우리는 서부 유럽에 크루즈 미사일과 퍼싱 2 미사일을 배치하는 것에 항거하면서 영국의 그린햄 커먼(Greenham Common)에서 여러 해 동안 천막생활을 하고 있는 여자들을 생각할 수 있을 것이다. 그런데 한 가지, 모든 사람들과 이 지구 자체를 위하여, 마치 우리의 안전이 만일 사용되기만 했다 하면 지구상의 모든 것을 죽음으로 몰아넣을 무기에 달려 있는 듯이 처신하는 어리석음에 항거하고 있는 이들에게 이 창조계를 긍정하는 힐데가르트의 작품들이 더 쉽게 활용되지 못하고 있다는 것은 참으로 안타까운 일이지 않을 수 없다.

그리스도교의 책임

지금까지 나는 그리스도인들이 지구를 돌보는 것과 관련하여 밝은 면을 제시해 왔다. 그렇지만 앞에서 이미 언급하였듯이, 우리의 전통 속에는 어두운 면 역시 있다. 창조신학은 우리 신앙의 중요한 주제들에 관한 우리의 전통적인 진술에 대해서도 비판하지 않으면 안된다. 이렇게 함으로써 그러한 주제들이 종교적인 형태로이건 이것과 연결되어 세속에서 드러나는 양식으로이건간에 의식하고서는, 물론 의식하지 못한 상태에서라고 하더라도, 지구의 파괴에 한몫을 하는 일이 없도록 해야 하는 것이다. 이와 관련하여 생태계의 위기에 대한 그리스도교의 특별한 책임 문제를 놓고 근래에 생태학자들과 신학자들과 과학 기술의 발달사를 연구하는 학자들이 벌였던 한 논쟁에 주의를 기울여 볼 필요가 있다. 이 논쟁은 현대 과학과 과학 기술이 왜 중국이나 인도, 혹은 이슬람 세계에서가 아니라 그리스도교 문화 속에서 발생하였는가 하는 문제를 둘러싸고 펼쳐졌다.

미국의 역사가인 린 화이트가 1966년에 AAAS(American Association for the Advancement of Science)에서 행한, 지금은 유명해진 한 강연에서 이 문제를 제기하였다.[7] 그는 자신의 강연에서 그리스도교 전통을 고발하면서, 우리가 현재 겪고 있는 생태계 문제들은 서구인들의 종교적인 관점에 있어서 주요한 전이(轉移)가 있기 전까지는 해소되지 않은 채 지속될 것이라고 주장한다. 화이트는 서구인들이 "자연에 대하여 우월하다고 느끼고 있고, 자연을 경멸하며, 우리의

---

7. Lynn White, "Historical Roots of Our Ecological Crisis", in *Science*, 1967, 1203-7면.

사소하기 이를 데 없는 기분풀이를 위해 자연을 마음대로 이용하려 든다"고 말한다. 그는 계속해서 다음과 같이 지적한다:

우리가 자연은 인간을 섬기는 것 이외에는 존재의 이유가 없다는 그리스도교적인 공리(公理)를 거부하지 않는 한, 우리는 계속해서 점점 더 생태계 위기를 악화시키게 될 것이다. … 우리가 현재 도달한 과학과 기술공학은 자연에 대한 전통있는 그리스도교의 오만에 물들어 있어서, 우리의 생태계 위기를 해소할 해결책이 단지 이러한 과학과 기술공학만으로 도출될 수 있으리라고는 기대할 수 없는 상황이다. 우리가 직면해 있는 문제들의 뿌리가 너무도 광범위하게 종교에 가닿아 있기 때문에, 그 치유책 역시 근본적으로 종교적이지 않으면 안된다. 우리가 이를 그렇게 일컫건 일컫지 않건간에 말이다.

저명한 생태학자요 미생물학자인 르네 뒤보는 「땅한테 고백한 사랑」[8]에서, 좀더 멀리까지 거슬러올라가 보면 환경의 퇴락은 성서 시대가 펼쳐지기 오래 전에 시작되었다고 지적하면서 화이트의 기소를 반박하고 있다. 그는 거의 모든 문명 — 중국과 그리스, 로마와 아즈텍 문명, 심지어는 인도의 힌두 문명과 동남아시아의 불교 문명에 이르기까지 — 이 산림을 벌채하고 과도하게 방목함으로써 어느 정도 자신들의 환경을 훼손하였다고 주장한다. 그는 「크리티아스」(*Critias*)에서 플라톤이 아티카 땅을 "쇠약해진 몸의 뼈"에 견주었던 점을 상기시키고 있다.

  또 어떤 사람들은 민족적·문화적 요소들이 서구에서 과학 기술이 발달하도록 몰아친 제1의 결정적인 요소들이었을 것이라고 생각한다. 왜냐하면 이들이 볼 때는 동양에 전해진 그리스도교의 경우 지

---

8. René Dubos, *Wooing the Earth*, Charles Scribner's Sons, New York 1972.

상의 발전 내지 지상적인 진보와는 거리가 먼 어떤 신비주의적인 문명을 창출해 놓았기 때문이다. 물론 이 견해가 전혀 틀린 것이 아닐 수는 있다. 그렇지만 문화와 종교가 상호간에 영향을 미친 것이 16세기 이래로 유럽에서 과학이 급속도로 발달할 수 있는 토대를 구축해 주었다고 보는 것이 더 합리적일 것으로 보인다.

예컨대, 16세기에 중국의 과학은 서구의 과학보다 훨씬 더 앞서 있었다. 중국은 당시 인쇄술과 자기(磁氣) 작용의 원리와 폭약을 발견하였고, 그리고 금속을 주조하는 앞선 기술들을 갖고 있었을 뿐만 아니라, 의학과 천문학 관계 지식도 광범위하게 정리해 놓은 상황이었다. 하지만 이들의 과학적 열정은 서구의 과학이 진보해 가는 동안 침체되어 있었다. 어떤 해석가들은 서구 유럽에서의 경험과학의 진보를, 뉴튼식의 세계관에서 관건이 되고 있는 한 관념, 곧 물리적인 우주를 지배하는 법칙들은 그 실재들 자체와 독립되어 있다는 관념에 기인하는 것으로 설명하고 있다. 한데 이것은 근본적으로 종교적인 사상이다. 이 이해의 뿌리는 야훼가 우주 내에 있는 모든 실재들을 그 각각의 고유한 위치에 자리하게 하시는 최고의 법 부여자로 파악되고 있는 성서에로까지 거슬러올라가 닿을 수 있는 것이다. 자연의 질서와 구조와 인지 가능성은 자연의 법칙들이 관찰과 실험을 통하여 인식될 수 있고, 따라서 이것들이 자연 그 자체를 변혁시키기 위해 활용될 수 있다는 것을 뜻한다.

과학과 과학 기술이 최소한 부분적으로라도 유럽의 삶의 종교적인 원천들로부터 발생하였다는 것은 내가 보기에 부인하기가 매우 어려울 것 같다. 나는 역사적으로 화이트의 견해를 수정하여 새롭게 형성된 이해 쪽으로 대세가 기울리라고 생각한다. 그러나 화이트가 자신의 진술에서 도를 지나치고 있는 것도 사실이다. 한 역사가로서, 아무런 규정도 시도하지 않은 채 어떤 것을 "그리스도교적 정통 교설"로 몰아붙이는 것은 오랜 세월 동안 성서에 담겨진 채 함께 공존해 내려오면서 때로는 서로간에 마찰을 빚기도 했고 풍부하고 다양한 여러 경향들에 대한 이해가 짧다는 것을 드러내 준다. 우리는 성서가 신과 인간을 자연 세계로부터 분리시킬 것을 역설하는 것이 사실임에도 불구하고, 이 전통 속에는 지구를 존중해야 할 필요성을 강조하는 또 다른 조류들이 있다는 것을 살펴본 적이 있었다. 앞서 간략하게 그리스도교적 생태론 모델들에 관하여 논의하면서 보았듯이 지구를 돌본 베네딕도와 창조물들을 모두 확장된 가족의 일원으로 보았던 프란치스코, 그리고 지구 땅에서 기쁨을 맛보았던 힐데가르트는 성서에 나오는 "땅을 점령하라"는 명령을 내세우면서 자신의 반생태계적 토지 개발 계획을 정당화하려고 애썼던 제임스 와트 — 최근의 미국 내무장관 — 가 그리스도인인 것 못지않게 참으로 그리스도인들이었던 것이다.

　사람들이 원했던 그만큼 이들이 언제나 강력한 영향력을 미쳤던 것은 아니라는 지적은 충분히 받아들여질 수 있는 것이라고 보여진다. 내가 이 책에서 개진하고자 하는 명제는, 즉 구속에 대하여 지나치게 강조한 것이, 특히 인간의 운명이 자연 세계의 그것으로부터 분리되었을 때 점증적으로 지구 공동체의 퇴조를 약화시켜 온 과학 기술이 발달되는 토대를 마련해 놓았다는 이것이다. 우리는 그리스도인으로서, 이 세계에 관한 우리의 종교적 제 관념들을 에두르고 있는 신비주의적인 색채가 결코 이 지구의 파괴에 한몫을 담당하는 일이 없도록, 정말이지 극히 주의를 기울이지 않으면 안될 것이다.

진보 발달관

그와 같은 관념의 하나가 진보 내지 발달(progress)과 발전(development) 개념이다. 이것은 우리 시대에 가장 중요하고도 지속적으로 논의되는 논제 가운데 하나이다. 이것은 아마도 현대 역사 속에서 다방면에 걸쳐 가장 역동적인 관념으로 평가받을 것이다. 이 개념은 자본주의와 마르크스주의 모두에서 핵심적인 위치를 차지하고 있다. 한데 이 용어에 내포되어 있는 뜻은 무엇이고, 우리는 소위 발달 내지 발전을 어떻게 측정할 수 있을 것인가? 이 문제를 과학 기술과 서구 그리스도교의 맥락 속에서 보지 않고서는 이에 대해서 올바로 규명할 수 없을 것으로 보인다. 오늘 이 시대에 일반적으로 알고 있는 바로는, 사람들이 자연 세계에 덜 의존적이면 덜 의존적일수록 이들은 그만큼 더 과학 기술로 둘러싸여 있고, 자신들이 그만큼 더 크게 발달을 이룩해 가고 있다고 생각한다. 이와 같은 이해는 너무도 만연해 있다. 그리하여 인간 공동체가 불가역전적으로 수억년 규모로 지구 공동체에 악역향을 미침으로써 지구의 광범위한 퇴화에 연루되어 있는 이 현상들을 계속해서 "발달"이라고 일컫고 있는 것이다.

발달 관념은 또한 우리의 종교 전통과도 연계되어 있다. 로버트 니스벳은 그의 저서 「발달 관념의 역사」의 마지막 대목에서 2,000여 년의 역사를 갖는 이 관념에 대한 연구를 마무리짓는 가운데 다음과 같은 물음을 제기하고 있다. 발달 관념의 미래는 어떻게 나타날 것인가? 그는 직접적으로 더 근본적인 물음을 다음과 같이 제기한다:

서양에서 유대-그리스도교의 미래는 어떻게 될 것인가? 만일 관념의 역사와 관련하여 확신을 갖고 시도될 수 있는 일반화가 한 가지 있다

면, 그것은 관념의 역사는 이것의 전 역사를 통해서 종교 내지 종교로
부터 유래된 지적인 구조물들과 밀접하게 연계되어 왔고 또 여기에
의존해 왔다는 것이다. 바로 이 점 때문에 나는 이와 같은 물음을 제
기하지 않을 수 없는 것이다.[9]

서양에서의 경우 지속적인 발달 내지 진보에 대한 관념은 지구를 변
혁시키고자 하는 과학 기술계 충동의 배후에 자리잡고 있는 역동성
으로 나타난다. 니스벳이 파악하고 있듯이, 이 발전소는 그 자체가
실재에 대한 종교적인 이해에 의존해 있다. 실제로 이것은 환시적이
다. 여기서는 인간 존재들이 구약성서의 다니엘서와 신약성서의 묵
시록에서 언급된 천년기를 속화하고 퇴락시켜서 형성해 놓은 현대판
천년 왕국론을 통해서 제시되고 있는 것이다. 성서의 이 두 책은 한
천사가 용을 사로잡아서 천년 동안 묶어둘 시기에 대하여 언급한다
(묵시 20,2). 그렇게 되면 성인들의 통치가 시작될 것이고, 평화와
정의의 때가 위세를 떨칠 것이고, 그 "나라"가 땅-지구 위에 세워지
리라는 것이다. 그러면 고통과 인간 조건의 곤고로움이 마침내 궁극
적으로 극복될 것이라는 것이다.

　천년 왕국을 향한 충동으로 가열된 필연적인 진보에 대한 이와 같
은 믿음은 서양의 의식 속에서 오랜 역사를 이어 내려오고 있다. 이
는 특히 중세 시기 동안에 강력한 영향력을 행사하였다. 예컨대, 12
세기 때에 요아킴 드 피오르(Joachim de Fiore)는 이러한 천년 왕국적
인 접근 방법을 사용하여 전체 역사를 진보해 나가는 세 시기로 구
분지었다. 제일 첫 시대는 (하느님) 아버지에 의해 지배되었고, 이는
구약성서 시기에 상응한다. 신약성서 기간은 아들의 시대이고, 이제

---

9. René Nisbet, *The History of the Idea of Progress* (New York, Basic Books,
　　1980) 352면.

막 태어나려고 하는 시대인 마지막 때는 성령의 시대가 되리라는 것이다. 역사 과정이 진보적으로 펼쳐진다는 사상은 지암바티스타 비코(Giambattista Vico, 1668~1774)의 역사 저술들 전체에 걸쳐서 역시 나타난다. 그는 이러한 진보관을 영적인 영역으로부터 세속 역사 단계로 이끌어갔다.

비코는 자신의 진술 체계 내에다가 하느님이 들어설 자리를 남겨놓았다. 하지만 오규스트 꽁트(Auguste Comte, 1798~1857)와 칼 마르크스(Karl Marx, 1818~83), 그와 여러 사람들의 경우 신을 끌어내렸다. 이들과 이들 당대의 여러 저자들에 따르면 인간 존재들은 자력으로, 스스로 존재하게 되었고, 이 세계 밖의 다른 어떤 곳에서도 구원을 찾을 수가 없었다. 인간 조건에 있어서의 포괄적인 변화, 특히 이 세계의 어려움들과 고통을 극복하고자 하는 충동이 하느님으로부터 오는 것이 아니었던 것 같았기 때문에, 인간 존재들 스스로가 주로 과학 기술의 활용을 통하여 어떤 한 새롭고 더 괜찮은 세계를 창출하고자 하지 않으면 안되었다.

주로 과학 기술을 통해서 성취해 낼, 진보적으로 발달시켜 나갈 미래 지향적인 세계, 바로 이것이 오늘의 세계의 마르크스주의와 자본주의 둘 다에 있어서 핵심을 이룬다. 이 두 이데올로기적 체제 속에서 사람들의 관심은 미래의 지복 상태에 집중되어 있다. 현재는 미래의 영광을 위해 소모될 수 있는 것으로 간주된다. 민중들은 자신들의 자녀들 대에 가서 그 미래가 장미빛으로 밝게 빛날 수 있게 하기 위해 오늘의 누추함과 압제를 참아받도록 요구된다. 마르크스주의의 틀에 있어서, 그 밝은 미래는 한치의 오차도 없이 절대적으로 역사 — 마르크스와 레닌(Lenin) 둘 다 여기에 폭넓은 산업화 과정을 포함시키고 있다 — 의 역동성과 혁명 과정에 의해 확고하게 보장된다. 자본주의에서의 경우, 풍요와 미래의 지복을 구가하는 시대는 민간 기업과 자유로운 시장 경제의 작용 그리고 과학 기술에 의해 성공적으로 이룩될 수 있다고 본다. 또다시 진짜로 평범한 보통 사람들은 저임금으로 노동을 착취하는 기업체들의 지나친 잉여금 독식(獨食)을 참도록, 그리고 눈감아 주도록까지 종용받는다. 이러한 견해를 제안하거나 지지하는 사람들은 그래도 할 말이 있다. 이들은 모두가 풍족해지기 전까지 몇 십년만 더 희생해 줄 것을 줄기차게 요구하고 있는 것이다.

종교인들은 위의 두 환상의 세계의 토대를 이루는 발달 내지 진보 관념과 관련되어 있는 신비적인 매력이 "도래할 영광"에 관한 종교적인 관념과 확고하게 연결지어져 있다는 점을 너무도 잘 간파할 수 있을 것이다. 바로 이 관념이 실재의 세계에 미친 그 영향이 착취적이고 파괴적인 이 두 경제 체제들에 의해 흡수되어 저질화되어 버리고 말았던 것이다.

이상에서 살펴본 내용을 극명하게 입증해 줄 수 있는 분야는 광고 영역 외에 달리 없을 것이다. 이 분야야말로 현대의 산업사회들에 있어서 가장 괄목할 만하게 성장한 부문들 가운데 하나이다. 영국한 나라에서만도 1981년 한 해 동안 광고비가 59억 2,500만 달러였다. 광고주는 남자가 되었든 여자가 되었든 자기 상품의 대량 구매를 유도하려고 시도한다. 기쁨과 아름다움, 건강, 성적인 매력 혹은 경이로운 세계를 이루는 것은 무엇이든지 가장 최근에 나놓은 생산물이나 새로운 발명품을 사용하는 사람에게 자신있게 약속된다. 광고는 냄새를 제거해 주는 스프레이가 충분히 오존층을 파괴하고 있다거나, 핫도그와 햄버거와 같은 간이 음식들이 열대림을 훼손시키고 있다는 사실에 대해 주의를 요하지 않는다. 광고주들은 대중들에게 담배를 피우는 것이 사람의 건강에 해롭다고 밝히도록 유관 기관으로부터 명령을 받기는 한다. 그러나 이러한 명령은 그와 같은 경고가 거의 드러나지 않을 그러한 방식으로, 그야말로 눈가리고 아웅하는 식으로 수행되고 있을 따름이다. 끝으로, 대중에게 방송된 선전 내용은, 계획적으로 진부화(陳腐化)하게 만들어서 유행을 창출해 나가는 것이 현대의 산업사회들에 있어서 한 중요한 요소라는 점이 너무도 쉽게 간과되도록 유도하고 있다. 오늘은 정말이지 눈부시게 매력있어 보이는 상품들이 단 몇년 이내에 폐물이 되어서 쓰레기 더미에 쌓이게 되고 말 것이다.

마르크스주의에 입각한 나라들과 자본주의 국가들 모두에 있어서, 우리의 산업 생산 과정의 대부분이 지구에 대해서 야기시키고 있는 파괴에 직면하여 혹자는 이렇게 물음을 제기할 수 있을 것이다. "계급 없는 사회가 무슨 소용이 있는가? 메마른 땅, 유독 물질로 오염된 땅에서 말이다." 미래에 가서 사회 체제가 제아무리 평등해진다고 할지라도, 만일 지구가 그 표토(表土)를 상실하고 만다면, 이것은 인간 존재들을 포함한 모든 창조물들을 위해서 먹이를 생산해 내는 일을 그치게 되고 말 것이다. 그리고 경제의 파급 효과를 통하여 마침내는 덜 가진 사람들을 살지우게 되기에 이르기까지, 충동과 창의력을 통하여 모든 사람들을 풍족하게 하리라는 자본주의의 꿈은 결코 실현되지 않을 것이다. 이유는 지극히 단순하다. 여기서는 결코 파급적으로 전해질 것이 전혀 남아 있지 않을 것이기 때문이다. 뼈에 사무치는 빈곤과 누추함은 대다수 사람들의 몫이다. 이들은 자신들의 자손들은 좀더 잘 지내리라는 희망조차도 거의 간직할 수 없는 처지에 놓여 있다.

이와 같은 논의를 통하여 이제 우리는, 우리가 사용하는 말들의 실제적인 의미를 깨닫기 위해서는 우리의 언어를 주의깊게 살펴보지 않으면 안될 것이라는 사실을 인식할 수 있게 되었으리라 싶다. 우리가 오늘날 통상적으로 발달 내지 진보라고 일컫는 현상들 대부분 ― 지구를 파헤치고 오염시키고 자연의 다양성을 파괴하는 ― 은 지구 공동체로서는 지체(遲滯)인 것이다. 우리가 이미 상당히 광범위하게 발생된 파괴를 회복시켜서 원상태로 되돌려 놓기 위해서는 모든 것을 그 각각에 합당한 이름으로 불러야 할 필요가 있다. 진정한 발달은 이와 같은 손상을 치유하는 일과도 연관될 것이다.

그리스도인들은 천년 왕국과 구속과 관련된 신화들을 세속화한 이해들이 실제로 전세계 차원에서 생태계의 저락을 야기시키고 있는 파괴적인 충동성을 밑받쳐주고 있다는 사실을 특히 명확하게 감지할 수 있어야 한다. 우리의 그리스도교 신앙에 있어서의 그 어떤 진술도 실제로는 이 세계의 대부분을 폐물로 바꾸어 놓는 이데올로기들에다가 자체의 에너지를 빌려 주는 일이 없도록 확고하게 다잡는 최선의 방법은, 끊임없이 새롭게 발생하는 창조계에 대한 총체적인 신학적 성찰 속에서 우리의 신앙을, 특히 구속에 대한 우리의 이해를 재정립하는 것이다.

8

타종교들과의 대화

우리는 앞에서 세 장에 걸쳐서 우리 시대의 창조 신학은 반드시 합당한 우주 발생론과 성서의 계시와 그리스도교 전통에 간직된 풍부한 논제들에 그 토대를 두지 않으면 안되리라는 사실을 볼 수 있었다. 우리의 신학은 수많은 위대한 종교들의 지혜와 통찰들 그리고 특히 전통적인 (주요) 종교들과의 창조적인 대화에서 얻게 될 지혜와 통찰들을 통해서 훨씬 더 풍부해질 수 있을 것이다. 인간 존재들의 출현에 관하여 진술하면서 우리는 이미, 대문명들이 서로 비교적 고립된 상황에서 세계에 대한 자체의 이해를 구축해 왔던 데 반해서, 오늘날에는 이 문명들이 끊임없이 서로 충돌하는 가운데 서로를 풍부하게 해주고 있다는 점을 본 바 있었다.

떼이야르의 표현을 빌리자면, "인류의 집단화"(collectivization of humanity)로부터 얻어진 매우 풍성한 결실 가운데 하나는 오늘날 온 인류가 인간의 모험적인 역정 전체의 상속자로서 존재한다는 것이다. 예를 들면, 지난 25년간 그리스도교의 묵상은 동방의 기도 양식들, 그중에서도 특히 불교와 힌두교의 그것들에 의해 깊은 영향을 받아 왔다. 이제는 이와 같은 창조적인 발전 양상들을 참조하지 않고서는 그리스도교의 기도에 대해서 적절하게 연구할 수가 없게 되고 말았다. 우리 주변에서 찾아볼 수 있는 종교들과의 창즈적인 대화는 다른 방면들에 있어서도 역시 종교 자체의 자기 이해와 관련하여 각 종교를 풍부하게 해주고 있고, 이를 통해서 인류의 집단적인 공동 종교 체험이 강화되고 있다.

다음의 내용은 아시아 종교들이 땅-지구에 관하여 우리를 일깨워 줄 것임에 틀림없을 가르침에 관한 몇 가지 간략한 예들이다. 라다 크리슈나 라오는 「마진지라」라는 잡지에 기고한 베다 문헌을 통해서 본 생태계에 관한 글을 통하여[1] 베다에는 인간 존재들에게 동물들을 온유하게 다루고, 인도의 언덕과 산, 계곡, 강 그리고 숲들 속에서 신의 현존을 체험하도록 하라는 많은 호소들이 담겨 있다고 지적한 다. 예컨대 「리그 베다」(*Rig-Veda*)는 다음에서 보듯이, 동물들은 물 론 무생물적인 대상들과도 역시 친교를 이루도록 청자(聽者)를 일깨 우고 있다:

> 능한 자여, 나를 강하게 해주소서
> 존재하는 모든 것들이 나를 친구의 눈으로 보게 하소서
> 내가 존재하는 모든 것들을 친구의 눈으로 보게 하소서
> 우리가 서로를 친구의 눈으로 보게 하소서

「우파니샤드」(*Upanishads*)에는 자연 속에 있는 것들이 상호 연관되 어 있다는 사실에 대한 분명한 이해가 담겨 있다. 「이스비야소파니 샤드」(*Isvyasopanishad*)에 나오는 다음의 구절은 자연의 그 섬세한 균형에 대한, 그리고 자연의 순환이 얼마나 쉽게 차단될 수 있는가 에 대한 예리한 인식을 보여 준다:

> 비는 만물을 성장시킬 양분으로서 우주의 일부를 구성해 왔다. 이 체
> 계는 오로지 살아 있는 창조물들이 상호 의존해 있는 서로 다른 면면
> 들로 구성되어 있는 이 체계를 받아들일 수 있을 때에만 비로소 작용
> 할 수 있다.[2]

---

1. B. Radhakrishna Rao, "The Concept of Ecology in Vedic Literature", in *Mazingira*, No. 4 (1982) 68-80,70면.

2. 위의 책 71면.

인간 존재들은 자비롭고(compassionate) 자기 절제를 수행하도록 권고받고 있다. 아래에 소개하는 기도는 모든 곳에서 평화가 이루어지기를 간구하고 있다:

> 하늘의 평화, 공중의 평화
> 땅의 평화, 뭍의 평화
> 초목의 평화, 숲속 나무들의 평화
> 모든 신들(Devas)의 평화, 궁극 실재의 평화
> 모든 것들의 평화
> 평화의 평화
> 그 평화가 우리에게 이르게 하소서[3]

생명에 대한 이와 같은 존경과 자비심은 인도 반도에서 발생한 두번째의 위대한 종교인 불교에서 역시 찾아볼 수 있다. 이 종교의 계율에서는 모든 신자들에게 올바른 삶살이를 추구하도록 요구된다. 올바른 삶살이에 요청되는 본질적인 차원은 모든 창조물들의 생명에 대한 관심이다. 승에게 가해지는 요구는 훨씬 더 엄격하다, 즉, 승들은 살아 움직이는 것은 일체 잡아먹지 못하도록 금지되었다. 이것들은 모든 실재에 대한 자비를 구축하는 불교의 덕의 두 요소를 이룬다. 우리는 토마스 베리가 「불교」라는 책에서 인용했던 한 시[4]에서, 자신들의 실용주의적인 가치나 개인의 친밀한 관계와는 상관없이 보여지는, 모든 창조물들에 대한 이와 같은 자비와 존경이 아름답게 표현되어 있는 것을 볼 수 있다:

---

3. 위의 책 75면.

4. Thomas Berry, *Buddhism* (Thomas Crowell, New York, 1975) 40-1면.

모든 창조물이
안녕과 평화 속에 풍부해지기를

약하거나 강하거나 살아 존재하는 모든 것이
긴 것과 작은 것
짧은 것과 중간 것
초라한 것과 대단한 것 모두가 그리 되기를

보이거나 보이지 않거나 살아 존재하는 모든 것이
멀리 떨어져 사는 것, 가까이 곁에 사는 것
이미 태어난 것, 태어나기를 기다리고 있는 것
이 모두가 내적인 평화를 누리기를

그 누구도 다른 존재를 기만하지 말도록 하라
그 누구도 다른 존재를 어떤 상황에서건간에 멸시하지 말도록 하라
그 누구도 반감이나 증오를 사더라도
누구에 대해서도 전혀 해악이 미치기를 바라지 말도록 하라

어머니가 자기 자신의 생명을 다해
재난으로부터 자기 아들을, 하나뿐인 자기 아들을 보호하는 것처럼
그대 자신의 자아 내에 그렇게
모든 살아 있는 창조물들에 대한 무한한 관심을 품어 안으라

끝없는 사랑의 마음을 펼치어라
높이와 깊이와 넓이를 갖춘
이 세계 전체를 위한
미움도, 적의도 없이, 거리낌없이 쏟아붓는 사랑을

그대가 서 있거나 걷거나 앉거나 눕거나
졸음에 못견뎌 잠에 빠져들기까지
그대여 마음을 다하여 온전히 이에 투신하라
여기서 신적인 생명을 사는 것이라고 알려진 삶이 이러하도다

1985년 9월에 나는 한 사회과학자 그룹과 함께 중국에서 2주간을 지냈다. 그때 함께했던 학자들은 아시아 종교들간의 대화에 관여하고 있었다. 관광중에 우리는 중국에 있는 프로테스탄트와 가톨릭 교회의 대표들과 중국의 여러 도시의 이슬람교와 불교 연합회 대표들을 만났다. 이들 모두는 중국에서의 종교의 소생에 관하여, 그리고 이것이 중국민들에게 의미하는 것이 어떤 것인가에 관하여 들려 주었다. 나는 그 가운데서 오직 쟈오 푸쿠(Zhao Puchu) 씨를 통해서 불교도들이 환경과 종(種)의 보존에 관하여 이야기한 것에 흥미를 갖고 주목하게 되었다. 확실히 불교도들은 이 영역에 있어서 다른 종교 전통들과 함께 나눌 수 있는 것을 많이 간직하고 있다.

모든 창조물들에 대한 이와 같은 관심은 중국 문헌들에서도 역시 분명하게 나타난다. 특히 신 유학파 계열의 문헌에서는 하늘에서 땅을, 물에서 영혼을, 혹은 자연 세계에서 인간을 갈라놓으려는 일체의 이원론이 거부되고 있다. 왕양밍(王陽明, 1472~1529)에 따르면, 어떤 인물이 대인임을 인증하는 표는 이러한 식의 그 어떤 이원론도 거부하고 모든 것들 안에서 일치를 추구하고 전 창조계에 대한 항구한 사랑을 지니는 것이다. 오로지 이와 같은 방식을 통해서만 각 인격은 충만한 성숙에 다다를 수 있으리라는 것이다. 여기서 이타적인 행동은 각 인격 개개인을 도함하여 자연의 몸을 구성하는 모든 구성원들에게 유익을 가져다주는 것으로 이해되고 있다. 자기 중심적인 행위는 자연의 몸을 해치고, 모든 창조물을 재앙으로 이끌어 간다. 그는 다음과 같이 갈파한다:

대인(大人)은 하늘[天]과 땅[地]과 모든 존재들을 하나의 몸[體]으로
여긴다. 그 인물(He / She)은 이 세계를 하나의 가족으로, 그리고 나라
를 한 "사람"으로 여긴다. 자신들과 다른 사람들 사이를 인위적으로
갈라놓는 자들은 영적으로 미성숙한 이들이다. … 통치자와 관리와 남
편과 아내와 친우들로부터 시작하여 산과 강과 영(靈)들과 새, 동물
그리고 초목들에 이르기까지 모두가 이 모두와 더불어 "한몸"을 구성
하는 나 자신의 인성(人性)을 파악하고 실현하기 위해서 반드시 깊이
사랑받지 않으면 안된다. 오로지 그때 가서야 비로소 나는 참으로 "하
늘"과 "땅"과 모든 것들과 더불어 "한몸"이 되기에 이를 것이다.[5]

「동양 문명 입문」이라는 제목으로 출판된 또 다른 한 신 유학파 계열
의 텍스트[6] 역시 모든 실재와의 이와 같은 친밀한 인격적 관계를 드
러내 주고 있다. 이 본문의 저자는 인간의 제왕적인, 우월한 지위를
역설하지 않는다. 인간 존재들은 존재하는 모든 것들의 자연적인 틀
안에서 그 자체의 참된 자리를 찾아야 하는 존재들로 나타날 따름이
다. 이런 방식을 통해서 인간들은 떼이야르 계열의 견해에 지극히
가깝게 접근하는 방식으로 이 우주와 더불어 존재하기 시작해서 오
늘에 이르고 있는 것으로 이해된다. 서양인들은 우리 자신의 인간
중심적인 전통의 대부분의 양상과는 이질적인, 자연 세계에 대한 이
러한 포괄적인 동일시에서 많은 것을 배울 수 있을 것이다. 토마스
는 최근의 저서 「인간과 자연 세계」에서, 16세기가 시작될 무렵에는
이미, 서양에서 저술된 문헌들과 신학적 전통에서는 자연 세계에 대
해서 전혀 그 고유한 의미가 부여되지도 않았고, 인류에게 보탬이

---

5. Wang Yang-ming, "Industry on the Great Learning", in Ecological Prayer,
   Doland St. John, *Encounter*, 1982년 가을, 343면.

6. "The Western Inscription", *Introduction to Oriental Civilization, Sources of
   Chinese Tradition*, ed. Theodore Du Berry, 524면, Columbia Press, New York.

된다는 역할을 떠나서는 자연 세계 자체에 대해서 일체의 권리가 허용되지 않았다는 사실에 주의를 기울이고 있다.[7]

　오늘 이 시대에 있어서조차도 대부분의 서양인들은 다음과 같은 인용구에 표현되어 있는 사고를 대하면서 심기가 불편해질 것이다. 하지만 이것은 서양 사상계의 이원론적 전통들을 되살려 줄 해독제에 다름아니다:

　　하늘(天)은 내 아버지요, 땅(地)은 내 어머니이며, 내가 이것들 가운데 있는 은밀한 곳에서 발견하게 되는 미물 역시 그러하다. 그러므로 우주 전체에 걸쳐 존재하는 것을 나는 내 몸(體)으로 보고, 우주를 이끄는 것을 나의 본성(本性)으로 본다. 모든 사람은 나의 형제요 자매이며, 모든 사물은 나의 동료이다.[8]

---

7. Keith Thomas, *Man and the Natural World* (Pantheon Books, New York, 1983) 35면.

8. "The Western Inscription", 위의 책.

부족 종교 체험

문화의 진화 과정에 있어서 부족 시대 단계에 관하여 살펴보면서 나 자신이 언급한 다양하고 널리 분포되어 있는 전래적인 (주요) 종교 전통으로부터 역시 유익한 통찰들을 풍부하게 얻을 수 있다. 나는 5장과 이번 장에서 부족사회와 문명들에 대한 획기적인 접근 방법을 활용하고 있는데, 나로서는 이것이 지금 시도하고 있는 이 연구의 목적들과 관련하여 타당할 뿐만 아니라 도움이 되기도 한다고 확신하고 있기 때문이다. 그렇지만, 서로 명확하게 구분되는 일곱 개의 부족 문화들 — 만일 저 유명한 타사다이(Tasaday) 족들이 실제로 또 다른 한 독립된 집단이라고 하는 아직 분명치 않은 주장을 일단 받아들인다면 — 이 나타나는 코타바토 남부 지방에서 살고 있는 나는 많은 저자들이 이 전혀 이질적인 사람들을 부족사회라는 범주로 뭉뚱그리는 경향이 있다는 것을 잘 알고 있다. 따라서 부족사회들을 부족사회로서 구분지어 놓은 두드러진 차이 현상들에 관하여 일일이 설명을 시도하지는 않는다고 하더라도, 비록 많은 부족사회들이 각각의 개별 문화 내에서 서로 다른 방식들로 진술될 수 있는 것이 사실이기는 하지만, 그 부족사회들에 있어서의 가장 주요한 핵심 사항들에 관하여 짚고 넘어가는 것이 확실하기도 하고 도움이 되기도 할 것이다.

우리가 이미 앞에서 보았던 것처럼 신(神)/인(人)의 대면 내지 조우를 일차적으로 역사적인 사건들 속에서 인지하는 성서의 전통과는 대조적으로, 원시 종교들은 자연 세계에 영묘한 능력을 부여한다. 이를 따르는 사람들은 마치 "당신-너"(Thou)를 대하듯이 자연 세계에 이야기한다. 어떤 때는 외경과 경탄에 역점이 두어지고, 또 어떤 경우 자연 세계는 두려움의 대상으로 나타난다. 그렇기 때문에 이러한 신앙을 갖고 있는 사람들은 제의적인 봉헌을 통해서 그 영들을 달래지 않으면 안된다. 한편 이들에 있어서 이 세계는 언제나 한결같이 영의 현존과 더불어 살아 있는 존재로 인식된다. 뿐만 아니라 이것은 전적으로 인간들만의 유익을 위한 자원으로서 사용될, 단순히 "그것"(It)이지도 않다. 이들에게 있어서 자연은 인간들이 자연에 대해 부여할 수 있을 일체의 가치를 떠나서 그 자체의 내적인 현존과 존엄을 갖고 있다.

자연에 대해서 이와같이 신성시하는 태도와 그러한 자연에 대한 탈실용주의적인 시각은 워싱턴 주의 두와미쉬(Duwamish) 부족의 추장 시애틀(Seattle)이 인디언들의 땅을 매입하고 이 부족을 따로 마련된 제한 구역으로 이동시킬 수 있게 해달라는 정부의 요청에 대한 응답으로 1854년에 미국 대통령 앞으로 보낸 편지에 너무도 인상적으로 개진되어 있다. 이 추장의 편지는 그 땅의 경제적 가치에 대해서 이러쿵 저러쿵 말을 늘어 놓지 않는다. 뿐만 아니라 적정한 가격으로 여겨지는 선에 관하여 이렇다 저렇다 줄다리기를 벌이지도 않는다. 심지어는 따로 마련된 제한 구역에서 겪게 될 자기 부족의 미래조차도 — 이것은 단지 꼭 한 차례 언급되었을 따름이다 — 이 추장의 관심을 끌지 못하고 있다. 왜냐하면 이 추장은 백인들의 파괴적인 삶의 방식들을 예리하게 꿰뚫어보고 있는 목격자로서, 그는 온 땅에 바람을 일으키고 다니는 백인들의 맹습 — 인디언들이 볼 때 그들의 행태는 땅을 파괴하는 것이었다 — 하에 땅과 강, 산, 공기 그리고 그 땅에 사는 동물들에게 발생할 것에 대해서 관심을 집중시키고 있기 때문이다.

추장 시애틀의 편지는 자연 세계와의 친밀과 자연 세계에 대한 이해를 드러내 보여주고 있는데, 이것은 서양 민족들인 우리의 전통이 너무도 오랜 동안 인간을 자연 세계 밖에 위치하게 하는 것을 역설해 왔기 때문에 거의 완전히 우리 서양인들의 체험 영역의 밖에 자리하는 것이었다. 추장 시애틀은 자연에 대한 백인들의 접근 방법이 따뜻함과 부드러움과 고통을 함께 아파할 수 있는 연민을 결하고 있다고 본다. 이들의 접근 방법은 도도하고, 오만하고, 모멸적이고, 궁극적으로는 자멸적이다. 100여년 전에 씌어진 이 본문은 이것에 관한 어떤 예언적인 경종을 울려주고 있다. 서양인들의 행태에 대한 그의 비판은 비극적이게도 오늘 이 시대에 와서 훨씬 더 타당하고 적절할 뿐만 아니라 적확하기까지 하다. 나는 이 위대한 인물의 편지를 상세히 인용하고자 한다. 이 내용이 우리들 안에서 존재하는 모든 것들에 대한, 그가 간직했던 것과 유사한 연민과 모든 것이 상호 연계되어 있다는 자각을 촉발시키는 데 도움이 되어 줄 것이라고 확신하기 때문이다. 궁극적으로 우리는 우리 자신의 목숨을 걸고 이를 수정해 나가야 할 것이다.

땅은 거룩하다

당신이 어떻게 이 하늘을, 이 땅의 온기를 사거나 팔 수 있겠습니까? 그런 생각이 우리에게는 낯설기만 합니다. 우리가 신선한 공기와 반짝이는 물을 소유하고 있지 않을진대, 당신이 어떻게 이것들을 살 수 있겠습니까?

우리 백성들한테는 이 땅 구석구석이 모두 거룩합니다. 우리들의 기억과 체험 속에서는 반짝이는 솔이파리 모두가, 모래로 수놓아진 바닷가 전체가, 하늘이 보이지 않을 만큼 울창한 숲속의 안개 전체가, 자유롭게 윙윙거리며 날아다니는 모든 곤충이 거룩합니다. 나무들 속에서 순환하는 수액이 붉은 피부를 띤 우리네들의 기억들을 실어 나릅니다. 백인 사자(死者)들은 자신들이 별들 가운데서 걸을 때 그들의 탄생지가 어디인지 기억하지 못합니다. 하지만 우리의 사자들은 이 아름다운 땅을 결코 잊지 않습니다. 왜냐하면 이 땅은 홍색인들의 어머니이기 때문입니다. 우리는 이 땅의 일부이고, 이것은 우리의 일부입니다. 향내나는 꽃들은 우리의 자매들이고, 사슴과 말, 커다란 독수리, 이런 것들은 우리의 형제들입니다. 바위 투성이인 여러 산꼭대기와 풀밭의 에너지와 조랑말의 체온 그리고 인간— 이 모두가 동일한 한 가족에 속합니다.

그러므로 워싱턴에 거주하는 대 추장이 우리의 땅을 사고 싶다는 말을 전해 왔을 때, 그분은 우리에게 많은 것을 요구하고 있는 것입니다. 대 추장은 우리에게 어떤 한 지역을 마련해 주어서 우리가 우리네 동족들 가운데서 안락하게 살 수 있도록 해주겠다는 전갈을 보내 주었습니다. 그분은 우리의 아버지가 되고, 우리는 그분의 자녀가 될 것입니다. 그러므로 우리는 우리의 땅을 사겠다는 당신의 제의를 심사숙고할 것입니다. 하지만 그렇게 하기란 쉽지 않을 것입니다. 이 땅은 우리에게 거룩한 것이기 때문입니다.

개울과 강들을 흘러가는 반짝이는 물은 단순히 물인 것이 아니라 우리 조상들의 피입니다. 만일 우리가 당신에게 이 땅을 판다면, 당신은 기억하지 않으면 안될 것입니다. 이 땅이 거룩하다는 것을. 또한 당신은 당신의 자녀들에게 반드시 가르쳐 주어야만 할 것입니다. 호수들의 맑은 물에 비춰지는 신령스런 영상 하나하나는 내 동족의 삶의 역사에 담긴 사건들과 기억들을 이야기해 준다는 것을. 물들의 속삭임은 아버지의 아버지께서 들려 주시는 목소리인 것입니다.

강들한테 애정을

강들은 우리의 형제입니다. 이들은 우리의 갈증을 풀어 줍니다. 강들은 우리의 통나무배를 실어 나르고, 우리의 자녀들에게 먹이를 대줍니다. 만일 우리가 당신에게 우리의 땅을 팔

게 되면, 당신은 반드시 이 강들이 우리의 형제들이라는 것
을, 그리고 당신들의 형제라는 것을 기억하고 당신의 자녀들
에게 가르쳐 주어야 합니다. 또한 당신들은 그때부터 당신들
이 형제에게 쏟아부을 애정을 이 강들한테 베풀어 주어야 합
니다.

우리는 백인들이 우리의 생활 방식들을 이해하지 못하고 있
다는 점을 알고 있습니다. 백인에게 있어서는 이 땅의 어느
한 지역이 그 이웃 지역과 마찬가지일 따름입니다. 왜냐하면
그는 밤중에 찾아와서는 자기가 필요로 하는 것은 무엇이든지
닥치는 대로 그 땅에서 취해 가는 낯선 자이기 때문입니다.
땅은 그의 형제가 아니라 적으로 간주됩니다. 땅을 정복하고
나면 그들은 다시 계속 일을 벌여 나갑니다. 그들은 자기 부
친들의 무덤을 뒤로 한 채 떠나서 돌보지 않습니다. 그는 자
녀들에게서 그 땅을 가로채 가지고는 돌보지 않습니다. 자신
의 부친들의 무덤들, 그리고 그의 자녀들이 타고난 권리가 잊
혀져 버립니다. 그는 자기 어머니, 땅과 자기 형제, 하늘을 양
이나 눈부신 패물같이 구입하고 약탈하고 팔 수 있는 물건들
처럼 대합니다. 그의 욕망은 온 땅을 집어삼켜서 오로지 광야
만을 남겨놓게 될 것입니다.

나는 알지 못합니다. 우리의 방식들은 당신들의 그것과 다
릅니다. 홍색인은 당신네 도시들의 광경을 보면 눈이 아픕니
다. 그러나 그 까닭은 아마도 홍색인이 자연에 가깝고, 서양
문명과 거리가 먼 사람으로서 이해하지를 못하는 데 있을 것
입니다. 백인의 도시들에는 조용한 곳이 없습니다. 봄에 나뭇
잎들이 바람에 흔들리는 소리를, 혹은 곤충의 날개짓으로 윙
윙거리는 소리를 들을 곳이 없습니다. 오로지 잡다한 소음만
이 귀를 공략할 따름인 듯싶습니다. 만일 사람들이 쏙독새의

쓸쓸한 울음소리나 밤이 되면 개구리들이 연못가에서 벌이는 열띤 논쟁을 들을 수 없다면, 산다는 것이 대체 무엇이겠습니까? 인디언은 연못의 수면 위를 미끄러지듯 지나는 부드러운 바람 소리를, 그리고 한낮에 내린 비로 깨끗이 닦인, 혹은 소나무의 향내가 배인 바람 자체의 내음을 좋아합니다.

공기는 귀중하다

공기는 홍색인들에게 귀중합니다. 존재하는 모든 것이— 짐승과 나무와 인간이 동일한 호흡을 공유하고 있기 때문입니다. 백인은 자기가 숨쉬는 공기를 인식하여 주의를 기울이는 것 같지 않습니다. 그들은 오랜 세월 동안 죽어가는 사람처럼 썩는 냄새에 무딥니다. 그러나 우리가 당신들에게 우리의 땅을 팔게 되면, 당신들은 공기가 우리에게 귀중하다는 것을, 공기는 자신이 생명력을 공급해 주는 모든 생명체와 자신의 영을 함께 나누고 있다는 것을 반드시 기억해야 할 것입니다. 우리의 할아버지께 그분의 첫 호흡을 허락해 준 그 바람이 또한 그의 마지막 숨을 받아 안습니다. 그리고 만일 우리가 당신에게 우리의 땅을 팔게 되면, 당신은 반드시 이 땅을 백인들까지도 초원의 꽃들로 감미로워진 그 바람을 맛보러 갈 수 있는 곳으로서 따로, 그리고 거룩하게 지켜가야 할 것입니다.

모든 것들은 상호 관련되어 있다

그러므로 우리는 우리의 땅을 사겠다는 당신의 제의를 심사 숙고할 것입니다. 만일 우리가 그 제안을 받아들이기로 결정한다면, 나는 한 가지 조건을 제시할 것입니다. 그것은 백인들은 반드시 이 땅의 짐승들을 자기 형제로서 대하지 않으면 안된다는 것입니다. 나는 그동안 지나가는 기차에서 총을 쏜 백인들에 의해 살해된 채 버려져서 대평원에서 썩어가고 있는 수많은 들소들을 보아 왔습니다. 나는 서양 문명과 거리가 멀어서 그런지, 우리는 오로지 살아남기 위해서만 죽이는 이 들소들보다 어떻게 해서 저 연기를 뿜어대는 철마(鐵馬)가 더 중요한 것일 수 있는지를 이해할 수가 없습니다. 짐승들이 없다면 인간은 대체 무엇이겠습니까? 만일 모든 짐승들이 사라지고 만다면, 인간은 엄청난 영적인 외로움으로 그만 죽어가게 되고 말 것입니다. 짐승들한테 발생하는 일들은 무엇이든지 곧 인간에게 역시 발생하게 되는 것이기 때문입니다. 모든 것은 서로 연계되어 있습니다. 땅이 겪게 되는 것은 무엇이든지 땅의 아들들이 겪게 됩니다. 백인들 역시 — 어쩌면 다른 부족들보다도 더 빨리 — 사라져 갈 것입니다. 당신들이 잠자리를 계속 오염시킬 경우 당신네는 어느 날 밤 당신들 스스로 버린 쓰레기 더미에 묻혀 질식당할 것입니다. 들소들이 모두 다 살육당하고, 야생마들이 모조리 길들여지고, 삼림 지대의 오지들이 많은 사람들의 냄새로 뒤범벅이 될 때 그리고 무르익는 언덕들의 정경이 전화선들로 일그러질 때, 덤불이 어디에 남아 있겠습니까? 사라졌습니다. 독수리가 어디에 있습니까? 사라졌습니다. 날랜 당나귀와 수렵자에 종언을 고한 것은 무엇입니까? 이제 삶은 끝나고 생존 투쟁이 시작되었습니다.[9]

북아메리카 인디언들의 전통 가운데는 이들이 자연 일체가 서로 관련되어 있고 하나의 전체로서 기능하고 있다고 여겼다는 것을 보여주는 다른 많은 예들이 있다. 인간은 그 전체의 일부이다. 따라서 다

---

9. Seattle 추장의 이 글은 *Action for World Development Victorian Newsletter*, 1984년 6월, Melbourne에서 인용한 것임.

른 창조물들이 존중되지 않을 때, 인간 자신 역시 심란해질 수밖에 없다. 바인 들로리아는 「하느님은 홍색이다」에서 "젊은 추장"이라고 불리는 한 카이워스 인디언이 더 넓은 창조계가 합당하게 대변되지도, 보호되지도 않았다는 이유로 "왈라 왈라 조약"(the Treaty of Walla Walla)에 서명하기를 거부하였던 사실을 상기시켜 주고 있다.[10]

다른 많은 부족민들이 지구에 대한 이와 유사한 정서와 지구와의 친밀함을 갖고 있다. 트콜리인들 사이에서 전해지는, 자신들의 가장 중요한 호수 — 세부 호수 — 의 기원들에 관하여 묘사하는 창조 이야기에서, 클룬단(Klundan)이라고 일컬어지는 맨 처음 인간 존재에 의해서 발설된 첫 마디들은 이러하다. "'땅'과 '하늘'을 돌보라고 불려진 것이야말로 참으로 특권 중의 특권이도다." 이 이야기는 계속해서 살아 있는 것들의 공동체의 상호 의존성에 관하여 기술해 나간다. 베토티(betoti)라고 하는 작은 개미 한 마리가 흙을 발견해서 이것을 풍성하게 결실을 맺게 하는 책임을 지게 되었다. 이렇게 해서 인간들을 포함한 모든 창조물들이 살기에 안전하고 풍요로운 곳을 얻을 수 있도록 하려는' 것이었다.

이상의 예들은, 서로 다른 종교적 전통들과 인본주의적 전통들간의 대화가 지구가 지구 자체로서 인정받고 존중되고 돌보아져야 한다며 신음하고 있는 우리의 이 시대를 위한 폭넓고도 타당한 창조신학을 발전시키는 데 있어서 얼마나 풍요로운 결실을 가져다 줄 수 있는가를 드러내 주는 단적인 증거들이다. 역사에 대한, 그리고 역사 내에서의, 특히 예수의 인격을 통한 하느님의 행업에 대한 그리스도교의 이해는 다른 종교와 문화들에 대해서 기여할 수 있는 많은 것들을 내포하고 있다. 그중에서도 인간 실존의 인격적 차원에 부여

---

10. Vine Deloria, Jr., *God is Red*. A Laurel Book, Dell Publishing Co., Inc., New York 1973.

되는 우선성 면에서 특히 그러하다. 이것은 그리스도교가 뿌리를 내린 많은 사회들에서 개개인의 인격적 자유의 핵심 요소들을 설정하는 데 기여해 왔던 것이다. 그리고 자유에 대한 이와 같은 존중은 많은 문화들 속에서 인간의 창조성을 밑받쳐주는 엄청난 지지력을 제공해 주었다.

그렇지만 그리스도교의 시각 역시 전체가 아니라 부분적인 것이라는 점과 다른 모든 전통들과 마찬가지로 취약성을 갖고 있을 뿐만 아니라 다른 전통들과의 대화에 참여해야 할 필요가 있다는 점이 반드시 인정되어야 할 것이다. 우리는 이미 앞에서, 다른 종교들이 오랜 세월 동안 발전시켜 온 자연과의 친교로부터 그리스도인들이 얻을 것이 무수하다는 것을 살펴본 바도 있었다. 일본의 시인인 니노미야 손토쿠(1787~1856)가 신실함의 길을 찾는 것은 일차적으로 우주의 책에서이다. 그에게 있어서 이것은 다른 모든 거룩한 책들에 앞서 있다. 그는 다음과 같이 진술한다:

> 진리의 길은 우주의 기록들에 담긴 채 우리 앞에 펼쳐져 있다. 많은 학자들은 참된 길에 대한 자신들의 연구를 서적들에다 한정시킨다. 하지만 나는 하늘과 땅에 씌어져 있는 진리의 충만함을 본다. 인간 존재들은 두 눈을 뜨고 이 우주의 책 속에서 진리를 찾아 얻기 위해 그 책을 읽어야 할 것이다.[11]

우주와 지구의 계시가, 결국 하느님의 제1의 계시이다. 이것은 또한 모든 인간 존재들의 공동 유산이다. 그러므로 이것은 종교인들간의 대화를 위한 풍부한 토대를 제공해 줄 수 있을 것이다. 지구가 신적

---

11. Ninomiya Sontoku, *Nihou Shisoshi Taikei*, 52권, Iwanami Bookstore, 1977, tr. by Sr. Yasuko Shimezii.

인 현존으로 배어 있다고 보는 어떤 한 새로운 영성은 오늘 이 시대의 종교인들이 지구를 존중하고 돌보는 전세계 차원의 협력을 도모하는 데 필요한 토대를 제공해 줄 것임에 틀림없다. 나는 특히 그리스도인들 가운데서의 이 새로운 종교적 의식(意識)이 지구에 대한 우리의 관심 전체에 스며들어 있지 않으면 안된다고 확신한다.

과거에도 그렇지만 오늘 이 시대에 있어서까지도 유대-그리스도교 전통은 밖으로부터 풍부한 전통들을 이끌어들이는 주목할 만한 능력을 보여 왔다. 그리스도교 시대의 위대한 신학자들 가운데 두 사람인 아우구스티누스 성인과 토마스 아퀴나스 성인은 그리스도교 신앙을 자신들의 시대에 더 유관하고 타당한 것이 되게 하기 위해 플라톤과 아리스토텔레스의 철학 체계를 원용하여 그 철학적 틀 안에서 그리스도교 신앙을 전개해 나갔던 인물들이었던 것이다. 오늘 이 시대의 경우 라틴아메리카에서 해방신학자들이 마르크시즘을 가지고 이와 유사한 작업을 시도하고 있는 중이다. 점증하는 생태학적 도전에 직면해 있는 우리는 지금 우리의 정신과 마음을 열어서, 우리 시대의 핵심적인 문제에 적합하게 응답하기 위하여 진력하는 가운데, 과학계의 전통 속에 전승되어 오는 지혜와 다른 종교들의 창조적인 시각을 수용하도록 도전받고 있다. 만일 그리스도인들이 이와 같은 변혁을 이루는 데 성공한다면, 지구와 인간 존재들을 위하여 건강하고 풍부한 미래가 준비될 것이다. 그때 우리는 다음과 같은 "세 젊은이의 노래"를 기쁨에 차서 부를 수 있을 것이다:

"주님께서 만드신 만물이여, 주님을 찬미하여라.
주님께 지극한 영광과 영원한 찬양을 드려라"(다니 3,57).

땅과 불의 전례

우리는 지금까지 이 책에서 지구와 필리핀이나 아일랜드 같은 이 행성의 특수한 생명권들이 직면해 있는 가장 시급한 생태학적 문제들 몇 가지에 관하여 진술하고자 시도해 왔다. 이어서 이런저런 방식으로 우리로 하여금 현재의 곤경에 처하게 만드는 데 한몫을 단단히 했을 뿐만 아니라 지금도 계속해서 지구 공동체 전체가 직면한 문제의 심각성을 흐려 놓고 있는 데 대해서 책임이 있는 광범위한 역사적 흐름들에 관하여 추적해 보았다. 5장은 끊임없이 새롭게 나타나는 우주에 대한 떼이야르의 시각에 바탕해 있는데, 여기서는 지구에 대한 새로운 감지 능력과 인간 존재들의 새로운 생활 방식을 구축하는 데 필요한 확고한 발판이 제시되고 있다. 제2부의 6—8장에서는 그리스도인들 사이에서 지구에 대한 새로운 외경을 일깨우기 위하여 가톨릭과 다른 종교 전통들의 뿌리를 깊이 천착해 나가는 작업이 시도되었다. 이 모든 과정을 통하여 우리는 현대의 삶의 모든 양상 — 우리의 정치, 경제, 교육, 종교 그리고 대중 매체 기구들 — 에 가닿아 이를 변혁시키지 않으면 안될 근본적인 혁명의 필요성에 이르게 되었다.

2장에서 전세계 차원의 생태계 상황에 관하여 간략하게 기술하는 가운데, 나는 많은 사람들이 현재 발생하고 있는 사태에 대해서 관심을 갖고 있고, 구체적으로 이러한 혁명을 성취하기 위해 활동하고 있다고 지적한 바 있었다. "지구의 친구들"과 같은 단체들이 현재 지역적으로는 물론 국제적인 차원에서도 생태계 문제들에 대한 대중의 인식도를 높이기 위해서 노력하고 있다. 또한 농경과 수공업 부문에서의 지역적 요구에 부응하는 적절한 과학 기술들을 개발, 발전시키고 있는 중이기도 하다. 이 영역에서 이룩되고 있는 변화의 상당 부분은 슈마허의 「작은 것이 아름답다」[1]에 담겨 있는 정신과 그가 런던에 설립한 중간 기술 개발 모임(Intermediate Technology Development Group Ltd.)으로부터 도출되고 있다. 이 새로운 운동은 정치권으로 가지를 뻗기 시작해서, 지금 현재 특히 유럽에서 독일 녹색당의 급속한 상승으로 두드러지게 가시화되고 있다. 카프라와 슈프레트낙은 그들의 연구서 「푸른 정치」[2]에서 이 이야기를 개진하면서, 녹색 정치가 앞으로 다른 나라들, 특히 미국에 미칠 영향에 관하여 가늠해 보고 있다.

이 혁명은 새로운 이야기가 모든 교육의 기초가 되지 않았더라면 시작되지도 지속되지도 못했을 것이다. 지구상의 거의 모든 나라에 거대한 교육망을 갖추고 있는 그리스도 교회들은 여기서 매우 중요한 역할을 담당할 수가 있었다. 이는 특히, 고도 과학 기술 산업들로부터 그러모을 수 있다고 보는 엄청난 이익에 현혹되어 있는 정치인들이 교육 기관을 더 특수화하려고 몰아붙이고 있는 때에 더없이 필요하다.[3] 이 방면에서 이반 일리치[4]와 파울로 프레이레[5]의 저서들이 우리의 공식적인 학교 교육이 근거해 있는 몇몇 초중고등학교와 단

---

1. E. F. Schumacher, *Small is Beautiful,* Harper and Row, New York.

2. Fritjof Capra와 Charlene Spretnak, *Green Politics: Global Promise*, Bear and Company, Santa Fe 1986.

3. Thomas Berry, *Riverdale Papers*, 7권: *American College in the Ecological Age*.

4. Ivan Illich, *Celebrations of Awareness: A Call For Institutional Revolution*, Anchor Books, New York 1971.

5. Paulo Freire, *Pedagogy of the Oppressed*, Herder and Herder, New York, 1971 (성찬성 옮김, 한국 천주교 평신도 사도직 협의회 펴냄).

과 대학이나 종합 대학들은, 도처에서 개인적으로 뛰어난 연구 작업
이 수행되고 있음에도 불구하고, 이 행성이 직면해 있는 문제가 얼
마나 엄청난 것인가를 전혀 실제적으로 파악하고 있는 것 같지가 않
다. 한 교육 기관이 어떻게 하면 이보다 더 넓은 관점에 입각해서 자
체의 교육 과정을 재구성하고, 학생들로 하여금 "가이아"의 시대에
참으로 창조적이게끔 교육해 나가도록 할 수 있는가 하는 것이 토마
스 베리 수사가 쓴 글의 주제이다.[6] 뉴욕에 있는 엘리사벳 씨튼 대학
(Elizabeth Seton College)에서는 이미 이와 같은 사상의 일단이 실천
에 옮겨지고 있는 중이다.

　이 새로운 이해가 의학계의 면면을 지나치게 치료제에 집중해 있
는 상황으로부터 벗어나서 건강을 돌본다는 것에 대한 더 총체적인
이해 쪽으로 되돌아갈 수 있도록 일신시킬 방법에 관해서도 역시 많
은 연구 결과들이 발표되었다　실천과학이라고 일컬어질 경제학 분
야에 대해서도 이미 손이 가닿아 있는 실정이다. 많은 사람들이 지
역 공동체들이 화폐 경제에 전적으로 의존하는 상태로부터 탈피해
나가지 않으면 안될 것이라고 주장한다. 이를 따를 때 사람들은 그
들 자신의 식량을 증산시키고 오랜 동안 이어내려 왔던 물품들을 서
로 교환하여 사용하는 전통을 되살릴 수 있게 되리라는 것이다. 한
데 내가 아는 한, 이와 같은 혁명이 교회의 예배와 실천 생활에 어떻
게 영향을 미칠 것인가에 대해서는 거의 저술된 것이 없다. 어떻든,
이 책의 남은 부분은 전례와 성사적 생활, 윤리적 응답, 영성 그리고
마지막으로 선교 사명이 이 새로운 시각에 의해서 얼마나 풍요로워
지고 어떻게 변혁될 수 있는지에 관하여 간략하게 지적하는 데 할애
해 나가기로 하겠다.

　전례는 우주에 대한 새로운 시각을 우리의 종교생활에 통합시키고

---

6. Thomas Berry, 위의 책.

자 하는 우리의 시도를 개진할 수 있는 영역으로서 가장 강력하고도 풍부한 결실을 기대할 만한 영역 가운데 하나이다. 지구상에 인간 존재들이 출현한 이래, 여자와 남자들은 신화와 의식(儀式)과 축제들을 통하여 자신들의 삶의 지극히 심오한 신비들과 지구와 우주의 주기를 표현하고자 추구해 왔다. 이 점은 부족 종교들과 특히 아시아의 두 거대한 종교, 힌두교와 불교의 축제들에서 매우 분명하게 확인해 볼 수가 있다.

그리스도교 신앙과 가톨릭의 전례 주기에서는 일차적으로 출애굽과 같은 역사적 사건들을 기념하고, 특별히 예수의 수난과 죽음과 부활을 기억하여 의식을 거행하는 데에 관심이 기울여지고 있는 것은 사실이다. 하지만 그렇다고 하더라도 이 신앙과 전례 주기가 자연 세계와 완전히 결별된 것은 아니다. 매일 아침 저녁으로 교회가 드리는 기도는 우리에게 해돋이와 해넘이가 거룩한 순간들이라는 것을 일깨워 준다. 전례력은 최소한 북반구 지역에서의 경우 사계절의 주기와 연계되어 있다. 예수의 빠스카 신비를 거행하는 가장 중요한 축제인 부활절까지도 달의 주기에 의해 정해진다. 교회는 일, 월, 년 주기로 하느님이 우리에게 베푸시는 후의로 인하여 하느님 그분께 감사와 찬양을 드리도록 교인들로 하여금 이 거룩한 때에 참여하게끔 이끌고 있다. 모든 성사들 역시도 자연 세계의 요소들을 이끌어들인다. 즉, 우리는 의식을 거행하면서 빵과 물과 불, 기름, 빛 그리고 어둠을 활용하고 있는 것이다.

그럼에도 불구하고 나 자신이 211면에서 논의한 바 있는 몸과 영혼, 하늘과 땅을 갈라 놓는 신플라톤 학파의 이원론에 의해 설정된 양극 구조들은 그리스도교적 체험에 상당히 강력한 영향을 미쳤던 것을 볼 수 있다. 이로 인하여 그리스도교의 체험 세계에서의 경우, 고도로 발전된 성사적 종교에 있어서는 지극히 자연적으로 자연 세계에 가닿아 있을 수밖에 없는 그 뿌리들이 약화되고, 심지어는 잘

려 버리기까지 했던 것이다. 일례로 성찬을 살펴보기로 하자. 이 경축 행위는 빵을 쪼개고 하나의 잔을 돌려가며 나누어 마심으로써 예수에 대한 기억을 현재화하는 것이다. 여기에 쓰이는 상징들은 예수를 기억하며 함께 나누는 먹을 것과 마실 것이다. 한데 어린이에게 첫영성체를 준비시켜 본 경험이 있는 교리교사나 수도자 혹은 사제는 누구나, 이 매끄럽고, 플라스틱 같고, 하얗고, 매우 얇은 면병이 빵 같아 보이지도 않을 뿐만 아니라 빵 같은 냄새도 맛도 전혀 나지 않는다는 사실을 알고 있을 것이다. 최근까지만 해도 포도주 잔은 평신도가 함께 나누어 마시지 못했고, 지금도 실은 단지 "특별한" 경우에만 잔을 나누어 마시도록 허용되고 있을 따름이다. 따라서 이런 상황에서는 마신다는 상징 체험은 거의 할 수가 없는 실정이다. 한데 우리는 알고 있지 않은가? 상징과 이 상징이 표상하는 실재간의 흐름이 단절된다면, 예배자가 상징을 통하여 표현되고 경축되는 실재 속으로 깊이 몰입해 들어갈 수 있는 능력이 감소된다는 사실을 말이다.

폴 틸리히라든가, 뽈 리끄르 메어리 더글러스, 클리포드 기어르츠, 또는 빅터 터너[7]와 같은 사람들의 저서들은 지난 20여 년 동안 우리의 개인적인 삶과 사회적인 삶 모두를 변혁시킬 수 있는 상징의 힘에 대한 이해를 증진시켜 왔다. 상징은 이것들이 어떤 한 민족에 고유하면서도 이들에게 타당한 문화적 표현을 통하여 제시될 때, 그리하여 그들이 가장 깊은 열망들에 가닿을 때 극대의 변혁력을 가진다. 그렇지 않고 그 상징의 의미가 설명되어야만 한다면 이것들은

---

7. Mary Douglas, *Natural Symbols*. Penguin, London 1972.

   Clifford Geertz, *The Interpretation of Cultures*, Basic Books, New York 1973.

   Paul Ricoeur, *The Symbolism of Evil*, Beacon Press, Boston 1969.

   Victor Turner, *The Ritual Process, Structure and Anti-Structure*, Aldine, New York 1969.

그만큼 변혁력이 약화되고, 그만큼 효과가 떨어지게 된다. 다시 성
찬의 경우를 보면, 위에서와 같은 상황임에도 불구하고 성찬에 사용
된 실체가 빵이라는 말을 들어야만 한다. 더군다나 빵이 주식이 아
닌 나라에서는 상황이 더욱 안 좋아진다. 예컨대 밀이 자라지 않기
때문에 매년 거의 약 1억 달러에 가까운 비용을 들여서 수입하지 않
으면 안되는 나라인 필리핀에서는 빵은 중산층과 상류 계층의 사람
들이 먹는 사치스런 음식이다. 그러므로 성찬이 필리핀에서 거행될
때, 대부분의 필리핀인들의 주식이 쌀인 까닭에, 음식 상징이 갖는
그 내적인 역동성이 이들과는 무관해지게 되고 마는 것이다. 가난한
사람들은 자기네 문화와는 무관한, 그야말로 외국의 이질적인 음식
— 먹을 것과 마실 것 — 을 나눔으로써 예수를 기억하며 하느님께
감사를 드리도록 요구받고 있는 것이다. 참으로 문화 내에 육화되지
않은 종교는 그 어떤 것도 이같은 이국 땅에 결코 뿌리를 내릴 수 없
을 것이다.

   우리의 전례들에 있어서 자연적 상징들을 활용하는 면에서 어떤
진정한 혁명이 요청되고 있다. 만일 우리가 어떤 민족의 종교적 상
상력을 포착하여 그들의 삶들을 변혁하고자 희망한다면 말이다. 먹
을 것과 마실 것은 실제적이고 실체적인 음식 — 먹을 것과 마실 것
— 이어야만 한다. 그리하여 상징적인 의미가 직접 상징들에 대한
체험으로부터 전례에 참여하는 사람들에게로 흘러들어가게 해야 하
는 것이다. 성찬과 같은 경축 행위가 띠는 변혁시키는 힘은 예수의
삶과 죽음과 부활에 대한 기억과 이것이 그리스도교 공동체의 견지
에서 발생시키는 모든 것을 먹고 마실 것을 함께 나누는 저 지극히
충족스러운 체험과 연결짓는 데서 발생하는 것이기 때문에도 이 일
은 반드시 수행되지 않으면 안된다. 일단 그 연계가 파괴되고 나면,
상징은 토막난 꼴이 되어버려서 아무런 효력도 없게 되어버리고 만
다. 불구화된, 말하자면 손상된 상징들은 변혁시키는 것이 아니라

오히려 소외시킨다. 우리가 우주의 이야기와, 예수의 수난과 죽음과 부활과 같이 이 이야기 가운데서 결정적인 사건들을 경축하는 데는 이런 불구화된 상징들은 전혀 부적절할 따름이다.

몇 가지 주목할 만한 예외가 있기는 하지만, 가톨릭 전례 때 행해지는 기도 가운데 대부분에는 지구에 대한 공감이 결여되어 있다. 새 전례에서 대림 제2주일 미사 때 행해지는 영성체 후 기도에서의 경우 예배자들 모두가 "지상(땅의) 것들을 슬기롭게 이용하며 천상(하늘의) 것들에 마음을 두도록" 하라고 권고받는다. 물론 이것은 doceas nos terrena despicere et amare caelestia(땅의 것들을 멸시하고 하늘의 것들을 사랑하도록 으리를 가르치소서)에 비해서는 개선된 것이기는 하다. 그렇지만 오늘의 전례에서는 그것 역시 분명히 적절하지가 않다. 많은 전례 기도문들은, 기껏해야 자연 세계에 대해 무심히 지나쳐 버리고 있다. 우리가 호수들을 오염시키고 있고, 산성비는 중세 때 건축된 수많은 대성당의 저 아름다운 스테인드 글라스 창들을 부식시키고, 교회 건둘들의 벽을 파괴시키고 있는 이때에, 또한 과학 기술이 동원된 거대한 사업 계획들이 지구를 상처내고 있는 이때에 말이다. 이 교회는 사순절의 감사송(2)에서 하느님께 당신이 우리에게 "잠시 지나가는 현세 사물보다는 영원한 사물에 정신을 쓰게 하셨나이다"*라고 진술한다. 그리하여 교회는 의도적이지는 않을는지 몰라도 지구를 파괴하는 이들의 행태를 정당화해 주고 있는 것이다. 만일 참된 실재의 세계가 이곳 이외의 다른 어디에 있고, 이 세계는 덧없고 중요치 않은 것이라고 한다면, 우리가 이 세계를 어떻게 다루든지 그것은 거의 문제될 것이 없어지고 마는 것이다.

---

* 이것은 우리말로 옮겨진 기도문을 그대로 인용한 것인데, 저자가 인용한 영문에 따라 직역에 가깝게 옮겨 보면 다음과 같다: "당신은 우리에게 결코 다함이 없을 세계에 마음을 두고 이 지나가는 세계에서 살도록 가르치시나이다" — 역주.

오늘 이 시대의 모든 종교의 전례 내지 의식들은 지구에 대한 무관심한 태도 — 이는 결국 파괴적으로 나타난다 — 를 조장할 것이 아니라, 이에 대한 연민과 외경과 사랑의 태도를 심어주지 않으면 안된다. 연중 제17주일의 다음과 같은 기도 내용은 창조계의 아름다움 속에서의 하느님의 현존을 감지하고 있음을 보여주는 기도의 한 훌륭한 모범이다. "하느님, 우리 아버지, 창조계의 장대함과 인간 삶의 아름다움 속에서 작용하고 있는 당신의 손길을 볼 수 있도록 우리의 눈들을 열어 주소서. 당신의 손길이 닿은 이 세계는 거룩하나이다. 우리를 에두르고 있는 이 모든 선물들을 소중히 간직하고 … 당신의 현존 속에서 삶의 기쁨을 체험하도록 우리를 도우소서."

각 의식은 모든 사람이 지구가 풍성하게 결실을 내준다는 것과 그 아름다움과 풍요로움, 그러면서도 이것이 유달리 쉽게 파기될 수 있다는 것을 더 충분히 자각할 수 있도록 촉진해야 할 것이다. 태양과 땅-지구, 물, 먹을 것, 빛, 어둠, 달 그리고 하늘을 상징으로 사용하는 전례들은 우주의 이야기를 의식을 통해 전하고, 현재 우주에 발생하고 있는 손상에 대해 주의를 불러일으키지 않으면 안될 것이다.

어떤 창조 축일(Feast of Creation)을 제정하는 것도 이렇게 하는 한 가지 방식이 될 수 있을 것이다. 우리의 전례들은 어떤 방식으로는 자연, 혹은 계절적인 변화가 새롭게 나타나는 주기 내지 땅과 달과 태양의 순환 주기를 경축한다. 그렇지만 실상 우리는 전혀, 끊임없이 새롭게 발생하는 우주의 기원을 이루는 계기들을 겨냥하여 제의적으로 경축하는 의식을 거행하지는 않는다. 이에 우리는 저 가장 거룩한 계기— 최초의 화구를 경축하는 의식을 거행할 수 있어야 할 것이다. 에너지와 불의 이 신비가 없었다면 시간과 공간에는 그 어떤 것도 전혀 존재할 수 없었을 것이다. 그리고 별들의 형성과 우리의 태양과 우리의 행성인 지구의 탄생 역시 우리에게 제의를 거행할 수 있는 독특한 기회를 제공해 준다. 또한 양육에 초점이 맞추어진

제의는 생명체의 어머니요 요람으로서의 대양이 점진적으로 출현한 것을 경축할 수 있을 것이다. 물은 우리 자신의 종교와 문화를 포함하여 거의 모든 종교와 문화의 전례 내지 의식들에서 핵심적인 역할을 수행하고 있기도 하다. 뿐만 아니라 생명체의 지속적인 발달 과정에 있어서의 각기 새로운 계기들 — 식물과 꽃과 새와 인간들의 출현 — 도 지구 이야기와 이 이야기로부터 출현할 창조신학에 토대를 둔 창조 제의들을 형성할 수 있는 그 나름의 특별한 가능성을 제공해 준다. 합당한 제의들을 겨냥한 이와 같은 시도는 그리스도인들 사이에 음악과 미술, 춤 그리고 글을 통하여 펼쳐질 창조성이 꽃필 새로운 시대를 점화시킬 수 있을 것이다.

나는 지금까지 거듭해서 우주 이야기가 풍성한 결실을 맺고 풍부하며 자기를 내어주는 사랑이 있는 것이라는 점을 역설해 왔다. 그렇지만 나는 유럽의 예술과 문학에 있어서의 바로크와 낭만주의 시기하고 종종 연결지어지는 자연에 대한 근엄하고 길들여진 시각에만큼은 동의하기를 거부한다. 여기에는 지구 이야기를 위협하는 차원이 도사리고 있는 까닭이다. 어떻든 분명한 것은 모든 별들이 극심한 변환 과정들을 통해서 태어났고 또 그런 속에서 지속되었다는 점이고 바다들과 육지도 역시 마찬가지이다. 내가 이 책을 쓰고 있는 중에도 내가 앉아 있는 이곳 카타바토 남부 지방의 지표면이 아주 가볍게 흔들렸다. 1976년 8월에는 격렬한 지각 변동으로 뒤흔들려서 수천 명이 죽음을 당한 적도 있었다. 오랜 동안 전쟁으로 점철된 역사는 공포를 불러일으키는 이같은 재앙 차원이 인간 개인들과 문화들 속에서 역시 분명하게 나타나고 있다는 사실을 입증시켜 주는 슬픈 증거이다. 우리 시대에서의 경우, 그 위협적인 차원이 1945년 8월 6일 히로시마에 원자폭탄이 투하됨으로써 여지없이 드러났다. 이 사건과 생태계의 파괴가 누적되면서 가중될 영향 — 나는 이 점을 중점적으로 입증하고자 하는 것인데 — 은 우리가 이 행성에 존재하는 생명의 불꽃을 꺼 버릴 수 있는 능력을 새롭게 갖추게 되었다는 사실을 드러내 주고 있다. 우리 가운데 대다수의 사람들은 마치 이와 같은 악이 실재하지 않는 듯이 사는 경향을 보인다. 그렇지만 우리는 이를 우리의 잠재의식 속으로 몰아넣고 있을 따름으로서, 그것은 그 잠재의식 속에서 참으로 엄청나게 다양한 방식으로 우리에게 들러붙어서 우리를 교란시키고 있다.

우리는 우리 스스로가 이 악과 직면해서 씨름을 벌일 수 있도록 도와 줄 강력한 제의들을 필요로 한다. 부족 종교들은 이와 관련하여 우리에게 창조적인 지침을 제공해 줄 수 있을 것이다. 거의 모든 부족사회에서 중심적인 위치에 있는 종교적 인물은 샤먼이다. 샤먼 — 남자나 여자 모두 샤먼이 될 수 있다 — 은 영들의 세계에 대한 특별한 감지력을 가진다. 탈혼 상태로 넘어갈 수 있는 능력을 통하여 샤먼은 영의 세계를 다니면서 이곳에서 개인이나 공동체를 위하여 악의 세력들과 씨름할 수 있다고 이해된다. 대개는 엄청난 심령적 대가를 치르고서야 계속되는 싸움이 승리로 끝나는데, 그때 가서야 샤먼은 치유와 축복을 안고 돌아온다. 거의 모든 문화는 이러한 역동적인 과정을 용이라거나 아니면 다른 방식들로 상징화된 악의 세력들과 맞서 싸워서 굴복시키는 자체의 신화적인 영웅이 펼치는 여행 이야기들에다 담아 놓고 있다. 오늘 이 시대의 우리는 이와 같은 제의들을 절박하게 필요로 하고 있다. 이와 같은 주제에 입각한 창조적인 전례 내지 의식은 어쩌면 매년 8월 6일에 거행될 수 있을 것이다. 벌써 이 암울한 날을 기억하기 위한 여러 의식들이 거행되고 있음을 본다. 실로 이 암울한 날에는 우리가 만일 전심으로 이 악마와 싸워서 그를 축출하지 않는다면 우리 모두가 훨씬 더 암울한 날을 맞을 수 있는 가능성이 내포되어 있는 것이다〔나는 여기서 "그를"이라고 남성 대명사를 사용하였다. 까닭은 그 원자폭탄의 명칭, 빅 보이(Big Boy)가 남성의 의미를 함축하고 있기 때문이다〕.

내가 여기서 제안하고 있는 전례 내지 의식들은 매년 한 번씩 어떤 한 공동체가 하느님이 공동체와 더불어 축복하신 땅과 공기와 물, 동물과 곤충과 새 등 모든 생명을 어떻게 관리해 왔는가를 헤아려 볼 수 있는 계기를 제공해 줄 수 있을 것이다. 사람들이 희귀 자원들, 특히 에너지를 어떻게 사용하고 있는가를 사정(査定)하기 위해서는 도의심에 대한 개인적인 그리고 공동체적인 성찰이 요구될 것이다. 그 사회의 구성원들은 에너지와 자연 자원들을 현명하게 사용하고 있는가? 어떤 사람들은 세계 인구의 단지 6%에 불과한 미국인들이 세계에서 생산되는 원료의 40%를 사용한다고 어릳잡고 있다. 강과 바다들이 현재 오염되고 있는 중인가? 현재의 농경 방법들이 단 한 세대 만에 이 땅의 비옥함을 고갈시키고 파괴하고 말 그런 것들은 아닌가? 공기가 산업과 가정 공해와 자동차 배기 가스로 오염되고 있는가? 그 사회가 간이 식품이나 가공 식품들에 중독되어 있는가? 곡물을 사료로 하여 생산된 쇠고기와 같이 사람이 먹는 음식이 이미 많은 양의 에너지를 소모시키고 있지는 않은가? 사람들이 제3세계의 땅에서 재배되어 온 사치스런 과일들을 먹고 있는가? 사람들이 미생물에 의해 분해되지 않는 쓰레기들을 산더미처럼 양산하고 있지는 않은가? 우리는 각 공동체가 처한 특수한 상황들에 입각해서 이같은 물음들을 계속해서 제기할 수 있을 것이다.

한 공동체가 직면해 있는 생태계와 관련한 특수한 도전들 가운데 일단을 제의화하는 데는 또 다른 접근 방법이 있다. 우리는 산타 크루즈 미션(Santa Cruz Mission)에서 어떤 한 구체적인 공동체의 구성원들의 문화적·종교적 체험에 바탕을 두고 그리스도의 신비와 그 공동체가 직면해 있는 도전들을 펼쳐나가는 전례들을 발전시키려고 노력하는 중이다. 이 전례들은 지난 몇년 동안에서야 비로소 발전하기 시작하였다. 더 의미 있는 전례들이 나타나기까지는 아직 훨씬 더 많은 실험이 요청된다.

합법적인 수단과 기만적인 수단들에 의한 땅의 상실과 흙의 비옥함의 상실은 이곳 사람들이 직면한 삶이냐 죽음이냐 하는 핵심적인 문제들이다. 필리핀의 코타바토 남부에 있는 산타 크루즈 미션에서 우리는 이와 같은 문제들을 척결하기 위한 한 포괄적인 프로그램을 안출해 내고자 진력해 왔다. 그 사람들의 문화에 대한 그리고 현재 그들이 직면해 있는 독특한 문제들에 대한 통합적인 접근을 통하여 이 프로그램을 완결짓기 위해서는 이하에서 전개될 "땅의 전례"가 자신들의 열망과 분투 가운데 많은 부분을 포착하고 의식으로 표출해 낼 수 있어야 할 것이라고 생각되었다.

최근 몇년 동안 "땅의 전례"는 한 해의 2월이나 3월에 거행되어 왔다. 이것은 씨를 뿌리는 시기가 시작되기 이전의 적절한 때에 거행되는 것이 바람직하다. 그리고 이 전례는 교회나 어떤 작은 경당에서가 아니라 공동체의 구성원들 가운데 어느 한 적합한 가정집에서 거행되는 것이 가장 좋다. 교회나 작은 경당은 부족민들의 마음 속에서 거의 예외없이 유럽 지역의 종교와 연결지어져 있는 까닭이다. 대부분의 공동체들에서의 경우 가장 공간이 넓은 집은 "다투"(지도자)가 소유하고 있다. 다만 공동체 안에서의 그의 지도력과 관련하여 문제성들을 보이지 않는다는 사실이 분명하다면, 이 전례는 그 집에서 거행될 수 있을 것이다. 참여자들에게는 자기네 집 뜰에서 약간의 흙을 떠서 대나무 그릇에 담아 가지고 전례 때에 같이 가져오도록 권고한다.

땅의 전례

들어가기: 트볼리 문화에서 징은 언제나 손님들을 반겨 맞기 위해 사용된다. 그러므로 사람들이 집으로 들어가는 동안 내내 징들을 쳐서 환영한다. 그러는 사이에 참여자들은 각자 가져온 흙을 이 집 중앙에 마련해 놓은 흙으로 만든 토기에 쏟아붓는다.

이끄는 말

(지도자가 주제를 소개한다)

주 하느님이 땅을 만드셨습니다.

모든 생명은 이것에서 생겨나고

모든 생명은 이것에로 되돌아갑니다.

하느님, 이 넓은 땅의 창조자(*talaktonok*)여,

당신은 모든 부족과 모든 사람에게 그들 각각의 영토를 허락해 주셨습니다.

트볼리족에게 당신은 이 산들과 숲, 물, 그리고 특히 우리의 초목들과 동물들 그리고 자녀들과 우리 자신을 먹여 살리는 이 땅을 주셨습니다.

우리 모두 우리 어머니이신 우리 **땅**에 대한 사랑을 결코 잃지 맙시다. 어머니 — 땅을 혹사시키는 마음이 무딘 이들로부터 그리고 우리에게서 우리 유산을 탈취해 가려는 침입자들로부터 우리가 우리의 흙을 지킬 수 있도록 도와 주십시오. 또한 우리가 잃었던 땅을 되찾고, 우리가 피폐케 만든 흙을 기름지게 하도록 도와 주십시오. 우리의 어머니 — **이 땅** — 가 다시 풍성하게 결실을 맺을 수 있도록 힘을 모아야겠습니다.

우리 자신의 문화가 바로 우리에게 이 "땅"이 어떻게 꼴을 갖
추었는지에 대한 한 아름다운 이야기를 전해 주고 있습니다.

트볼리의 창조 이야기

맨 처음에 땅에는 아무 산도 없었다. 사방 팔방으로 물이 들
어차 있는 것만 보일 따름이었다. "드와타"(D'wata: 영)가 말
하였다. "내 모든 창조물들을 위해서 땅을 창조하여 이들이
살 곳을 얻게 하리라." "드와타"는 매한테 흙을 찾아보도록 청
하였다. 매는 대양 위를 아주 멀리까지 여행하였음에도 불구
하고 흙을 발견할 수 없었다. 이어 "드와타"는 비둘기한테 다
가가서 그에게 청하였다. 비둘기는 계속해서 여드레를 날아다
녔으나 그 역시 흙을 발견하는 데 실패하였다. 마지막으로
"드와타"는 "베토티"(Betoti: 작고 빨리 날아다니는 새)한테로
향해 가서 그에게 청하였다. "베토티"는 모험을 시작하기 전
에 이런 메시지를 남겨놓았다. "만일 내가 여드레 안에 돌아
오면, 이는 내가 흙을 보았다는 것을 뜻합니다. 그러나 만일
60일 동안 돌아오지 않으면, 이는 내게 무언가 불길한 일이
일어났다는 것을 뜻합니다." 한데 "베토티"는 운이 좋아서 흙
을 발견하였고, 이에 그는 그의 날개로 무언가를 집어들고 여
드레 내에 "드와타"에게로 돌아왔다.

"베토티"는 극히 소량의 흙을 가져왔다. "드와타"는 그에게
말하였다. "물이 물러날 수 있도록 하기 위해 우리 흙을 흩뿌
려야 할 것이다. 네가 뛰어다니며 발이 닿는 각 자리가 마른
땅이 될 것이다." 여드레 낮과 여드레 밤을 "베토티"는 이리저
리 뛰어다녔다. 그리하여 여드레가 지나서 이 세계가 땅으로
뒤덮이게 되었다. 비록 지쳐 기진하였지만 "베토티"는 자기가
성취한 것으로 인하여 매우 행복하였다. 그는 이렇게 외쳤다:

"머무를 곳이 있다는 것은 얼마나 경이로운가. 모든 뱀과 돼지와 말과 물소와 다른 동물들을 이곳에서 살게 하리라."

이렇게 하여 동물들이 이곳으로 향해 와서 여기서 살기 시작하였다. 얼마 후에 동물들 중의 하나가 "베토티"에게 자기네한테 누군가 자신들을 살펴봐 줄 이가 있어야겠다고 제의하였다. 그러자 "베토티"는 여덟은 남성이고 여덟은 여성인 열여섯 개의 상을 진흙으로 빚어 놓았다. 이들을 다 빚어 놓고 나서 "베토티"는 이들을 어떻게 움직이거나 말할 수 있게 만들까 하고 궁리하였다. "드와타"는 이를 알고 있었는데, 이에 그는 "베토티"한테 자기가 도와 주리라고 확신시켜 주었다. 여드레 후에 남성상 중의 하나가 움직였다. "베토티"는 매우 행복하였다. 그는 이 남자가 걸을 수 있도록 도와 주었다. 그러나 "베토티"는 여드레 동안 그가 말을 할 수 있게 만들 수가 없었다. 그 남자의 첫마디는 이것이었다. "'땅'과 '하늘'을 돌보도록 불린 것은 그 얼마마한 특권인가." 움직이고 말할 수 있었음에도 불구하고 그 사람은 혼자 생각하였다. "나는 단지 동물들을 지켜보는 것으로는 만족하지 않는다. 나는 내게 어울리는 짝을 찾아야만 한다." 그 순간 여성상이 움직였다. 그리고 그 여자는 남자의 동반자요 짝이 되었다. …

주고받으며 부르는 찬가

응　송: 주님, 우리의 땅과 그 땅으로 말미암아 사는 당신의 자녀들을 축복하소서.

주송자: 아름다워라, 주님이 만드신 이 흙이여! 이것은 풍요하고, 거무스레하고, 풍성한 결실을 내는도다. 그녀의 자궁에 심겨진 씨알 하나가 백 배의 낱알을 내리로다. 주님이 만드신 이 흙은 얼마나 아름다운가.

응　송: 주님, 우리의 땅과 그 땅으로 말미암아 사는 당신의
　　　　 자녀들을 축복하소서.

주송자: 흙 없이 누가 살 수 있을까? 흙 없이 물소가 풀을 뜯
　　　　 을 수 있을까? 숲속 흙에 뿌리내리지 않고 멧돼지가
　　　　 살아남을 수 있을까? 아무리 높은 산 위를 나는 독수
　　　　 리조차 먹이를 찾으려면 **땅**으로 돌아와야 하리라.

응　송: 주님, 우리의 땅과 그 땅으로 말미암아 사는 당신의
　　　　 자녀들을 축복하소서.

주송자: 주께서 인류를 지으셨을 때, 그분은 허리를 굽혀 땅
　　　　 에서 흙을 집으셔서 남자와 여자를 꼴지으셨도다. 그
　　　　 분은 흙의 형상들한테 당신의 숨을 불어넣으셔서 그
　　　　 들에게 당신의 영을 부여해 주셨도다. 주님이 인류를
　　　　 만드셨을 때, 그분은 곧바로 그들을 위해 동산을 만
　　　　 들어 주셨도다.

응　송: 주님, 우리의 땅과 그 땅으로 말미암아 사는 당신의
　　　　 자녀들을 축복하소서.

주송자: 우리의 흙은 참으로 우리의 어머니, 우리를 품으시고
　　　　 우리를 기르시는 "한" 어머니이시니, "한" 자녀가 그
　　　　 의 어머니를 사랑하도다. 귀하여라, 이 흙, 모든 선
　　　　 물보다 더 귀한 선물이여.

응　송: 주님, 우리의 땅과 그 땅으로 말미암아 사는 당신의
　　　　 자녀들을 축복하소서.

설교: 지도자는 공동체로 하여금 자신들의 땅을 보존하고 이를 보살
피는 것이 얼마나 중요한 일인가를 성찰하도록 이끈다. 성서에 있어
서 땅은 하느님의 백성에게 주어진 그분의 선물로 이해되어 있다.
그들은 이것을 팔거나, 저당잡히거나, 이것이 침식당하도록 방치하

거나 하지 않음으로써 자신들의 감사를 표하고 있다. 전례 본문과 함께 배부된 유인물을 통해서도 전통적인 문화 속에서 찾아볼 수 있는 땅과 숲과 산들의 영에 대한 존중에 대해서도, 그리고 이러한 것들에 대한 존중을 강화하고 만일 이같은 태도가 상실되었다면 이를 회복할 필요에 대해서도 주의를 기울이도록 한다.

공동 기도: 기도를 이끄는 사람이나 기도를 이끌고자 하는 사람이면 다른 누구라도 공동체가 필요로 하는 것들, 특히 땅과 관련된 것들을 위해 기도한다.

흙의 축복: 지도자가, 의식이 시작될 때 참석한 사람들이 가져온 흙을 쏟아부었던 토기 위에 올라선다. 그러고는 그 지역에 있는 모든 경작지, 농장에 축복이 내리기를 비는 기도를 바친다.

> 선도자: **하느님, 우리 아버지요 어머니**, 여기 우리가 우리의(teniba) 농토에서 가져온 이 **땅**을 축복하소서. 당신은 우리에게 **땅**을 **어머니**로서 허락해 주셨습니다. 부디 이 **땅**을 풍요롭고 풍성히 열매맺게 하시어 모든 창조물들, 특히 당신의 자녀들을 길러줄 수 있게 하소서. 지금 우리가 뿌리는 이 거룩한 물로 우리의 흙이 풍성하게 결실을 맺게 해 주소서. 이 땅이 한결같이 생명을 낳을 수 있도록 하소서.

식물들을 위한 기도: 소리꾼들이 두 패로 나뉘어서 트볼리의 환경 속에서 찾아볼 수 있는 많은 식물들을 위한 일련의 찬양 기도를 노래한다. 이 전례를 기획해 나가는 단계에서 이 지역에서 거의 멸종되어 버린 많은 전통적인 식물들을 이 기도에 포함시키고자 하는 노력이 기울여졌다. 이 부분은 본 전례 중에서 가장 주목할 만한 면들

가운데 하나로 부각되었다. 이제는 사라져 버린 식물들이 다시 거명
될 때 많은 노인들이 흐느껴 울었다.

주송자: 우리의 할라이 케누마이(halay kenumay)와 우리의 할
라이 텡(halay teng)을 위하여
(전통적인 벼 품종들)

응 송: 이 땅이 생명을 낳을 수 있게 하소서!

주송자: 우리의 트올(t'wol)과 툴레(tule) … 를 위하여
(전통적인 과일들)

응 송: 이 땅이 생명을 낳을 수 있게 하소서!

주송자: 우리의 블란퀴(blanqui)와 불리(buli) … 를 위하여
(전통적인 채소들)

응 송: 이 땅이 생명을 낳을 수 있게 하소서!

주송자: 콜론(kolon)과 페트(fet) … 를 위하여
(전통적인 풀들)

응 송: 이 땅이 생명을 낳을 수 있게 하소서!

지도자: 우리의 망가(mangga)와 베카두(bekadu) … 를 위하여
(최근에 도입된 과일들)

응 송: 이 땅이 생명을 낳을 수 있게 하소서!

지도자: 우리의 케날룸(kenalum)과 로코(loco) … 를 위하여
(나무의 품종들)

응 송: 이 땅이 생명을 낳기를 바라나이다!

선도자: 하늘에 계신 아버지, 우리에게 땅을 베풀어 주시고
생명의 축복들을 넘치게 부어 주심에 우리 모두 당신
께 감사드립니다. 당신의 선하심에 의탁하여 우리는
당신께 이 흙이 풍부하게 생명을 낳아 살아 있는 것
들의 공동체 모두를 기르고 당신 자녀들을 몸으로도
영으로도 쇄신시키게 해 주시기를 청하나이다.

키필 타우 네둥(Kifil Tau Nedung: 진흙으로 된 작은 입상 빚기)

　　이 부분의 예식이 거행될 때, 지도자는 먼저 질그릇에 물을 붓는다. 그러고는 거기에 들어 있던 흙으로 인간 형상을 빚는다. 이어서 지도자 — 남자일 수도 있고 여자일 수도 있다 — 는 그 흙으로 만든 상을 질그릇의 한가운데 놓는다.

　　선도자: 벗들이여, 우리는 이 흙을 축복했고, 우리의 식물들
　　　　　　과 동물들 모두를 위하여 하느님이 이 흙을 풍성하게
　　　　　　결실을 맺도록 해주시기를 그분께 기도하였습니다.
　　　　　　우리는 하느님께서 흙으로부터 인류를 지으셨음을 알
　　　　　　고 있습니다. 우리 모두 이를 잊지 않도록 하기 위하
　　　　　　여 한 작은 입상(tau nedung)을 만들도록 합시다.

　　선도자: 하느님이 **땅**을 만들고 여기에 온갖 류의 식물을 심으
　　　　　　셨을 때, 그분은 땅바닥을 기어다니는 모든 등물들과
　　　　　　들을 뛰어다니는 모든 동물들과 공중을 날아다니는
　　　　　　새들과 강과 호수에서 헤엄치는 물고기들을 만드셨습
　　　　　　니다. 그리고 모든 것이 준비되었을 때 하느님은 흙
　　　　　　으로 인류를 끝지으셨습니다. 하느님은 이들을 당신
　　　　　　자신의 손가락들로 빚으시고 이들에게 생명을 부여해
　　　　　　주시기 위해서 당신의 숨을 불어넣으셨습니다.

켈루놀 토녹 베 우요(Kelunol Tonok be Uyo: 참여자들의 이마에 흙을 얹는 의식)

　　선도자: 벗들이여, 여러분은 여기 땅에서 우리가 산 다음에
　　　　　　우리의 몸들은 땅으로 돌아가서, 이들이 "마지막 날"
　　　　　　에 일어나기까지 이곳에 머물러 있어야 한다는 것을
　　　　　　알고 있습니다. 우리가 죽을 때, 우리의 영들은 비록
　　　　　　계속 살아 있다고 하더라도, 우리의 몸들은 한때 우

리에게 생명을 주었던 그 **땅**으로 돌아가는 것입니다.
(이때 선도자는 우리가 "땅"으로 돌아간다는 것을 상징하기
위해 "땅-흙"으로 빚은 입상을 으깨어서 그릇에 있는 "땅-
흙"으로 부셔넣는다.)

선도자: 이제 우리 모두 우리가 "땅"에서 왔고 어머니 땅의
품으로 되돌아가야 한다는 표지로서 흙으로 우리의
이마에 표를 남기도록 합시다.
(선도자와 보조자들이 참석한 모든 사람들의 이마 위에 십
자 형태로 흙을 얹는다.)

선도자: 여러분이 흙에서 왔다는 것을, 또한 여러분이 흙으로
되돌아가리라는 것을 기억하십시오.

마지막 기도:

오 하느님, 이 아름다운 "땅"의 창조자여, 당신은 생명 있는
창조물들로 이곳을 풍부하게 채워 주셨나이다. 하느님 창조자
여, 청하오니, 우리가 우리의 생명과 모든 창조물의 생명이
우리의 흙에 의존해 있다는 것을 잊지 않도록 도와 주소서.
우리가 언제나 한결같이 이 가장 귀한 선물에 감사드릴 수 있
도록 도와 주소서. 우리의 흙을 풍요롭게 하시고, 이 흙이 비
옥하여 거무스레한 빛을 잃지 않게 하시고, 풍성한 결실을 맺
으며 풍요하게 해주소서. 오랜 기간 동안의 가뭄과 홍수로부
터 우리를 지켜 주소서. 우리의 대지를, 특히 당신의 "백성"을
축복하소서.

떠나감과 마지막 의식:

벗들이여, 오늘 우리는 다시금 "땅"의 표지를 받았습니다. 우
리가 왔고 또 우리가 되돌아가야 하는 그 "땅"을 우리 모두 한

결같이 지켜보도록 해야겠습니다. 이제 우리의 농장으로 돌아
가서도 우리 다같이 땅을 허락해 주신 하느님께 감사드리고,
땅을 "어머니"로서 존중할 수 있게 되기를 빕니다.

　[이때 모든 사람들이 집에서 밖으로 나간다. 또한 축복된 "땅-흙"을
담고 있는 질그릇 역시 밖으로 내놓는다. 이어서 "소요우"(soyow)를
춘다. "소요우"는 트볼리 문화에서 매우 특별한 춤이다. 이것은 통상
적으로 "모 니눔"(Mo Ninum)이라고 일컬어지는 가장 중요한 전통 축
제 때 추는 춤이다. 이 "소요우"는 토속적인 춤일 뿐만 아니라 풍산을
경축하는 의식이기도 해서, 이 전례를 끝맺는 의식으로서 매우 적절한
것이다. "소요우"가 끝난 후에는 참여자들이 가져다가 각자의 농장에
흩뿌릴 수 있도록 축복된 **땅-흙**이 분배된다.]

산타 크루즈 미션의 연구진에 의해 준비된 다른 전례들에서는 자연
세계 내에 있는 또 다른 선물들을 대상으로 하여 경축한다. "물의 전
례"에서의 경우 물이 생명의 보편적인 원천으로 인식된다. 그리고
여기서는 하느님께서 각 공동체 내의 물-자원들을 축복해 주실 것이
요청되고 있다. 주고 받으며 부르는 찬가에서는 사람들이 깨끗한 개
울에서 목욕을 하거나 시원한 샘물로 갈증을 풀 때 물을 보면서 연
상하는 그와 같은 기쁨과 신선함이 일깨워진다. 회중은 함께 다음과
같은 찬양 외침으로 응답한다:

Tey tilob el tikaw　　　좋아라, 좋아라, 신선한 물이여.
Salamat Bong D′wata　우리의 **대영**(大靈)께 감사드리세.

설교와 이 나눔을 이끌기 위하여 참여자들에게 배부된 유인물을 통
해서는 성서에 있어서의 물에 관해서 이야기한다. 그리스도인은 물
과 성령을 통하여 다시 태어난다. 이것은 트볼리 공동체에게 매우

상징적이다. 세례는 통상적으로 일 년에 한 번, 망부활절에만 집전된다. 예비 신자들은 모두 다 "로오-엘"(Lowo-el)이라고 하는 그 지방의 강에서 세례를 받는다. "물의 세례" 동안 사람들은 샘들과 물-자원들을 돌보도록 요청받는다. 열대 지방의 많은 나라들에서의 경우 수인성(水因性) 질환들은 유아 사망과 여타의 질병들을 유발하는 가장 주요한 원인 가운데 하나이다. 또한 여기서는 열대림과 물-자원들간의 관계에 대해서 역시 일깨워지기도 한다.

설교와 공동체의 기도가 끝난 후에 각 가정의 가장은 그들의 특별한 물을 흙으로 빚은 항아리에 붓는다. 이어서 지도자나 기도를 이끄는 사람이 물을 축복한다. 축복이 끝난 다음에는 이 물이 회중에게 흩뿌려진다. 이 의식은 물과 물에서 찾아볼 수 있는 모든 창조물들에 대한 일련의 찬양기도에 이어서 행해진다. 마지막 축복 이후 각 가정은 자기네가 가져온 대나무 그릇에다가 거룩하게 성별된 물을 약간 따라서 자기네 우물에 갖다가 붓는다. 이 전례의 마지막 의식은 우물에서 수행된다. 각 가정은 전통적인 봉헌 혹은 "뎀수"(demsu)를 거행한다. 이 예식은 빈랑나무 상자나 전통적인 검, 혹은 르웩(l'wek)이라고 하는 긴 의복과 같은 귀한 물건을 샘 가까이에 놓음으로써 완료되는데, 이는 우물의 영이 내리는 축복이 모든 사람들에게 이르도록 하기 위한 것이다.

"불의 전례"는 불의 선물에 대해서 하느님께 감사드리는 의식이다. 불은 우주의 본원적인 "요소"이다. 또한 불은 인간의 역사에 관한 이야기에 있어서 가장 중대한 그야말로 획기적인 사건 중의 하나이다. 이 전례에서는 공동체를 스스로가 그리스도적 사랑의 불로 변혁되도록 초대하는 저 정화하고 변혁하는 불의 힘에 대해서 일깨워준다. 또한 이 전례에서는 불의 위험에 대해서도 진술되는데, 이렇게 해서 공동체가 이 선물에 대해 주의를 게을리하지 않도록 권고하려는 것이다. 1983년 필리핀에서 발생한 열대림에서의 화재들로 인해서 이곳의 산림이 막대한 손상을 입은 일이 있었다. 실제로, 퇴비를 쓰지 않고 초목을 태우는 것은 유기물질을 낭비하는 것일 뿐만 아니라 이는 아주 커다란 산불을 유발할 수가 있다. 이 전례는 온 인류의 관심이 집중되어 있는 것으로서, 하느님께서 핵폭발르 인한 대학살의 화구 속에서 당신의 세계와 당신의 백성이 재가 되지 않도록 구해 주시기를 간구하는 기도로 끝난다.

자연적 상징들을 중심으로 구성된 이와 같은 전례들이 현재까지 여러 해 동안 시도되어 왔다. 하지만 이 전례들이 미친 영향에 대해서 아직 완벽하게 평가할 수 있는 단계는 아니다. 아무튼 나는 그동안 여러 공동체들과 함께 이 전례에 참여해 왔다. 한데 이와 같은 전례들이 미리 준비되고 주의깊게 수행될 때, 사람들은 아주 깊이 이러한 의식에 몰입해 들어가는 것 같았다. 앞으로 다른 공동체들이 그들 자신의 열망들과 그들이 직면한 도전들에 부합하는 더 합당한 전례들을 창출해 낼 수 있도록 이것들이 자극이 되고 촉진제가 되어 주기를 바랄 따름이다.

삶의 성사 거행

나는 여기서 체계적인 성사신학이라든가 각 성사들에 대한 신학 성찰을 개진하고자 하지는 않을 것이다. 최근에도 성사들의 성서적·신학적·심리학적·사회학적·인간학적 차원들에 관하여 다룬 풍부한 저서와 논문들이 발표되어 왔으므로, 체계적인 성사론을 보려면 이런 연구 작업을 참즈할 수 있을 것이다. 내가 이 짧은 진술을 통해서 추구하고자 하는 목표는 오늘 이 시대에 있어서 성사적 실행의 한 단일 차원에 대한 우리의 의식을 재고하는 데 있다. 성사들은 언제나 특수한 시간과 특수한 장소에서 거행되는 법이다. 이것들은 특수한 공동체들에서 슐고 있는 남녀들을 구체적인 열망이나 바람들과 연관지어 준다. 오늘날 더 폭넓은 집단들에서 체험되고 있는 "지구-땅"에 대한 관심이야말로 그러한 열망들에 가닿아 있는 관심 중의 하나이다. 실제로 성사들의 거행은 그리스도 공동체에게 자연 세계의 선물을 경축할 수 있는, 그리고 생태계가 민감하게 수용되어 있는 교리교육을 개진, 발전시킬 수 있는 많은 기회들을 제공해 주고 있다.

그렇지만 성사들에 관한 우리의 성찰은 이것들이 생태계와 관련한 교리교육을 통해서 성취할 수 있는 가능성들을 넘어갈 것이다. 지난 장에서 나는 오늘 이 시대의 인간학자들과 사회학자들이 어떤 한 특정한 실재와 이것이 상징하는 것간의 분리 불가능한 연관 관계에 대해 진술하는 내용에 주의를 환기시킨 바가 있었다. 만일 이 평범하고 일상적인 체험들과의 연결이 깨어진다면, 이전에는 당연하게 받아들여질 수 있었던 상징적 가능성들의 범위가 여지없이 위협을 당하고, 어떤 경우들에는 파괴당하기까지 할 것이다. 이하에서 나는 자연 세계의 상태를 악화시키는 것이 성사의 상징적인 효과를 약화시키는가의 여부를 물어나갈 생각이다. 전세계적으로 점점 더 깨끗한 물이 줄어들고 있는 것으로 나타나는 이 사실은 물이 더 이상 세례성사에서 새롭고 쇄신된 생명을 드러내는 강력한 상징이 될 수 없다는 것을 뜻할 수 있을 것인가?

동일한 상황이 성찬에 대해서도 적용될 수 있다. 경작지와 다양한 식물 품종들의 파괴 현상과 더불어 광범위하게 확산되어 있는 굶주림과 영양실조, 식량의 불균등한 배분 현상이 빵이나 음식이 "생명의 빵"을 위한 효과적인 상징이 될 수 있는 상징력을 감소시킬 수 있을 것인가? 만일 "지구-땅"과의 조화가 화해의 성사에 포괄되어 있지 않다면, 이 성사에 있어서 한 중요한 차원이 탈락되어 있는 것은 아닐까? 결혼, 혼인을 통하여 인간의 사랑과 풍성함이 경축된다. 한데 과연, 특히 이 세계의 몇몇 지역들에서 나타나는 급속한 인구 증가가 지구 공동체에서 살고 있는 무수한 다른 종들을 파괴하고 결과적으로 지구 공동체 전체의 건강을 위협하고 있는 것일까?

세 례

물은 세례성사에서 핵심적인 상징이다. 바울로 성인은 로마 6,3-4에서 그리스도께로 잠겨드는 것으로서의 세례를 받는 것에 관하여 다음과 같이 진술한다: "그리스도 예수와 하나가 되는 세례를 받은 우리는 누구나 다 그분의 죽음 안으로 세례를 받았다는 사실을* 여러분은 모르십니까? 과연 우리는 그 죽음 안으로 이끄는 세례를 통하여 그분과 함께 묻혔습니다. 그것은 그리스도께서 아버지의 영광으로 말미암아 죽은 자들 가운데서 일으켜지신 것과 같이 우리 또한 새로운 생명 안에서 거닐 수 있기 위함입니다."

여기서 물의 상징은 이중의 영향력을 갖고 있다. 이것은 먼저 각 개인에게 있어서 세례가 미치는 깨끗하게 하고 정화하는 효과를 상징한다. 그런데 더 중요한 것은 이것이 새로운 생명을 상징한다는 점이다. 물 속으로 잠겨들면서 죄에 대하여 죽음을 체험하는 것은 그리스도와 함께 새로운 생명으로 일으켜지기에 이르기까지의 전단계에 해당하는 것이다.** 우리는 그리스도의 빠스카 신비에 의하여 쇄신되고 변혁되었다. 이에 따라 우리는 우리가 이 새로운 생명을 살고 또한 경축하는 믿는 이들의 공동체에로 이끌려들여져서 한몸을 이루게 되었다. 결국 이 상징은 물이 인간 존재들에 의해서 적어도 다음과 같은 세 가지 방식으로, 즉 생명의 원천이요 정화하거나 깨끗하게 하는 수단이요 물에 빠뜨릴 때는 죽음을 초래케 할 도구로서

---

* 「200주년 신약성서」 493면 각주 ㉠ 참조 — 역주.

** 물 속에 잠겨들면서 받았던 이를테면 침례와 주전자에 물을 담아가지고 이마에 물을 떨어뜨리면서 거행하는 요즘의 세례간의 연속성과 차이 현상에 대한 통찰이 요청된다 — 역주.

체험되기 때문에 비로소 상징력을 띨 수 있는 것이다.

그리스도교 시대가 시작된 이래 신학자들은 물이 그 자연 상태 — 비와 눈, 흐르는 개울, 호수 그리고 대양 — 에 있어서 신선하고 맑고 생명을 가져다주는 것이라는 점을 당연시할 수 있었다. 한데 「물」[1]이라는 제목의 한 책에서 프레드 파울리지는 이와 같은 전제가 지금도 참인가의 여부를 묻고 있다. 세계 차원에서는 물론 아일랜드에 있어서 역시 나 자신이 물의 오염 상태에 관하여 살펴보는 가운데 제시한 대부분의 자료도 매우 유사한 물음을 제기하게 하는 것이 사실이다. 만일 앞으로도 물의 순도가 계속해서 떨어지게 된다면, 그래도 과연 이것이 새로운 생명과 정화를 상징할 수 있는 효력을 유지할 수 있겠는가? 물이라든가 다른 자연적인 상징들의 상징력이 파괴당하고 있는 현실에 관한 이와 같은 염려야말로 그리스도인들로 하여금 우리의 가장 귀중한 자원들과 관련하여 벌어지고 있는 실상에 관심을 기울이도록 하는 강력한 계기로 작용할 수 있어야 할 것이다. 예컨대, 만일 자연적인 물의 생태계가 오염된다면, 물은 더 이상 재생 능력이 없는 죽음을 상징하기에 이르고 말 것이다. 그렇다면 그러한 물이 어떻게 예수의 삶과 죽음과 부활의 저 변혁시키는 힘을 나타내는 효과적인 상징이 될 수 있겠는가?

---

1. Fred Powledge, *Water, The Nature, Uses and Future of Our Most Precious and Abused Resource*, Farrar Straus Giroux, New York 1982.

성 찬

세례와 관련하여 지금까지 언급된 내용의 대부분은 지금 현재 성찬과 관련하여 개진되는 일체의 진지한 논의에 있어서도 그대로 적용할 수 있다. 복음서 저자 요한 성인은 그의 복음서 6장에서 성찬에서 축복한 것(Eucharist: 마르 14, 22)을 "생명의 빵"이라고 진술하였고, 교회 역시 지금까지 내내 그렇게 말해 왔다. 성찬이 참으로 먹는 양식과 마실 것을, 그리고 이 땅에서 살았고, 죽었고, 죽은 자들 가운데서 일어난 예수를 기억하여 식사를 나누는 것을 상징하는 것이라고 한다면, 오늘의 그 어떤 성찬 거행이 직면해 있는 가장 중요한 도전은 사제 지위의 합법성이라든가 전례문의 적합성과 관련한 것이 아니라는 사실이다. 성찬이 상징하는 것이 정말 그러하다면 오히려 그 성찬이 지금 현재 10억여 명의 사람들이 지속적으로 굶주리고 있는 세계에서 거행되고 있다는 이 사실이야말로 오늘 이 시대의 도전 중의 도전인 것이다.

굶주림과 영양실조, 식량을 생산하고 거두어들일 수 있는 기회들의 결핍, 우리의 주요 식량들이 가진 유전학적인 토대의 잠식, 소수의 거대 기업들에 의한 종자의 통제, 그리고 비옥한 경작지의 지속적인 황폐화, 이 모든 현상은 상호 연관되어 있다. 그 누구도 이러한 무시무시한 실상과 관련하여 무엇인가를 행하도록 도전받지 않으면서 지금 여기서 이 성찬을 거행할 수는 없는 일이다. 이 점은 당시에 예수회의 총장이었던 베드로 아루뻬가 1974년 필라델피아에서 개최된 성체대회 때에 「빵과 복음화에 대한 굶주림」이라는 제목으로 행한 연설에서 웅변적으로 잘 지적되어 있다. 그는 다음과 같이 말하였다:

이 세계 어디인가에 굶주림이 있다면, 그러면 우리의 성찬 거행은 세계 어떤 지역에서 행해지건간에 불완전한 것일 수밖에 없습니다. 그분은 혼자서가 아니라, 이 "땅"의 가난한 사람들, 억눌리는 사람들, 굶어 죽어가는 사람들과 함께 우리에게 오십니다. 그분을 통하여 그들은 우리에게 도움을, 정의를, 행동으로 표현되는 사랑을 갈구하고 있습니다. 그러므로 우리는 우리 자신이 곤경에 처해 있는 사람들에게, 이들이 어디에 살든지, 이들이 그리스도인이든 아니든, 백인이든 흑인이든 간에, 생명을 위한 빵을 내어주지 않는 한에는 저 "생명의 빵"을 합당하게 받을 수가 없는 것입니다.[2]

1986년의 굶주림 상황은 1974년 당시보다 더 악화되어 있다. 국제 연합은 1974년에 로마에서 개최된 세계 식량 회의 때에 4억 6,000만 명의 사람들이 지속적으로 굶주리고 있고 영양실조로 인한 질병과 곤경을 겪고 있다고 보고하였다. FAO(Food and Agricultural Organization)의 의장에 따르면, 1984년 이전까지 그 수가 10억여 명에 이를 만큼 급증하였다. 이 가공할 숫자 — 지속적으로 굶주림과 심각한 영양실조로 인한 고통에 시달리고 있는 사람들이 거의 인류의 4분의 1에 달한다 — 는 군사 비용으로 1분당 1백만 달러 이상이 쓰이고 있는 이 세계에서 하늘을 향해 복수를 부르짖고 있다. 이러한 실상은 확실히 제1세계에 속한 나라들에서의 성찬 거행에 대한 예언적인 도전을 강화시켰다. 우리가 "생명의 빵"을 받는 각 성찬은 우리의 사회로 하여금 이렇게 굶주리는 사람들이 많은 이 때 우리의 자원 가운데 그토록 많은 양이 죽음의 무기들에다 갖다 바쳐지고 있는 이유가 무엇인가를 묻도록 도전을 제기할 수밖에 없었던 것이다.

---

2. Pedro Arrupe, *Hunger For Bread and Evangelization,* Sedos, 1983년 3월, Via Dei Verbiti 1, 00154 Rome 1976.

지구의 얼굴에 드리워진 굶주림이라고 하는 이 어두운 그림자를 대하면서 혹자는 제1세계 국가들, 특히 전통적으로 그리스도교 국가들인 유럽과 북아메리카의 여러 나라들이 빈곤을 몰아내기 위해서 그들의 엄청난 자원들을 분배해 주리라고 생각할는지 모를 일이다. 빈곤과의 투쟁은 서방 세계에서 언제나 다분히 정치적인 기사여구로 쓰여 왔다. 케네디(Kennedy) 대통령은 1960년대 초에 미국이 이룰 한 쌍의 목표를 설정하였다. 하나는 사람을 달에 착륙시키는 것이었는데, 이것은 1970년 이전에 달성되었다. 두번째 것은 굶주림과의 투쟁과 그 극복이었다. 하지만 실제로 제3세계에 속한 많은 나라들에서의 경우 그 상황이 1960년대에 오히려 더 악화되었다. 헨리 키신저(Henry Kissinger)는 1974년의 로마 회의 때 동일한 공약을 되풀이했다. 그러나 그때 이래 11년 후인 지금도 굶주리는 사람들의 수는 가공스러울 정도의 비율로 계속해서 증가하고 있는 중이다. 그 사이에 서방 국가들은 때로는 수수방관하고 있었고, 심지어는 다른 사람들의 굶주림에서 이득을 챙기기까지 해왔다.

제3세계에 속하는 많은 나라들에 있어서 오랜 가뭄이나 심한 홍수와 같은 자연 재해들은 종종 단기적으로는 기근의 원인이 된다. 하지만 장기적으로는 이것이 곧바로 서방 국가들의 경제 정책과 무역 정책에 연계되면서, 이들의 정책에 말려드는 원인을 제공하게 된다. 1973년에 발생한 석유 수출 금지 조처와 이에 따른 네 배에 달하는 석유 가격의 폭등은 서방 국가들을 겨냥해서 내려진 결정이었음에도 불구하고 이것이 오히려 이 나라들에 미친 주요 영향으로 하여 서방 국가들과 언론사들 사이에서 열광을 창출해 내었다. 미국은 이보다 한 해 앞서 소련에다 1,900만 톤의 밀을 팔았다. 이 판매 결정은 세계 도처에서 굶어 죽어가던 사람들에게 결정적인 타격이 되었다. 그같은 무역 정책은 곡물 가격을 세 배로 뛰게 만들었고, 이는 다시 식량 가격을 연쇄적으로 끌어올리는 결과를 낳았던 것이다. 이에 식량을 수입할 수밖에 없는 처지에 있던 가난한 나라들은 식량 구입 자금을 조달할 수가 없었고, 반면에 미국은 오히려 여기서 이득을 챙겼다. 1972년과 1974년 사이에 미국은 농작물 수출에 있어서 130억 달러의 증가를 기록하였던 것이다.

나는 앞에서 이미 제3세계에 속하는 많은 나라들의 1급 토지들이 초국가적 기업들에 의하여 제1세계의 시장에서 판매될 식량을 재배하고 쇠고기를 생산해 내기 위하여 이용되고 있다는 사실에 주의를 환기시킨 바가 있었다. 라뻬와 맥캘리[3]는 1979년 필리핀을 방문하는 동안, 이전에는 이 지역의 소비를 위한 식량을 생산하는 데 쓰였던 5만 7천 헥타아르의 경지 면적이 10년 사이에 수출용 과일 경작지로 전용되어 있었음을 확인하였다. 나는 1983년 민다나오에 기근이 들었을 때 이 점을 정말이지 절실하게 인식하게 되었다. 일곱 달에 걸쳐 가뭄이 들면서, 특히 관개 시설이 없는 지역이라든가 시설이 갖추어져 있더라도 관개 용수가 바닥이 나 버린 지역들에서는 엄청난 흉작을 야기시켰다. 많은 부족민들과 필리핀 저지대의 가난한 농부들은 계속해서 굶어 죽기에 이를 정도로까지 굶주리게 되었다. 하지만 이 굶주림의 와중에서도 코타바토 남부 지방의 땅은 제1세계의 국가들한테 수출하기 위한 파인애플을 재배하는 데 쓰이고 있었던 것이다.

1984년에 아프리카의 29개 나라들을 휩쓸면서 이곳의 주민 5천만 명을 위협했던 기근에 대해서 서방 국가들이 보인 반응은 극도로 무딘 것이었다. 이곳 주민들의 처참한 상황이 서방 정부들에 익히 잘 알려져 있었음에도 불구하고, 이들은 이를 무시하는 쪽을 택하였다. 실제로는 몇몇 서방 정부들의 경우 오히려 빈곤과 기근 그리고 황폐

---

3. F. M. Lappe와 E. McCallie, in James McGinnis, *Bread and Justice* (Paulist Press, New York) 99면.

화의 주기가 다른 곳에서도 지속될 수 있도록 확실하게 유도할 수 있는 재정적 정책 결정들을 내리기까지 하였다. 예컨대 1984년 봄에 이 대재앙의 조짐이 처음으로 포착되어 막 서방 언론들에 보도되기 시작하였을 때, 레이건 행정부는 국제 개발 협회(International Development Association) — 가난한 개발 도상국들에다가 싼 이자로 자금을 융자해 주는 기구 — 에 제공하는 대출금 규모를 무려 30억 달러나 삭감하였다고 공식 발표하였던 것이다. 그 당시 참으로 언론 으로부터 압력이 없었더라면 서방 정부들은 아프리카를 굶어 죽게 만들었을 것이다.

이때의 기근의 실상, 특히 에티오피아의 기근 정도가 서구인들에 게 알려지면서 큰 충격을 불러일으킨 것은 BBC 텔리비전 팀이 이 지역을 돌고 난 뒤의 일이었을 따름이었다. 마르크시즘 노선의 정부 가 아디스 아바바(Addis Ababa)에서 실권을 장악하고 있었다는 사실 때문에 레이건 행정부나 대처 정부가 의도적으로 이 지역의 실태를 축소하여 보도하는 쪽을 택한 것은 아니었는가 하는 의문들이 제기 되었다. 서방 정부들은 그 이후로도 계속해서 에티오피아의 부패와 무능을 부각시키고 서방이 소련과 에티오피아의 동맹국들보다 더 많 은 힘을 쏟고 있다고 지적함으로써 자신들은 책임이 없다는 것을 입 증하려고 하였다.

우리가 사는 이 시대의 한 가지 당혹스러운 변태적인 현상은, 아 프리카에서의 기근이 이 지구와 인간 생명에 엄청난 손상을 입히고 있는 데 비해서, 서구의 많은 나라들은 막대한 식량 공급 과잉 현상 을 보이고 있다는 점이다. EEC는 버터와 쇠고기, 양고기, 돼지고기 와 설탕을 산더미처럼 쌓아 놓고 있고, 우유와 포도주로 목욕을 하 리만큼 저장해 놓고 있다. 계속 증가되는 이 과잉 공급분을 저장하 고 보존하는 데 드는 비용만도 어마어마하다. 그렇지만 농작물 가격 과 그 수입에 미칠 영향 때문에 EEC와 오스트레일리아는 이 식량을 굶주리는 사람들이 먹도록 내어주지를 못하고 있는 것이다.

1984년 후반기 무렵에는 서방 정부들과 개인들 그리고 교회의 구제 단체들이 동아프리카의 주민들에게 식량과 의료 원조, 보호 시설을 제공하기 시작하였다. 도움을 청하는 호소가 많은 사람들의 심금을 울렸다. 국민학교 어린이들과 노동조합 단체들 그리고 폭넓은 시민 계층이 도움을 구하는 호소에 관대하게 성금해 주었다. 한 대중음악 그룹은 구조의 열기를 확산시키는 데 기여하려는 뜻에서 디스크를 내놓기도 하였다. 그러나 이 사람들을 생존케 하기 위해서는 이와같이 전격적인 구조의 손길이 절대적으로 필요한 것이기는 하지만, 저 땅 역시 원상태로 회복되지 않는 한, 이것도 결국에는 아무 소용이 없게 되고 말 것이다.

가뭄은 에티오피아에서 발생하는 기근의 근인(近因)이다. 그러나 장기적으로 볼 때 이를테면 기근의 원인(遠因)은 지나친 방목과 벌목 그리고 농경에 부적합한 땅을 조성하는 데 드는 무리한 투자로 하여 생태계가 손상을 입었다는 점에 있다. 이런 과정에서 모래밭과 황야를 잠식해 들어가는 대가로 매년 수만 평방 킬로미터의 경지를 상실하고 있다. 이렇게 해서 환경 파괴 문제가 곧바로 기근으로 이어지게 되는 것이다. 따라서 제1세계는 참으로, 대중 치료식으로 현재의 위기를 일시적으로 해소하는 단계를 넘어서 환경 파괴가 점증되는 빈곤으로 이어지는 저 악순환 관계를 끊어놓는 데 기여할 자본과 전문적인 지식을 제공하는 일에 관심을 기울이지 않으면 안된다.

하지만 내가 1983년 민다나오를 휩쓴 기근을 겪으면서 알게 되었던 것처럼 개인들과 정부 기금 그리고 구제 기관들은 이 메시지를 전혀 받아들이지 않고 있다. 굶주린 이들을 먹이는 데 드는 돈은 서서히 들어왔지만, 농경지를 개간하고 이것이 다시금 결실을 내도록 하기 위한 자본 요청은 쇠귀에 경 읽기였다. 내가 민다나오의 토지에서 발생하고 있던 바의 성찬적 차원을 이해하기 시작한 것도 역시

1983년에 있는 이와 같은 기근 상황의 맥락에서였다. 만일 이 땅이 인간의 태만으로 해서거나 불의한 경제 정책들의 결과로 해서 황폐화된다면, 이것은 우리의 몸이나 영들을 위한 영양을 더 이상 공급해 줄 수 없게 되고 말 것이다.

"생명의 빵"을 나누는 우리의 체험은 서구의 그리스도인들로 하여금 세계의 굶주림과 빈곤 그리고 환경 파괴 문제들을 척결하도록 하는 동기를 제공해 주지 않으면 안된다. 이 문제들은 지구상의 모든 사람들을 위기 국면으로 몰아넣었다. 궁극적으로, 우리 모두의 생존은 우리가 전세계적인 빈곤과 손을 맞잡고 진행되고 있는 생태계의 파괴를 반전시킬 수 있는가의 여부에 달려 있을 것이다.

1984년 2월 「타블렛」(The Tablet)에 실린 윌리암 클라크(William Clarke)가 쓴 다음과 같은 「악한 이웃들에 관한 비유」의 주제가 바로 이 점과 관련되어 있다. 이 글은 안전을 구하기 위해 군사적 우위를 달성하고자 하는 강박 관념에 사로잡힐 때 우리가 얼마나 근시안적일 수 있는가를 지적한다. 동유럽 국가들과 북대서양 조약기구(NATO) 가맹국들 모두에 있어서 치명적인 급소는 이들이 더 정교한 또 다른 무기 체계를 갖추지 못하고 있다는 데에 있는 것이 아니다. 이 두 진영은 모두 순식간에 이 세계를 파멸시키고도 남을 만큼 충분한 핵무기를 보유하고 있는 까닭이다. 아니 어쩌면 우리의 이 문명의 붕괴는 단 하루를 더 생존하기 위해 싸우고 있는 가난하고 굶주리는 사람들에 의해 초래될는지도 모른다. 이들이 닥치는 것마다 모조리 먹거리로 삼는 현상이 지속될 때, 모든 이들의 미래가 위험에 처하게 될 수가 있는 것이다. 지구-땅에 입히는 손상이 결과적으로 모두를 위험으로 몰아넣을 것이기 때문이다:

두 가정이 아주 얇은 벽을 사이에 두고 붙어 있는 2가구 연립 주택으로 이사를 왔다. 이 두 집을 갈라놓고 있는 벽은 하도 얇아서 두 가정이 서로 옆집에서 벌어지는 모든 일을, 이해할 수는 없었으나, 들을 수가 있을 정도였다. 그런데 이들은 서로, 자신들이 잠자리에 들었을 때 상대편 사람들이 자신들을 살해하려 한다고 믿게 되었다. 이리하여 두 집은 각각 경보 장치들을 설치하였을 뿐만 아니라, 점점 더 정교한 위장 폭탄들을 준비하였다. 또한 그들은 각기, 만일 그들이 파괴하려고 하기만 했다 하면, 이웃 사람들을 송두리째 파멸시킬 수 있을 폭발 장치까지도 구축해 놓았다.

이들이 한밤의 침입에 대비하여 사용하는 비용이 너무도 막대해서, 두 가정 모두 지하실들과 건물의 기초를 손보는 데 드는 비용조차도 전혀 비축할 수가 없을 정도였다. 여기에는 퀴퀴한 냄새로 숨막힐 듯한 상황 속에서 가난으로 찌든 유색인 세입자들이 지저분하게 옴닥옴닥 살고 있었다. 한겨울이 되자 지하층이 너무 추워서, 세입자들이 따뜻하게 할 불을 지피려고 천정을 받치기 위해 대놓은 막대기들을 잘라내려고 도끼질을 해대기 시작하였다. 그러자 위층들에서 그들에게 집에 충격을 가해 건물 전체가 흔들리게 하지 말라는 전갈이 왔다. 그렇지 않으면 경보 체계가 작동하여 모두가 일거에 날아가 버리게 되리라는 것이었다. 그 대신 위층들에서 양보하여, 어느 정도의 온기가 아래층들에까지 파급될 수 있도록 전기 난방 장치의 온도를 높이겠다고 약속하였다! 그러나 열은 아래층으로 파급되어 내려오지를 않는다. 그러자 흑인들이 조용히 아주 조심스럽게 나무들을 톱질해 냈다. 잠시 후에 천정을 밑받쳐 주었던 나무들이 떨어지면서 천정이 무너지게 되었다. 그러자 두 집을 갈라놓고 있던 벽이 뒤흔들리며 주저앉아 버렸고, 이로 하여 그 방어 장치물들 일체가 폭발하여 이 건물의 이쪽과 저쪽 양편에 살던 사람들 모두를 죽음으로 몰아넣고 말았다.

여기서 지적하고자 하는 주안점은 모든 사람들에 있어서의 적절한 식량과 정의 그리고 지구가 지속적으로 풍성한 결실을 맺을 수 있는 것하고가 상호 연관되어 있다고 하는 데에 있다. 이 문제들은 20세기 중에서도 지난 몇 십년 사이에 이 세계가 직면해 있는 가장 절박한 것들이다. 그리스도교적인 덕은 이 두 관심사를 하나로 연결지어 준다. 마태오 복음서는 우리에게, 굶주리는 사람들에게 응답하지 않은 채 성찬에 관하여 언급하는 일체의 논의라든가 그리스도의 메시지를 살고자 하는 시도는 예수의 행하심과 모순된다고 진술하고 있다. 그분은 이렇게 말씀하셨기 때문이다: "너희는 내가 굶주렸을 때에 내게 먹을 것을 주었고, 내가 목말랐을 때에 내게 마시게 해 주었다"(마태 25,35). 폭스[4]는 성찬이라고 하는 잔치로 상징된 따뜻하게 대접하는 덕은 일종의 으주적인 차원을 띠는 것이라고 갈파한다. 이것은 하느님의 축복 일체의 것들에 대해서 감사를 드릴 수 있는 하나의 기회이다. 그리스도의 "몸"과 "피"가 되는 저 빵과 포도주는 우리를 그분과는 물론 모든 창조계하고도 일치·결합시켜 준다. 따라서 각 성찬은 우리로 하여금 인류라는 한몸 가운데 막대한 지체들을 노예화하고 이 지구를 파괴하는 정치·경제구조들을 변화시키도록 하는 도전이 되지 않으면 안될 것이다.

---

4. Matthew Fox, *Original Blessing* (Bear and Company, Santa Fe, NM 87504-2860, 1983) 113면.

화 해

내가 볼 때 가톨릭 교회는 1983년에 개최한 화해와 참회에 관한 주교 대의원 회의 때에 지구와의 화해라는 주제를 능동적이고도 적극적으로 천착해 나갈 수 있는 황금 같은 기회를 놓쳐 버리고 만 듯싶다. 에리히 프롬(Eric Fromm)은 현대의 남녀들에 있어서 신경쇠약 증세를 보이는 대부분의 불안은 다음과 같은 세 가지 원인, 즉 자기 자신, 특히 자신들의 몸으로부터의 소외와 자신이 인간 공동체에 참으로 속해 있다는 공동체 의식의 결여 그리고 마지막으로 자연으로부터의 소외, 이 세 가지 원인에서 비롯된다고 한 바 있었다. 아마도 많은 심리학자들이 그의 견해에 동의할 것이다. 실로 진정한 화해라고 한다면, 여기에는 인간 소외에 있어서의 이 모든 차원들이 수용되어 있어야 할 것이다.

화해에 대한 교회의 공식적인 접근을 거의 밑받침해 주고 있는 인간학에서는 지구-땅한테 가해져서 현실로 드러나고 있는 것과 인간 관계들에 있어서의 불의와 억압과 사악함간의 실질적인 관계가 전혀 간과되어 있다. 레이첼 카슨의 저서 「침묵의 봄」이 1962년에 출판되었음에도 불구하고, 제2차 바티칸 공의회의 교부들은 핵전쟁의 맥락에서 외에는 지구의 파괴에 대해서 전혀 언급하지 않았다. 「현대 세계의 사목헌장」은 "도시 전체나 광범위한 지역을 그 주민들과 함께 무차별 전멸시키려는 전쟁 행위는 모두 다 하느님과 인간 자신을 거역하는 범죄이므로"[5] 단죄하고 있는데, 이뿐이다. 그 당시 주교들은

---

5. 제2차 바티칸 공의회, 「현대 세계의 사목헌장」(*Gaudium et Spes*), 80항, 한국 천주교 중앙 협의회, 서울.

산성비와 산업과 농업, 생활, 핵 그리고 화학 분야에서의 오염으로
인하여 야기되는 파괴 역시 시간이 좀더 오래 걸릴 수는 있을지 몰
라도, 이 행성을 황폐화시킬 것이라는 사실을 파악하지 못하였던 것
이다.

공의회 이래 오늘에 이르기까지 그동안, 만일 즉시 무언가 전격적
인 시도가 수행되지 않는다면 곧 재앙이 들이닥칠 것이라고 지적하
는 수많은 연구와 성찰들이 과학자들과 한 나라 단위로는 물론 국제
적인 규모의 생태계 보전 기구들 그리고 국제 연합에 의해 추진되어
그 결과들이 방대한 자료로서 출판되어 왔다. 그럼에도 불구하고 가
톨릭 교회를 포함하여 주요 그리스도 교회들 가운데 어느 한 교회도
그리스도인들이 이 문제의 뿌리들을 깊이 이해하도록 돕고, 종교인
들로 하여금 자신들의 생활 방식과 소비 양식들을 바꾸고 자신들이
그리스도교의 신비들을 살아나가는 일부로서 더 적극적인 방식으로
이 지구를 돌보도록 도전을 제기할 수 있을 정도의 비중 있는 어떤
포괄적인 문헌 하나 발표하지 않고 있는 실정이다.*

화해에 관한 주교 대의원 회의(1983)는 이 회의의 주제로 보거나
세계 전역의 주교들이 참석하였다는 사실로 보거나 지구에 대한 더
적극적인 자세를 발전시킬 수 있는 이상적인 계기가 되지 않을까 싶
어보였다. 하지만 주교 대의원 회의가 시작되기 약 1년 전에 배포된
「리네아멘따」(토론을 위한 준비 자료)[6]는 전혀 기대할 만한 것이 못
되었다. 주교 대의원 회의는 이 세계에 관하여 언급할 때 전적으로
인간에게 초점을 맞추었던 것이고, 따라서 지구 공동체의 약 99%는

---

* 단편적이기는 하지만 그래도 우리는 1987년 12월 30일에 교황 요한 바오
  로 2세가 발표한 회칙, 「사회적 관심」(*Sollicitudo rei socialis*, 성염 역, 한국
  천주교 중앙 협의회, 1988)에서 생태계에 대한 전향적인 관심을 엿볼 수
  있게 된다 — 역자·주.

6. *Lineamenta,* Reconciliation and Peace in the Church, Vatican City, 1982.

여기서 배제되어 있었던 것이다. 구속(救贖)에 관하여 살펴보면서 지적하였던 것처럼, 지구의 차원이 죄와 구속에 관한 일체의 성찰에서 배제될 때, 죄와 화해 모두가 진부해지게 되고 만다. 남녀 모두가 지구에 대해 취하는 자세는 이들이 자신들의 동료인 인간 존재들에게 취하는 자세를 단적으로 드러내 준다. 만일 지구에 대한 이들의 접근 태도가 존중심은 없고 오만과 탐욕과 약탈로 얼룩져 있다고 할 경우, 이들은 형제자매들 역시 억압하고 착취할 것이다. 기회가 주어지기만 한다면 말이다. 하지만 만일 이들이 참되게 마음을 돌려서 자연과의 조화로운 관계를 추구하여 창조계 전체에 대한 존중과 사랑과 감사를 보여준다면, 이러한 태도는 이들의 인간사들에로도 그대로 흘러들어가서 이들의 관계들 역시 변혁시켜 줄 것이다.

「리네아멘따」는 이를 분명하게 인식하지 못한 것 같았다. 주교 대의원 회의 자체도 기대에 못 미치기는 마찬가지였다. 회의 기간 중에 많은 주교들이 지평을 확장하여 회의 전 준비 자료에 설정된 한정적인 토의 범위를 넘어서 군비 경쟁은 물론 우익이건 좌익이건 독재 정권들에 의해 행해지는 수백만 명에 대한 종교적 차별과 억압의 문제를 논의할 것을 주창하였다. 그렇지만 환경 파괴에 대해서는 거의 아무도 주의를 기울이지 않았던 것이다. 「로쎄르바토레 로마노」(L'Osservatore Romano)에 실린 주교들의 발언 요약을 샅샅이 확인해 보는 가운데, 나는 화해에 있어서의 이 중요한 차원에 주목한 연설 내용을 단 하나밖에 찾아내지 못하였다. 이 주제와 관련하여 나 자신이 확인한 이 유일한 기사가 한 일본 주교의 연설을 토대로 한 것이었다는 사실은 의미심장한 일이 아닐 수 없다고 생각한다. 일본은 인류 역사 속에서 세기를 거듭하여 가장 심미적인 문화의 하나를 발전시켜 왔다. 그리고 지금까지 핵폭발의 아비규환을 겪은 유일한 국가이기도 하다. 후미오 하마오 주교의 발언 요약문을 보면 다음과 같다:

평화를 위한 활동은 도든 사람들이 자연, 특히 살아 있는 모든 것들과 자신들이 깊이 연관되어 있다는 것을 자각할 때 효과를 거두게 될 것입니다. 인간은 단지 자연을 지배해야 할 뿐만 아니라 그것과의 조화를 추구하고, 자연 안에서 이것을 창조한 창조자의 미와 지혜와 사랑을 찬양해야 하기도 합니다. 그렇게 할 때 인간들은 광적으로 소유와 지배를 붙좇는 어리석음에서 해방될 것이고, 평화를 위하여 일하는 일꾼들이 될 것입니다(1983. 10. 19.).

불행하게도 이 발언은 주교 대의원 회의에 참석한 교부들에게 별 영향을 미치지 못했던 것임에 틀림없다. 이 회의를 끝맺으면서 발표된 메시지에는 환경에 관해서 전혀 언급이 되어 있지 않은 까닭이다. 애석하기 그지없는 일이지만, 지구-땅과의 화해의 필요성에 대한 이와 같은 감지력의 결핍은 주교 대의원 회의가 끝난 뒤에 1984년 12월에 발표된 "사도적 권고" 「화해와 참회」에서 역시 그대로 노정되고 있다.[7]

---

7. 요한 바오로 2세, *Reconciliatio et Paenitentia*, 1984, 이병호 옮김, 한국 천주교 중앙 협의회.

혼인과 가족

결혼 관계에서 부부의 사랑이 서로 몸을 나누는 독특한 방식으로 표현된다. 창조에 관한 창세기의 진술에 따르면 이 둘은 여기서 "한몸"이 된다(창세 2,24). 근년에 들어 결혼 신학이 활발히 개진되어 왔다. 더 중요한 통찰들 가운데 상당수가 자기 자신들의 체험을 성찰해 온 결혼한 사람들에게서 나타났다. 결혼에 관한 최근의 신학적·성서적 저술들에서 얻은 한 가지 중요한 소득은 이러한 성찰들이 로마 가톨릭 교회를 성과 결혼에 대한 부정적인 견해 — 이는 대부분이 성서적 전통보다는 오히려 신플라톤 학파의 영향에 기인하는데 — 로부터 해방시켜 주었다는 점이다. 남편과 아내간의 풍성한 결실을 창출하는 사랑은 출산과 자녀 양육이라는 특수한 방식으로 드러난다. 이것은 인간 존재들과 창조계 전체에 대해서 보이시는 하느님의 사랑에 대한 한 상징이다. 또한 이것은 이들 부부가 자신들의 자녀와 그들 자녀의 자녀로 하여 참으로 미래를 믿는다는, 즉 이 세계가 인간 존재들을 계속해서 기르고 양육하리라는 가장 심오한 진술이기도 하다. 그러므로 부부는 혼인성사를 통하여 단순히 인간의 신비가 지구의 풍성함에서만이 아니라 하느님과 전 창조계간의 사랑의 관계 역시 이끌어들여지게 되는 것이다. 힐데가르트는 자신의 저작들에서 이점을 특히 역설한다. 힐데가르트는 이렇게 갈파하고 있다: "나는 창조자와 창조계의 커다란 사랑을 하느님이 남자와 여자를 함께 묶어 주시는 그 동일한 사랑과 충실성에다 견주고 있다. 이는 그들이 함께 창조적으로 풍부하게 결실을 맺게 하시려는 것이다.[8]

---

8. Hildegarde, 앞의 책.

참된 사랑의 내적 역동성은 부부로 하여금 그들 자신이나 그들의 자녀 혹은 그들이 살고 있는 지역 공동체에 대한 관심의 영역조차도 뛰어넘도록 이끌어간다. 비록 이 역동성이 이 모든 관계에 뿌리를 내리고 있는 것이기는 하지만, 풍성한 결실을 맺는 사랑은 부부가 이 모든 것을 뛰어넘어 창조계 전체를 포용하게 하는 것이다. 창조계에 대한 이와 같은 사랑과 돌봄은 다른 모든 관계를 강화시키고 풍요롭게 한다. 왜냐하면 모든 것은 서로 연관되어 있기 때문이다. 궁극적으로는 부부들 자신의 건강과 안녕과 이들 자녀의 안녕 그리고 인류 공동체 전체의 안녕이 이 지구의 안녕에 달려 있다. 한 행성이 병들면 그 행성 위에 존재하는 모든 것이 상처를 입게 될 것이다. 이에 그리스도인 부부에 있어서 이들이 서로 결혼을 수락하는 "예"는 하느님께 대한, 서로에 대한, 이들의 자녀에 대한 그리고 공동체에 대한, 마지막으로 이 지구-땅에 대한 "예"가 되는 것이다.

가정의 풍성함에 대한 연구와 생태학은 서로 밀접하게 관련되어 있다. 37면에서 우리는 "오이코스"(*oikos*)라는 말이 가정-가족을 나타내는 그리스어에서 유래되었다는 점을 살펴본 적이 있었다. 오늘 이 시대의 많은 생태학자들과 인구 통계학자들은 인류 가족이 지나치게 급속히 성장하고 있고, 지구에 대해서 스스로가 지속적으로 풍성한 결실을 맺을 수 있는 상태를 회복할 수 있는 능력을 해치리만큼 무리한 요구를 가한다고 우려하고 있다. 제3세계에 속하는 많은 국가들에 있어서의 상황이 특히 우려되고 있다. 현대 의학은 유아 사망률과 어린이들의 사망률을 줄이는 데 기여하였다. 그 결과 부양 가족들 가운데 이들이 차지하는 비율이 압도적으로 높아지게 되었는데, 젊은이들은 또다시 몇 해 안 가서 그들의 가정을 갖지 않을 수 없는 그런 상황에 놓여 있다.

제1세계에 속하는 나라들의 인구 현황은 이와는 매우 다르다. 여기서는 현재 평균 수명이 70대 후반에 들어서 있고, 광범위하게 확산되어 있는 산아조절의 실행과 높은 생활 수준으로 하여 출생과 사망이 서로 균형을 이루고 있다. 제1세계에 속하는 많은 나라들에서는 인구 증가가 거의 멈추어 있는 상태이다. 하지만 독일이나 덴마크와 같은 여러 나라들에서는 2000년까지 인구가 줄어들 것으로 예상된다. 한데 제1세계에 속한 나라 중의 하나인 아일랜드의 경우 높은 출산율을 보이고 있다는 사실은 퍽 흥미롭다. 이 나라의 인구는 2000년까지 17.5% 증가하리라고 예상된다.

많은 나라들에서 인구가 줄어들고 있음에도 불구하고, 전세계의 인구는 급격한 비율로 증가하고 있다. 과거 1만년에 걸친 인구 증가 상황을 파악해 보면, 지금 현재 벌어지고 있는 실상을 정확하게 포착하는 데 도움이 될 수 있을 것이다. 1만년 전에는 지구상에 단지 8백만에서 1천만 명이 살았다고 추산된다. 예수의 생애 기간 동안에는 그 수가 2억 5천만으로 증가하였다. 1650년에는 약 8억 5천만 명이 살았는데, 1850년에 이르기까지는 10억을 넘지 않았다. 이때 이후 이 세계의 인구가 두 배로 늘어나는 데 걸린 기간은 현격하게 단축되었다. 20억 선은 1930년대에 돌파되었다. 1984년에는 세계 인구가 46억으로 추산되었고, 현재는 매 10년마다 10억씩 불어나고 있다. 이런 추세는 21세기 초반까지는 계속되지 않을까 예상된다. 어떤 전문가들은 2000년까지 세계 인구가 60억 이상이 될 것이고, 인구 증가가 안정되기까지는 110억 수준에 달하게 되리라고 내다보고 있다.

이처럼 극적인 이 시대의 인구 폭증 현상은 거의 전적으로 제3세계에서 주도되고 있다. 이 증가는 식량 자원도, 주거도, 이에 대처할 수 있는 의학계나 교육계의 시설도 모두 더할 수 없이 열악한 나라들에서 발생하고 있다. 예컨대 필리핀에서는 20세기가 시작될 무렵 약 4백만 명을 약간 넘는 수준에서 현재 5천490만 명에 이르고 있으므로, 거의 네 번씩이나 두 배씩 증가해 온 셈이다. 필리핀의 인구 문제 연구 전담 기구의 책임자인 콘셉션(Mercedes Conception)은 1984년에 마닐라에서 열린 인구 복지 협의회에서, 현재의 추세에 따르면 꼭 16년이 지난 뒤인 2000년까지 이 나라의 인구가 7천만 명 이상에 달하리라고 진술하였다.

제3세계 도시들은 인구가 가장 급속하게 불어나고 있는 지역들이다. 현재 7백만 명 이상이 마닐라에 밀려들어와 살고 있는데, 이들 가운데 대부분이 빈민가나 판자촌들에서 거주한다. 2005년이 되면 인구가 1천6백만 명으로 뛰어오를 것으로 예기된다. 또 한 예로 멕시코 시티(Mexico City)에는 1940년에 150만 명의 인구가 살고 있었다. 1960년까지는 그 수가 270만으로 상승했다. 그런데 1984년에는 1천4백만에 달하였고, 가족 계획 프로그램들이 성공적으로 성취된다고 하더라도 2000년까지는 적어도 2천5백만 명에 이를 것으로 추산된다. 사웅 파울로(Sao Paulo)의 사정도 전혀 다를 것이 없다. 1940년에 이곳의 인구는 130만 명이었다. 한데 2000년의 예상 인구는 2천80만 명이다.[9] 이 대부분의 사람들이 인구 과잉으로 인한 그 혼잡 속에서 어떻게 인간적인 삶을 충족시켜 나가리라고 희망할 수 있을지, 참으로 상상이 되지 않는 실정이다.

인구 문제에 대한 단순한 통계적인 접근은 대대적인 산아조절 캠페인을 그야말로 유일하게 살아 남을 수 있는 해결책이라고 제안할 가능성이 다분하다. 이 문제의 중대성을 감안할 때, 여러 인구 문제 협의회들과 연구 발표 모임들이, 특히 수많은 제3세계 도시들에서 나타나고 있는 실제적인 인구 증가율에 입각해서, 왜 이와 같은 접근을 선호해 왔던가를 이해할 수 있으리라 싶다.

이러한 수치에 부응하여, 1974년 부카레스트(Bucharest)에서 열린

---

9. "Pro Mundi Vita", *Megalopolis,* Bulletin 99, No. 4, 1980,6 Rue de la Limite 6, B 1030 Brussels.

인구 문제 협의회 때에 제1세계에 속한 많은 나라들에 의해 광범위한 산아조절 수단들이 권장되었다. 두말할 필요도 없이, 제3세계에 속한 나라의 대표들은, 이들이 하나같이 자신들의 문제들을 인식하고 있었음에도 불구하고, 이러한 제안에 대해서 그다지 호의적인 반응을 보이지 않았다. 실제로 이들은 서방의 조언을 특히 이것이 서방의 원조와 결부될 때 신식민지주의적인 처사로 보았던 것이고, 이에 이들은 격분하여 반발을 보였다. 또한 이들은, 제1세계가 오로지 이 세계 인구의 3분의 1을 차지하고 있을 따름이라고 하는 엄연한 사실에도 불구하고 이 나라들의 국민들이 지구 자원의 80%를 소모하고 있다는 점을 지적하기도 하였다.

지구 자원을 더 공정하게 배분해야 할 필요성은 인구 증가를 언급하는 데 있어서 가장 중요한 요소들 가운데 하나이다. 가난한 사람들은 이들이 대가족을 거느리고 있기 때문에 가난한 것이 아니다. 실제로는 오히려 그 반대이다. 즉, 자원에 공정하게 접근할 수 없는 상태와 빈곤이 일정 지역 내에서 고질화되어 있을 때, 가난한 사람들은 대가족을 형성해서, 적어도 가족 구성원들 가운데 몇몇이라도 살아 남아서 밥벌이를 하고 그리고 노후에 접어든 부모를 돌볼 수 있게 하고자 하는 경향이 있는 것이다. 여기서 정의가 다시 한번 더 생태학적 관심과 연계된다. 이 세계 자원들의 더 정의로운 분배와 더 공정한 무역과 거래 협정은 빈곤과 영양실조, 유아 사망 그리고 질병을 그만큼 빨리 종식시킬 것이다. 역사는 우리에게, 이러한 악의 현상들이 발생할 때 풍요로운 내리막길을 치닫는다는 점을 가르쳐 주고 있다.

인구 문제에 관한 진지한 성찰이라면 그 어느 것도 경제적·사회적·생태학적 진보의 일차적인 중요성을 강조하지 않을 수 없을 것이다. 그렇지만 이것이 광범위한 가족계획 없이 성취될 수 있으리라고 생각하는 것은 유토피아일 따름이다. 한 예로서 케냐(Kenya)를 살펴보기로 하자. 독립 후의 맨 처음 10년 동안 달성한 평균 6%의 국민 총생산(GNP) 성장률이 같은 기간 동안 발생한 급격한 인구 증가로 상쇄되어 버리고 말았다. 70년대 초반에 석유 가격의 급등 이후 GNP 성장은 3%로 주저앉았다. 그러나 인구는 계속해서 전과 같은 비율로 크게 증가하였다. 1980년에 이 나라의 인구는 1천7백만 명이었다. 2000년까지는 4천만 명으로 증가하고, 또다시 4반세기 뒤에는 8천3백만 명에 달할 것으로 추정되고 있다. 모든 경제 지표들은 이 나라가 계속 증가하는 인구를 부양할 수 있는 능력이 증가하는 것이 아니라 오히려 감소되고 있음을 드러내 주고 있다. 이 나라는 엄청난 외채를 안고 있다. 수입량은 특히 석유의 경우 10배나 급격히 늘어났는 데 비해서, 수출에 의한 수입은 계속 같은 수준에 머물러 왔다. 무엇보다도 가장 중요한 것은, 많은 사람들이 현재, 이 지역 생태계의 부양 능력이 단기적으로나 장기적으로나 이같은 규모의 인구를 감당할 수 있을 것인가 하는 점을 의문스러워하고 있다는 사실이다.

이러한 딜레마를 인식하고 있는 많은 정부들은 처음에는 비강제적인 분위기 속에서 부드럽게 산아조절 계획을 도입했다. 그러나 곧바로 불임 수술을 강요하고 낙태를 허용하는 것과 같이 더 강제적인 수단들을 끌어들였다. 인간사들 가운데서 지극히 미묘한 영역과 관련되어 있는 이와 같은 강제는 때때로 거센 반발을 야기시키고 있다. 1977년에 있은 인디라 간디(Indira Gandhi) 정부의 몰락은 그 한 적절한 예이다. 어떤 나라어서건 산아조절 프로그램들에 대한 비판에 있어서 가톨릭 교회는 두 가지 중요한 역할을 담당하였다. 먼저, 다른 기관들과 더불어 가톨릭 교회는 가족계획을 위해 제안된, 인간의 품위를 손상시키거나 비인간적인 방법들을 비난함으로써, 인간의 자유를 강화시켜 주고 있다는 사실이다. 그리고 그 둘째 기여는 토지 개혁과 여타의 생명권(生命圈) 개발 사업들과 유리된 산아조절은

부유한 사람들이 장악하고 있는 또 다른 한 억압의 도구라는 점을
지속적으로 역설하고 있다는 데에 있다.

　나는 지금까지 가톨릭 교회의 공식 지도층이 여기에 뒤얽힌 딜레
마들을 인식하고, 전세계적인 인구의 급속한 증가 현상을, 또한 만
일 출산율이 현저하게 떨어지지 않는 한 많은 나라들이 직면할 수밖
에 없는 대파국을 심각하게 받아들이지 않으면 안된다고 생각한다고
진술해 왔다. 최근 몇년 동안 필리핀에서는 출산율이 낮아져 왔음에
도 불구하고, 이 나라의 인구는 여전히 28년 이내에 현재의 두 배로
증가하리라고 예견되고 있다. 지금 현재 필리핀은 아시아에서 영양
실조 비율이 가장 높은 지역 중의 한 곳이다. 우리가 2장에서 보았
던 것처럼 자국의 생태계를 급속하게 고갈시키고 있는 이 나라가 30
년 이내에 1억 8천만 명을 그리고 60년 이내에 2억 1천6백만 명을
과연 어떻게 먹여 살릴 수 있을 것인가?

　이는 참으로 심각한 문제이지 않을 수 없다. 그러나 내가 보기에,
가톨릭의 지도자들은 이런 문제들이 산아조절에 관한 회칙인 「인간
의 생명」(*Humanae Vitae*)의 가르침에 도전을 제기하는 것으로 보일
경우에는, 이에 대해서 별로 진지하게 숙고하려고 하지 않는 것 같
다. 지역교회의 공식 지도자들은 인간 사회와 환경 전체를 모두 파
괴할 수도 있다는 우려를 자아내는 이 문제를 앞에 놓고도 손발 붙
들어 맨 채 소극적으로 관망하는 선에서 그치려 하고 있다. 나는 최
근에 이와 같은 무기력함을 보여 주는 한 사건에 주목하게 되었다.
필리핀 주교들은 1985년에 발전 문제에 관한 사목 교서를 준비하기
로 결정하였다. 그리하여 초안을 작성하면서 사회, 정치, 경제와 관
련한 내용들을 언급하였다. 하지만 여기서 환경이나 이 파국적인 인
구 증가에 관해서는 단 한마디도 찾아볼 수가 없었던 것이다.

　그렇지만 가톨릭 교회의 공식 기구가 결코 단순하지만은 않다는
사실은 분명히 인정되어야 할 것이다. 이 교회는 한편으로 자연적인

가족계획 방법들에 대한 연구를 지원하기 위해 많은 노력을 기울여
왔다. 인류에 대한 이러한 기여는 결코 과소평가되어서는 안될 것이
다. 실제로 자연적인 가족계획 방법들에는 현대인들에게 권장할 만
한 가치로운 것들이 많기 때문이다. 효과성은 젖혀놓고라도, 이 방
법들은 남편과 아내간의 사랑을 촉진시키고 흔히 그 사랑을 더욱 풍
요롭게 해주기도 한다. 그렇지만 교회 내에서조차 이 프로그램을 보
급시키는 많은 사람들이 자연적인 가족계획까지도 사목적 우선 순위
면에서 별로 중요시되고 있지 않다는 사실로 인하여 흔히 좌절을 겪
고 있는 것이 현실이다.

이외에도 문제점으로 지적할 수 있는 것은, 이 방법들은 성숙함과
프라이버시, 높은 생활 수준, 그리고 남편과 아내의 상호 협력적인
관계를 요한다는 점이다. 일반적으로 이 방법들이 가난한 사람들 사
이에서보다도 중산층에 속하는 사람들 사이에서 훨씬 더 성공을 거
두고 있는 이유가 바로 여기에 있다. 인구 문제 위원회의 한 위원인
존 라잉이 간행한 한 연구서[10]는 필리핀에서 "주기"법을 사용하는 부
부의 수가 계속 증가해 왔다는 사실을 밝혀 주었다. 그럼에도 불구
하고 이들 역시 주기법과 관련한 여러 가지 사항들에 대해서 정확한
지식을 갖추지 못하고 있고, 이로 인해서 그만큼 실패율도 높게 나
타나고 있는 것이다.

이와는 달리 제1세계에 속한 나라들의 많은 가톨릭인들은 인공적
인 방법들에 대한 교회의 공식적인 가르침을 간단히 무시한 채, 자
신들이 사용할 방법들을 임의로 선택하고 있다. 미국의 주교들은
1980년에 열린 가정에 관한 주교 대의원 회의에서 인공적인 산아조
절 방법들을 사용하는 미국 내의 가톨릭인들의 비율이 이 나라의 다
른 집단들에서 보이는 비율과 거의 비슷하게 나타난다는 사실을 인

---

10. John E. Laing, *Metro Manila Times*, 1985년 5월 28일 화요일.

정하지 않을 수 없었다. 제1세계나 제3세계 국가들에 살고 있는 상당수의 평신도들은 교회의 현재의 입장에는 신뢰성이 결여되어 있다고 여기고 있다. 교회에서 실질적인 발언권을 갖고 있는 인물들이 거의 예외없이 독신 남성들일진대, 이같은 사실이 교회의 견해에 영향을 미치지는 않았을 것인가? 세속의 삶의 영역에서 나타나는 제반 문제들과 씨름하고 있는 결혼한 사람들은 많은 주교와 사제들이 결혼에 대해서 비실제적으로 이해하고 있다고 생각한다. 성직자들은 평신도들의 머리 속에서 잠시도 떠나지 않는 가장 절박한 물가 상승이나 실직과 같은 대부분의 경제적인 문제들로부터 벗어나 있는 것이다.

특히 제3세계 국가들에 있어서의 급격한 인구 증가가 우리 시대의 지구 공동체가 당면해 있는 가장 심각한 문제들 중의 하나라는 점과 이 문제들에 대한 모든 대응 방안에 있어서 해결책 그 자체와 관련된 많은 딜레마들이 개재해 있다는 점을 감안할 때, 교회 지도자들은 참으로 이 문제들을 타개하기 위한 아주 폭넓은 논의들을 촉진시키지 않으면 안될 것이다. 하지만 애석하게도 현실은 그렇지가 못하다. 누군가의 개인적인 입장이 가톨릭적인 정통성을 따르고 있는가를 즉각즉각 판별해 주는 시금석 역할을 해온 것이 바로 1968년에 발표된 산아조절에 관한 회칙 「인간의 생명」이었다. 미묘한, 그러면서도 전혀 미묘하지 않은, 다시 말해서 노골적인 압력들이 당연히 개진되어야 할 필요가 있는 논의와 대화를 촉진하려는 사람들에게 작용하여, 이들을 침묵하게 만들고 있는 것이 우리의 현실이다.

이 심각한 문제에 대한 자각과 그에 대응하기 위한 투신이 결핍되어 있는 현상은 바티칸의 여러 고위 성직자들에게서 특히 뚜렷이 드러난다. 1985년 1월 5일자 「타블렛」에 실린 뉴스 기사에서 에두아르드 가뇽(Edouard Gagnon) 대주교(현재는 추기경)는 “산아조절에 관한 회칙 「인간의 생명」에 대한 반대가 특히 개인적인 양심의 자율성에 관한 자신들의 관념을 퍼뜨리려는 일부 교수들에 의해 확산되어 나가고 있다"고 주장한다. 「인간의 생명」에 맞서는 몇몇 교수들이 자신들의 동료들 사이에서 지지를 얻고자 했다는 것은 의문의 여지가 없는 사실이다. 그러나 실제적으로 결혼한 가톨릭 신자들 사이에서 폭넓게 퍼져 있는 반발 현상을 신학 교수들 사이에서 꾀해진 음모 탓인 양 생각하는 것은 공동 모의론을 우스꽝스럽게 확대 해석한 것에 지나지 않는다. 이는 신학자들의 영향을 정말이지 엄청나게 과대 평가한 것이다! 인공적인 산아조절 방법들을 활용하기로 마음먹은 대다수의 가톨릭 신자들은 사실상 어떤 윤리신학자에 의해 씌어진 책이건 그야말로 단 한 권의 책도 결코 읽어본 적이 없을 것이기 때문이다!

이번 장에서 지금까지 진술해 온 내용을 요약해 보기로 하자. 성사들은 그리스도 공동체로 하여금 자연 세계 자체에 가해져서 현재 벌어지고 있는 현상들에 관하여 성찰할 수 있는 적절한 계기들을 제공해 준다. 모든 성사들의 상징력이 이 자연에 그 뿌리를 내리고 있는 까닭이다. 여기서 문제의 핵심은 단지, 성사들이 오늘 이 시대에 우리의 세계가 직면해 있는 생태계의 위기에 관하여 관심을 기울이고 있는 많은 그리스도인들의 열망에 응답할 수 있는 어떤 기회를 제공한다는 데 있는 것만이 아니다. 전세계적으로 폭넓게 확산되어 있는 자연 세계에 대한 파괴로 말미암아 지구-땅이 본원적으로 띠고 있던 상징적 잠재력이 약화되고 있다는 것 역시 우리가 주목하지 않으면 안될 문제의 핵심인 것이다. 이 측면은 특히 인구 문제와 결부되면서 심각한 도덕적·윤리적 문제들을 야기시키고 있다. 어떤 상황에서건간에, 이를테면 인구 수준의 급격한 증가가 여지없이 수많은 종들의 멸종을 몰고 올 때조차도 개개의 인간 존재들이 다른 모든 창조물들보다 우선권을 갖는가? 인간의 수는 다른 종들이 생존하도록 할 수 있는 수준에서 유지되어야 하지 않겠는가? 이와 같은 정책들을 이끌어가야 할 윤리적·도덕적 규범들은 어떤 류의 것이어야 할 것인가? 다음 장에서는 그리스도교적 응답에 관하여 다룰 터인데, 그러면 계속해서 이와 같은 복잡한 물음들을 하나하나 풀어나가기로 해보자.

"너는 죽이지 말지니라"

새로운 윤리신학

저 새로운 이야기의 생태학적 시각은 여러 가지 도덕적·윤리적 문제들에 있어서도 정말 무엇이 문제인가를 분명하게 밝혀 줄 수 있을 것이다. 오늘 이 시대의 윤리 체계가 우리 시대의 문제들과 동떨어져서 맞지 않는 것이 되지 않기 위해서는 과거의 전통적인 윤리 입문이나 윤리신학에서 찾아볼 수 있는 것보다 훨씬 더 폭넓게 적용할 수 있는 여러 준거들을 갖추지 않으면 안된다. 전통적인 윤리·도덕 원리들은 너무도 흔히 인간 존재들에 대한 그리고 우리가 살고 있는 이 세계에 대한 어떤 정적인 시각으로부터 도출되어 나왔다. 이 전통은 문화적·역사적·생태학적 결정 요인들이라든가 어떤 예외적인 행위의 결과들에 대한 별다른 고려 없이 절대적이고 불변적인 법(칙)들을 강조한다. 한데 오늘 이 시대에 있어서 윤리신학과 윤리학은 더 포괄적이고 역동적이지 않으면 안된다. 오늘의 윤리신학과 윤리학은 인간의 개인적인 행동을 지배하는 원리들과 이질적인 집단들 사이에서 사회정의를 실현하도록 하는 것에 대한 관심, 자연 세계에 대한 포괄적인 접근 방법 그리고 지속되고 있는 진화 과정 전체에 있어서의 윤리에 대한 관심을 동시에 갖추고 있어야만 하는 것이다.

우리의 윤리 전통은 최근 들어서 중요한 발전상을 보여 왔다. 얼마 전까지만 해도 윤리신학과 윤리학은 거의 전적으로 개인과 개인

간의(inter-personal) 행동에 있어서의 개인적인 윤리·도덕적 책임에
초점이 맞추어져 있었다. 집단 차원에서 보이는 행동의 윤리적 결과
들에 대해서는 거의 별다른 성찰이 시도되지 않았던 것이다. 지금까
지 내가 여기서 제기해 온 것과 같은 사회정의의 도덕적 차원들에
관하여 논의하는 윤리학자들은 거의 없었다. 예컨대 국가들간의 관
계에서의 경우, 여기에는 제1세계 국가들이 가난한 나라들에게 해를
입히는 결과를 낳는 식으로 지구의 생명 체계와 자원들을 독점하여
특혜를 누리고 있는 방식도 포함될 것이다. "발전한" 나라들의 금융
재정 정책들이 발전중인, 즉 "개발도상" 국가들로 하여금 이들이 수
출로 벌어들인 돈의 상당 비율을 자신들에게서 빌려간 빚을 갚는 데
쓰지 않을 수 없도록 만드는 방식이라든가, 제1세계와 제3세계 국가
들간의 무역에 대한 선택적인 제한 조치들을 통하여 제3세계 국가들
이 언제나 종속적이고 피해를 당하기 쉬운 입장에 놓여 있도록 확고
하게 옭아매는 방식에 대한 성찰이 집단 차원에서의 사회정의와 관
련하여 반드시 수행되어야만 하는 것이다. 다시 말해서 다국적 기업
들과 같은 주로 제1세계의 조직체들은 윤리·도덕적 책임을 정기적
으로 사정받을 필요가 있다. 특히 이들의 경제 정책과 고용 정책이
제3세계 국가들의 노동자들과 환경을 착취할 경우에는 더욱더 그러
하다.

　악에 대한 집단의 책임을 식별해 내기 위한 윤리신학자들의 시도
들은 구약성서, 그중에서도 특히 판관기와 다른 많은 부족사회에서
찾아볼 수 있는, 인간의 윤리·도덕적 체험에서 더 앞선 시기에 나
타났던 경향을 이어받은 것이다. 현재 베르나르드 헤링[1]과 같은 몇몇
윤리신학자들은 인간 존재들이 지구와는 물론 지구 공동체 내에 존

---

1. Bernard Häring, *Free and Faithful in Christ*, 167-202면, St. Paul's Publica-
tions, Slough 1982.

재하는 인간 이외의 다른 창조물들과 관계를 형성해 나가는 방식에 관한 절실한 논의를 수용하기 위하여 자신들의 준거틀들을 훨씬 더 확장하는 움직임을 보이기 시작하였다. 이제는 생명 공동체의 총체성과 안정성 그리고 끊임없이 새로워질 수 있는 능력, 이런 것들이 윤리 행위가 행해지게 되는 가장 폭넓은 맥락이 되고 있는 것이다.

우리는 「악한 이웃들에 관한 비유」에서 자본주의 국가들과 사회주의 국가들에 사는 사람들에 의해 자행되는 지구 자원들의 과다한 소비가 어떻게 이 세계에 사는 사람들 대부분을 거지로 만들어 버리고, 종국에는 모든 사람들을 위험으로 몰아넣는지를 본 바 있었다. 이제 우리는 우리의 윤리·도덕적 관심을 우리의 행동이 우리와 동시대에 살고 있는 사람들에게 미칠 영향에 집중시키는 데 머물지 말고, 좀더 멀리 내다볼 필요가 있다. 오늘 이 시대에 사람들이 취하는 행동은 결국 미래에 가닿게 된다. 우리가 지금 지구-땅에 대한 존경을 결하고 있는 것은 앞으로 올 세대들에게 자행되는 불의로 나타난다. 그들은 바로 그들의 조상들에 의해 많은 자연 자원들이 고갈된 손상된 세계 속에서 살도록 저주스런 운명을 부여받게 될 것이다. 이러한 상황으로 말미암아 윤리 체계에 새로운, 그리고 어떤 의미에서는 궁극적인 한 차원이 이끌려들여지게 된다. 이제는 개인과 개인 간의, 다시 말해서 간개인적(間個人的)인 행위에 대해서나 어떤 한 집단의 행동이 동시대인들에게 미치는 영향에 대해서 숙고하는 것만으로는 결코 충분치가 않다. 윤리학자들은 이제 사람들이 오늘 이 시대에 행하는 것이 미래 세대들과의 관계에서 띠게 되는 윤리·도덕적 의미들을 규명하여 우리 자신이 우리 행동들의 장기적 효과들에 대해 실질적으로 파악할 수 있도록 해주어야 하는 것이다. 우리 세대는 역사상 이전 세대들 가운데 그 어떤 세대도 가져보지 못한 능력을 갖고 있다. 우리는 글자 그대로 창조계의 본질적인 요소들을 송두리째 파기할 수 있다. 오늘날, 인간의 행동은 이전 세대들에게는 전혀 인식되지 못했던 방식으로 궁극적인 실재들과 연관되어 있다. 핵전쟁은 이 새로운 잠재력에 대한 가장 직접적이고도 참혹스런 예증이다. 그러나 비록 시간적으로 좀더 오래 걸릴 것이기는 하지만, 생태계의 파괴 역시 이에 못지않은 결과들을 낳게 될 것이다.

핵과 화학과 유전학에 관한 과학 기술들이 이 세대의 수중에 쥐어 준 거의 무한한 듯한 위력을 감안할 때, 우리는 궁극적인 윤리 문제들에 직면해 있음에 틀림없다. 그렇지만 우리의 전통은 거의 우리가 이러한 문제들을 다룰 수 있도록 이끌어주지 못하고 있다. 우리의 윤리 감각은 지금까지 줄곧 우리의 이 파괴적인 과학 기술들을 전혀 따라잡지 못해 왔다. 우리의 전통적인 그리스도교 윤리 체계상의 한 가지 문제는 누군가가 자신의 유감을 표하고 악을 다시 되풀이하지 않겠다는 약속을 하기만 하면 용서받기가 너무도 쉽다는 데 있다. 특히 개인과 개인 사이에서 범한 죄들의 맥락에서의 경우, 기꺼이 용서하는 것은 유대-그리스도교 전통의 강점들 중의 하나이다. 그렇지만 오늘 이 시대에 있어서, 이러한 태도가 더 넓은 생태학적 구조에 적용될 때, 이는 심각한 취약성을 띠지 않을 수 없게 되고 만다.

각 사람은 얼마든지, 어떤 악을 범한 사람을 기꺼이 용서해 줄 수가 있다. 하지만 일단 지구의 구조가 파괴되고 나면, 설령 범죄자가 용서된다고 하더라도, 이 행성의 조화로운 상태가 복구되기란 지극히 어려운 일이지 않을 수 없다. 각 사람의 경우 핵폐기물을 누출시키는 데 대해서 진심으로 유감스러워하고 일체의 핵 발전소들을 폐쇄시키고자 원할 수는 있다. 그렇지만 이미 초래된 손상은 무정하게도 수천 년간 지속될 것이다. 폭스는 다음과 같이 말하면서 이 점을 잘 지적해 주고 있다:[2] "장부(帳簿)는 하느님이 아니라 우주가 기록

---

2. Matthew Fox, *Original Blessing* (Bear and Company, Santa Fe, New Mexico, 1983) 59면.

하고 있다. 우주의 질서는 마침내 인간의 탐욕을, 그리고 자체의 아름다움에 대한, 균형과 조화라고 하는 자체의 법칙에 대한 인간의 냉담한 무관심을 더 이상 용인하지 않게 될 것이다.”

그는 지금 우리가 전개하는 논의의 맥락에 아주 잘 부합하는 한 대목을 힐데가르트에게서 인용하여 다음과 같이 기술하고 있다: “인간들에 의해 잘못 다루어짐으로써 흔히 자연의 생명체들이 상처투성이가 되고 있느니만큼, 하느님은 그 똑같은 창조물, 인간들의 고난과 고통을 통해서 이것들을 깨끗이 낫게 해주신다.”

생물 파괴

생물 파괴(biocide) 현상은 이 세대가 미래의 세대들을 위해 보존되어야 할 생명을 되돌이킬 수 없이 손상시키고 있는 행위 중의 하나이다. 그럼에도 불구하고 이 극도로 파괴적인 행동이 대부분의 윤리학자들에 의해 간과되고 있다. 미국의 한 윤리신학자인 찰스 커렌은 1975년에 출판된 자신의 책에서 생물 파괴 현상에 대한 일체의 언급을 간과하고 있다.[3] 그뿐만이 아니다. 다섯째 계명의 금지 조항 — "너는 죽이지 말지니라"에 관한 대부분의 논의들 역시 마찬가지이다. 윤리 분야에 있어서 이 계명과 관련한 전통적인 연구들은 거의 전적으로 살인과 자살에 집중되어 있다. 제2차 세계대전의 여파로 이들의 연구 목록에서 집단 살해가 첨가되었다. 하지만 오늘 이 시대에 와서 윤리학자들은 죄와 악에 대한 자신들의 성찰 대상으로서의 종의 멸절에 관한 것을 더 첨가하지 않으면 안되는 상황에 처해 있다.

2장에서 나는 종의 멸절이 인간 존재들과 지구 공동체의 다른 구성체들, 그리고 진화 과정의 미래와의 관계 속에서 띠는 의미들에 관하여 어느 정도 상세하게 살펴보았다.

러브록은 이 문제에 대해서 결정적인 지적을 하고 있다. 그는 자신의 저서인 「가이아」[4]에서, 수렵생활을 하던 원시인들이 말고기에 맛들여 얼마 안 가서 멸종될 정도로까지 계속해서 말을 사냥했다고

---

3. Charles Curran, *Ongoing Revision in Moral Theology*, Claretian, Notre Dame, Indiana 46556. 1975.

4. J. E. Lovelock, *Gaia: A New Look at Life in Earth* (Oxford University Press, 1979) 150면.

한다면 우리는 이들에 대해서 어떻게 생각할 것인가? 하는 물음을
제기한 바 있다. 이에 대해서 우리는 아마도 그들이 기동력이 없었
을 것이라거나 이기적이었다고, 그리고 무엇보다도 특히 인간과 말
들간의 근본적인 협력 관계의 가능성을 인식하지 못한 어리석은 인
간들이라고 답했을 것이다. 그렇지만 이것은 현대인이 지금 생존해
있는 수천 수만 가지의 종들에 대해서 가하고 있는 바로 그 행위에
다름아니다. 말향고래와 같은 멸종 위기에 처해 있는 몇몇 종들은
인간의 뇌 용량보다 훨씬 더 큰 뇌 용량을 소유하고 있다. 만일 우리
가 이것들을 계속해서 사냥하여 멸종시키기에 이르고 만다면, 우리
는 오늘 이 시대에 인간 존재들과 말들 사이에서 찾아볼 수 있는 상
호-작용적인 (협력) 관계보다도 훨씬 더 극적인 의사 전달 분야에서
의 상호-작용 관계를 차단하는 결과를 초래할 수가 있는 것이다.

　여기서 우리가 정면으로 맞부딪쳐서 풀어나가지 않으면 안될, 서
로 관련된 윤리적인 문제들이 대두된다. 동물이나 식물들 가운데 그
어떤 종이건간에 이것들의 멸종을 허용하는 것이 윤리적일 수 있는
것은 어떤 상황하에서인가? 생명권의 20%에 이를 만큼 엄청난 수의
종들이 멸종의 위협을 받고 있는데, 이는 곧 모든 생명체가 위협적
인 상태에 처해 있음을 뜻하는 것이지만, 이는 현재의 윤리 체계를
바꾸어 놓을 것인가? 각각의 인간 존재들의 권리가 언제나, 그리고
영원히 다른 종들이 생존할 권리들에 앞서는가? 우리는 바로 전 장
에서 지난 몇 세기 동안에 인구가 심각하리만큼 증가해 왔다는 것을
살펴보았다. 이것은 다른 종들에 대해서 압력으로 작용하고, 흔히
직접적으로 이것들의 멸종을 유발시키는 여러 요소들 가운데 하나이
다. 이런 상황에서 과연 인구 수준을 제한해야 할 진지한 윤리적 의
무는 없는 것일까? 특히 수천 수만 가지의 종들이 멸종 직전에 처해
있는데, 인구는 계속해서 비극적으로 증가해 나가는 그러한 나라들
에서 말이다. 이러한 물음들 대부분에 대해서는 단순하게 제시될 수

있는 답변들이 없다. 그러나 분명한 것은, 생물체들이 멸종해 가는
비율과 이것이 지구 공동체의 생명에 의미하는 바를 감안할 때, 윤
리신학자들은 이 문제들을 해결하기 위해 진력해 나가지 않으면 안
될 것이라는 사실이다.

핵으로 인한 대재앙

핵의 재앙이 야기시킬 엄청난 파괴 역시 미래에까지 가닿게 된다. 실제로 이것은 일체의 미래를 좌초시켜 버릴 수도 있다. 핵의 재앙 속에서 흔적도 없이 사라지게 되지나 않을까 하는 두려움이 오늘 이 시대의 많은 젊은이들의 앞길에 먹구름처럼 드리워져 있다. 이로 인하여 삶에 진지하게 뛰어드는 데 장애를 느끼는 젊은이들도 상당수에 이른다. 이들은 자신들의 인격과 재능들을 발전시키기 위하여 땀 흘려 정진해야 할 까닭이 어디에 있는가를 묻지 않을 수 없는 것이다. 이 모든 것이, 그리고 자신들이 귀하게 여기는 모든 것이 한순간에 일소되어 버릴 수 있다는 것을 자각하고 있는 한에는 말이다. 핵전쟁의 공포는 조나단 쉘의 「지구의 운명」[5]과 같은 책들이나 「그날 이후」(*The Day After*)와 같은 텔리비전 방영물들을 통하여 이 시대의 상상력을 사로잡아 왔다. 핵 문제는, 이것이 미래에 있어서의 희망의 토대 자체를 붕괴시키고 있기 때문에 종교와의 관계 속에서 매우 심각한 문제들을 야기시킨다. 나이 든 많은 사람들은 이에 관하여 아예 생각하지 않거나 아무렇지도 않은 듯한 태도를 취함으로써 파멸의 때가 임박해 있다는 위기감을 떨쳐버리려고들 든다. 또 어떤 사람들은 절망에 압도되어 무기력해지고 만다. 이들은 자신들의 절망과 맞닥뜨려서 핵전쟁의 위험들을 줄여나가기 위하여 다른 이들과 함께 협력할 수 있도록 이들을 자유롭게 해줄 어떤 적극적인 방법을 통해서 이 절망을 극복해 낸다는 것이 힘에 겹다고 생각하는 것이다. 그러나 절망감에 빠지는 것은 서방의 종교와 윤리 전통과는 전

---

5. Jonathan Schell, *The Fate of the Earth*, Avon Books, New York 1982.

혀 부합하지 않는다.

　이런 이유들과 또 다른 많은 이유들로 인해서 교회 지도자들은 핵무기들의 보유와 그 사용과 관련한 여러 문제들에 대하여 발언을 하기 시작하였다. 예컨대 미국의 주교들은 폭넓은 자문과 두 단계에 걸친 초안 준비 과정들을 거친 후에 핵 문제에 관한 탁월한 문헌인 「평화의 도전」[6]을 발표하였다. 이 문헌은 가톨릭 교회의 울타리를 넘어서 미국 내뿐만 아니라 세계 전역에서 사람들에게 폭넓은 영향을 미치고 있다. 1983년 에이레의 주교들에 의해 발표된 「파국이 임박해 있다」라는 공동 성명 역시 핵 시대에 있어서의 진행과 평화의 문제를 다루고 있다.[7] 여기서는 생명을 지키기 위해서 수행되어야 할 절박한 일들이 엄청나게 많은 이 시대에, 죽음을 몰고 올 정교한 도구들을 창출해 내는 데 인간의 재능이 연루되어 있음과 얼마 되지 않는 자원들이 남용되고 있음을 단죄하고 있다. 주교들은 여기에 1982년 2월 25일 히로시마에 있는 국제 연합 대학에서 행한 요한 바오로 2세의 연설 가운데 우리에게 많은 것을 생각하게 해주는 다음과 같은 일절을 인용하고 있다: "지금부터 인류는 오로지 사려깊은 정책 결정을 통해서만이 살아남을 수 있을 것입니다."

　이 문헌에서는 생명에 대한 위협이 인간이라고 하는 한 종이 전멸된다고 해서 끝나지 않는다는 사실, 인간의 멸종을 넘어서 위협이 계속된다는 사실이 인식되어 있다. 주교들은 핵겨울이라고 일컬어지고 있는 것에 관하여 경각심을 일깨워주고 있다. 이들은 이렇게 지적한다: "핵전쟁은 인간의 생명이 의존해 있는 자연적인 환경에 대파국을 초래할 강력한 위협이 되고 있다."

------

6. *The Challenge of Peace,* 1983, Pastoral letter of the Bishops of the United States.
7. *The Storm that Threatens.* Joint Pastoral letter of the Bishops of Ireland on war and peace in the nuclear age.

　　최근의 연구는 이러한 드려움이 충분히 근거가 있는 것이라는 사실을 입증해 주었다. 1983년 12월 다섯 명의 과학자들로 이루어진 한 그룹은 다음과 같은 주장이 담긴 기사를 「사이언스」(*Science*)지에 발표하였다: "100개의 주요 도시들에 있는 1,000개 정도에 불과한 공장 굴뚝에서 뿜어대는 연기는 대낮에도 어두컴컴하게 만들고 지구 표면을 수개월 동안 완전히 냉각시키기에 충분할 만큼 — 이렇게 되면 인간을 포함한 대부분의 동물 종들을 멸종의 위협에 직면하게 만들 일종의 기후 재앙, 곧 핵겨울이 시작될 터인데 — 북반구 전역을 그을음으로 뒤덮어 버릴 수가 있다"(*Sydney Morning Herald*, 1984년 10월 25일).

　　천문학자인 칼 세이건(Carl Sagan) 역시 이와 같은 견해를 피력하고 있다. 그는 여러 과학자들로 구성된 한 그룹과 같이 핵전쟁이 장기적으로 초래할 생물학적 결과들에 관한 2년간의 연구에 참여한 바 있었다. 이 연구의 결과를 통하여 이 그룹은 5,000메가톤의 파괴력이 투여된 전쟁은 햇빛의 90%를 차단시켜서 북반구에 심각한 혹한 현상을 야기시킬 것이라고 주장하였다. 이어서 나타날 핵겨울은 먹이 사슬 전체가 붕괴될 수 있을 정도로 광합성 작용을 방해할 것이다. 이 연구 결과들 가운데 한 가지는 참으로 놀라운 것이지 않을 수 없다. 즉, 초강대국들이 하나같이 북반구에 위치해 있고, 핵전쟁이 발발할 경우에 이들의 탄두들이 대부분 서로를 겨누게 될 것이기 때문에, 이 지역에서는 살아 남을 확률이 극히 적다고 하는 것이다. 어떤 전문가들은 남반구가 비교적 영향을 덜 받으리라고 생각하고 있다. 그러나 위의 연구는 이러한 가정에 이의를 제기한다. 그 연구에 따르면, 바람이 발생하여 이동하는 양상과 해류의 흐름으로 인하여 남반구 역시 결코 더 나을 바가 없으리라는 것이다. 이 연구나 이와 유사한 다른 연구들로브터 나타나는 결론은 분명하다. 핵전쟁을 일으켜서 승리하겠다는 그 어떤 정책도 어리석기 짝이 없는 그야말로

"너는 죽이지 말지니라"　319

얼빠진 짓에 지나지 않는다는 것이다(*The Guardian Weekly*, 1983년 11월 13일).

떠들썩하게 나팔을 불어댔던 "전략 방위 계획"(strategic defense initiative), 소위 레이건 행정부의 "스타 워즈"(*Star Wars*)는 위에서와 같은 두려움들을 별로 누그러뜨릴 수 없을 것이다. 1985년 4월에 생 루이(St. Louis)에서 열린 국제 가톨릭 교육 협의회(National Catholic Educational Association) 때에 행한 연설에서 칼 세이건은 "스타 워 즈"에 대하여 반대하는 자신의 입장을 다음과 같이 두 문장으로 요 약해서 전하였다:

> 그러므로 만일 여러분이 이 모든 것 — 이 계획의 진의가 감추어져 있 을 뿐만 아니라 이것이 언제 폐기될지 모른다는 것, 이것이 파멸을 초 래할 만큼 값비싼 대가를 요한다는 것, 이것은 엄숙하게 정식으로 체 결된 조약들을 파기하고 있다는 것 그리고 이것이 핵전쟁을 촉발시킬 수도 있다는 것 — 을 종합적으로 해소해 낸다면, 여러분은 그야말로 대단한 것을 손에 쥐게 될 것입니다. 이런 문제들만 아니라면, 이것은 참으로 위대한 생각이지 않을 수 없습니다.

근래에 와서 여러 주교회의들이 핵으로 인한 전멸의 위험들에 관하 여 지적해 왔다. 그렇지만 자연 세계를 파괴하고 있는 정도가 지속 적으로 점증하고 있는 현상이 핵무기들을 사용할 때 미치게 될 영향 에 못지않게 이 지구를 황폐화시키는 결과를 초래하리라는 점을 충 분히 인정할 만큼 넓은 시야를 갖춘 지도자들은 소수에 지나지 않는 다. 아마도 이 도전의 강도가 정말 어느 정도나 되는지에 대한 인식 결핍 때문에, 이같은 현상이 종교 지도자들로부터 그 비중에 맞게 주목되지 않아 왔을 것이다. 역설적이라고밖에는 할 수 없겠는데, 현재 발생하고 있는 일의 윤리적 차원들에 대해서 주의를 불러일으

킨 문헌으로서 국제적 차원에서 가장 처음 발표된 중요한 문헌은 국
제 연합의 「자연 헌장」이다. 자이레에 의해 발의되었고, 다른 제3세
계 국가들에 의해 지지도었던 이 문헌은 이 책의 주제를 분명하고도
간결하게 진술해 주고 있다:[8]

① 인류는 자연의 일부이고, 생명은 에너지와 영양 공급을 확고히 뒷
  받침하는 자연 생태계들의 지속적인 작용·기능에 의존해 있다.
② 문명은 인간의 문화를 끌지어 주었고 모든 예술적 성취와 과학적
  성취에 영향을 미친 자연에 그 뿌리를 두고 있다. 또한 자연과의
  조화 속에 살 때 인간은 자신의 창조성을 발휘하고 휴식과 기분 전
  환을 꾀할 수 있는 더할 수 없이 좋은 기회를 제공받는다.

이 문헌은 이어서 자연 세계와 인간의 상호 작용을 이끌 윤리적인
규범을 제시한다:

① 모든 생명체는 유일무이한 것으로서, 인간에게 어떤 가치를 갖는
  가 하는 것과 무관하게 존중받아야 한다. 또한 인간은 당연히 다른
  유기체들을 이렇게 인정할 수 있기 위해서 자신의 **행위에 대한
  어떤 한 윤리적 규범 체계에 의하여 이끌려지지** 않으면 안될
  것이다(강조는 저자에 의함).
② 인간은 자연을 변경시켜 놓을 수 있고, 자신의 행위나 그 행위의
  결과로 인하여 자연 자원들을 고갈시킬 수 있다. 그러므로 인간은
  자연의 안정성과 특질을 보전하고 자연 자원들을 보존해야 하는
  일이 얼마나 긴급한 과제인가 하는 점을 충분히 인식하고 있지 않
  으면 안된다.

---

8. United Nations, *World Charter for Nature*.

이 헌장은 계속해서 일반적인 주요 원리들을 제시해 나간다. 맨 처음에 제시된 두 원리가 근본을 이루고 있는데, 그 첫째 항은 이렇게 기술되어 있다: "자연은 존중되어야 할 것이고, 이 자연의 본질적인 과정들은 손상되지 말아야 할 것이다." 둘째 원리에서는 직접적으로 멸종의 위협에 관해서 언급되고 있다: "지구의 생명력은 타협의 대상이 되어서 결과적으로 위험에 처해지는 일이 있어서는 안된다. 길들이지 않은 것이건 길들인 것이건간에 모든 생명체의 개체수 수준은 적어도 그들의 생존을 위해 충분한 것이어야 하고, 이러한 목적을 성취하기 위해 필요한 서식지들이 안전하게 보장되어야 할 것이다."

이 헌장의 둘째 부분에서는 생태계의 생동력을 제고하고, 더할 수 없이 상처받기 쉽고 또 이미 심각하게 손상을 입은 생태계를 보호하기 위해 취해져야 할 필요가 있는 조치들에 관하여 상세하게 진술되어 있다.

그 셋째 부분은 이 문헌을 이행해야 할 과제에 관하여 다루고 있다. 이 문헌에 담겨 있는 자연계에 대한 지식과 원리들은 지역적인 수준에서는 물론, 국가적으로도 그렇고 국제적으로도 역시 폭넓게 확산되어야 할 것이다. 이것은 국가들과 지역 공동체 그리고 모든 개인들에게 이를 이해하는 과제에 참여할 것을 요청하고 있다. 이 문헌은 다음과 같이 갈파하면서 끝맺고 있다:

> 각 사람은 이 헌장의 규정들에 맞게 행동할 의무가 있다. 개인적으로거나 다른 사람들과 함께, 혹은 정치적 과정에의 참여를 통해서 어떤 구체적인 행위를 할 때 모든 사람은 이 헌장의 목표와 요구들이 확고하게 충족될 수 있도록 노력해야 할 것이다.

실천적 제안

이것은 어떤 한 예언적인 문헌으로서, 자연의 재생 능력을 보존하기 위하여 개인과 전 사회들의 생활 양식에 있어서의 광범위한 변화들을 요청하고 있다. 그러그로 우리는 여기서 일상생활 속에서 우리가 행하는 행위들이 장기적으로 야기시킬 결과들을 자각하고 있지 않으면 안된다는 도전을 받고 있는 것이다. 우리는 더 적게 소비하도록 요청받고 있다. 주위 사람들의 이목과 지속적인 광고는 이 시대의 이 세대들을 너무도 탐욕스럽게 만들어 왔다. 우리는 재산을 축적하려는 우리의 과도한 욕구를 스스로 끊고, 더 많은 것을 함께 나누고 더 적은 것을 가지고 행복을 누릴 수 있는 법을 터득할 필요가 있다. 우리 삶의 많은 양상들이 변화되지 않으면 안된다. 옷차림은 단순하고 기능적이어야 하고, 지나가는 유행보다는 실질적인 필요에 부합하는 것이어야 한다. 우리는 우리의 식생활 습관들도 바꾸지 않으면 안된다. 그래서 설탕으로 뒤범벅이 된 고도로 가공 처리된 식품들과 고기가 많이 들어가는 음식으로부터 집에서 가꾼 것으로서, 지구-땅에 더 유익하고 덜 파괴적인 영향을 미치는 먹거리로 바꿔야 할 필요가 있는 것이다. 우리는 아마존의 열대우림을 파괴시키고 있는 간이 식품을 파는 음식점들을 피해야 한다. 장바구니를 가지고 다니는 것은 한 번 쓰고 버리는 일회용 비닐 봉지나 플라스틱 용기들의 사용을 줄이는 데 기여할 것이다. 매장량이 극히 한정되어 있는 화석 연료에 대해서는 정말이지 각별한 주의가 기울여지지 않으면 안된다. 우리는 우리들 자신이 집 안의 온도를 높이고 낮추는 데 사용하거나 수송을 위해 쓰는 에너지를 보존해야 하는 것이다. 따라서 가능한 곳에서는 가급적 모든 사람들이 걷거나 자전거를 타도록, 혹은 공공 교통 수단을 이용하도록 고쳐되어야 할 것이다.

예컨대 여러 도구와 상품 그리고 자원들을 함께 나누어 쓰는 것과 같은 이웃간의 협력 활동들 가운데는 「자연 헌장」의 시각에 부응할 수 있는 기회들이 많이 있다. 설령 처음에 지불해야 하는 가격이 더 높다고 하더라도, 슈퍼마켓이나 다국적 기업체의 연쇄점들보다는 지역 소비자들이 운영하는 협동조합이나 지역 상점들을 찾는 것 역시 이러한 이웃간의 협력 활동으로서 자연 헌장의 지침을 실행할 수 있는 한 기회가 된다. 지역의 자원들을 활용하고 지역 사람들에게 일거리와 고용 기회를 제공하는 것을 포함하여 이와 같은 시도들이 가져올 장기적인 이익 현상들은 지역 공동체를 강화시켜 줄 것이다. 개인으로서이건 공동체로서이건 우리는 그 행위가 사람과 지구에 대해서 파괴적인 상업계 회사나 산업체들을 부조하는 일이 없도록 노력하지 않으면 안되는 것이다.

우리는 산타 크루즈 미션을 통하여 트볼리인들과 코타바토 남부 지방에 사는 다른 부족 집단들 가운데서 이러한 시각을 이행해 보고자 시도하고 있는 중이다. 이 미션의 접근은 협의로 규정된 복음화에 한정되어 있지 않다. 오히려 여기서는 어떤 통합된 방식으로 각 부족 공동체가 특수하게 필요로 하는 것들에 대해 반응하고자 꾀해진다. 이러한 반응들은 적절한 교육, 각 공동체 내에서의 개선된 보건 위생, 유기 농업과 해충들에 대한 생물학적 방제를 통한 더 나은 땅의 이용, 이 지역의 열대우림의 보존 그리고 쌀과 뿌리 작물들의 다양한 품종 보존과 연관되어 있다. 이와 같은 사명을 수행하는 것으로서의 미션은 또한 이곳에 있는 공동체들의 지역적 특성을 띠는 기능과 예술적인 솜씨들을 발전시키고 확장시키며 판로를 열어가는 데 도움이 되어 주기도 한다. 이것은 부족들의 모든 연령층의 참여를 촉진시키는데, 여기서는 특히 젊은 사람들을 위한 공식적인 교육과 비공식적인 교육 프로그램들이 자신들의 문화 속에서 전수되어 온 그들의 음악과 춤, 기능 그리고 그외 다른 면모들에 대해서 긍지를 간직할 수 있도록 고취시켜 준다는 사실에 대해서 특히 주목되고 있다. 현재 책임자로 있는 렉스 만스만(Rex Mansmann)의 지도하에 이 미션은 20여 년 동안 부족민들 사이에서 활동해 왔다. 오늘에 와서 사제들과 수녀들 그리고 많은 평신도들을 포함한 단체원들이 오랜 동안 투신해 온 결실이 나타나고 있는 중이다. 그렇지만 부족민들에 대한 압력들 역시 — 1부의 2장에서 지적되었듯이 — 현격하게 증가되었기 때문에, 자신들의 환경과 문화를 보존해야 하는 이들의 과제는 그만큼 더 새롭게 절박해지고 있는 상황이다.

정치 분야도 마찬가지로 — 앞에서 살펴보았듯이 — 생태학적 자각에 의하여 변혁되어야 한다. 「자연 헌장」은 이와 관련하여 다음과 같이 지적하고 있다: "극히 한정되어 있는 자원들을 놓고 벌이는 경쟁은 갈등을 빚어낼 것이지만, 자연과 자연 자원들을 보전하는 것은 정의에 기여할 것이다. 그리고 인류가 전쟁과 군비를 포기하고 평화롭게 사는 법을 터득하지 못하는 한 평화를 유지하는 일은 전혀 성취될 수 없을 것이다."

지역적인 수준에서는 물론 국제적인 수준에서도 정치인들 사이에 생태학적 문제에 대한 진정한 관심을 불러일으키고, 생태계의 보전을 위하여 투신하는 정당들과 운동들을 지원하는 것은 그야말로 본질적인 것이다. 여러 녹색당들의 강령에는 나 자신이 이 책에서 주창해 온 가치들 가운데 상당 부분이 내포되어 있다. 여기서는 인간이 지구-땅에 뿌리내려져 있다는 것과 정부의 정책 결정들이 탈중앙집권화되어야 할, 즉 지방 분권화되어야 할 필요성이, 그리고 우리의 살림을 지탱해 줄 경제는 반드시 생태계에 대한 비착취적인 접근 방법을 토대로 하여 구축되어야 한다는 사실을 인정한다. 정치인들을 포함하여 모든 사람들이 오로지 사람들간에 정의가 세워지고 지구와의 조화가 이룩될 때만이 비로소 평화가 성취될 것이라는 점을 깨닫는 것은 참으로 중요한 일이다.

여기서 언급된 것들은 윤리적 가치들이 우리에게 우리 자신이 더 넓은 지구 공동체를 자각하도록 촉구할 수 있는 몇 가지 방식들에 불과하다. 지구의 자원들을 오용하는 일체의 행위는 본질적으로 악한 것이다. 특히 이것이 생명체들에 대해서 파괴적이고, 통합적이고 효과적인 양식으로 끊임없이 새롭게 발생하는 지구의 저 창조적인 과정을 지속시킬 수 있게 하지 않는 것일 때 더욱 그러하다. 이유는 간단하다. 그와 같은 행위는 생물계에 역전 불가능하게 손상을 입히는 방식으로 이 세대와 미래의 세대들 그리고 지구상의 생명체들에게 치명적인 영향을 끼치기 때문이다.

불행스럽게도 「자연 헌장」은 그 포괄적인 접근 방법에도 불구하고, 언론계에서 별다른 주목을 받지 못했다. 종교 지도자들은 이것이 이 시대에 제기하는 도전을 수용하여 윤리 영역에서 자신들이 부여받고 있는 권위를 발휘하여 여기에 사람들의 관심을 집중시킬 수 있도록 해야 할 것이고, 또 그렇게 할 수 있을 것이다. 또한 그렇게 하는 가운데 이 헌장에서 권장되고 있는 사항들을 이행해 나가는 프로그램들을 활성화시킬 수 있도록 해야 할 것이다.

영성과 선교

모든 종교 전통의 핵심은 물론 그 영성이다. 이것은 전체적으로 생각할 때, 추종자들로 하여금 각 종교 전통이 내포하고 있는 시각과 이상과 규범들에 따라서 자신들의 삶을 살도록 이끌어주는 영적인 규율이다. 만일 이와 같은 영적인 규율들이 오로지 선택적으로 전통 내의 주변적인 요소들에 집중되어 한쪽으로 치우치게 될 경우, 그 신자들의 영적인 에너지들은 오도(誤導)되고, 때로는 지극히 파괴적이게 될 수가 있다. 하지만 이 세계를 하나의 살아 있는 영적 실체로 보는 시각으로부터 이 책 전체가 기술되고 있기 때문에 여기서는 영성에 관하여 따로 자세하게 언급될 필요는 없을 것이다. 우주에 대한 우리의 시각과 지구-땅에 대한 우리의 사랑, 창조계에 대한 우리의 이해, 하느님께 대한 우리의 예배, 성사들의 거행, 그리고 윤리 도덕적인 행동, 이 모든 것들이 그 어떤 영성에 있어서도 필수불가결한 요소들이다. 이러한 맥락과 유리되어서는 일체의 영성이 무의미하다.

2부의 6장에서 우리는 하느님을 포함하여 모든 실재에 대한 우리의 이해가 늘상 얼마나 불완전하고, 다른 전통들의 제 통찰에 의해 보완되어야 할 필요가 있는가를 논의한 바 있었다. 이렇게 볼 때 일체의 참된 영성이 본질적으로 공동체적인 성격을 띠고 있는 것이다. 역사의 흐름 속에서, 베네딕도 성인이나 프란치스코 성인, 혹은 데레사 성녀 등과 같이 날 때부터 영적으로 탁월한 인물들은 그들 당대에 고유한, 그리고 오늘에 이르기까지 인류 공동체를 계속해서 풍요롭게 해주고 있는 뚜렷한 영성들을 발전시켰다. 이 모든 영성들은 서로 다르다. 그렇지만 각각의 영성은 그리스도교의 본질적인 신앙 내용들과 실천들을 내포하고 있다. 이 지구와 우주를 하느님의 유일무이한, 그야말로 독특한 계시로 파악하는 우리의 이 시대의 이해는 우리 시대에 고유한 새롭고도 건전한 영성에 이를 수가 있었다. 이 새로운 이해에 있어서의 저 독특한 우주적 요소들 하나하나가 이전의 모든 영성들에 접목되어서 그것들을 풍요롭게 하고 이 시대 우리 가운데로 되살려 내도록 해야 할 것이다.

우리의 영적인 에너지들을 창조적인 여러 모험적 투신에 가닿도록 물길을 터 주기 위해서는 영성에 대한 이와같이 새롭고도 더 총체적인 접근 방법을 내면화할 필요성이 더욱 절실해진다. 현재 캘리포니아의 문화와 창조의 영성에 관하여 연구하는 ICCS(Institute for Culture and Creation Spirituality)에서 일하고 있는 과학자인 브라이언 스윔은 이와 관련하여 다음과 같이 예리하게 지적하고 있다:

우리의 기원들과 발전에 관한 전체 이야기가 인간 공동체에 의해 충분히 파악될 때, 여기서 방출되는 에너지는 지금까지는 전혀 상상도 해보지 못했을 만큼 심원한 깊이로부터 인간의 창조적인 투신을 촉진시킬 것이다. 우리 인간들이 우리의 선조 가운데는 일체의 생명체들과 일체의 별, 은하들, 그리고 시간의 핵심부에 자리하는 화구까지도 내포되어 있다는 사실을 깨달을 때, 우리가 가장 충실해야 할 대상에는 우리의 나라들만이 아니라 모든 종들의 나라, 그리고 거대하게 살아 있는 지구 전체까지도 역시 포함되어 있다는 사실을 깨달을 때, 그때 힘의 원천이 이 행성에 살고 있는 주민들을 쇄신시켜 줄 것이다.[1]

---

1. Brian Swimme, "The Scientist: A Personal Story", 집필중.

모든 실재를 포괄하는 이러한 시각은 우리가 최근에 이르기까지 우리의 영성에서 찾아볼 수 있는 이원론적인 일부 경향들과는 상당한 거리를 보이고 있다.

근래에 이르도록 종교 교육 기관들에서 활용된 영성 서적들에는 대부분 반(反)몸적이고 반(反)창조물적인 견해를 보이는 편견이 나타나 있다. 수세기 동안 수많은 평신도와 수도-성직자들에 의해 읽혔던 「준주성범」(*Imitatio Christi*)은 15세기 초의 여러 양상들을 반영하고 있는데, 이 책 역시 이와 같은 경향을 노정시키고 있다. 이 책의 저자인 토마스 아 캠피스(Thomas à Kempis)는 "열정"(passio)이라는 말을 부정적인 의미로 사용하고 있고, 그 자신이 자연에 대한 스스로의 접근 태도를 다음과 같은 한 문장으로 집약해 준다: "내가 창조물을 찾아갈 때마다, 나는 하느님으로부터 떨어져 나간다." 이와 동일한 전통에 속해 있는 12세기 초의 작가인 아돌프 탄꿰리는 영성 생활에 관한 자신의 글[2]에서 초보자들에게 겸비함을 구하는 기도로서 다음과 같은 기도를 제시하고 있다: "오 주님, 저로 하여금 저 자신을 알게 하소서. 그리하여 제가 당신을 사랑하게 하소서. 또한 저로 하여금 저 자신을 멸시하게 하소서."

우주와 지구를, 그리고 인간 삶의 사회적·정치적·경제적 차원들을 외면하는 이러한 전통은 불행하게도 오늘 이 시대의 교회 내에 여전히 버티고 있다. 이 전통의 흔적들은 성령의 은사를 앞세우는 근본주의적인 종교 운동 — 이를 추종하는 사람들은 예수와의 개인적인 관계 이외에는 그 어떤 것도 문제로 삼지 않는다 — 대부분에서 찾아볼 수가 있다. 미국에서의 경우, "전파 설교"는 사람들의 죄책감을 애국심을 불러일으키는 자극으로 삼을 수 있는가 하면, 극히 위험스럽지 않을 수 없는 현상으로서, 완력적이고 핵 옹호적이며 자

---

2. Adolfe Tanquerey, Matthew Fox의 *Original Blessing*, 59면.

본주의 옹호적인 미사여구를 붙좇으려고 들 수가 있다. 가톨릭 교회 내에서 일고 있는 성령운동 역시 때때로 종교에 대해서 비역사적이고 비정치적인 접근을 옹호하는 경향을 보인다. 물론 주목할 만한 예외들도 있다. 수에넨스 추기경은 부단히 성령운동에 참여하는 그리스도인들에게 이들의 기도 모임에서 뚜렷이 나타나는 역동성을 우리 시대의 사회적·경제적 문제들에 영향을 미칠 수 있도록 할 것을 촉구하고 있다.[3]

우리는 실제의 세계로부터 물러나서 반사회적인 형태를 보이는 현상을 오늘날 통일교나 하리 크리슈나(Hare Krishna)와 같은 신흥 종교의 의식(儀式)들이 급속하게 확산되어 나가는 데서 확인해 볼 수 있다. 제의 현상은 우리 시대의 복잡한 문제들에 대하여 단순화된 해결책들을 가지고 오늘 이 시대에 와서 많은 사람들이 이 세계와 교회 내에서 겪고 있는 소외를 공략해 들어간다. 근래 들어 다시 거

---

3. 이런 주제들 가운데 어떤 것들은 수에넨스(Suenens) 추기경과 돔 헬더 까마라(Dom Helder Camara)에 의해 씌어진 *Charismatic Renewal and Social Action: A Dialogue* (1984, Claretian Publications, Quezon City, Philippines)라는 한 책에서 논의된 바 있다. 내가 이 책을 쓰고 있는 중에 도날 도어(Donal Dorr)가 쓴 「영성과 정의」(*Spirituality and Justice*, 1985, Claretian Publications, Quezon City, Philippines, 황종렬 옮김, 분도출판사)라는 매우 통찰력있는 책 하나가 나의 주목을 끌게 되었다. 도어는 사람들이 기존하는 일체의 사회 속에서 작용하고 있는 구조들에 대해 심도깊게 이해하고자 하는 시도를 좌초시키는 경향이 있는 전문 용어들을 가급적 피하고 아주 평범한 말로 설명을 해나간다. 이 저자는 제1세계와 제3세계 국가들 모두를 교란시키는 정치, 경제, 사회, 교회 문제들에 대한 철저한 이해를 보여주고 있다. 현장에서 활동중인 나와 같은 사람에게 있어서 이 책이 갖는 가장 매력적인 특성들 중의 하나는 이 저자의 개인적인 면모이다. 내게는 그가 하느님의 현존 안에서 이 문제들을 붙들고 집요하게 씨름하는 모습이 선명하게 그려지는 것이었다. 그는 이 책에서 성령운동에 참여하는 그리스도인들의 기도 체험과 모든 그리스도인들이 오늘날 능동적이고도 적극적으로 하느님의 왕국을 건설하는 데 투신해야 한다고 하는 부름을 이어놓을 수 있는 다리를 구축하고자 시도하고 있는데, 나는 그의 이러한 시도가 성공적이라고 생각한다. 하지만 불행하게도 이 시대의 많은 종교 운동가들은 오히려 그 반대 방향으로 움직이고 있다.

세게 되살아나고 있는, "성서로 되돌아가자"라든가 "코란으로 되돌아가자"라고 하는 외침들은 이 거룩한 책들이 특정한 환경 속에서 성장해 나왔다고 하는 사실을 간과하고 있다. 이 책들이 오늘 이 시대에도 우리에게 가르침이 될 많은 것을 내포하고 있는 것은 사실이다. 그렇지만 이것들은 여기서 지금 우리를 에두르고 있는 특수한 문제들에 반응하기 위해 씌어진 것이 아니었다. 그리고 이 경전들은 우리를 과거에 붙들어 매어 놓기보다는 오히려 믿는 이들로 하여금 오늘 이 시대 속에서, 예수와 마호메트가 그들 당대에 그러했듯이, "우리" 시대의 문제들에 대해 어떤 창조적인 방식으로 응답하도록 촉구하고 있다. 그럼에도 불구하고 저 의식들은 흔히 그들의 추종자들로 하여금 고통과 불안정을 노정시키고 있는 이 실제 세계로부터 물러나서 완전히 그들 제의의 이데올로기와 문화의 방벽 내에서만 살도록 조장하고 있는 것이다.

이와 같은 단순한 대응들은 젖혀 놓는다고 하더라도, 이 종파들은 고도로 기계화되고 고립화된 세계 속에서 많은 젊은이들이 갈구하고 있는 특별히 강력한 친교와 소속감 체험을 제공해 주고 있다. 저 의식들이 촉진시키는 소속감 체험은 개인의 인격적 정체성(identity) 의식을 무너뜨릴 수가 있다. 그 결과 추종자들은 자신들의 의지와 비판 의식을 구루나 지도자에게 맡겨 버리는 경향을 보일 수가 있다.

불행하게도 이러한 의식들은 이 사회를 이탈한 광신자들 사이에서만 한정되어 나타나고 있지만은 않다. 이런 의식들은 가톨릭 교회 내의 일부 운동들에 있어서도 찾아볼 수 있는 것이 사실이다. 이 운동들은 거의가 훌륭한 동기에서 출발하였다. 이것들은 개인을 변혁시키는 것을 겨누고 있고, 그렇게 변혁된 개인을 통하여 더 넓은 공동체인 교회와 사회를 변혁시키고자 하는 것을 목표로 삼고 있다. 그렇지만 이와 관련된 사항들에 대한 이 운동들의 이해는 부적절한 것일 수 있는 것이 현실이고, 이것들은 저 제의운동에 의해 기용되는 일부 방법과 전략들을 사용하고 있는 것으로 보인다. 만일 이 운동들의 사상이 신자들을 위협하는 가운데, 세속적이거나 정치적인 분야에 적대적인 태도를 취하면서 성과를 거두고 있는 그러한 교회로부터 비롯해 나오는 것이라고 한다면, 이 운동들은 여기에 연루된 모든 사람들로 하여금 이 시대의 징표들을 자신들과는 무관한 것으로 바꾸어 놓도록 몰아붙이게 될 것이다.

의식들에서 창출되는 영적인 에너지들은 전체적인 계획에 따라 이 세계를 재구성하는 데로 맞추어져 있다. 그렇지만 이 운동들은 일반적으로 우리 시대가 안고 있는 문제들 대부분을 간과하고 있다. 한데 이 운동들이 시종일관 이렇게 할 때, 이들은 다음의 성서 구절에 묘사되어 있는 바와같이 당신 백성에 대한 하느님의 돌보심을 어떻게 표현할지와 관련하여 참으로 난관에 봉착할 수밖에 없다: "나는 내 백성이 에집트에서 고생하는 것을 똑똑히 보았고 억압을 받으며 괴로워 울부짖는 소리를 들었다. 그들이 얼마나 고생하는지 나는 잘 알고 있다. 나 이제 내려가서 그들을 에집트인들의 손아귀에서 빼내어 그 땅에서 이끌고 젖과 꿀이 흐르는 아름답고 넓은 땅, 가나안족과 헷족과 아모리족과 브리즈족과 히위족과 여부족이 사는 땅으로 데려 가고자 한다"(출애 3,7-8).

이 운동들은 또한 우리가 루가 복음에서 찾아볼 수 있는 다음 구절에 나타난 예수 자신의 자기 사명에 대한 이해와도 전혀 부합하지 않는다: "주님의 영이 내게 내리셨으니, 과연 주님께서 내게 기름을 부으셨도다. 주님께서 나를 보내셨으니, 이는 가난한 이들에게 복음을 전하고, 포로들에게는 해방을, 소경들에게는 눈뜰 것을 선포하며, 억눌린 이들을 풀어 보내고, 주님의 은혜로운 해를 선포하게 하시려는 것이로다"(루가 4,18-19).

최근 20여 년 동안 우리는 해방신학의 체험으로부터 그리스도교 기초 공동체들이 성장해 오는 것을 보았다. 이 영성운동은 이전까지 나타났던 대부분의 영성운동의 특징을 이루는 영적인 것과 지상적인 것간의 이분법과는 뚜렷한 격차를 보여준다. 또한 이것은 위에서 인용한 성서 구절들의 추진력과 훨씬 더 잘 부합하는 면모를 갖고 있기도 하다. 끝으로 이것은 전면적으로 나타나고 있는 극심한 불의와 억압 상황 속에 살면서 그리스도 공동체의 다른 구성원들과 더불어 이같은 상황이 예수를 따르는 자에게 불러일으킬 수밖에 없는 응답은 어떠한 것일 것인가에 대하여 식별을 해야 했던 구체적인 체험으로부터 비롯되었다. 이와 같은 시각에 입각할 때, 라틴아메리카와 다른 제3세계 국가들의 많은 사람들이 겪는 불의와 억압과 빈곤에 직면하여 사회적 변화와 불의의 제거 그리고 그들 자신의 삶을 꼴지어 놓는 정책 결정들에 대해서 가난한 사람들의 참여를 촉진시키지 않는 한, 종교적 신앙은 믿을 수 있을 만한 것이 못된다. 푸에블라 회의에서 나온 문헌에서 다음과 같이 진술되고 있는 가난한 사람들의 삶 속에서 역사의 주님을 대면하고자 추구하는 것, 이것이 신앙인 것이다: "가난한 사람들은 모든 민족들과 이 교회를 모두 하나의 전체로서 복음화시키는 잠재력을 띤, 주님을 전달해 주는 특전을 부여받은 자들이요, 저 왕국 — 하늘나라 — 의 으뜸 상속자들이다."[4]

　가난한 사람들의 편에 서고자 하는 이와 같은 태도에서 비롯되는 영성은 이 세계로부터 도피하려고 하지 않는다. 뿐만 아니라, 가난한 사람들에게 다음 세계에서 축복받은 삶을 보장받기 위하여 자신들이 지금 겪고 있는 고난들을 참아받도록 독려하는 듣기 좋은 말들을 하려고 들지도 않는다. 그보다는 오히려 이 영성은 가난한 사람들과 이들 편에 서고자 하는 모든 이로 하여금 자신들을 구속하는 사슬들을 끊어버리고 그 과정에서 자신들을 억압했던 사람들 역시도 자유롭게 해줄 수 있는 행동을 취하도록 힘을 북돋아 주는 것이다.

---

4. *Puebla and Beyond,* 1979. Orbis Books, New York, No. 1147.

　이러한 활동과 이를 밑받침해 주는 기도는 따로 단절된 상태에서 발생되지 않고, 공동체의 한가운데서, 사람들이 모든 수준에서 불의와 겨루어 나가는 데 능동적으로 투신해 있는 그 삶의 자리 한복판에서 발생된다. 그리스도 공동체의 기도와 활동은 상호 보완적이다. 해방의 영성은 라틴아메리카와 동남아시아 그리고 아프리카에 형성되어 있는 소규모의 기초 공동체들에 살고 있는 주교들과 사제들, 수도자들과 평신도들의 삶에 영향을 미쳤다. 20년이라는 짧은 시간 내에 정의를 위한 활동에 뛰어들었던 수없이 많은 그리스도인들이 증거자로서 순교해 왔다. 현재까지 가장 두드러진 인물은 아마도 산 살바도르의 오스카 로메로(Oscar Romero) 대주교일 것이다. 그는 미사를 거행하는 동안에 우익계의 한 테러 단체에 의해 살해되었다. 그외에도 다른 많은 사람들이 고문을 당하고 자유를 박탈당해 왔다.

　1983년에 두 명의 골롬반회 동료들과 필리핀의 한 재속 사제 그리고 여섯 명의 평신도 활동가들이 한 지방 행정관을 살해하였다는 날조된 죄목으로 필리핀의 네그로스 섬에 있는 바콜로드(Bacolod)에 수감되었다. 이들의 재판 사건은 전세계적인 관심을 끌었다. 특히 아일랜드와 오스트레일리아에서 더욱 그러했다. 왜냐하면 행정관 솔라(Sola)의 살인 사건이 발생하였을 당시 오브라이언(Niall O'Brien) 수사가 네그로스 섬에 있지 않았다는 사실을 입증해 줄 증거 서류가 너무도 풍부하였기 때문이었다. 군부와 사탕 작물 재배자들의 눈에 비친 이 사제들의 실질적인 죄는 이들이 이 지역에서 지칠 줄 모르고 그리스도교 기초 공동체들을 세워 나갔다는 것이었다.

　해방신학이 성장해 나온 빈곤과 착취의 맥락을 감안할 때, 이 신학자들에 의해 활용된 분석 도구들이 주로 성서에 근거해 있는 평가 도구들에 의해 보완되는, 사회학적이고 경제적인 것들이라는 점을 이해할 수 있을 것이다. 사회학적 도구들 가운데 어떤 것들은 마르크스 사상의 일부 측면들에 근거해 있다. 이는 특히 유럽의 교회 지도자들에게 불안을 유발시켜 주고 있는 것이 사실이다. 하지만 해방신학과 뜻을 같이하며 이를 펼쳐나가는 데 진력하는 사람들은 마르크스에의 전적인 의존을 일체 배격하고 있다. 가난한 사람들에 대해서 보이는 이들의 우선적인 선택은 오히려 예수의 삶과 가르침에 그 토대를 두고 있는 것이다.

이 신학의 초점이 초기에 가난한 사람들의 경제적·사회적 조건들에 두어진 것은 지극히 자연스런 일이다. 그러나 필리핀에서 겪은 나 자신의 체험에 비추어 볼 때, 해방신학의 시각에 의해 그취되어 새로운 사회적·정치적·경제적 질서를 이루기 위해 적극적으로 투신하는 사람들도 생태학을 중산층의 관심거리로 여겨 밀어젖혀 놓는 경우가 왕왕 나타난다. 이들은 일단 인간의 변혁이 발생하기만 하면, 이에 따라서 자연 세계와의 어떤 새롭고도 덜 착취적인 관계가 발생하게 되리라고 주장한다. 나는 이 책에서 이미 여러 기회를 빌려 이같은 접근 태도를 문제시해 왔다. 오늘 이 시대에 이르러서 해방신학이 모든 종들과 지구 자체의 해방을 수용하기 시작하고 있다는 사실은 인간들과 지구에 있어서 그야말로 결정적인 사건이지 않을 수 없다. 2장에서 나는 열대림의 파괴가 우리 시대에 자행되고 있는 가장 돌이킬 수 없는 불가역전적인 악행들 중의 하나라는 사실에 주목할 것을 요청한 바 있었다. 지구상에서 아마존 강 유역만큼 엄청난 공격을 받는 지역은 없다. 환경이 보존되지 않는 한, 다른 창조물들은 차치하고라도, 모든 인간 존재들을 위한 사회정의조차 그야말로 백일몽에 지나지 않을 것이다.

예컨대 분도회 수사인 페닝턴이 쓴 다음과 같은 진술 내용에서 드러나듯이, 실제로 영성 관련 저서들을 펴내고 있는 상당수의 저자들이 지구 전체에 대해서 민감한 반응을 보여주기 시작하였다. 계속해서 새롭게 발생하고 있는 우주의 경이로움과 지구의 아름다움을 기도에 이끌어들이고자 시도하면서 오늘 이 시대에 발생하고 있는 현

상을 함께 잃으려고는 하지 않는 것은 위선적인 것에 지나지 않는
다. 우리를 에두르고 있는 이 세계 속에서의 이와 같은 새로운 하느
님 체험은 우리로 하여금 지구 공동체 내의 모든 창조물들의 안녕을
위해 일하도록 이끌어줄 것이다:

> 우리가 하느님이 누구신지, 그리고 우리 자신이 누구인지를 깨달을
> 때, 또한 창조계의 전적인 선물성을 깨달을 때, 선물을 받고 감사하는
> 존재의 저 깊고 깊은 곳으로부터 완전한 감사가 솟아오른다. 모든 것
> 이 선물이고, 모든 것을 감사히 받았다. 탐욕은 사라진다. 그 어떤 것
> 도 당연히 여겨지지 않는다. 모든 것이 흠숭을 불러일으킨다. 이를테
> 면 이렇게 말이다: "하느님, 제가 존재한다는 이 경이로움으로 하여
> 당신께 감사드립니다." 이렇게 될 때 생태학적 안녕은 필연적으로 나
> 타날 귀결이다. 여기에는 모든 인격과 모든 것에 대한 사랑 깊은 돌봄
> 이 있다. 충족함이 풍부함보다 훨씬 낫다. 충족은 당연히 받아야 할
> 것을 넘어가는 것이기 때문이다. 이것이 모두에게서 소망되는 바로 그
> 것이다. 이렇게 될 때, 누군가가 갖고 있는 그것은 저 목표에 부합되
> 게 모두와 더불어 나누어지게 된다.[5]

생태학적 기도는 우리를 에두르고 있는 하느님의 창조계와 모든 실
재의 상호 관련성에 대한, 그리고 각 실재 안에서 우리의 삶들을 밝
게 비추어 주는 신적인 불꽃에 대한 체험으로써 시작되어야 한다.
우리는 이 영역에서 또다시 부족민들로부터 많은 것을 배울 수 있을
것이다. 예전의 트볼리인들은 자신들의 환경 속에서 찾아볼 수 있는
식물들과 곤충, 새, 동물들 그리고 그들이 함께 나누고 있는 소유에

---

5. Basil Pennington, "Prayer and Liberation", in *America*, 1981년 5월 9일, 378-
   80면.

대한 자연적인 지식을 갖고 있었다. 생태학적 영성 역시 우주 이야기에 토대를 두고 있다. 종교인은 자신이 사는 지역 환경 내의 자연 세계를 이해하고 그 자연 세계와 친숙해지지 않으면 안된다. 그렇게 하여 종교인들은 자신의 기도 속에서 자기가 단지 인간 공동체의 열망과 갈망에 의해 지탱되고 있을 뿐만이 아니라 지구 공동체 역시 자신의 기도에 참여해 있다는 사실을 감지할 수 있어야 하는 것이다. 자연 세계로부터 영적으로 지탱받고 있다는 이와 같은 체험은 「블랙 엘크가 이야기하다」[6]와 같은 책에서 볼 수 있듯이, 특히 북아메리카 인디언들의 전통 속에 매우 강하게 표출되어 있다. 우리의 세계에서 생태학적 감지력을 개방시키기 위해 활동하는 사람이면 누구든지 그에게 있어서 절도있는 기도생활 역시 매우 중요하다. 이러한 기도생활은 그 주체로 하여금 모든 존재의 토대이신 분의 저 자기를 내어 주는 사랑에 가닿게 해준다. 부성적인 동시에 모성적인 하느님 사랑이 지구상의 모든 창조물들에게 쏟아부어지고 있는 것이다. 모든 실재에 있어서의 이와 같은 중심에 대한 친밀한 체험은 지금까지 제출된 숱한 자료들이 불러일으키고 있는 것 같은 절망을 해소하는 데 요청되는 해독제이다. 종교인은 기도를 통하여 당신의 약속에 신실하신 하느님을 체험하고, 또 그렇게 체험하게 될 것이다.

---

6. *Black Elk Speaks. Being the Life Story of a Holy Man of the Oglala Sioux* told by John G. Neihardt, 1972, Pocket Books, New York.

켈트족의 영성

우리의 이 현대를 위한 영성은 전적으로 이전 시대들의 통찰과 기도, 제의와 신화와 상징 그리고 신심 행위들에 입각해서 구축될 수만은 없다. 이 책의 주제는 어떤 한 진정한 영성이 오늘 이 시대에 도달해 있는 지구에 대한 우리의 이해와 우리 시대의 도전에 대한 자각으로부터 발생되지 않으면 안된다는 것이다. 이것은 두말할 여지가 없는 분명한 사실이다. 그렇지만 어떤 진정한 영성은 전통에 입각하여 도출되어 나온다. 우리는 우리의 과거를 재검토해 봄으로써 때때로 그리스도교 신앙을 고백하는 이들이었건 그렇지 않은 이들이었건간에 우리 선조들의 통찰과 관행들을, 그리고 그들 자신은 온전히 파악하지 못했으나 그들이 과거에 보인 통찰과 관행들의 지극히 심오한 의미를 재발견해 낼 수가 있다. 예컨대 그리스도교의 전통과 그리스도교 이전의 전통 종교간의 혼인에 의해 발생된 전통적인 켈트족의 영성은 자연 세계 내에서의 하느님의 현존에 대해서 각별히 민감하다. 이로 인하여 이 영성은 오늘 이 시대의 아일랜드 사람들을 일깨워 줄 수 있는 지혜들을 풍부하게 갖고 있다. 스코틀랜드의 성공회 신학자인 존 맥쿼리는 그의 글 「영성의 길」에서 켈트족의 영성에 있어서의 이와 같은 측면에 주의를 기울일 것을 촉구하고 있다:[7]

> 비록 이것 ─ 켈트족의 영성 ─ 이 거의 소멸된 한 문화에 속해 있기는 하지만, 그것은 다양한 양상으로 현재의 영성이 준거로 삼지 않을

---

7. John Macquarrie, *"Paths in Spirituality"*, in *Irish Spirituality*, ed. (Maher, Michael, Veritas, Dublin, 1983), 7면.

수 없는 조건을 갖추고 있다. 이 유형의 영성의 바로 저 중심에 위치해 있는 것이 현존에 대한 강한 인식이었다. 켈트족은 정말이지 지극히 하느님께 취해 있는 사람들로서, 이들의 삶은 모든 면에서 그야말로 신적인 존재에 의해 감싸여져 있었다. **그러나 이 현존은 언제나 어떤 유한한, 즉 이 세계적인 실재를 통하여 매개되었고 따라서 이 영성보다 더 땅으로 가까이 내려와 있는 영성을 상상하기란 쉽지 않을 것이다.** 당신의 창조계 내에 하느님이 내재해 계신 것에 대한 인식 — 내지 감지 — 은 켈트족의 영성에 있어서 때때로 거의 범신론에 가까우리만큼 상당히 강한 것이었다(강조는 저자에 의함).

그리스도교 이전의 켈트족의 종교에서의 경우, 강력한 영들이 자연의 요소들과 결부되어 있었다. 고대 켈트족들은 물을 생명의 제1의 원리이자 제1의 원천으로 여겼다. 서유럽에 있는 주요 강들의 대부분이 지금까지도 라인(Rhine)이라든가 마르느(Marne), 세느(Seine), 클라이드(Clyde), 세번(Severn) 등 켈트식 이름을 갖고 있다. 이 강들의 각각의 어원은 한때 켈트족이 주름잡았던 유럽 전역에 퍼져 있는 고고학적 유물들을 통해서 확인해 볼 수 있듯이 강들에 대한 각별한 존중심을 고취시켜 주었다. 이 강들은 풍산을 주관하는 켈트족의 여신들과 연결되어 있는 것이다. 영국의 바쓰(Bath)에 있는 대규모 치유 센터와 같은 거룩한 샘들과 지방의 수원(水原)이나 우물들은 모신(母神)의 보호하에 있다. 그리스도교 시대 전체를 통하여 오늘 현재에 이르기까지 아일랜드의 여러 지역에서는 지금도 계속해서 거룩한 샘들이 민중의 대중 신심에 있어서 중요한 몫을 차지하고 있을 정도이다.

　나무들과 성산(聖山)들 역시 영들의 거처로 이해되었다. 그리스도교 시대로 넘어가면서, 데리(Derry)에 있는 요나의 골룸바(Columba of Iona) 성인의 그것과 같은 수도원 교회들이 성산 내의 개간지에 세워졌다. 18세기나 19세기 때에 씌어진 한 자연시에는 수도승이 창조물들의 세계에 정통해 있는 것으로 묘사되어 있다. 그는 창조물들의 서식지를 잘 알고 있고, 그들의 생활 방식을 파악하고 있다. 다른 인간 존재들이 없이 숲속에서 사는 것 자체가 그에게는 어떤 한 풍요로운 공동체 체험이다. 인간 동료들에 대한 갈망은 전혀 없다. 그는 자신을 에두르고 있는 세계와 더불어, 그리고 하느님과 더불어 하나가 되어 있고, 평화를 나누고 있다고 느끼고 있는 것이다.[8]

한 은수자(隱修者)가 이야기하다

나무 숲에서 살고 있는 까닭에
하느님한테밖에는 드러나지 않네
내 집은 개암나무와 물푸레나무
동굴 속에 있는 오래 된 오두막 같네

작지만 너무 작지는 않은 내 집은
언제라도 드나들 수 있네
지빠귀 무리처럼 변장한 여인네들이
지붕 틈새로 고개를 내밀고 말을 건네네

수사슴들은 강에서 경중거리고
갈색으로 물든 산이 저만치 서 있느니
사람 하나 없이
이처럼 가난해도 나는 즐겁기만 하네

---

8. John Montague (ed.), *The Faber Book of Irish Verse* (Faber and Faber, London, 1974) 57-8면.

주목의 짙푸름
참나무의 엄청난 푸르름이
성화(聖化)하고
새로 맺은 견과들 가까이에
사과들이 자라는데
이 모든 것 속에 물이 감추어 흐르네

        살아 있는 것 모두의 어린 것들이
        내게 믿음을 가져다 주고
        니 집 문을 지켜주네
        거칠고, 사랑받지 못하는
        들개와 키 큰 사슴들이
        잠잠히 노닐고 있네

길들여진 얼마 안되는 무리 가운데
오소리들이 있는테
때 되어 털갈이를 하고 있고
여우들은 춤을 추네
문 앞에서
밤이 새도록

        저녁이 되어서 모두들
        새벽녘에 빵을 먹고는
        하루 중 처음으로 식사를 하네:
        그물에 걸린 송어에, 달콤한 자두
        꿀과 산사나무 열매
        음료와 나물을 먹네

가슴이 은빛 털로 수놓인
새들의 울음 소리며 날개짓 소리가
나를 깨워 놓네
아마도 비둘기겠지
그리고는 개똥지빠귀 한 마리가 노래하네
쉬지도 않고 줄기차게

검정 날개 딱정벌레들이
왱왱거리고, 작은 벌들은 소리내며 날아 다니네
11월
외로운 기러기들을 내세워
거친 겨울이
음악을 퍼뜨리네

멋진 흰 갈매기들아 오게나
바다를 주름잡으며 부르는 너희들의 노래야
한결 슬프지 않아도
히스 덤불 속에서 길을 잃은
뇌조들의 노래는
조금은 슬픈걸

음악에, 나
목말라 있으니, 내 이 커다란
음악 — 갈증
내 그 누구를
시샘하리까, 나의
온유한 그리스도여?

이 수도승은 자신이 자연에 으해 길러지고 보호되고 있다고 느낀다.
초기 아일랜드 시에는 아름다움과 자연에 대한 살아 있는 이해가,
그에 대한 뚜렷한 감사가 담겨 있다. 자연에 대한 묘사는 신선하고
생동적이다. 또한 시인과 시인 자신의 주변 환경간의 밀접한 유대를
전해 준다. 이러한 면모는 9세기에 씌어진 다음과 같은 시에서 분명
하게 드러나 있다.[9]

> 나 그대에게 전할 소식이 있네
> 수사슴이 암컷을 부르는 울음을 울고
> 겨울이 되어 눈이 내리네
> 여름은 가버렸다네
> 바람은 드세고도 차갑고
> 해는 기세가 꺾인 채 떠 있는 시간 짧은데
> 바다는 파도가 거세네
> 검붉은 고사리는 형체를 잃었고
> 야생 거위는 때 되면 잊지 않는 울음소리를 높이네
> 한파가 새의 날개를 붙들고 놓아주지를 않는데
> 얼음의 계절
> 이게 내가 전하는 소식일세

자연에 대한 사랑이 옛 켈트인들에게서 아주 뚜렷이 드러나고 있고,
땅과 살아 있는 모든 것들이 풍요한 결실을 맺는 것에 커다란 비중
이 놓여져 있는 것은 사실이다. 그렇지만 이런 면들을 현대에 있어
서의 생태학적 정도(正道)의 모델로 제시할 수만은 없을 것이다. 이

---

9. John Sharkey, *Celtic Mysteries. The Ancient Religion* (Avon Publications, New York, 1975) 14면.

문학(Fiannaiocht)은 확실히 자연의 아름다움에 대한 감동적인 묘사들을 시도하고 있기는 하다. 그렇지만 이에 못지않게 여기서는 사냥의 즐거움에 대해서, 그리고 잘 "죽이는 것"이 전사의 명성을 크게 높여주는 것으로 예찬되고 있기도 한 까닭이다. 대부분의 고대인들과 마찬가지로 켈트인들 역시 환경은 지극히 항구한 것이라고 생각하였다. 그들의 기술 수준을 감안할 때 그들을 에두르고 있는 환경을 전체적으로 바꿔 놓는 데는 수십, 수백 년이 걸렸을 것이다. 그러나 이러한 변화들은 오늘 이 시대의 우리로서는 우리가 동원할 수 있는 비교할 수 없을 만큼 대단히 강력한 과학 기술로 잠깐 새에 이루어 놓을 수 있을 것이다. 그 당시 환경에 대한 인간의 압박은 전혀 심각한 것이 아니었다. 고대의 경우 아일랜드에는 아마도 10만 명도 채 안되게 살고 있었을 것이다. 그 무렵 이 나라의 내륙 지역은 늪과 수렁, 제대로 다닐 수조차 없을 정도로 울창한 산림으로 뒤덮여 있었다. 그렇기 때문에 저 (피아네오흐트) 문학은 나무들을 베어내고 늪에서 물을 빼내고 목장으로 쓸 터를 닦아 놓는 영웅들의 성취를 찬양할 수밖에 없었던 것이다.

우리는 자연 세계 내의 신의 현존에 대해서 전통적으로 켈트족이 민감하게 감지하고 있다는 사실을 금세기 초엽에 조셉 플런켓이 쓴 다음과 같은 시에서도 확인해 볼 수 있을 것이다:[10]

> 장미에서 그의 피를 보고
> 별들에서는 그의 눈의 광휘를 보네
> 그의 몸은 영원한 눈〔雪〕 속에서 빛나고
> 하늘에서는 그의 눈물이 떨어지네

---

10. Joseph Mary Plunkett, *"I See His Blood Upon the Rose"*, in *Prose and Poetry of England*, ed. H. Ward McGraw, The Singer Company, Chicago, 1934.

꽃마다에서 그의 얼굴을 보느니
천둥 소리와 새들의 지저귐은
그의 목소리일 뿐 — 그의 힘으로 새겨진 저것들
바위는 그가 쓴 글들이네

모든 것이 그의 걸음걸음으로 닳아빠지고
그의 뜨거운 가슴은 끊임없이 바다를 흔들어 놓는데
세상의 모든 가시나무가 그의 가시관과 짝을 이루고
세상의 모든 나무는 그의 십자가이네

197-9면에서 개괄적으로 살펴본 우주적 그리스도론의 맥락에서 볼 때, 이 시는 우리로 하여금 별들과 꽃, 하늘에서 이는 천둥과 새들의 노래 소리, 나무들에 있어서의 그리스도의 현존에 대해 주의를 기울이도록 이끌고 있다.

켈트족의 영적 유산은 다른 모든 것과 마찬가지로, 이것이 우리 시대에 적합한가의 여부에 관계없이 세세하게 그대로 모방될 수 있는 그런 것이 아니다. 에이레에서 산림과 야생동물들을 보호하기 위해서 설치된 부서는 만일 현대의 에이레 시인들이 나무들을 베어내고 야생 동물들을 파괴하는 이들을 예찬했더라면 아마도 별 감동을 받지 않았을 것임에 틀림없는 것이다! 하지만 그럼에도 불구하고 자연 세계 내의 하느님의 현존에 대한 옛 시인들의 경외심에서 배울 게 많은 것이 사실이다. 이것들은 우리가 생태학적으로 건전한 윤리와 영성을 모색하는 데 있어서 지침과 자양이 되어 줄 수 있을 것이다. 바로 저들의 그러한 시각이, 유럽에서 그리스도의 메시지를 설교하기 위해 떠났던 험난한 여행으로 유명한 켈트족 수도승들의 영웅적인 정신을 촉발시킬 수 있었던 것이다.

선 교

선교에 대한 언급에 이르러 나는 다시 자연스럽게 서두에서 기술했던 내용으로 되돌아가게 된다. 여기서 개진된 이해들은 필리핀에서의 나의 선교 체험에서 비롯했다. 따라서 나는 오늘의 이 세계에서 선교와 관련하여 이 자리에서 피력된 견해에 내포된 의미들에 대해서 몇 가지 간략히 소개하는 것이 의미있으리라고 생각한다.

어떤 시대의 선교 사업에 대해 그 모두를 하나같이 동질적으로 실시된 것으로 기술한다는 것은 정말이지 지나치게 단순화하는 것일 수밖에 없다. 왜냐하면, 우선 선교사들은 흔히 여러 대륙에서 굉장한 거리를 사이에 둔 채, 서로들간에 의사를 주고받을 수 있는 기회가 거의 없는 상태에서 활동을 하고 있기 때문이다. 또한 이보다 더 중요한 것으로서, 복음화되는 사람들간의 엄청난 문화적 차이들과, 선교사들 가운데 상당수가 강하고 단호한 성격의 소유자들이라는 사실이 그 어떤 경직된 접근 방법도 쉽게 허용하지 않았기 때문에, 그렇게 천편일률적인 선교활동은 불가능할 수밖에 없는 것이다.

그렇지만 주요한 공동의 주제와 사상과 가치들이 각기 다른 시대의 선교활동을 특징지었고, 선교사들은 각자 자기네가 속한 시대의 선교 열정에 사로잡혔던 것은 분명한 사실이다. 어떻든 스페인과 포르투갈의 선교사들은 대탐험가들인 바스코 다 가마(Vasco da Gama)와 콜룸부스 그리고 마젤란(Magellan)의 발자취를 바짝 뒤쫓았다. 이들은 라틴아메리카를 정복한 코르테스(Cortes)와 필리핀을 정복한 레가스피(Legaspi)와 같은 정복자들과 동행했을 정도였다.

선교사들은 이런저런 방식으로 그들 당대의 커다란 운동과 갈망들에 연루되어 있었다. 선교운동을 밑받쳐 주는 데 요청되는 시각(視

覺)과 힘과 용기와 끈기는 참으로 어마어마한 것이었다. 이와 같은 사실은 예컨대, 마틴 누운 수사가 필리핀의 발견과 정복에 관하여 쓴 책[11]에서 분명하게 드러나 있다. 그는 여기서 스페인인들이 필리핀에 도착한 사건과 이들이 이주하기 시작한 초기의 상황을 묘사하고 있다.

스페인과 포르투갈 선교사들이 정복 과정에서 서로 친밀하게 연관을 맺고 있었기는 하다. 그렇지만 이 두 나라 선교사들의 세속적·종교적 요소들은 그렇게 늘상 가깝지만은 않았다. 일부 선교사들 — 역사에 대한 우리의 관점에서 볼 때 너무도 소수의 — 은 일반 민간 부문과 군사 부문에 있어서의 식민주의적 지배에 대하여 극도로 비판적이었다. 바르톨로메 드 라스 카사스(Bartolomé de las Casas)는 카리브 해 지역과 남아메리카의 토착민들에 대한 강렬한 옹호로 인하여 오늘 이 시대에 와서도 기억되고 있는 인물이다. 마닐라의 초대 주교인 도밍고 드 살라자르(Domingo de Salazar)는 필리핀에서 다분히 그와 유사한 역할을 해주었다. 일반적으로 식민 정책의 추진에 동조했던 수많은 선교사들은 그들 나름대로 복음의 인류애를 설교함으로써 식민 지배자들의 만행을 누그러뜨리기도 했다.

19세기에 들어서 가톨릭과 프로테스탄트 선교사들 역시 아프리카와 오세아니아 그리고 아시아에 이르기까지 그야말로 가장 먼 지역에 이르도록 새로운 식민 지배 세력들 — 영국과 프랑스와 독일 — 과 동행하였다. 이번에도 많은 선교사들은 또다시 민간 부문이나 군사 부문에서 활동하던 자신들의 세속 동료들과 매한가지로 그 시대의 시각에 사로잡혀 버렸다. 이들은 식민지 사업의 밝은 면 — 학교들과 위생 시설들을 통해 무지 속에서 살고 있던 사람들을 계몽시켜

---

11. Martin Noone, *The Islands Saw It. The Discovery and Conquest of the Philippines. 1521-1581*, Helicor Press, Dublin 1982.

준다는 것에 집중하였다. 몇 가지 주목할 만한 시대들을 간직한 채, 선교사들은 19세기의 식민지 확장이 비-서구 사회들에 대해서 야만적이고 잔인하며 극히 파괴적인 악영향을 미친다는 사실은 간과하는 경향이 있었던 것이다. 한 예를 들자면, 인도에서의 경우 식민지 정부는 이 나라에서 번창하고 있던 직물 산업을 파괴해 버렸다. 이곳의 산업 발달이 영국의 공장들과 경쟁을 벌이게 되었기 때문이었다. 사회적·경제적·정치적 정책들은 언제나 토착민들을 종속시켜서 한결같이 식민 지배국에 도움이 될 위치에 묶어둘 수 있는 그러한 방식으로 입안되었다. 이렇게 해서 실시되는 제반 정책들에는 필연적으로 지금은 인종차별적이고 간섭주의적으로 보일 태도들이 그대로 투영되어 있었다.

선교사들 역시 식민 지배국의 여타의 본토인들에게서 나타나는 대부분의 태도들이 몸에 배어 있었다. 상당수의 선교사들은 토착 문화들에 대해서 별다른 존경을 보이지 않았다. 뿐만 아니라 이들은 개종자들을 유럽화하기 시작하였는데, 이들은 이와 같은 유럽화가 마치 토착민들을 그리스도교화하기 위해서 절대적으로 필요불가결한 일이기라도 한 듯이 처신하였던 것이다. 하지만 식민 지배 세력의 갖가지 월권 행위들에도 불구하고 많은 선교사들은 이들이 선교활동을 하는 지역민들에게 봉사하기 위해 지칠 줄 모르고 학교와 진료소, 병원 그리고 고아원들을 개설하였다. 민족학 연구 분야에 있어서의 경우 18,9세기에 발표된 부족 문화들에 대한 가장 탁월한 보고서 중의 일부는 토착민들을 잘 이해하는 선교사들에 의해 씌어진 것이다.

우리는 이렇게 물음을 제기할 수 있을 것이다. 선교사들이 이전 시대의 선교사들을 고취시켰던 열광과 정열을 갖고 응답해 나가야 할 우리가 사는 이 시대의 가장 커다란 갈망들은 어떤 것일까? 1981년 12월에 SEDOS는 오늘 이 시대에 있어서의 선교의 의미를 성찰하고 미래를 계획하기 위하여 세계 전역의 전문가들이 한데 모일 수 있는 자리를 마련하였다. 이 세미나에서 발표된 내용들은 후에 오르비스 출판사에서 「대화의 선교」라는 제목으로 출판되었다.[12]

이 세미나는 선교 활동에 있어서 나타나는 현재의 경향들을 "선포"와 "문화(cultura) 내 육화(incarnatio)로서의 토착화(Incultura-tion)", "해방" 그리고 "대화"라고 하는 네 가지 큰 주제로 묶었다. 대화가 오늘 이 시대의 선교 프락시스에서 중추적인 위치를 차지하고 있다는 것은 그 제목에서도 분명하게 드러나 있다. 문화 내 육화로서의 토착화와 해방 그리고 신앙간의 대화는 확실히 오늘날 이 세계의 모든 사람들이 갖고 있는 가장 깊은 열망들에 대한 응답이다. 현재 전세계적으로 민족들 사이에서 진정한 문화적 정체성을 찾고자 하는 시도가 폭넓게 확산되고 있는 것이다.

우리 시대의 주요 관심사들 가운데 위의 항목들에는 빠져 있는 것 중의 하나가 지구를 돌보는 것이다. 나는 국제 연합이 내놓은 「자연 헌장」을 받아들이는 것이야말로 인간-지구 관계들에 있어서 한 중요한 이정표가 되리라고 생각한다. 이는 국제 연합이 성년에 달했다는 것을 드러내 주는 징표요, 생태계 운동이 풀뿌리에서는 물론 여러 정치 지도자들 가운데서도 역시 성장하고 있음을 보여주는 척도에 다름아닌 것이다.

몇몇 선교사들은 개인적으로이건 선교 수도회나 선교 기관들의 구성원이라는 신분으로건간에, 이와 같은 세계 차원의 갈망을 포착하고 이를 성취하기 위해 진력해 왔다. 「대화와 선교」는 오염에 대해서 단지, 그것도 일본에 있어서의 오염에 관해서만, 몇 번 언급했을 뿐이다. 이 문제의 규모라든가 심각성에 대해서 파악하고 있는 발표자

---

12. Mary Motte와 Joseph Lang, *Mission in Dialogue*, Orbis Press, New York 1982.

는 단 한 사람도 없었다. 사회정의에 관하여 언급할 때조차도 그들은 정의에 대한 자신들의 시각을 지구 공동체 전체에로까지 확장시킬 필요가 있다고 보지는 않았던 것이다. 비록 이와 같은 간과 현상이 아쉬운 것이기는 하지만, 환경에 대한 관심이 아직까지는 종교인들에게 별 영향을 미치지 못하고 있다는 것은 전혀 뜻밖에 나타난 현상이 아니다. 최근에 성 골롬반회에서 기울여진 노력들을 통해서 이 시대의 선교적 관심과 지향점들을 드러내 주는 한 훌륭한 지표가 마련된 바 있다. 헌장의 맨 처음 초안의 11항에서는 생태학에 관한 진술과 사회정의에 관한 진술이 연결지어져서 이 둘이 오늘의 복음화에 있어서 핵심적인 것으로서 다음과 같이 제시되었다:

> 우리는 삶의 총체성에 관심을 갖고 있다. 성령은 우리가 이 세계의 아름다움과 자연의 균형을 깊이 존중하도록 이끄신다. 그분은 또한 우리가 인간의 존엄과 탁월함을 깊이 파악하도록 이끄신다. 자연에 있어서의 생태학적 균형에 대한 모독과 인간의 권리들에 대한 모독이 모두 복음에 어긋나는 일이다. 이는 우리의 삶에 있어 핵심적인 관심사이다. 우리를 이끄시는 성령은 우리가 역사의 주님이신 예수와 함께 공동 창조자들이요 공동 구속자들이 되게 해주신다.

한데 둘째, 셋째, 넷째 초안들에서는 위의 항목이 삭제되고 말았다. 이는 회원들 사이에서 제기된 의견이 대부분 이에 대해서 부정적이거나 최소한 무관심한 상태였다는 것이 그대로 반영된 것이다. 환경에 대한 관심은 아직도 다분히 소수의 비밀 집단의 추구쯤으로 여겨지고 있는 것이다. 각 선교사들은 개인적으로는 환경과 관련한 활동 단체들을 잘 지원해 주고 있기도 하다. 그렇지만 이들도 자신들의 이런 일들을, 위의 항목을 초안한 사람들이 염두에 두고 있었던 바로 그와 같은 방식으로 선교 소명(missionary vocation)에 있어 중추적인 것으로 이해하고 있지는 않은 것이다. 선교사들은 지구를 돌보아야 한다는 메시지를 더 넓은 교회와 사회에 전해 주어야 할 독특한 위치에 놓여 있다. 나는 이미 14면에서 선교사들이 제3세계와 제1세계들 모두에 살고 있는 사람들의 체험을 연결짓는 시도를 한다고 지적했었다. 오늘날, 많은 선교사들과 기관들이 개별적으로 정의를 실현하는 데 필요한 활동을 하기 위해 세계 규모의 조직들을 갖추는 데 박차를 가하고 있다. 하지만 해방신학에 관하여 언급하면서 지적하였듯이, 이러한 조직들은 반드시 자신들의 시각을 확장해서 지구에 대한 관심을 포괄할 수 있도록 하지 않으면 안될 것이다.

선교사들은 두 문화 속에서 살고 있는 사람들이기도 하다. 이에 이들은 또다시 인간 체험의 두 집적체에 가닿아 있게 된다. 이들은 어떤 한 문화 내에서 태어나서 양육되고 교육을 받았다. 그러고는 전혀 다른 문화 속에서 직분을 수행한다. 만일 이들의 선교 체험이 어떤 식으로든 심오한 것이었다면, 이것은 이들이 자기가 태어난 문화 체험을 새롭게 쇄신할 수 있도록 하는 데 기여할 것이다. 이들은 종종 자신들이 직분을 수행하는 지역의 사람들이 갖고 있는 통찰들에 힘입어서 자신들의 문화의 강점과 약점들을 파악하고, 그런 통찰들에 의해서 더욱 풍요로워질 수 있는 길을 터득하게 되는 것이다. 이 책에서 밝히고자 하는 핵심적인 것 중의 하나는 서구의 소비 문화가 이 지구 공동체의 구조를 손상시키고 있다는 점이다. 제1세계 국가들에 살면서 자신들의 문화와 생활 공간 이외에는 다른 아무것도 알지 못하는 사람들은 이 삶이 어떻게 다른 방식으로 구성될 수 있는지에 대해서 도저히 인지하지를 못한다. 이 점에서 지구상에서 지나침이 없이 사는 문화들 속에서 활동하는 선교사들의 체험은 더할 수 없이 귀중한 것이지 않을 수 없다.

이와 같은 새로운 강조는 과거의 가장 훌륭한 선교 전통들 중의 일부 전통에 그 맥이 닿아 있다. 필리핀에서만 하더라도 스페인 선교사들 역시 자신들의 활동을 좁은 의미로 규정된 복음 선포라든가 성사들의 집행, 혹은 자선 행위들에 국한시키지만은 않았다. 그리스도교의 도래는 필리핀 지역의 생활과 문화의 여러 측면에 대해서 심대한 영향을 미쳤던 게 사실인 것이다. 비록 대부분의 선교사들이 토착 종교의 가치들을 제대로 감지하지 못하는 한계가 있었다고는 하더라도 말이다. 어떻든 필리핀의 소설가인 닉 조아킨은 이 점과 관련하여 다음과 같은 점들을 지적하고 있다:

> 필리핀에서 그리스도교는 수레요 쟁기이고, 길이요 다리이며, 댐이요 운하이고, 들의 곡식이요 나무에 열린 과실이요 밭에 난 채소이고, 판 가시난 황소요 바탄가스 육우요 란세리아스에 있는 말들이고, 담배 공장이요 설탕 정제소이고, 달력이요 시계요 기록된 역사요 파우스트적인 시대에 대한 우리의 인식이고, 우리를 하나의 백성이 되게 해주는 요리처요, 우리가 한 국가를 이루게 해주는 지도이고, 모든 마을에 축제를 제공하는 존재요 끊임없이 우리로 하여금 그 종소리를 듣고 모이도록 해주는 오래 된 종탑이다.[13]

미래의 역사가가 20세기 후반부의 선교운동이 세계 도처의 모든 그리스도인들과 종교인들에게 지구를 돌보도록 고취시켰다고 말할 수 있다면, 정말이지 오늘 이 시대의 선교사들이 이룩하는 기여 가운데 이보다 더 뜻깊은 것이 어디에 있겠는가? 이것이 깨끗한 공기와 영양 높은 곡식들을 생산해 내도록 경작되는 비옥한 땅들, 고기들로 넘치는 오염되지 않은 바다와 강들, 침입자들로부터 보호된 광대한 산림 지대 그리고 서로 서로는 물론 자연과 더불어서도 조화를 이루

---

13. Nick Joaquin, "Technology and Philippine Revolutions: The Coming of the Plough, the Horse and Guisado", *The Filipinas Journal*, 3권 (1982) 127면.

며 사는 가운데 경탄에 휩싸여 지구의 풍족함을 만끽하며 찬양하고 미래의 후세대들을 위하여 이 모든 것이 풍요롭게 결실을 맺을 수 있도록 보호하는 힘차고도 특히 자급자족할 수 있는 인간 공동체들을 실현하는 것을 지향하는 것이라고 할 때 말이다. 현재 나타나고 있는 사람들간의 불균형 상태를 감안할 때 이러한 시각은 어떤 의미에서 이상론적이라고 할 수는 있다. 그렇지만 이것은 구약성서 예언자들의 통찰과 지구 공동체의 종교들의 가장 깊은 열망들, 그리고 예수의 가르침들과 우주 이야기에서 언급된 것과 같은 우리 자신의 시대의 지혜에 확고하게 근거해 있는 것이다. 이것은 필경 새 세대의 선교사들과 그리스도인들로 하여금 열정적으로 이러한 시각을 하나의 현실로, 실제로 이루어 낼 수 있도록 하는 데에 자신들의 삶을 다해 투신할 수 있게끔 이끌어줄 수 있게 될 것이다. 우리는 언제나 이렇게 하지 않으면 안될 절박한 상황에 놓여 있었기는 하다. 하지만 오늘 이 시대에 이르러서는 이전의 그 어떤 시기보다도 절박한 상황에 처해 있다. 왜냐하면 우리의 이 세대는 그야말로 궁극적인 도전들에 직면해 있기 때문이다. 우리는 지금 새롭게 위협적인 어조로 들려오는 모세의 도전에 직면해 있다: "나는 오늘 하늘과 땅을 증인으로 세우고 너희 앞에서 생명과 죽음, 축복과 저주를 내놓는다. 너희나 너희 후손이 잘 살려거든 생명을 택하여라"(신명 30,19-20).

만일 이 세대가 생명을 택하지 않는다면, 200억년에 달하도록 끊임없이 발생해 나온 우주 이야기, 이 우주 역사는 우리가 살고 있는 행성인 지구상에서 가장 심오하고 더 찬란하게 나타났던 일체의 것과 더불어 좌초되고 말 것이다. 만일 생명을 선택한다면, 그렇다면 인간 존재들은 새롭게 발생하는 흠없는 과정을 촉진시켜서 우리가 새롭고도 더 풍부하게 결실을 맺는 생명-영의 시대로 진입해 들어갈 수 있게 될 것이다. 이런 흐름 속에서 복음은 이 세계의 생명을 위한 진정한 기쁜 소식이 될 수 있을 것이다.

　바로 이 대목은 이 책의 핵심적인 관심사, 곧 기쁜 소식과 생명을 단적으로 집약해 주고 있다. 나는 지금까지 트볼리의 산에서 풍요로운 삶을 영위할 수 있게 해줄 많은 토대들이 조직적으로 파괴당하는 것을 허다하게 보아 왔다. 만일 이런 식으로 파괴가 계속 자행된다면, 이는 곧 트볼리 문화의 소멸을 뜻할 것이다. 트볼리 세계를 파괴하는 동일한 세력들은 비록 여기에서처럼 분명하게 드러나게는 아닐는지 몰라도 내가 공부했고 또 가르쳤던 나라들인 미국과 아일랜드와 오스트레일리아에서도 마찬가지로 파괴 행각을 벌이고 있다. 그럼에도 불구하고 불행스럽게도 종교인들과 특히 종교 지도자들이 지금 벌어지고 있는 일에 대해서 전혀 자각하고 있는 것 같아 보이지가 않는다. 정말이지 그리스도교 사상가들 가운데서는 인간 존재들과 지구간의 이러한 치명적인 관계에 관한 성찰이 거의 나타나지 않고 있는 실정이다. 이 책은 이 방향에서 조금이나마 기여할 수 있기를 바라는 뜻에서 씌어졌다. 여기서 나는 인간 공동체가 지금 붙들고 씨름하지 않으면 안될 심각하고도 복잡 다단한 문제들을 제기하는 가운데, 사람들이 능동적이고도 적극적으로 지구를 돌보기 시작할 어떤 새로운 시대를 위한 몇 가지 핵심적인 제안들을 제시하고자 시도해 보았다.

찾아보기